中华人民共和国
物权法

条文说明、立法理由及相关规定

第二版

全国人大常委会法制工作委员会民法室 编

中华人民共和国物权法

条文说明、立法理由及相关规定

第二版

北京大学出版社
PEKING UNIVERSITY PRESS

图书在版编目(CIP)数据

《中华人民共和国物权法》条文说明、立法理由及相关规定/全国人大常委会法制工作委员会民法室编.—2版.—北京：北京大学出版社，2017.3
ISBN 978-7-301-27788-1

Ⅰ.①中… Ⅱ.①全… Ⅲ.①物权法—基本知识—中国 Ⅳ.①D923.2

中国版本图书馆 CIP 数据核字(2016)第 282797 号

书　　　名	《中华人民共和国物权法》条文说明、立法理由及相关规定(第二版) 《Zhonghua Renmin Gongheguo Wuquanfa》Tiaowen Shuoming、Lifa Liyou ji Xiangguan Guiding(Di-er Ban)
著作责任者	全国人大常委会法制工作委员会民法室　编
责任编辑	陈　康
标准书号	ISBN 978-7-301-27788-1
出版发行	北京大学出版社
地　　　址	北京市海淀区成府路 205 号　100871
网　　　址	http://www.pup.cn　http://www.yandayuanzhao.com
电子信箱	yandayuanzhao@163.com
新浪微博	@北京大学出版社　@北大出版社燕大元照法律图书
电　　　话	邮购部 62752015　发行部 62750672　编辑部 62117788
印刷者	三河市北燕印装有限公司
经销者	新华书店
	650 毫米×980 毫米　16 开本　31 印张　521 千字 2007 年 3 月第 1 版 2017 年 3 月第 2 版　2017 年 3 月第 1 次印刷
定　　　价	68.00 元

未经许可，不得以任何方式复制或抄袭本书之部分或全部内容。
版权所有，侵权必究
举报电话：010-62752024　电子信箱：fd@pup.pku.edu.cn
图书如有印装质量问题，请与出版部联系，电话：010-62756370

编写说明

《中华人民共和国物权法》经第十届全国人民代表大会第五次会议通过,自 2007 年 10 月 1 日起施行。为了更好地宣传物权法,使社会各界了解《中华人民共和国物权法》的规定,保证物权法的顺利实施,全国人大常委会法制工作委员会民法室编写了《〈中华人民共和国物权法〉条文说明、立法理由及相关规定》,对《中华人民共和国物权法》逐条作了说明,并附上立法理由和相关规定,便于准确理解和把握立法原意。

2015 年 12 月 10 日由最高人民法院审判委员会第 1670 次会议通过《最高人民法院关于适用〈中华人民共和国物权法〉若干问题的解释(一)》,自 2016 年 3 月 1 日起施行。本书根据《最高人民法院关于适用〈中华人民共和国物权法〉若干问题的解释(一)》及与物权法相关的新增法律、法规和司法解释进行了修订。

参加本书撰写工作的有:姚红、贾东明、杨明仑、扈纪华、何山、陈佳林、杜涛、段京连、李文阁、王瑞娣、郝作成、石宏、李倩、水淼、庄晓泳、孙娜娜、严冬枫等。

编著者

2017 年 3 月

目录 | Contents

第一编　总则 …………………………………………………… (1)

　　第一章　基本原则 ………………………………………… (1)

　　第二章　物权的设立、变更、转让和消灭 ……………… (12)

　　　　第一节　不动产登记 ………………………………… (12)

　　　　第二节　动产交付 …………………………………… (52)

　　　　第三节　其他规定 …………………………………… (60)

　　第三章　物权的保护 ……………………………………… (66)

第二编　所有权 ………………………………………………… (75)

　　第四章　一般规定 ………………………………………… (75)

　　第五章　国家所有权和集体所有权、私人所有权 ……… (91)

　　第六章　业主的建筑物区分所有权 ……………………… (133)

　　第七章　相邻关系 ………………………………………… (164)

　　第八章　共有 ……………………………………………… (193)

　　第九章　所有权取得的特别规定 ………………………… (223)

第三编　用益物权 ……………………………………………… (243)

　　第十章　一般规定 ………………………………………… (243)

　　第十一章　土地承包经营权 ……………………………… (261)

　　第十二章　建设用地使用权 ……………………………… (289)

　　第十三章　宅基地使用权 ………………………………… (319)

　　第十四章　地役权 ………………………………………… (326)

第四编　担保物权 ··· (340)

 第十五章　一般规定 ··· (340)

 第十六章　抵押权 ··· (363)

  第一节　一般抵押权 ··· (363)

  第二节　最高额抵押权 ·· (415)

 第十七章　质权 ·· (427)

  第一节　动产质权 ··· (427)

  第二节　权利质权 ··· (451)

 第十八章　留置权 ··· (463)

第五编　占有 ·· (477)

 第十九章　占有 ·· (477)

附　则 ··· (487)

第一编 总 则

第一章 基本原则

第一条 为了维护国家基本经济制度,维护社会主义市场经济秩序,明确物的归属,发挥物的效用,保护权利人的物权,根据宪法,制定本法。

【说明】

按照本条规定,立法目的有四:

(1) 维护国家基本经济制度。法律属于上层建筑,是由经济基础决定并服务于经济基础的。我国在社会主义初级阶段,坚持以公有制为主体、多种所有制经济共同发展的基本经济制度。这一基本经济制度决定了我国物权法的社会主义性质。物权包括所有权、用益物权和担保物权。物权的归属、范围和内容,都与我国基本经济制度密切相关。如果不反映、不体现我国的基本经济制度,就不可能制定出符合我国国情的、具有中国特色的物权法。因此,物权法必须体现我国的基本经济制度并以维护我国的基本经济制度为根本目的。

(2) 维护社会主义市场经济秩序。民法是调整平等主体之间关系的法律,是伴随市场经济的发展而逐步完备的。改革开放以来,我国实行社会主义市场经济,而规范市场经济关系的基本法律就是民法。物权法作为民法的重要组成部分,其作用就是规范市场主体因物的归属和利用而产生的财产关系,保障市场主体的权利,维护社会主义市场经济秩序。

(3) 明确物的归属,发挥物的效用。这一目的与物权法的作用密切相关。物权法的作用主要体现在两方面:一是定分止争。物权法确定物的归属规则,简单讲就是不动产看登记,动产看占有,依靠此规则就能够明确归属,定分息争,稳定经济秩序。二是物尽其用。物可以自己用,也可以交给他人使用。物权法规定了所有权人占有、使用、收益、处分的权利,也规定了他人利用物的权利,如用益物权、担保物权等。制定物权法,就是要充分发挥物权法定分止争和物尽其用这两个方面的作用,为权利人充分利用财产创造一个良好的法制环境,鼓励权利人创造财富,积累财富,使"有恒产者有恒心",保障安居乐业,促进经济发展和社会进步。

(4)保护权利人的物权。这主要体现在:一是通过一系列确定物权归属的规则明确物权属于谁。二是通过规定物权保护的途径与方式使物权受到侵害的权利人可以保护自己的合法权利。三是通过规定国有财产、集体财产和私人的合法财产,保护国家、集体和私人的财产;通过规定土地承包经营权、宅基地使用权等用益物权和担保物权,保护权利人对物的利用的权利。总之,制定物权法的目的之一,就是切实保护权利人的物权,维护广大人民群众的切身利益,激发人们创造财富的活力,促进社会和谐。

宪法是国家的根本大法,是母法,其他法律都是由宪法派生的。宪法规定大政方针,其他法律都必须体现宪法精神,不得与宪法相抵触。宪法当然也是物权法的立法根据,物权法必须体现宪法的精神。物权法将宪法规定的我国的基本经济制度作为立法目的,将基本经济制度和实行社会主义市场经济规定为物权法的基本原则,将宪法规定的保护公私财产的精神落实在对国有资产、集体财产和私人合法财产保护的具体规定上。物权法的这些规定充分体现了宪法的精神。

【相关规定】

《中华人民共和国民法通则》

第一条　为了保障公民、法人的合法的民事权益,正确调整民事关系,适应社会主义现代化建设事业发展的需要,根据宪法和我国实际情况,总结民事活动的实践经验,制定本法。

《中华人民共和国合同法》

第一条　为了保护合同当事人的合法权益,维护社会经济秩序,促进社会主义现代化建设,制定本法。

第二条　因物的归属和利用而产生的民事关系,适用本法。

本法所称物,包括不动产和动产。法律规定权利作为物权客体的,依照其规定。

本法所称物权,是指权利人依法对特定的物享有直接支配和排他的权利,包括所有权、用益物权和担保物权。

【说明】

本条第1款规定了物权法的调整范围。

物的归属是指物的所有人是谁,物的归属关系就是所有权关系。物的利用是所有权人对其所有物自己使用或者交他人使用。物的利用关系就是物在利用中产生的关系,是所有权人与利用人的关系以及利用人和其他人的关系。物权法通过确定归属和利用的规则来规范或者调整民事主体之间物的归属关系和利用关系。民事主体之间的物的归属和利用关系都适用物权法。物权法并不一般性地调整所有的物的归属和利用的关系,而只调整平等主体之间因物的归属和利用而产生的财产关系,也就是本款规定的"民事关系"。按照法律部门的划分,物权法属于民法,调整横向的社会关系;经济社会管理活动中管理者与被管理者之间的纵向关系,也涉及财产的归属和利用问题,但此类关系主要是由行政法、经济法调整,不属于物权法调整的范围。

物权法规范的物,包括不动产和动产。不动产是指土地以及房屋、林木等土地定着物;动产是指不动产以外的物,比如汽车、电视机。物权法上的物通常讲是有体物或者有形物,指物理上的物,包括固体、液体、气体、电等,能够作为物权法规范对象的必须是人力所能控制并有利用价值的物。所谓有体物或者有形物主要是与精神产品相对而言的,著作、商标、专利等是精神产品,是无体物或者无形物,由专门法律如著作权法、商标法、专利法调整,不属于物权法的调整范围。但是,在有些情况下,物权法也涉及这些精神产品。《中华人民共和国物权法》第223条规定知识产权中的财产权可以出质作为权利质权。在这种特定情况下,权利也成为物权的客体。

物权是一种财产权,是权利人在法律规定的范围内对一定的物享有直接支配并排除他人干涉的权利。由于物权是直接支配物的权利,因而物权又称为"绝对权";物权的权利人享有物权,任何其他人都不得非法干预,物权的义务人是物权的权利人以外的任何其他的人,因此物权又称为"对世权"。在权利性质上,物权与债权不同。债权的权利义务限于当事人之间,如合同的权利义务限于订立合同的各方当事人。债权是债权人要求债务人作为或者不作为的权利,不能要求与其债权债务关系无关的人作为或者不作为,正因如此,债权被称为"对人权""相对权"。物权包括所有权、用益物权和担保物权。所有权是指权利人依法对自己的物享有全面支配的权利。用益物权是指依法对他人的物享有使用和收益的权利,比如农村土地承包经营权、建设用地使用权等。担保物权是指为了确保债务履行而设立的物权,当债务人不履行债务时,债权人依法有权就担保物的价值优先受偿,比如抵押权、质权、留置权等。

【相关规定】

《中华人民共和国民法通则》

第二条 中华人民共和国民法调整平等主体的公民之间、法人之间、公民和法人之间的财产关系和人身关系。

《中华人民共和国担保法》

第九十二条 本法所称不动产是指土地以及房屋、林木等地上定着物。本法所称动产是指不动产以外的物。

《最高人民法院关于适用〈中华人民共和国物权法〉若干问题的解释（一）》

第一条 因不动产物权的归属，以及作为不动产物权登记基础的买卖、赠与、抵押等产生争议，当事人提起民事诉讼的，应当依法受理。当事人已经在行政诉讼中申请一并解决上述民事争议，且人民法院一并审理的除外。

《德国民法典》

第九十条 法律意义上的物，只是有体的标的。

《日本民法典》

第八十五条 本法所称物，谓有体物。

第三条 国家在社会主义初级阶段，坚持公有制为主体、多种所有制经济共同发展的基本经济制度。

国家巩固和发展公有制经济，鼓励、支持和引导非公有制经济的发展。

国家实行社会主义市场经济，保障一切市场主体的平等法律地位和发展权利。

【说明】

本条第1款、第2款规定了坚持基本经济制度的原则。

理由是：我国是社会主义国家，处于社会主义初级阶段，实行以公有制为主体、多种所有制经济共同发展的基本经济制度。中国特色社会主义物权制度是由社会主义基本经济制度决定的，与资本主义物权制度有本质区别。作为反映我国社会主义生产关系和维护社会主义经济制度的物权法，必须全面、准确地体现现阶段我国社会主义基本经济制度，体现党的十六大提出的"必须毫不动摇地巩固和发展公有制经济""必须毫不动摇地鼓励、支持和引导非公有制经济发展"这两个"毫不动摇"的精神。因此，物权法把宪法规定的社会主义基本经济制度和党的十六大提出的两个"毫不动摇"作为基本原则,这一基本原则作为物权法的核心,贯穿并体现在整部物权法的始终。

本条第3款规定了实行社会主义市场经济,保障一切市场主体的平等法律地位和发展权利的原则。理由是:实行社会主义市场经济与我国基本经济制度密切相关。发展社会主义市场经济是坚持和完善社会主义基本经济制度的必然要求。要坚持公有制为主体、多种所有制经济共同发展,要巩固和发展公有制经济,鼓励、支持和引导非公有制经济的发展,就要求实行社会主义市场经济。多种所有制经济只有在市场经济中才能得到共同发展。实行社会主义市场经济,最重要的一条就是要保障市场主体的平等地位和发展权利。物权关系的主体具有平等的法律地位是物权法调整的平等财产关系存在的前提,这也是物权法乃至民法存在的前提。没有平等关系就没有民法,没有平等的财产关系就没有物权法。因此,物权法将实行社会主义市场经济与保障一切市场主体的平等法律地位和发展权利作为基本原则。

【相关规定】

《中华人民共和国宪法》

第六条第二款　国家在社会主义初级阶段,坚持公有制为主体、多种所有制经济共同发展的基本经济制度,坚持按劳分配为主体、多种分配方式并存的分配制度。

第七条　国有经济,即社会主义全民所有制经济,是国民经济中的主导力量。国家保障国有经济的巩固和发展。

第十一条第二款　国家保护个体经济、私营经济等非公有制经济的合法的权利和利益。国家鼓励、支持和引导非公有制经济的发展,并对非公有制经济依法实行监督和管理。

第十五条第一款　国家实行社会主义市场经济。

《中华人民共和国民法通则》

第三条　当事人在民事活动中的地位平等。

第四条　国家、集体、私人的物权和其他权利人的物权受法律保护,任何单位和个人不得侵犯。

【说明】

本条是对平等保护国家、集体和私人物权原则的规定。

民法是调整平等主体之间的财产关系和人身关系的法律,作为民法重要组成部分的物权法,是调整平等主体之间因物的归属和利用而产生的财产关系的法律。物权法平等保护各个民事主体的物权是由民法调整的社会关系的性质决定的。对于民法的平等原则,《中华人民共和国民法通则》已有明确规定:当事人在民事活动中的地位平等。民事活动应当遵循自愿、公平、等价有偿、诚实信用的原则。

【立法理由】

我国实行社会主义市场经济。公平竞争、平等保护、优胜劣汰是市场经济的基本法则。在社会主义市场经济条件下,各种所有制经济形成的市场主体都在统一的市场上运作并发生相互关系,各种市场主体都处于平等地位,享有相同权利,遵守相同规则,承担相同责任。如果对各种市场主体不给予平等保护,解决纠纷的办法、承担的法律责任不一样,那就不可能发展社会主义市场经济,也不可能坚持和完善社会主义基本经济制度。为适应社会主义市场经济发展的要求,党的十六届三中全会进一步明确要"保障所有市场主体的平等法律地位和发展权利"。作为物权主体,不论是国家的、集体的物权,还是私人的物权,都应当给予平等保护,否则,不同权利人的物权受到同样的侵害,国家的、集体的应当多赔,私人的可以少赔,势必损害群众依法创造、积累财富的积极性,不利于民富国强、社会和谐。需要说明的是,平等保护不是说不同所有制经济在国民经济中的地位和作用是相同的。依据宪法规定,公有制经济是主体,国有经济是主导力量,非公有制经济是社会主义市场经济的重要组成部分,它们在国民经济中的地位和作用是不同的。这主要体现在国家宏观调控、公共资源配置、市场准入等方面,对关系国家安全和国民经济命脉的重要行业和关键领域,必须确保国有经济的控制力,而这些在经济法、行政法中都有明确的规定。

【相关规定】

《中华人民共和国民法通则》

第五条　公民、法人的合法的民事权益受法律保护,任何组织和个人不得侵犯。

第五条　物权的种类和内容,由法律规定。

【说明】

本条是对物权法定原则的规定。

物权法定原则,指的是能设立哪些种类的物权,各种物权有哪些基本内容,只能由法律规定,当事人之间不能创立。物权是一项重要的民事权利,物权制度属于民事基本制度。依照立法法的规定,民事基本制度只能由法律规定。而且,物权不同于债权,债权的权利义务发生在当事人之间,遵循自愿原则,具体内容是由当事人约定的。物权是"绝对权""对世权",物权的权利人行使权利是排他性的,对所有其他人都有约束力,物权调整的权利人和义务人之间的关系与合同当事人之间的权利义务关系不同,物权的义务人有成千上万,物权内容不能由权利人一个人说了算,也不能由一个权利人和几个义务人说了算,对权利人和成千上万义务人之间的规范只能由法律规定。

【相关规定】

《日本民法典》

第一百七十五条 物权,除本法或其他法律规定者外,不能创设。

《韩国民法典》

第一百八十五条 物权,除依法律或习惯法外,不得任意创设。

我国台湾地区"民法"

第七百五十七条 物权,除本法或其他法律有规定外,不得创设。

第六条 不动产物权的设立、变更、转让和消灭,应当依照法律规定登记。动产物权的设立和转让,应当依照法律规定交付。

【说明】

本条是对物权公示原则的规定。

物权公示原则说的是两个方面的问题:第一个方面,物权人享有物权、物权的内容变更或者物权消灭以什么方式确定。比如买房屋或者电视,买主什么时候拥有所有权,以什么方式确定?一人所有变为两人共有,以什么方式确定共有权?这些都是物权的设立、变更、转让和消灭的方式问题,称为物权变动。第二个方面,由于物权是排他的"绝对权""对世权",要求成千上万的义务人负有不作为的义务,因此必须让广大的义务人清楚地知道谁是权利人,不应该妨碍谁。而且,权利人转让自己的物时,也要让买主知道他有无资格转让该物。这都要求以令公众信服的特定方式确定,让大家很容易、很明白地知道该物是谁的,以维护权利人和社会公众的合法权益。这是物权的公信问题。

物权公示的主要方法是:不动产物权的设立、变更、转让和消灭经过登记发生效力,动产物权的设立、转让通过交付发生效力。物权变动的节点,不动产就是登记,动产就是交付。要了解一项不动产属于谁所有,就要查登记簿,要了解动产属于谁,看谁占有它。简单地讲就是不动产看登记,动产看占有。物权法有关财产归属的规定是人类文明的优秀成果,各国有关财产归属的规定大同小异,方法简单,一目了然。如果不采取这种方法,而采取别的什么方法,必然使经济秩序混乱不堪,最终影响经济的发展和社会的进步。

【相关规定】

《中华人民共和国民法通则》

第七十二条第二款 按照合同或者其他合法方式取得财产的,财产所有权从财产交付时起转移,法律另有规定或者当事人另有约定的除外。

《中华人民共和国合同法》

第一百三十三条 标的物的所有权自标的物交付时起转移,但法律另有规定或者当事人另有约定的除外。

《中华人民共和国土地管理法》

第十一条 农民集体所有的土地,由县级人民政府登记造册,核发证书,确认所有权。

第十二条 依法改变土地权属和用途的,应当办理土地变更登记手续。

《瑞士民法典》

第六百五十六条 取得土地所有权,须在不动产登记簿登记。

第七百一十四条 动产所有权的转移,应将占有移转与取得人。

我国台湾地区"民法"

第七百五十八条 不动产物权,依法律行为而取得、设定、丧失即变更者,非经登记,不生效力。

第七百六十一条第一款 动产物权之让与,非将动产交付,不生效力。

第七条 物权的取得和行使,应当遵守法律,尊重社会公德,不得损害公共利益和他人合法权益。

【说明】

本条是对取得和行使物权遵守法律、尊重社会公德原则的规定。

在民法的传统理论上,本条规定的原则也称为不得违反公序良俗的原则。这一原则在民法中作为原则规定通常只有一条,但民法和其他相关法律中有许多规定都具体体现了这一原则,主要表现为对物权的限制。现从物权的取得与行使两个方面对这一原则说明如下:

1. 物权的取得

物权的取得有两个方面:一是取得物权应当符合法定的方式。取得不动产物权,法律要求登记的必须登记,否则法律不承认享有物权。比如取得房屋等不动产所有权必须依法登记,取得不动产及不动产权利的抵押权必须办理登记。取得一般动产必须通过交付才能取得所有权。二是对于特定的物,自然人、法人不能取得所有权。如我国土地只能国家或者集体所有,个人、单位不能取得土地所有权。法律禁止流通的物通常个人不能取得所有权,如国家保护的珍稀动植物、特定的文物、军用品等。

2. 物权的行使

法律对权利人享有的物权或者权利人行使权利有诸多限制,大致可归为两个方面:

(1) 使权利人丧失权利或者受到损害:① 征收征用。如本法第42条、第44条规定。② 没收财产或者收回用益物权。没收财产多发生在当事人违法犯罪的情况下,国家对其财产予以没收,直接剥夺其所有权。收回用益物权通常发生在当事人违法行使权利的情况下,如取得建设用地使用权而不进行建设,怠于行使权利或者违法行使权利,国家可将其建设用地收回。③ 自卫和紧急避险。在自卫和紧急避险的情况下,可能损害他人的财产,但如果进行自卫和紧急避险的人没有过错,则不承担赔偿责任。如《中华人民共和国民法通则》第129条规定,因紧急避险造成损害的,由引起险情发生的人承担民事责任。如果危险是由自然原因引起的,紧急避险人不承担民事责任或者承担适当的民事责任。因紧急避险采取措施不当或者超过必要的限度,造成不应有的损害的,紧急避险人应当承担适当的民事责任。

(2) 对权利人行使权利的限制:① 对土地所有权的客体范围和效力范围的限制。国外通常规定土地所有权的效力范围包括地下及土地上空,但是如果土地权利无限延伸则有损公共利益,因此,不少国家对土地所有权的行使予以限制。我国实行土地公有制,通常不发生此类问题,但集体土地并不属于国家所有,从理论上讲,集体所有的土地,也不得妨碍国家在其土地的上空或者土地地层中为公益目的的使用。② 对不动产权利行使的限制。这一类通常称为相邻关系,也就是本法第七章规定的内容。不动产权利人应当对相邻的不动产权利人行使权利提供必要的便利,并要求其容忍来自相邻不动产权利人的轻微的伤害。③ 对行使处分权的限制。对于一些特定的物,法律虽不限制公民拥有所有权,但以其关系国计民生、文化价值或者国防安全而限制其流通,通常规定禁止出口或者限制出口。《中华人民共和国文物保护法》规定,具有重要历史、艺术、科学价值的文物,除经国务院批准运往国外展览的以外,一律禁止出境。

【立法理由】

物权是排他性的支配权,被称为"绝对权",这在一定程度上是与其他权利如债权等相对而言的,并不是说物权是绝对的、不受限制的权利。所谓权利就是做法律许可之事。现代社会不承认有不受限制的权利,并且随着社会化的发展,物权因公共利益的需要受到越来越多的限制。我国是社会主义国家,处于社会主义初级阶段,实行改革开放和社会主义市场经济。我们曾经历过忽视个人利益、忽视私人权利的历史阶段,而只强调公共利益、忽视个人利益,不能调动广大人民群众生产和创造的积极性,最终还是损害公共利益,使国家无法摆脱贫穷落后的面貌。现在我们要强调保护私人权利,维护个人利益,充分发挥广大人民群众生产和创造的积极性,但同时也应当强调,权利不能滥用,取得或者行使物权要遵守法律,尊重社会公德,不能损害公共利益和他人的合法权益。这是民法的原则,当然也是物权法的原则。

对于这一原则,大陆法系国家在民法典中一般均有规定。主要表现为对物权限制的原则性规定和权利行使原则的规定。对物权限制的原则性规定,如《德国民法典》规定"在不违反法律和第三人利益的范围内",《瑞士民法典》规定"在法律规范的限制范围内",《日本民法典》规定"于法令限制的范围内"。对权利行使原则的规定,如《德国民法典》规定"权利的行使不得以损害他人为目的",《瑞士民法典》规定"任何人都必须以诚实、信用的方式行使权利和履行其义务,显系滥用权利时,不受法律保护"。

【相关规定】

《中华人民共和国民法通则》

第六条　民事活动必须遵守法律,法律没有规定的,应当遵守国家政策。

第七条　民事活动应当尊重社会公德,不得损害社会公共利益,扰乱社会经济秩序。

第七十二条第一款　财产所有权的取得,不得违反法律规定。

《法国民法典》

第五百四十四条　所有权是最绝对地享有和处分物的权利,但法律或条例禁止的使用除外。

《意大利民法典》

第八百三十三条　所有权人不得从事旨在损害或者干扰他人的活动。

第八条　其他相关法律对物权另有特别规定的,依照其规定。

【说明】

本条是对物权法与其他法律关系的规定。

《中华人民共和国物权法》是规范财产关系的民事基本法律,主要规定物权的基本原则和基本制度。除《中华人民共和国物权法》外,许多法律如《中华人民共和国土地管理法》《中华人民共和国城市房地产管理法》《中华人民共和国农村土地承包法》等对物权都作了规定。这些单行法律是就某一方面的物权作的规定,比物权法规定得更具体,针对性更强,按照特别法优先的原则,本条作了上述规定。当然,物权法作为基本法律,对单行法律有关物权的制定和适用,有指导和补充作用。

【立法理由】

在立法过程中,有的提出,物权法是基本法,其他法律与物权法规定不一致的,应当适用物权法。这一意见表明对于法律的分类和效力不太了解。按照法律的效力范围,法律可分为一般法与特别法,特别法优先于一般法。一般法是指在一国的范围内,对一般的人和事都有效力的法,特别法是指特定地区、特定人、特定事、特定时间内有效的法。一般法与特别法的区别在于,就地域来说,一般法适用于一国的全部地域,而特别法适用于局部地域,如《中华人民共和国民族区域自治法》;就人而论,一般法适用于所有的人,而特别法适用于特定的人,如《中华人民共和国兵役法》;就时间而论,一般法适用于平时,特别法适用于特别时期,如《中华人民共和国戒严法》;就事而论,一般法适用于一般的事,而特别法适用于特别的事。由于特别法是对特别的人、事等特别的规定,当然必须要优先适用特别法,否则就失去了制定特别法的意义。《中华人民共和国物权法》是规范物的一般法,相对于《中华人民共和国物权法》来说,其他规范物权的法都是特别法。如《中华人民共和国土地管理法》《中华人民共和国城市房地产管理法》《中华人民共和国农村土地承包法》《中华人民共和国保护文物法》等许多法律的规定都涉及物权,都是对特定领域的物权所作的特别规定,当然要优先适用。

第二章 物权的设立、变更、转让和消灭

第一节 不动产登记

第九条 不动产物权的设立、变更、转让和消灭,经依法登记,发生效力;未经登记,不发生效力,但法律另有规定的除外。

依法属于国家所有的自然资源,所有权可以不登记。

【说明】

本条是关于不动产物权登记生效以及依法属于国家所有的自然资源的所有权可以不登记的规定。

本法第一章规定了物权公示的基本原则,不动产物权的设立、变更、转让和消灭,应当依照法律规定登记。本条的规定,是对不动产公示原则的具体体现。

不动产,即土地以及房屋、林木等土地附着物,对整个社会都具有重大的政治意义、经济意义,不动产的物权,在各国都是物权法最重要的内容。不动产物权的重要意义和作用,又与不动产登记制度有着紧密的联系。本条规定,除法律另有规定外,不动产物权的设立、变更、转让和消灭,经依法登记,发生效力;未经登记,不发生效力。这表明,原则上不动产物权登记是不动产物权的法定公示手段,是不动产物权设立、变更、转让和消灭的生效要件,也是不动产物权依法获得承认和保护的依据。

不动产物权登记,最基本的效力表现为,除法律另有规定外,不动产物权的设立、变更、转让和消灭,经依法登记,发生效力;未经登记,不发生效力。例如,当事人订立了合法有效的买卖房屋合同后,只有依法办理了房屋所有权转让登记后,才发生房屋所有权变动的法律后果;不经登记,法律不认为发生了房屋所有权的变动。在不动产物权登记这个核心效力的基础上,还可以派生出不动产物权登记推定真实的效力,即除有相反证据证明外,法律认为记载于不动产登记簿的人是该不动产的权利人。这既是不动产物权交易安全性和公正性的需要,也是不动产物权公示原则的必然要求。因此,对信任

不动产登记簿记载的权利为正确权利而取得该项权利的第三人,法律认可其权利取得有效而予以保护,但对明知不动产登记簿记载的权利有瑕疵而取得该项权利的人,法律则不予以保护。正因为不动产物权登记具有这样的效力,本章才规定有异议登记的制度,在发生登记上的不动产物权和事实上的不动产物权不一致的情况下,事实上的权利人可以进行异议登记,将不动产登记可能有瑕疵的情况记入登记簿,以对抗第三人,防止自己利益受到损害。

本条规定,"未经登记,不发生效力,但法律另有规定的除外"。这里的"法律另有规定的除外",主要包括三方面的内容:一是本条第2款所规定的,依法属于国家所有的自然资源,所有权可以不登记。二是本章第三节规定的物权设立、变更、转让或者消灭的一些特殊情况,即主要是非依法律行为而发生的物权变动的情形:第一,因人民法院、仲裁委员会的法律文书,人民政府的征收决定等,导致物权设立、变更、转让或者消灭的,自法律文书生效或者人民政府的征收决定等行为生效时发生效力。第二,因继承或者受遗赠取得物权的,自继承或者受遗赠开始时发生效力。第三,因合法建造、拆除房屋等事实行为设立和消灭物权的,自事实行为成就时发生效力。三是考虑到现行法律的规定以及我国的实际情况尤其是农村的实际情况,本法并没有对不动产物权的设立、变更、转让和消灭一概规定必须经依法登记才发生效力。例如,在土地承包经营权一章中规定,"土地承包经营权自土地承包经营权合同生效时设立"。同时还规定,"土地承包经营权人将土地承包经营权互换、转让,当事人要求登记的,应当向县级以上地方人民政府申请土地承包经营权变更登记;未经登记,不得对抗善意第三人"。这里规定的是"未经登记,不得对抗善意第三人",而不是"不发生效力"。地役权一章规定,"地役权自地役权合同生效时设立。当事人要求登记的,可以向登记机构申请地役权登记;未经登记,不得对抗善意第三人"。在宅基地使用权一章,也没有规定宅基地使用权必须登记才发生效力,只是规定"已经登记的宅基地使用权转让或者消灭的,应当及时办理变更登记或者注销登记"。也就是说,宅基地使用权不以登记为生效要件。

本条第2款规定,依法属于国家所有的自然资源,所有权可以不登记。本法规定,法律规定属于国家所有的财产,属于国家所有即全民所有。同时,在现行法律相关内容的基础上规定,矿藏、水流、海域属于国家所有;城市的土地,属于国家所有。法律规定属于国家所有的农村和城市郊区的土地,属于国家所有;森林、山岭、草原、荒地、滩涂等自然资源,属于国家所有,但法律规定属于集体所有的除外;野生动物资源属于国家所有。本款作这样的规定,主要是出于两方面的考虑:第一,规定不动产物权登记生效,是物权公示原则的体现。法律明确规定哪些自然资源属于国家所有,比如权利记载于登记机构管理的不动产登记簿有着更强的公示力,也就无需再通过不动产登记来达到生效的法律效果。第二,不动产物权登记生效,针对的主要是当事人通过法律行为进行物权变动的情况。本款所规定的国家依照法律规定对自然资源享有所有权,不属于因法律行为而产生物权变动的情况,因此也就无需进行登记来享有所有权。因而,需要进一步说明的是,本款只是规定依法属于国家所有的自然资源,所有权可以不登记,至于在国家所有的土地、森林、海域等自然资源上设立用益物权、担保物权,则需要依法登记生效。

【立法理由】

关于不动产物权登记对不动产物权变动的效力,基本有两种立法体例,一种是登记生效主义,另一种是登记对抗主义。所谓登记生效主义,即登记决定不动产物权的设立、移转、变更和消灭是否生效,即不动产物权的各项变动都必须登记,不登记者不生效。这种体例为德国、中国台湾地区等法律所采纳。登记对抗主义,即不动产物权的设立、变更、移转、消灭的生效,仅仅以当事人的法律行为作为生效的必要充分条件,登记与否不决定物权变动的效力。但是为交易安全的考虑,法律规定不经登记的不动产物权不得对抗第三人。这种体例,为日本法律所采纳。我国民法学界一般认为,这两种体例相比,不论是在法理上,还是在实践效果上,登记生效主义都更为合理。在法理上,因物权的本质特征就是排他性,如果权利人获得的物权不能排他,就不能认为其是物权,因此而发生的物权变动自然应该无效。因此,不动产物权变动不登记就能够生效,不合法理。从实践意义上讲,不经登记的不动产物权变动对权利人和相对人均具有极大的风险,对交易的安全非常不利。物权法起草过程中,立法机关对这个问题广泛征求过意见。大多数意见认为应当采用不动产物权登记生效的立法体例,同时,考虑到我国现行有关不动产物权的法律法规也体现了这一原则,社会各方面在实践中对这一原则也较为熟悉,因此,本条作出了上述规定,这也有利于保持法律的连续性。

关于本条第2款,在立法征求意见的过程中,有一种意见认为,这样规定不利于对国家所有的自然资源的管理,也不利于对自然资源的利用。建议将其修改为国家所有的自然资源也应登记,并具体规定由哪个部门登记、管理、开发和利用。应当指出,在实践中,为了加强对国有自然资源的管理和有效利用,有关管理部门在对国有自然资源进行资产性登记。一些法律法规也有这方面的规定,如《中华人民共和国草原法》规定,未确定使用权的国家所有的草原,由县级以上人民政府登记造册,并负责保护管理。《中华人民共和国土地管理法实施条例》规定,未确定使用权的国有土地,由县级以上人民政府登记造册,负责保护管理。《中华人民共和国土地登记规则》规定,尚未确定土地使用权、所有权的土地,由土地管理部门进行登记造册,不发土地证书。但这种资产性登记,与物权法规定的作为公示方法的不动产物权登记性质上是不同的,它只是管理部门为"摸清家底"而从事的一种管理行为,并不产生物权法上的效力。

【相关规定】

《中华人民共和国城市房地产管理法》

第五十九条 国家实行房地产价格评估人员资格认证制度。

第六十一条第三款 房地产转让或者变更时,应当向县级以上地方人民政府房产管理部门申请房产变更登记,并凭变更后的房屋所有权证书向同级人民政府土地管理部门申请土地使用权变更登记,经同级人民政府土地管理部门核实,由同级人民政府更换或者更改土地使用权证书。

《中华人民共和国土地管理法》

第十二条 依法改变土地权属和用途的,应当办理土地变更登记手续。

《中华人民共和国土地管理法实施条例》

第六条 依法改变土地所有权、使用权的,因依法转让地上建筑物、构筑物等附着物导致土地使用权转移的,必须向土地所在地的县级以上人民政府土地行政主管部门提出土地变更登记申请,由原土地登记机关依法进行土地所有权、使用权变更登记。土地所有权、使用权的变更,自变更登记之日起生效。

依法改变土地用途的,必须持批准文件,向土地所在地的县级以上人民政府土地行政主管部门提出土地变更登记申请,由原土地登记机关依法进行变更登记。

《不动产登记暂行条例》

第五条 下列不动产权利,依照本条例的规定办理登记:

(一)集体土地所有权;

(二)房屋等建筑物、构筑物所有权;

(三)森林、林木所有权;

(四)耕地、林地、草地等土地承包经营权;

(五)建设用地使用权;

(六)宅基地使用权;

（七）海域使用权；
（八）地役权；
（九）抵押权；
（十）法律规定需要登记的其他不动产权利。

《德国民法典》

第八百七十三条第一款 （1）转让土地所有权、对土地设定权利以及转让此种权利或者对此种权利设定其他权利，需有权利人与相对人关于权利变更的协议，并应将权利变更在土地登记簿中登记注册，但法律另有其他规定的除外。

我国台湾地区"民法"

第七百五十八条 不动产物权，依法律行为而取得、设定、丧失及变更者，非经登记，不生效力。

《瑞士民法典》

第六百五十六条第一款 （1）取得土地所有权，须在不动产登记簿登记。

《日本民法典》

第一百七十七条 不动产物权的取得、丧失及变更，除非依不动产登记法[平成16(2004)年第123号法律]及其他关于登记的法律规定登记，不能对抗第三人。

第十条 不动产登记，由不动产所在地的登记机构办理。

国家对不动产实行统一登记制度。统一登记的范围、登记机构和登记办法，由法律、行政法规规定。

【说明】

本条是关于不动产登记机构和国家实行统一登记制度的规定。

从现行有关法律、法规的规定看，不动产登记主要由不动产所在地的县级以上人民政府的相关不动产管理部门负责。本条第2款的规定指出了国家实行不动产统一登记制度的发展方向，并规定将来由法律、行政法规具体落实统一登记的范围、登记机构和登记办法等具体制度。

【立法理由】

在立法过程中，不少部门、专家认为，登记机构特别是不动产登记机构不统一，必然出现重复登记、登记资料分散、增加当事人负担、资源浪费等弊端，不利于健全登记制度，应当统一登记机构。立法机关经研究，赞成上述意见，同时又要考虑统一登记涉及行政管理体制改革,实行统一登记需要有一个过程。因此,本条第2款在规定"国家对不动产实行统一登记制度"的同时,又规定"统一登记的范围、登记机构和登记办法,由法律、行政法规规定"。

一些发达国家和地区都规定在一国之内或一个统一司法区域内实行不动产统一登记的制度,即不论是土地、房屋还是其他不动产,也不论是何种不动产物权,均由统一的机构登记。至于具体的登记机构设置,则不尽相同,如德国的不动产登记机构为属于地方法院的土地登记局,瑞士大多为各州的地方法院,日本为司法行政机关法务局、地方法务局及其派出所,中国台湾地区的登记机关是属于行政机构的地政局。

目前,我国各地方在不动产行政管理和不动产登记体制方面存在不同的做法。以房屋和土地来说,有的地方房产和土地管理部门分别设立,房屋和土地分别由这两个部门进行管理和登记;有的地方,如上海、广州、深圳等地实现了房屋和土地管理机构的统一,同时也实行房地产统一登记;还有的地方,虽然房屋、土地的管理机构实现了统一,但在管理机构合并之前,房屋管理与土地管理作为两个独立的管理部门,各自按房屋、土地登记的程序、内容、要求和方法进行了房屋所有权登记和土地登记,已分别向权利人颁发了大量证书,由于对房产、土地登记程序、方法和内容的整合上有相当大的难度,目前仍然实行房屋和土地分别登记。考虑到这些情况,本法在附则中对不动产统一登记问题又作了补充规定:"法律、行政法规对不动产统一登记的范围、登记机构和登记办法作出规定前,地方性法规可以依照本法有关规定作出规定。"

【相关规定】

《不动产登记暂行条例》

第四条　国家实行不动产统一登记制度。

不动产登记遵循严格管理、稳定连续、方便群众的原则。

不动产权利人已经依法享有的不动产权利,不因登记机构和登记程序的改变而受到影响。

第六条　国务院国土资源主管部门负责指导、监督全国不动产登记工作。

县级以上地方人民政府应当确定一个部门为本行政区域的不动产登记机构,负责不动产登记工作,并接受上级人民政府不动产登记主管部门的指导、监督。

第七条　不动产登记由不动产所在地的县级人民政府不动产登记机构

办理;直辖市、设区的市人民政府可以确定本级不动产登记机构统一办理所属各区的不动产登记。

跨县级行政区域的不动产登记,由所跨县级行政区域的不动产登记机构分别办理。不能分别办理的,由所跨县级行政区域的不动产登记机构协商办理;协商不成的,由共同的上一级人民政府不动产登记主管部门指定办理。

国务院确定的重点国有林区的森林、林木和林地,国务院批准项目用海、用岛,中央国家机关使用的国有土地等不动产登记,由国务院国土资源主管部门会同有关部门规定。

《中华人民共和国土地管理法》

第十一条　农民集体所有的土地,由县级人民政府登记造册,核发证书,确认所有权。

农民集体所有的土地依法用于非农业建设的、由县级人民政府登记造册,核发证书,确认建设用地使用权。单位和个人依法使用的国有土地,由县级以上人民政府登记造册,核发证书,确认使用权;其中,中央国家机关使用的国有土地的具体登记发证机关,由国务院确定,确认林地、草原的所有权或者使用权,确认水面、滩涂的养殖使用权,分别依照《中华人民共和国森林法》《中华人民共和国草原法》和《中华人民共和国渔业法》的有关规定办理。

《中华人民共和国担保法》

第四十二条　办理抵押物登记的部门如下:

(一)以无地上定着物的土地使用权抵押的,为核发土地使用权证书的土地管理部门;

(二)以城市房地产或者乡(镇)、村企业的厂房等建筑物抵押的,为县级以上地方人民政府规定的部门;

(三)以林木抵押的,为县级以上林木主管部门;

(四)以航空器、船舶、车辆抵押的,为运输工具的登记部门;

(五)以企业的设备和其他动产抵押的,为财产所在地的工商行政管理部门。

《中华人民共和国城市房地产管理法》

第六十一条　以出让或者划拨方式取得土地使用权,应当向县级以上地方人民政府土地管理部门申请登记,经县级以上地方人民政府土地管理部门核实,由同级人民政府颁发土地使用权证书。

在依法取得的房地产开发用地上建成房屋的,应当凭土地使用权证书向县级以上地方人民政府房产管理部门申请登记,由县级以上地方人民政府房产管理部门核实并颁发房屋所有权证书。

房地产转让或者变更时,应当向县级以上地方人民政府房产管理部门申请房产变更登记,并凭变更后的房屋所有权证书向同级人民政府土地管理部门申请土地使用权变更登记,经同级人民政府土地管理部门核实,由同级人民政府更换或者更改土地使用权证书。

法律另有规定的,依照有关法律的规定办理。

《中华人民共和国农村土地承包法》

第二十三条第一款 县级以上地方人民政府应当向承包方颁发土地承包经营权证或者林权证等证书,并登记造册,确认土地承包经营权。

《中华人民共和国草原法》

第十一条第一款 依法确定给全民所有制单位、集体经济组织等使用的国家所有的草原,由县级以上人民政府登记,核发使用权证,确认草原使用权。

《中华人民共和国森林法》

第三条第二款 国家所有的和集体所有的森林、林木、林地,个人所有的林木和使用的林地,由县级以上地方人民政府登记造册,发放证书,确认所有权或者使用权。国务院可以授权国务院林业主管部门,对国务院确定的国家所有的重点林区的森林、林木和林地登记造册,发放证书,并通知有关地方人民政府。

第十一条 当事人申请登记,应当根据不同登记事项提供权属证明和不动产界址、面积等必要材料。

【说明】

本条是关于当事人申请登记应当提供的必要材料的规定。

本条规定的权属证明材料可以包括权属证书、合同书、法院判决或者征收决定等。

【立法理由】

本条是关于当事人申请登记应当提供的必要材料的规定。关于申请登记需要向登记机构提供哪些材料的问题,有些国家是由专门的不动产登记法规定的。《物权法》在此只是原则性地作出一个衔接性的规定,当事人申请登记所需要提供的具体材料,还需要专门法律法规,包括将来可能制定的不动产登记法去进一步明确。此外,关于登记申请的其他一些问题,也需要专门法律法规明确,如具体的不动产物权登记申请,是共同申请,还是单方申请,注销登记是否要权利人申请,不申请怎么办,利害关系人能否申请,等等。

【相关规定】

《中华人民共和国担保法》

第四十四条 办理抵押物登记,应当向登记部门提供下列文件或者其复印件:

(一)主合同和抵押合同;

(二)抵押物的所有权或者使用权证书。

《不动产登记暂行条例》

第十四条 因买卖、设定抵押权等申请不动产登记的,应当由当事人双方共同申请。

属于下列情形之一的,可以由当事人单方申请:

(一)尚未登记的不动产首次申请登记的;

(二)继承、接受遗赠取得不动产权利的;

(三)人民法院、仲裁委员会生效的法律文书或者人民政府生效的决定等设立、变更、转让、消灭不动产权利的;

(四)权利人姓名、名称或者自然状况发生变化,申请变更登记的;

(五)不动产灭失或者权利人放弃不动产权利,申请注销登记的;

(六)申请更正登记或者异议登记的;

(七)法律、行政法规规定可以由当事人单方申请的其他情形。

第十五条 当事人或者其代理人应当到不动产登记机构办公场所申请不动产登记。

不动产登记机构将申请登记事项记载于不动产登记簿前,申请人可以撤回登记申请。

第十六条 申请人应当提交下列材料,并对申请材料的真实性负责:

(一)登记申请书;

(二)申请人、代理人身份证明材料、授权委托书;

(三)相关的不动产权属来源证明材料、登记原因证明文件、不动产权属证书;

(四)不动产界址、空间界限、面积等材料;

(五)与他人利害关系的说明材料;

(六)法律、行政法规以及本条例实施细则规定的其他材料。

不动产登记机构应当在办公场所和门户网站公开申请登记所需材料目录和示范文本等信息。

《不动产登记暂行条例实施细则》

第二条 不动产登记应当依照当事人的申请进行,但法律、行政法规以及本实施细则另有规定的除外。

房屋等建筑物、构筑物和森林、林木等定着物应当与其所依附的土地、海域一并登记,保持权利主体一致。

第九条 申请不动产登记的,申请人应当填写登记申请书,并提交身份证明以及相关申请材料。

申请材料应当提供原件。因特殊情况不能提供原件的,可以提供复印件,复印件应当与原件保持一致。

第十条 处分共有不动产申请登记的,应当经占份额三分之二以上的按份共有人或者全体共同共有人共同申请,但共有人另有约定的除外。

按份共有人转让其享有的不动产份额,应当与受让人共同申请转移登记。

建筑区划内依法属于全体业主共有的不动产申请登记,依照本实施细则第三十六条的规定办理。

第十一条 无民事行为能力人、限制民事行为能力人申请不动产登记的,应当由其监护人代为申请。

监护人代为申请登记的,应当提供监护人与被监护人的身份证或者户口簿、有关监护关系等材料;因处分不动产而申请登记的,还应当提供为被监护人利益的书面保证。

父母之外的监护人处分未成年人不动产的,有关监护关系材料可以是人民法院指定监护的法律文书、经过公证的对被监护人享有监护权的材料或者其他材料。

第十二条 当事人可以委托他人代为申请不动产登记。

代理申请不动产登记的,代理人应当向不动产登记机构提供被代理人签字或者盖章的授权委托书。

自然人处分不动产,委托代理人申请登记的,应当与代理人共同到不动产登记机构现场签订授权委托书,但授权委托书经公证的除外。

境外申请人委托他人办理处分不动产登记的,其授权委托书应当按照国家有关规定办理认证或者公证。

第十三条 申请登记的事项记载于不动产登记簿前,全体申请人提出撤回登记申请的,登记机构应当将登记申请书以及相关材料退还申请人。

第十四条 因继承、受遗赠取得不动产,当事人申请登记的,应当提交死亡证明材料、遗嘱或者全部法定继承人关于不动产分配的协议以及与被继承人的亲属关系材料等,也可以提交经公证的材料或者生效的法律文书。

第十九条 当事人可以持人民法院、仲裁委员会的生效法律文书或者人民政府的生效决定单方申请不动产登记。

有下列情形之一的,不动产登记机构直接办理不动产登记:

(一)人民法院持生效法律文书和协助执行通知书要求不动产登记机构办理登记的;

(二)人民检察院、公安机关依据法律规定持协助查封通知书要求办理查封登记的;

(三)人民政府依法作出征收或者收回不动产权利决定生效后,要求不动产登记机构办理注销登记的;

(四)法律、行政法规规定的其他情形。

不动产登记机构认为登记事项存在异议的,应当依法向有关机关提出审查建议。

《日本不动产登记法》

第三十五条 (一)申请登记,应提出下列书面:

1. 申请书;

2. 证明登记原因的书面;

3. 关于登记义务人权利的登记证明书;

4. 就登记原因需要第三人许可、同意或承诺时,证明已得其许可、同意或承诺的书面;

5. 依代理人申请登记时,证明其权限的书面。

(二)证明登记原因的书面为有执行力的判决时,无须提出前款第3项和第4项所载书面。

(三)就属于官厅管理的不动产权利为登记嘱托时,以命令或规则指定的官厅或公署的职员,无须提出第(一)款第5项所载书面。

第十二条 登记机构应当履行下列职责:
(一) 查验申请人提供的权属证明和其他必要材料;
(二) 就有关登记事项询问申请人;
(三) 如实、及时登记有关事项;
(四) 法律、行政法规规定的其他职责。
申请登记的不动产的有关情况需要进一步证明的,登记机构可以要求申请人补充材料,必要时可以实地查看。

【说明】

本条是关于登记机构应当履行的职责的规定。

物权法制定以前,法律对不动产物权的登记要件和登记审查标准没有明确的规定,各地登记机构掌握的尺度宽严不一,法院在审理有关房地产登记的行政案件中审判标准也不尽相同。据在立法过程中调研了解,房产登记机构一般只是对登记申请人提供的有关必要材料是否齐备进行审核,各城市基本都没有将询问当事人纳入登记程序,大部分城市登记时不去现场查看。土地登记机构对登记申请的审查较为严格。主管部门的同志认为,实质审查登记错误率低,但效率也低,登记机关也承担一定风险。形式审查效率高,登记机关不承担风险,但存在着不安全因素。

关于不动产物权登记机构的职责,其他国家和地区有不同的规定,德国法律规定不动产登记机关除有审查当事人的申请材料是否齐备的权力之外,对当事人申请登记的内容只有消极的登记义务。登记机关既没有权力也没有义务对当事人申请登记的涉及实质权利义务的内容进行调查,也无权对当事人的财产法律关系进行变更。中国台湾地区"土地登记规则"也只规定了登记机关审查当事人的申请材料的职能。《日本不动产登记法》规定,登记官在有土地或者建筑物标示登记的申请时,或依职权进行其登记时,如有必要,可以调查土地或建筑物标示事项。

【立法理由】

物权法立法过程中,关于本条的意见主要集中在登记审查应当采用何种方式上,主要有形式审查和实质审查两种意见的争论。有学者认为,登记机构应当对登记申请进行实质审查,以避免错误登记;有学者认为,登记机构的审查主要是形式审查,是没有能力做到实质审查的。然而,对于何谓形式审查,何谓实质审查,也存在争论。有学者从登记审查的范围对此二者进行界定,认为形式审查就是登记机构不审查登记申请是否与实体法上的权利关系一致,而仅审查登记申请在登记手续、提供材料等方面是否合法、齐备;实质审查则是不仅审查登记申请在登记手续等方面是否合法,还要审查其是否与实体法上的权利关系一致,实体法上的权利关系是否有效。有学者则从登记机构的调查权限上界定实质审查,即登记机构接受了登记申请之后,应当对登记内容进行询问和调查,以确保登记内容的真实性。还有学者认为,登记机构的审查权限及于不动产物权变动的原因关系的,就是实质审查,反之,就是形式审查。

本条的规定,既没有试图界定什么是实质审查,什么是形式审查,更不去回答物权法是要求不动产登记机构进行实质审查还是形式审查。本条的规定,是在调研我国不动产登记实际情况并听取各方面意见的基础上作出的,目的是使登记机构在各自的职权范围内,充分履行职责,尽可能地保证如实、准确、及时地登记不动产物权有关事项,避免登记错误。实践中,不动产登记机构也在总结经验,积极探索改进登记工作的新思路。例如,目前土地登记主管部门正在探索建立中介代理制度,使登记中大量的实质审查工作由中介代理机构承担,通过中介代理机构的行业规范和行业自律,对资料进行实质审查,保证真实性。登记机关对有资质的中介机构的资料进行形式审查,对登记错误造成的损失,由登记机关承担责任;对由于中介代理机构造成的登记错误,国家可向中介代理机构追偿。本条内容只是物权法在现阶段作出的一个原则性规定,随着行政管理体制改革、不动产统一登记制度的建立,法律还将在总结实践经验的基础上对登记机构履行职责问题上作出更为具体的规定。

【相关规定】

《不动产登记暂行条例》

第十七条 不动产登记机构收到不动产登记申请材料,应当分别按照下列情况办理:

(一)属于登记职责范围,申请材料齐全、符合法定形式,或者申请人按照要求提交全部补正申请材料的,应当受理并书面告知申请人;

(二)申请材料存在可以当场更正的错误的,应当告知申请人当场更正,申请人当场更正后,应当受理并书面告知申请人;

(三)申请材料不齐全或者不符合法定形式的,应当当场书面告知申请人不予受理并一次性告知需要补正的全部内容;

(四)申请登记的不动产不属于本机构登记范围的,应当当场书面告知申请人不予受理并告知申请人向有登记权的机构申请。

不动产登记机构未当场书面告知申请人不予受理的,视为受理。

第十八条 不动产登记机构受理不动产登记申请的,应当按照下列要求进行查验:

(一)不动产界址、空间界限、面积等材料与申请登记的不动产状况是否一致;

(二)有关证明材料、文件与申请登记的内容是否一致;

(三)登记申请是否违反法律、行政法规规定。

第十九条 属于下列情形之一的,不动产登记机构可以对申请登记的不动产进行实地查看:

(一)房屋等建筑物、构筑物所有权首次登记;

(二)在建建筑物抵押权登记;

(三)因不动产灭失导致的注销登记;

(四)不动产登记机构认为需要实地查看的其他情形。

对可能存在权属争议,或者可能涉及他人利害关系的登记申请,不动产登记机构可以向申请人、利害关系人或者有关单位进行调查。

不动产登记机构进行实地查看或者调查时,申请人、被调查人应当予以配合。

第二十条 不动产登记机构应当自受理登记申请之日起30个工作日内办结不动产登记手续,法律另有规定的除外。

第二十一条 登记事项自记载于不动产登记簿时完成登记。

不动产登记机构完成登记,应当依法向申请人核发不动产权属证书或者登记证明。

第二十二条 登记申请有下列情形之一的,不动产登记机构应当不予登记,并书面告知申请人:

(一)违反法律、行政法规规定的;

(二)存在尚未解决的权属争议的;

(三)申请登记的不动产权利超过规定期限的;

(四)法律、行政法规规定不予登记的其他情形。

《不动产登记暂行条例实施细则》

第十五条 不动产登记机构受理不动产登记申请后,还应当对下列内容进行查验:

(一)申请人、委托代理人身份证明材料以及授权委托书与申请主体是否一致;

(二)权属来源材料或者登记原因文件与申请登记的内容是否一致;

(三)不动产界址、空间界限、面积等权籍调查成果是否完备,权属是否清楚、界址是否清晰、面积是否准确;

(四)法律、行政法规规定的完税或者缴费凭证是否齐全。

第十六条 不动产登记机构进行实地查看,重点查看下列情况:

(一)房屋等建筑物、构筑物所有权首次登记,查看房屋坐落及其建造完成等情况;

（二）在建建筑物抵押权登记，查看抵押的在建建筑物坐落及其建造等情况；

（三）因不动产灭失导致的注销登记，查看不动产灭失等情况。

第十七条　有下列情形之一的，不动产登记机构应当在登记事项记载于登记簿前进行公告，但涉及国家秘密的除外：

（一）政府组织的集体土地所有权登记；

（二）宅基地使用权及房屋所有权，集体建设用地使用权及建筑物、构筑物所有权，土地承包经营权等不动产权利的首次登记；

（三）依职权更正登记；

（四）依职权注销登记；

（五）法律、行政法规规定的其他情形。

公告应当在不动产登记机构门户网站以及不动产所在地等指定场所进行，公告期不少于15个工作日。公告所需时间不计算在登记办理期限内。公告期满无异议或者异议不成立的，应当及时记载于不动产登记簿。

《日本不动产登记法》

第五十条　（一）登记官在有土地或建筑物标示登记的申请时，或依职权进行其登记时，如有必要，可以调查土地或建筑物标示事项。

（二）登记官进行前款调查时，如有必要，限于日出至日落的时间内，可以检查土地或建筑物，要求土地或建筑物的所有人提交文书，或对上述人进行询问。于此情形，应携带身份证明书。关系人有请求时，应出示身份证明书。

第十三条　登记机构不得有下列行为：

（一）要求对不动产进行评估；

（二）以年检等名义进行重复登记；

（三）超出登记职责范围的其他行为。

【说明】

本条是关于登记机构禁止从事的行为的规定。

本章在前条规定登记机构应当履行的职责的基础上，又作出本条的规定，明确禁止登记机构从事超出登记职责的行为。

【立法理由】

本条的规定主要是针对在立法调研过程中发现的一些问题。一些地方的不动产登记机构，履行职责态度不端正，管理不严格，不思如何准确及时登记申请事项,如何为当事人提供便利,而是挖空心思,利用手中职权给当事人设置重重障碍,在为单位和个人谋取私利上做足工夫,炮制出评估、年检等诸多名目,收取高额费用。这些现象在抵押登记领域尤为突出,群众的意见很大。这种情况从另一方面也反映出在不动产登记方面的法律法规还有待完善。因此,本条作出上述规定,对这些行为予以明确禁止,在明确列举"要求对不动产进行评估"和"以年检等名义进行重复登记"这两项反应较多的问题的同时,又规定了一项兜底内容,即"超出登记职责范围的其他行为",以防止登记机构改头换面,钻法律的空子,同时,也为当事人在权益受到侵害时提供法律武器。

第十四条 不动产物权的设立、变更、转让和消灭,依照法律规定应当登记的,自记载于不动产登记簿时发生效力。

【说明】

本条是关于依法应当登记的不动产物权的设立、变更、转让和消灭何时发生效力的规定。

本法第9条规定,除法律另有规定外,不动产物权的设立、变更、转让和消灭,经依法登记,发生效力;未经登记,不发生效力,确立了不动产物权登记生效的原则。本条则具体明确了不动产物权设立、变更、转让和消灭登记生效的时间,即"自记载于不动产登记簿时发生效力",也即是说,不动产物权登记,自登记机构将不动产物权有关事项记载于不动产登记簿时,始告完成。

【立法理由】

不动产登记簿是法律规定的不动产物权登记机构管理的不动产物权登记档案。一般认为,根据物权公示原则的要求,不动产登记簿应当具有这样一些特征:一是统一性,一个登记区域内的不动产登记簿只能有一个,这样该区域内的不动产物权变动的各种情况才能准确地得到反映,物权交易的秩序才能良好建立;二是权威性,不动产登记簿是国家建立的档案簿册,其公信力以国家的行为担保,并依此为不动产物权变动的可信性提供保障;三是持久性,不动产登记簿将由登记机构长期保存,以便于当事人和利害关系人的利益获得长期的保障;四是公开性,不动产登记簿不应是秘密档案,登记机构不但应当允许权利人和利害关系人查阅复制,而且还要为他们的查阅复制提供便利。正因为不动产登记簿具有这些特征,不动产物权的设立、变更、转让和消灭只有在记载于不动产登记簿之后,才具有公示力和排他力,因此,本条作出了上述规定。

【相关规定】

《不动产登记暂行条例》

第二十一条　登记事项自记载于不动产登记簿时完成登记。

不动产登记机构完成登记,应当依法向申请人核发不动产权属证书或者登记证明。

《不动产登记暂行条例实施细则》

第二十七条　因下列情形导致不动产权利转移的,当事人可以向不动登记机构申请转移登记：

（一）买卖、互换、赠与不动产的；

（二）以不动产作价出资(入股)的；

（三）法人或者其他组织因合并、分立等原因致使不动产权利发生转移的；

（四）不动产分割、合并导致权利发生转移的；

（五）继承、受遗赠导致权利发生转移的；

（六）共有人增加或者减少以及共有不动产份额变化的；

（七）因人民法院、仲裁委员会的生效法律文书导致不动产权利发生转移的；

（八）因主债权转移引起不动产抵押权转移的；

（九）因需役地不动产权利转移引起地役权转移的；

（十）法律、行政法规规定的其他不动产权利转移情形。

第二十八条　有下列情形之一的,当事人可以申请办理注销登记：

（一）不动产灭失的；

（二）权利人放弃不动产权利的；

（三）不动产被依法没收、征收或者收回的；

（四）人民法院、仲裁委员会的生效法律文书导致不动产权利消灭的；

（五）法律、行政法规规定的其他情形。

不动产上已经设立抵押权、地役权或者已经办理预告登记,所有权人、使用权人因放弃权利申请注销登记的,申请人应当提供抵押权人、地役权人、预告登记权利人同意的书面材料。

《最高人民法院关于适用〈中华人民共和国物权法〉若干问题的解释（一）》

第十八条第一款　物权法第一百零六条第一款第一项所称的"受让人受让该不动产或者动产时",是指依法完成不动产物权转移登记或者动产交付之时。

《最高人民法院关于适用〈中华人民共和国公司法〉若干问题的规定(三)》

第十条第一款　出资人以房屋、土地使用权或者需要办理权属登记的知识产权等财产出资,已经交付公司使用但未办理权属变更手续,公司、其他股东或者公司债权人主张认定出资人未履行出资义务的,人民法院应当责令当事人在指定的合理期间内办理权属变更手续;在前述期间内办理了权属变更手续的,人民法院应当认定其已经履行了出资义务;出资人主张自其实际交付财产给公司使用时享有相应股东权利的,人民法院应予支持。

《瑞士民法典》

第九百七十二条第一款　(1)物权在不动产登记簿主簿登记后,始得成立,并依次排列顺序及日期。

《德国民法典》

第八百七十三条　转让土地所有权,对土地设定权以及转让此种权利或者对此种权利上设定其他权利,需有权利人与相对人关于变更的协议,并应将权利变更在土地登记簿中登记注册,但法律另有其他规定的除外。

第十五条　当事人之间订立有关设立、变更、转让和消灭不动产物权的合同,除法律另有规定或者合同另有约定外,自合同成立时生效;未办理物权登记的,不影响合同效力。

【说明】

本条是关于合同效力和物权效力区分的规定。

本条规定的内容,在民法学中称为物权变动与其基础关系或者说原因关系的区分原则。以发生物权变动为目的的基础关系,主要是合同,它属于债权法律关系的范畴,成立以及生效应该依据合同法来判断。民法学将这种合同看成是物权变动的原因行为。不动产物权的变动只能在登记时生效,依法成立生效的合同也许不能发生物权变动的结果。这可能是因为物权因客观情势发生变迁,使得物权的变动成为不可能;也可能是物权的出让人"一物二卖",其中一个买受人先行进行了不动产登记,其他买受人便不可能取得合同约定转让的物权。有关设立、变更、转让和消灭不动产物权的合同和物权的设立、变更、转让和消灭本身是两种应当加以区分的情况。除非法律有特别规定,合同一经成立,只要不违反法律的强制性规定和社会公共利益,就可以发生效力。合同只是当事人之间的一种合意,并不必然与登记联系在一起。

登记是针对民事权利的变动而设定的,它是与物权的变动联系在一起的,是一种物权变动的公示方法。登记并不是针对合同行为,而是针对物权的变动所采取的一种公示方法,如果当事人之间仅就物权的变动达成合意,而没有办理登记,合同仍然有效。例如,当事人双方订立了房屋买卖合同之后,合同就已经生效,如果没有办理登记手续,房屋所有权不能发生移转,但买受人基于有效合同而享有的占有权仍然受到保护。违约的合同当事人一方应该承担违约责任。依不同情形,买受人可以请求债务人实际履行合同,即请求出卖人办理不动产转让登记,或者请求债务人赔偿损失。

【立法理由】

区分合同效力和登记的效力为我国民法学界普遍赞同,有学者提出,区分原则具有如下几个方面的实际意义:第一,有利于保护买受人依据合同所享有的占有权。在不动产买卖合同成立以后,即使没有办理不动产权利移转的登记手续,但是,因为合同已经生效,所以依据有效合同而交付之后,买受人因此享有的占有权仍然受到保护。即使买受人不享有物权,但是可以享有合法的占有权,针对第三人的侵害不动产的行为,可以提起占有之诉。第二,有利于确立违约责任。如果一方在合同成立之后没有办理登记,或者拒绝履行登记义务,由于合同已经成立并生效,此种拒不履行登记的行为构成违约,应当承担相应的违约责任。第三,有利于保护无过错一方当事人。当事人之间买卖房屋未经登记的情况错综复杂,如果以登记为合同生效要件,则在因出卖人的原因而未办理登记手续的情况下,在房屋价格上涨之后,出卖人有可能以未办理登记将导致合同无效为理由,要求确认合同无效并返还房屋,这有可能鼓励一些不法行为人规避法律,甚至利用房屋买卖欺诈他人,而损害的却是善意买受人的利益。特别是在房屋已经交付使用、买受人对房屋已进行了重大修缮的情况下,如果因未登记而确认合同无效并返还房屋,这确实会妨碍现有的财产秩序。如果严格的区分合同效力和登记效力,则可以防止此种现象的发生。

学者一般认为,区分两种效力不但是科学的,符合物权为排他权、债权为请求权的基本法理,而且被民法实践证明对分清物权法和债权法的不同作用范围、区分当事人的不同法律责任、保障原因合同当事人的合法利益也是非常必要和行之有效的原则。曾有一段时期,我国的一些立法实践以及司法实践,对这个问题有不同的认识。目前,无论是民法学界,还是法律规定和司法实践,对于区分合同效力和登记效力,在认识上已经基本一致。

【相关规定】

《中华人民共和国合同法》

第四十四条 依法成立的合同,自成立时生效。

法律、行政法规规定应当办理批准、登记等手续生效的,依照其规定。

《最高人民法院关于适用〈中华人民共和国合同法〉若干问题的解释(一)》

第九条第一款 依照合同法第四十四条第二款的规定,法律、行政法规规定合同应当办理批准手续,或者办理批准、登记等手续才生效,在一审法庭辩论终结前当事人仍未办理批准手续的,或者仍未办理批准、登记等手续的,人民法院应当认定该合同未生效;法律、行政法规规定合同应当办理登记手续,但未规定登记后生效的,当事人未办理登记手续不影响合同的效力,合同标的物所有权及其他物权不能转移。

《最高人民法院关于审理买卖合同纠纷案件适用法律问题的解释》

第三条 当事人一方以出卖人在缔约时对标的物没有所有权或者处分权为由主张合同无效的,人民法院不予支持。

出卖人因未取得所有权或者处分权致使标的物所有权不能转移,买受人要求出卖人承担违约责任或者要求解除合同并主张损害赔偿的,人民法院应予支持。

第十六条 不动产登记簿是物权归属和内容的根据。

不动产登记簿由登记机构管理。

【说明】

本条是关于不动产登记簿效力以及管理机构的规定。

前文已述不动产登记簿的几个特征。在本法确立了不动产物权登记生效的原则之后,不动产登记簿就自然应当成为不动产物权的法律根据,这是不动产物权公示原则的当然体现,也是保障物权变动安全的必要手段。本条第1款的规定,在民法学上一般称为权利正确性推定原则,即在不动产登记簿上记载某人享有某项物权时,推定该人享有该项权利,其权利的内容也以不动产登记簿上的记载为准。在建立不动产登记制度的情况下,不动产登记成为不动产物权制度的基础。不动产登记簿所记载的权利的正确性推定效力对客观、公正的不动产交易秩序的建立有着极为重要的意义。

【立法理由】

不动产登记簿记载的权利和事实上的权利应当是一致的,法律也要求登记机构正确履行职责,如实记载登记事项,但是由于现实经济生活的复杂性,也会产生两者不相符合的情形。在实际生活中,由于当事人自己的过错或者由于登记机关的过错,可能会出现登记的权利和事实上的权利不一致的情况。因此,规定不动产登记簿的推定正确效力,对实现不动产物权变动中的客观公正有十分重要的意义,正因为登记簿有此效力,第三人依据登记簿的取得才受到法律的保护,交易的安全才有了保障。由此可见,法律规定物权的归属和内容以不动产登记簿为根据,目的就是从国家公信力的角度对物权相对人的利益进行保护,从而建立一个能以客观标准衡量的公正的经济秩序,这也是物权公示原则的价值和要求。法律在为建立公正安全的交易秩序而保护相对人利益的同时,也为可能的事实权利人提供了异议登记、更正登记等救济手段。

【相关规定】

《不动产登记暂行条例》

第八条　不动产以不动产单元为基本单位进行登记。不动产单元具有唯一编码。

不动产登记机构应当按照国务院国土资源主管部门的规定设立统一的不动产登记簿。

不动产登记簿应当记载以下事项:

(一)不动产的坐落、界址、空间界限、面积、用途等自然状况;

(二)不动产权利的主体、类型、内容、来源、期限、权利变化等权属状况;

(三)涉及不动产权利限制、提示的事项;

(四)其他相关事项。

第九条　不动产登记簿应当采用电子介质,暂不具备条件的,可以采用纸质介质。不动产登记机构应当明确不动产登记簿唯一、合法的介质形式。

不动产登记簿采用电子介质的,应当定期进行异地备份,并具有唯一、确定的纸质转化形式。

第十条　不动产登记机构应当依法将各类登记事项准确、完整、清晰地记载于不动产登记簿。任何人不得损毁不动产登记簿,除依法予以更正外不得修改登记事项。

第十二条　不动产登记机构应当指定专人负责不动产登记簿的保管,并建立健全相应的安全责任制度。

采用纸质介质不动产登记簿的,应当配备必要的防盗、防火、防渍、防有害生物等安全保护设施。

采用电子介质不动产登记簿的,应当配备专门的存储设施,并采取信息网络安全防护措施。

第十三条 不动产登记簿由不动产登记机构永久保存。不动产登记簿损毁、灭失的,不动产登记机构应当依据原有登记资料予以重建。

行政区域变更或者不动产登记机构职能调整的,应当及时将不动产登记簿移交相应的不动产登记机构。

《不动产登记暂行条例实施细则》

第五条 《条例》第八条规定的不动产单元,是指权属界线封闭且具有独立使用价值的空间。

没有房屋等建筑物、构筑物以及森林、林木定着物的,以土地、海域权属界线封闭的空间为不动产单元。

有房屋等建筑物、构筑物以及森林、林木定着物的,以该房屋等建筑物、构筑物以及森林、林木定着物与土地、海域权属界线封闭的空间为不动产单元。

前款所称房屋,包括独立成幢、权属界线封闭的空间,以及区分套、层、间等可以独立使用、权属界线封闭的空间。

第六条 不动产登记簿以宗地或者宗海为单位编成,一宗地或者一宗海范围内的全部不动产单元编入一个不动产登记簿。

第七条 不动产登记机构应当配备专门的不动产登记电子存储设施,采取信息网络安全防护措施,保证电子数据安全。

任何单位和个人不得擅自复制或者篡改不动产登记簿信息。

《德国民法典》

第八百九十一条 (1)在土地登记簿中为了某人登记一项权利的,应推定此人享有该项权利。

(2)在土地登记簿中注销一项权利的,应推定该项权利不复存在。

第八百九十二条第一款 (1)为有利于根据法律行为取得一项权利或者取得该项权利上的权利的人,土地登记簿中所记载的内容应视为是正确的,对其正确性提出的异议已进行登记的或者取得人明知其为不正确的除外。

《瑞士民法典》

第九百七十三条第一款 (1)出于善意而信赖不动产登记簿的登记,因而取得所有权或其他权利的人,均受保护。

我国台湾地区"土地法"

第四十三条 依本法所为之登记,有绝对效力。

第十七条 不动产权属证书是权利人享有该不动产物权的证明。不动产权属证书记载的事项,应当与不动产登记簿一致;记载不一致的,除有证据证明不动产登记簿确有错误外,以不动产登记簿为准。

【说明】

本条是关于不动产登记簿与不动产权属证书的关系的规定。

不动产权属证书,即不动产的所有权证、使用权证等,是登记机关颁发给权利人作为其享有权利的证明。根据物权公示原则,完成不动产物权公示的是不动产登记,不动产物权的归属和内容应以不动产登记簿为根据。不动产物权证书只是不动产登记簿所记载内容的外在表现形式。在社会生活和交易过程中,不动产权利人为了证明自己的权利状况,可以出示权属证书。

【立法理由】

我国目前不动产登记制度及其实际运作还有待进一步完善,不动产登记簿的设置、管理和查阅复制工作需要重视和加强。实践中,单位和个人普遍存在重视不动产权属证书而轻视不动产登记簿的现象,这样将削弱不动产物权的公示性,影响不动产交易的安全。因此,本条规定,不动产权属证书是权利人享有该不动产物权的证明。不动产权属证书记载的事项,应当与不动产登记簿一致;记载不一致的,除有证据证明不动产登记簿确有错误外,以不动产登记簿为准。

【相关规定】

《不动产登记暂行条例》

第二十一条 登记事项自记载于不动产登记簿时完成登记。

不动产登记机构完成登记,应当依法向申请人核发不动产权属证书或者登记证明。

《不动产登记暂行条例实施细则》

第四条 国务院确定的重点国有林区的森林、林木和林地,由国土资源部受理并会同有关部门办理,依法向权利人核发不动产权属证书。

国务院批准的项目用海、用岛的登记,由国土资源部受理,依法向权利人核发不动产权属证书。

中央国家机关使用的国有土地等不动产登记,依照国土资源部《在京中央国家机关用地土地登记办法》等规定办理。

第二十条　不动产登记机构应当根据不动产登记簿,填写并核发不动产权属证书或者不动产登记证明。

除办理抵押权登记、地役权登记和预告登记、异议登记,向申请人核发不动产登记证明外,不动产登记机构应当依法向权利人核发不动产权属证书。

不动产权属证书和不动产登记证明,应当加盖不动产登记机构登记专用章。

不动产权属证书和不动产登记证明样式,由国土资源部统一规定。

第二十一条　申请共有不动产登记的,不动产登记机构向全体共有人合并发放一本不动产权属证书;共有人申请分别持证的,可以为共有人分别发放不动产权属证书。

共有不动产权属证书应当注明共有情况,并列明全体共有人。

第二十二条　不动产权属证书或者不动产登记证明污损、破损的,当事人可以向不动产登记机构申请换发。符合换发条件的,不动产登记机构应当予以换发,并收回原不动产权属证书或者不动产登记证明。

不动产权属证书或者不动产登记证明遗失、灭失,不动产权利人申请补发的,由不动产登记机构在其门户网站上刊发不动产权利人的遗失、灭失声明 15 个工作日后,予以补发。

不动产登记机构补发不动产权属证书或者不动产登记证明的,应当将补发不动产权属证书或者不动产登记证明的事项记载于不动产登记簿,并在不动产权属证书或者不动产登记证明上注明"补发"字样。

第二十三条　因不动产权利灭失等情形,不动产登记机构需要收回不动产权属证书或者不动产登记证明的,应当在不动产登记簿上将收回不动产权属证书或者不动产登记证明的事项予以注明;确实无法收回的,应当在不动产登记机构门户网站或者当地公开发行的报刊上公告作废。

《意大利民法典》

第二千六百七十六条　在不动产登记的保管人发给的登记簿、复印件或证明有差异的情况下,登记簿的效力优先。

第十八条　权利人、利害关系人可以申请查询、复制登记资料,登记机构应当提供。

【说明】

本条是关于不动产登记资料查询、复制的规定。

现行法律法规对土地登记查询问题有一些规定。《中华人民共和国担保法》规定，登记部门登记的资料，应当允许查阅、抄录或者复印。《中华人民共和国土地管理法实施条例》规定，土地登记资料可以公开查询。为了规范土地登记资料的公开查询活动，保证土地交易安全，保护土地权利人的合法权益，国土资源部于2002年制定了《土地登记资料公开查询办法》，主要内容如下：

（1）关于查询范围和有权查询的单位、个人。土地登记资料是指：①土地登记结果，包括土地登记卡和宗地图；②原始登记资料，包括土地权属来源文件、土地登记申请书、地籍调查表和地籍图。对第①项规定的土地登记结果，任何单位和个人都可以依照本办法的规定查询。对于第②项规定的原始登记资料，有权查询的单位和个人是：土地权利人、取得土地权利人同意的单位和个人有权查询其土地权利范围内的原始登记资料；土地登记代理机构有权查询与其代理业务直接相关的原始登记资料；国家安全机关、公安机关、检察机关、审判机关和纪检监察部门有权查询与调查、处理与案件有关的原始登记资料。

（2）关于查询机关。县级以上人民政府国土资源行政主管部门（以下简称查询机关）负责土地登记资料的公开查询工作。查询机关根据工作需要，可以委托有关单位具体承办土地登记资料的公开查询事务。

（3）关于查询程序。查询人查询土地登记资料，应当向查询机关提供本人的身份证明，并填写查询申请表。查询人为法人或者其他组织的，还应当提交单位的证明文件。查询原始登记资料的，还应当提交其他证明材料。查询人查询土地登记资料，应当在查询机关设定的场所进行。任何单位和个人不得擅自将土地登记资料带离设定的场所。查询人在查询时应当保持土地登记资料的完好，不得对土地登记资料进行圈点、划线、注记、涂改或者拆页，也不得损坏查询设备。查询人可以阅读或者自行抄录土地登记资料。对符合本办法规定的查询申请，查询机关应当当场提供查询；因情况特殊，不能当场提供查询的，应当在5日内提供查询。应查询人要求，查询机关可以摘录或者复制有关的土地登记资料。查询机关摘录或者复制的土地登记结果，查询人请求出具查询结果证明的，查询机关经审核后可以出具查询结果证明。查询结果证明应当加盖查询机关印章，并注明日期。查询结果证明复制无效。对无土地登记结果的，应查询人请求，查询机关可以出具无土地登记记录的书面证明。涉及国家秘密的土地登记资料的查询，按照《中华人民共和国保守国家秘密法》的有关规定执行。查询土地登记资料所发生的费用由查询人承担。此外，《林木和林地权属登记管理办法》规定，登记机关应当公开登记档案,并接受公众查询。

【立法理由】

不动产登记制度是建立和完善物权法律制度的基础。但是,究竟哪些人可以查询和复制登记资料,在立法征求意见过程中有不同的意见。有一种观点认为,任何人都可以查询和复制,所有的社会公众都可以进行查询。持这种观点的主要是基于以下三个理由:第一个理由是,物权公示的目的就是要公开登记资料,让社会公众都能够知道物权归属的状况。第二个理由是,如果权利人选择进行登记,登记行为本身也就表明他并不把所要登记的内容作为个人隐私,登记的资料就是准备要公开的,因此不属于隐私的范畴,也不属于商业秘密。第三个理由是,如果一部分人可以进行查询、复制,而另外一部分人不能进行查询、复制,就需要作出一些限制性的规定,在实际操作中所需的成本比较高。还有一种观点认为,对于享有不动产物权而不想进行交易的权利人来说,没有必要使其不动产物权登记信息让社会公众都知道。对于想要受让不动产物权的当事人来说,也无需了解所有的不动产物权登记信息,需要了解的只是对方需要出让的不动产物权信息。因此,没有必要规定不动产登记资料向全社会公众开放。

对于这个问题,国外的规定也不一样,有的国家和地区是允许大家都可以查询,有的则作出某种限制。立法机关经研究,认为物权公示本来的含义或者真正目的,不是要求全社会的人都知道特定不动产的信息。物权公示虽然是针对不特定的人,但这个不特定的人不是全社会的人。登记资料只要能够满足合同双方当事人以外或者物权权利人以外的人中可能和这个物权发生联系的这部分人的要求,就达到了登记的目的和物权公示的目的了。如果不加区别地认为所有人都可以去查询、复制登记资料,实际上是一种误导,做了没有必要做的事情,甚至会带来不必要的麻烦。因此,本条规定,权利人、利害关系人可以申请查询、复制登记资料,登记机构应当提供。

【相关规定】

《中华人民共和国担保法》

第四十五条　登记部门登记的资料,应当允许查阅、抄录或者复印。

《中华人民共和国民用航空法》

第十二条第二款　民用航空器权利登记事项,可以供公众查询、复制或者摘录。

《中华人民共和国土地管理法实施条例》

第三条第三款　土地登记资料可以公开查询。

《不动产登记暂行条例》

第二十三条　国务院国土资源主管部门应当会同有关部门建立统一的不动产登记信息管理基础平台。

各级不动产登记机构登记的信息应当纳入统一的不动产登记信息管理基础平台,确保国家、省、市、县四级登记信息的实时共享。

第二十七条　权利人、利害关系人可以依法查询、复制不动产登记资料,不动产登记机构应当提供。

有关国家机关可以依照法律、行政法规的规定查询、复制与调查处理事项有关的不动产登记资料。

第二十八条　查询不动产登记资料的单位、个人应当向不动产登记机构说明查询目的,不得将查询获得的不动产登记资料用于其他目的;未经权利人同意,不得泄露查询获得的不动产登记资料。

《不动产登记暂行条例实施细则》

第九十四条　不动产登记资料包括:

(一)不动产登记簿等不动产登记结果;

(二)不动产登记原始资料,包括不动产登记申请书、申请人身份材料、不动产权属来源、登记原因、不动产权籍调查成果等材料以及不动产登记机构审核材料。

不动产登记资料由不动产登记机构管理。不动产登记机构应当建立不动产登记资料管理制度以及信息安全保密制度,建设符合不动产登记资料安全保护标准的不动产登记资料存放场所。

不动产登记资料中属于归档范围的,按照相关法律、行政法规的规定进行归档管理,具体办法由国土资源部会同国家档案主管部门另行制定。

第九十五条　不动产登记机构应当加强不动产登记信息化建设,按照统一的不动产登记信息管理基础平台建设要求和技术标准,做好数据整合、系统建设和信息服务等工作,加强不动产登记信息产品开发和技术创新,提高不动产登记的社会综合效益。

各级不动产登记机构应当采取措施保障不动产登记信息安全。任何单位和个人不得泄露不动产登记信息。

第九十六条　不动产登记机构、不动产交易机构建立不动产登记信息与交易信息互联共享机制,确保不动产登记与交易有序衔接。

不动产交易机构应当将不动产交易信息及时提供给不动产登记机构。不动产登记机构完成登记后,应当将登记信息及时提供给不动产交易机构。

第九十七条　国家实行不动产登记资料依法查询制度。

权利人、利害关系人按照《条例》第二十七条规定依法查询、复制不动产登记资料的,应当到具体办理不动产登记的不动产登记机构申请。

权利人可以查询、复制其不动产登记资料。

因不动产交易、继承、诉讼等涉及的利害关系人可以查询、复制不动产自然状况、权利人及其不动产查封、抵押、预告登记、异议登记等状况。

人民法院、人民检察院、国家安全机关、监察机关等可以依法查询、复制与调查和处理事项有关的不动产登记资料。

其他有关国家机关执行公务依法查询、复制不动产登记资料的,依照本条规定办理。

涉及国家秘密的不动产登记资料的查询,按照保守国家秘密法的有关规定执行。

第九十八条　权利人、利害关系人申请查询、复制不动产登记资料应当提交下列材料:

(一)查询申请书;

(二)查询目的的说明;

(三)申请人的身份材料;

(四)利害关系人查询的,提交证实存在利害关系的材料。

权利人、利害关系人委托他人代为查询的,还应当提交代理人的身份证明材料、授权委托书。权利人查询其不动产登记资料无需提供查询目的的说明。

有关国家机关查询的,应当提供本单位出具的协助查询材料、工作人员的工作证。

第九十九条　有下列情形之一的,不动产登记机构不予查询,并书面告知理由:

(一)申请查询的不动产不属于不动产登记机构管辖范围的;

(二)查询人提交的申请材料不符合规定的;

(三)申请查询的主体或者查询事项不符合规定的;

(四)申请查询的目的不合法的;

(五)法律、行政法规规定的其他情形。

第一百条　对符合本实施细则规定的查询申请,不动产登记机构应当当场提供查询;因情况特殊,不能当场提供查询的,应当在5个工作日内提供查询。

第一百零一条 查询人查询不动产登记资料,应当在不动产登记机构设定的场所进行。

不动产登记原始资料不得带离设定的场所。

查询人在查询时应当保持不动产登记资料的完好,严禁遗失、拆散、调换、抽取、污损登记资料,也不得损坏查询设备。

第一百零二条 查询人可以查阅、抄录不动产登记资料。查询人要求复制不动产登记资料的,不动产登记机构应当提供复制。

查询人要求出具查询结果证明的,不动产登记机构应当出具查询结果证明。查询结果证明应注明查询目的及日期,并加盖不动产登记机构查询专用章。

《瑞士民法典》

第九百七十条 (1)任何人均有权获悉,在不动产登记簿上登记为不动产所有权人为何人。

(2)经初步证据证明为有利益关系者,有权请求查阅不动产登记簿或请求就此制作内容摘要。

(3)任何人不得提出其不知不动产登记簿上登记的抗辩。

《日本不动产登记法》

第二十一条 (一)任何人都可以缴纳手续费,而请求交付登记簿的誊本、节本或地图及建筑物所在图的全部或一部的副本。并且,以有利害关系部分为限,可以请求阅览登记簿及其附属文件或地图、建筑物所在图。关于登记事项无变更、某事项未登记、登记簿誊本或节本的记载事项无变更的证明,亦同。

(二)于手续费之外另缴纳邮费者,可以请求送付登记簿的誊本或节本、地图或建筑物所在图的全部或一部的副本及前款规定的证明书。

(三)第(一)款的手续费的数额,应考虑物价的状况、交付登记簿誊本等所需实费及其他有关情事,以政令规定。

(四)第(一)款手续费的缴纳,以登记印花为之。

第十九条 权利人、利害关系人认为不动产登记簿记载的事项错误的,可以申请更正登记。不动产登记簿记载的权利人书面同意更正或者有证据证明登记确有错误的,登记机构应当予以更正。

不动产登记簿记载的权利人不同意更正的,利害关系人可以申请异议登记。登记机构予以异议登记的,申请人在异议登记之日起十五日内不起诉,异议登记失效。异议登记不当,造成权利人损害的,权利人可以向申请人请求损害赔偿。

【说明】

本条是关于不动产更正登记和异议登记的规定。

更正登记是对原登记权利的涂销登记,同时是对真正权利的初始登记。更正登记有两种方式:一是经权利人(包括登记上的权利人和事实上的权利人)以及利害关系人申请的登记;另一种是登记机关自己发现错误后作出的更正登记。异议登记是将事实上的权利人以及利害关系人对不动产登记簿记载的权利所提出的异议记入登记簿。

【立法理由】

更正登记与异议登记同样是保护事实上的权利人或者真正权利人以及真正权利状态的法律措施。与异议登记不同的是,更正登记是彻底地消除登记权利与真正权利不一致的状态,避免第三人依据不动产登记簿取得不动产登记簿上记载的物权。更正登记的目的是为了保护事实上的权利人的物权,许可真正的权利人或者利害关系人依据真正的权利状态对不动产登记簿记载的内容进行更正。但是,更正的程序可能较为费时,有时申请更正的权利人与登记簿上记载的权利人之间的争议一时难以化解,法律有必要建立异议登记制度,作为一种对真正权利人利益的临时性保护措施。所谓异议登记,就是将事实上的权利人以及利害关系人对不动产登记簿记载的权利所提出的异议记入登记簿,异议登记的法律效力是,登记簿上所记载权利失去正确性推定的效力,第三人也不得主张依照登记的公信力而受到保护。

由此可见,异议登记虽然可以对真正权利人提供保护,但这种保护应当是临时性的,因为它同时也给不动产物权交易造成了一种不稳定的状态。为使得不动产物权的不稳定状态早日恢复正常,法律必须对异议登记的有效期间作出限制。因此,本条规定,申请人在异议登记之日起 15 日内不起诉的,异议登记失效。申请人在异议登记之日起 15 日内不起诉,说明异议登记的申请人不积极行使其权利,为使登记簿上记载的权利人的利益和正常的交易秩序不致受到严重的影响,法律规定这时该异议登记失去其效力。

由于异议登记可以使登记簿上所记载权利失去正确性推定的效力,同时,异议登记的申请人在提出异议登记的申请时也无须充分证明其权利受到了损害,因此,如果申请人滥用异议登记制度,将可能给登记簿上记载权利人的利益造成损害。所以,本条规定,异议登记不当,造成权利人损害的,权利人可以向申请人请求损害赔偿。

【相关规定】

《最高人民法院关于适用〈中华人民共和国物权法〉若干问题的解释(一)》

第三条 异议登记因物权法第十九条第二款规定的事由失效后,当事人提起民事诉讼,请求确认物权归属的,应当依法受理。异议登记失效不影响人民法院对案件的实体审理。

第十六条第一款 具有下列情形之一的,应当认定不动产受让人知道转让人无处分权:

(一)登记簿上存在有效的异议登记;

(二)预告登记有效期内,未经预告登记的权利人同意;

(三)登记簿上已经记载司法机关或者行政机关依法裁定、决定查封或者以其他形式限制不动产权利的有关事项;

(四)受让人知道登记簿上记载的权利主体错误;

(五)受让人知道他人已经依法享有不动产物权。

《不动产登记暂行条例》

第十四条 因买卖、设定抵押权等申请不动产登记的,应当由当事人双方共同申请。

属于下列情形之一的,可以由当事人单方申请:

(一)尚未登记的不动产首次申请登记的;

(二)继承、接受遗赠取得不动产权利的;

(三)人民法院、仲裁委员会生效的法律文书或者人民政府生效的决定等设立、变更、转让、消灭不动产权利的;

(四)权利人姓名、名称或者自然状况发生变化,申请变更登记的;

(五)不动产灭失或者权利人放弃不动产权利,申请注销登记的;

(六)申请更正登记或者异议登记的;

(七)法律、行政法规规定可以由当事人单方申请的其他情形。

《不动产登记暂行条例实施细则》

第七十九条 权利人、利害关系人认为不动产登记簿记载的事项有错误,可以申请更正登记。

权利人申请更正登记的,应当提交下列材料:

(一)不动产权属证书;

(二)证实登记确有错误的材料;

(三)其他必要材料。

利害关系人申请更正登记的,应当提交利害关系材料、证实不动产登记簿记载错误的材料以及其他必要材料。

第八十条 不动产权利人或者利害关系人申请更正登记,不动产登记机构认为不动产登记簿记载确有错误的,应当予以更正;但在错误登记之后已经办理了涉及不动产权利处分的登记、预告登记和查封登记的除外。

不动产权属证书或者不动产登记证明填制错误以及不动产登记机构在办理更正登记中,需要更正不动产权属证书或者不动产登记证明内容的,应当书面通知权利人换发,并把换发不动产权属证书或者不动产登记证明的事项记载于登记簿。

不动产登记簿记载无误的,不动产登记机构不予更正,并书面通知申请人。

第八十二条 利害关系人认为不动产登记簿记载的事项错误,权利人不同意更正的,利害关系人可以申请异议登记。

利害关系人申请异议登记的,应当提交下列材料:

(一)证实对登记的不动产权利有利害关系的材料;

(二)证实不动产登记簿记载的事项错误的材料;

(三)其他必要材料。

第八十三条 不动产登记机构受理异议登记申请的,应当将异议事项记载于不动产登记簿,并向申请人出具异议登记证明。

异议登记申请人应当在异议登记之日起15日内,提交人民法院受理通知书、仲裁委员会受理通知书等提起诉讼、申请仲裁的材料;逾期不提交的,异议登记失效。

异议登记失效后,申请人就同一事项以同一理由再次申请异议登记的,不动产登记机构不予受理。

第八十四条 异议登记期间,不动产登记簿上记载的权利人以及第三人因处分权利申请登记的,不动产登记机构应当书面告知申请人该权利已经存在异议登记的有关事项。申请人申请继续办理的,应当予以办理,但申请人应当提供知悉异议登记存在并自担风险的书面承诺。

《德国民法典》

第八百九十四条 如果土地登记簿中的内容在有关土地上的权利、此项权利上的权利或者在第892条第1款所列举种类的处分权的限制方面,与真实的法律状态不一致时,自己的权利未登记或者未正确登记的人,或者因登记不存在的负担或者限制而受损害的人,可以要求因更正而涉及其权利的人同意在土地登记簿中加以更正。

第八百九十九条 （1）在第894条规定的情况下,可将对土地登记簿的正确性提出的异议进行登记。

（2）上述登记根据临时处分或者因土地登记簿中的更正涉及其权利的人的同意而进行。为了发布临时处分命令,无需证实异议提出人的权利已受到危害。

《瑞士民法典》

第九百七十五条 （1）物权的登记不正当,或正当的登记被不正当地涂销或更改时,其物权受到侵害的人,得诉请更改或涂销该登记。

（2）前款规定,不妨碍善意第三人因登记而取得的物权及请求损害赔偿的权利。

第九百七十七条 （1）不动产登记簿管理人更正登记,在未经当事人同意的情况下,仅得依法官的裁判为之。

（2）更正亦可通过涂销不正当登记并加以重新登记为之。

（3）单纯的书写错误,应依职权根据联邦委员会颁布的有关规定办理。

第二十条 当事人签订买卖房屋或者其他不动产物权的协议,为保障将来实现物权,按照约定可以向登记机构申请预告登记。预告登记后,未经预告登记的权利人同意,处分该不动产的,不发生物权效力。

预告登记后,债权消灭或者自能够进行不动产登记之日起三个月内未申请登记的,预告登记失效。

【说明】

本条是关于预告登记的规定。

预告登记,是指为保全一项请求权而进行的不动产登记,该项请求权所要达到的目的,是在将来发生不动产物权变动。这种登记是不动产登记的特殊类型。其他的不动产登记都是对现实的不动产物权进行登记,而预告登记所登记的,不是不动产物权,而是目的在于将来发生不动产物权变动的请求权。预告登记的本质特征是使被登记的请求权具有物权的效力,也就是说,进行了预告登记的请求权,对后来发生的与该项请求权内容相同的不动产物权的处分行为,具有对抗的效力,这样,所登记的请求权就得到了保护。

【立法理由】

预告登记的功能是限制房地产开发商等债务人处分其权利,即本条规定的"预告登记后,未经预告登记的权利人同意,处分该不动产的,不发生物权效力",以保障债权人将来实现其债权。正如有的学者所说,预告登记的实践意义在于,权利人所期待的未来发生的物权变动对自己有极为重要的意义,非要发生这种变动不可;而法律也认可这种变动对权利人的意义,并以法律予以保障。比如,老百姓购买预售的住房,它涉及公民的基本生存权利,所以法律上承认买受人获得指定的房屋的权利有特殊保护的必要。但是,因为购房人在与开发商订立预售合同后,只享有合同法上的请求权,该项权利没有排他的效力,所以购房人无法防止开发商将房屋以更高的价格出卖给他人即"一房二卖"这种情况的发生,而只能在这种情况发生时主张开发商违约要求损害赔偿,而无法获得指定的房屋。在建立了预告登记制度的情况下,购房人如果将他的这一请求权进行预告登记,因为预告登记具有物权的排他效力,所以开发商违背预告登记内容的处分行为就不能发生法律效力。这些处分行为既包括"一房二卖",也包括在已出售的房屋上设定抵押权等行为。这样,购房者将来肯定能够获得约定买卖的房屋。因此,预告登记对解决类似商品房预售中"一房二卖"这样一些敏感的社会问题有着特殊的作用。依照本条规定,预告登记不仅可以针对当事人签订买卖房屋协议的情况,还包括签订其他不动产物权协议的情况。因而,建立预告登记制度,具有广泛的保障债权实现的意义。

【相关规定】

《最高人民法院关于适用〈中华人民共和国物权法〉若干问题的解释(一)》

第四条 未经预告登记的权利人同意,转移不动产所有权,或者设定建设用地使用权、地役权、抵押权等其他物权的,应当依照物权法第二十条第一款的规定,认定其不发生物权效力。

第五条 买卖不动产物权的协议被认定无效、被撤销、被解除,或者预告登记的权利人放弃债权的,应当认定为物权法第二十条第二款所称的"债权消灭"。

第十六条第一款 具有下列情形之一的,应当认定不动产受让人知道转让人无处分权:

……

(二)预告登记有效期内,未经预告登记的权利人同意;

……

《不动产登记暂行条例实施细则》

第八十五条 有下列情形之一的,当事人可以按照约定申请不动产预告登记：

（一）商品房等不动产预售的；

（二）不动产买卖、抵押的；

（三）以预购商品房设定抵押权的；

（四）法律、行政法规规定的其他情形。

预告登记生效期间，未经预告登记的权利人书面同意，处分该不动产权利申请登记的，不动产登记机构应当不予办理。

预告登记后，债权未消灭且自能够进行相应的不动产登记之日起3个月内，当事人申请不动产登记的，不动产登记机构应当按照预告登记事项办理相应的登记。

第八十六条　申请预购商品房的预告登记，应当提交下列材料：

（一）已备案的商品房预售合同；

（二）当事人关于预告登记的约定；

（三）其他必要材料。

预售人和预购人订立商品房买卖合同后，预售人未按照约定与预购人申请预告登记，预购人可以单方申请预告登记。

预购人单方申请预购商品房预告登记，预售人与预购人在商品房预售合同中对预告登记附有条件和期限的，预购人应当提交相应材料。

申请预告登记的商品房已经办理在建建筑物抵押权首次登记的，当事人应当一并申请在建建筑物抵押权注销登记，并提交不动产权属转移材料、不动产登记证明。不动产登记机构应当先办理在建建筑物抵押权注销登记，再办理预告登记。

第八十七条　申请不动产转移预告登记的，当事人应当提交下列材料：

（一）不动产转让合同；

（二）转让方的不动产权属证书；

（三）当事人关于预告登记的约定；

（四）其他必要材料。

第八十八条　抵押不动产，申请预告登记的，当事人应当提交下列材料：

（一）抵押合同与主债权合同；

（二）不动产权属证书；

（三）当事人关于预告登记的约定；

（四）其他必要材料。

第八十九条　预告登记未到期，有下列情形之一的，当事人可以持不动

产登记证明、债权消灭或者权利人放弃预告登记的材料,以及法律、行政法规规定的其他必要材料申请注销预告登记:

(一)预告登记的权利人放弃预告登记的;

(二)债权消灭的;

(三)法律、行政法规规定的其他情形。

《德国民法典》

第八百八十三条 (1)为保全转让或者废除土地上的一项权利的请求权,或者保全转让或者废除设定于土地之上的权利的请求权,或者保全变更此种权利的内容或者变更其顺位的请求权,可以在土地登记簿中作预告登记。为保全将来的请求权或者附条件的请求权,也允许作预告登记。

(2)在对土地或者权利作预告登记后所进行的处分,如果此处分可能损害或者妨害请求权时,为无效。以强制执行或者假扣押的方式或者由破产管理人所进行的处分,亦同。

(3)以转让某项权利为请求权标的时,该项权利的顺位按预告登记日期加以确定。

第八百八十五条 (1)预告登记根据临时处分或者根据预告登记所涉及的土地或者权利的人的同意进行登记。为了发布临时处分命令,无需证实应保全的请求权已受到危害。

(2)在登记时,为了详细说明应保全的请求权,可以引用临时处分或者登记许可证。

《瑞士民法典》

第九百六十条 (1)下列土地处分限制得进行预告登记:

① 官方为保全有争议的或待执行的请求权所发布的命令;

② 出质、破产或遗产延期分割;

③ 属法定预告登记的;

④ 如家宅的设定及后位继承人的继承权等权利。

(2)处分的限制,一经预告登记后,即对他人日后取得的权利有对抗的效力。

《日本不动产登记法》

第二条 假登记于下列各项情形进行:1.未具备登记申请程序上需要的条件时;2.欲保全前条所载权利的设定、移转、变更或者消灭的请求权时。

上述请求权为附始期、附停止条件或者其他可于将来确定者时,亦同。

我国台湾地区"土地法"

第七十九条之一 声请保全左列请求权之预告登记,应由请求权人检附登记名义人之同意书为之。1. 关于土地权利移转或使其消灭之请求权;2. 土地权利内容或次序变更之请求权;3. 附条件或期限之请求权。

前项预告登记未涂销前,登记名义人就其土地所为之处分,对于所登记之请求权有妨碍者无效。

预告登记,对因征收、法院判决或强制执行而为新登记,无排除之效力。

第二十一条 当事人提供虚假材料申请登记,给他人造成损害的,应当承担赔偿责任。

因登记错误,给他人造成损害的,登记机构应当承担赔偿责任。登记机构赔偿后,可以向造成登记错误的人追偿。

【说明】

本条是关于登记错误赔偿责任的规定。

实践中,登记错误的发生主要有两种情况:一是登记机构工作人员疏忽、过失等原因造成错误;二是登记申请人等采取欺骗手段或者与登记机关的人员恶意串通造成错误。目前《土地登记规则》等有关登记工作的规范,很少对登记错误的责任问题作出规定。

【立法理由】

立法征求意见过程中,普遍认为,当事人提供虚假材料申请登记,给他人造成损害的,应当承担赔偿责任。对于登记错误登记机构应当如何承担责任,有不同的意见。有人提出,因登记机构的过错,致使不动产登记发生错误,因该错误登记致当事人或者利害关系人遭受损害的,登记机关应依照《中华人民共和国国家赔偿法》的相应规定承担赔偿责任。这种意见认为,《中华人民共和国国家赔偿法》规定,国家机关及其工作人员因执行公务的过错给公民、法人造成损害的,应承担国家赔偿的责任。具体承担责任的部门,包括政府、法院和检察院等。不动产物权登记是以国家的公信力为不动产的交易提供法律基础的行为,如果登记错误的原因是登记机构的过错,而当事人或者利害关系人因该登记受到损害,登记机关应当承担国家赔偿责任。同时认为,国家赔偿责任是过错责任,如登记机关没有过错,则不应承担责任。如果登记错误是登记机构和当事人、利害关系人的共同过错,则他们应当承担共同责任。有人提出,因不动产登记机构登记漏登、误登造成他人损失的,应当由不动产登记机构赔偿,但不赞同适用《中华人民共和国国家赔偿法》并由国家出资赔偿,而是建议设立不动产登记赔偿基金,在不动产登记业务中根据一定的标准收取一定的费用，纳入不动产登记赔偿基金，该基金只能用于不动产登记赔偿，不能挪作他用。

经研究认为，对于登记机构应当具有什么性质还有不同意见，有待于随着行政管理体制改革进一步明确，目前不宜规定登记机构的国家赔偿责任。不动产登记赔偿基金可否设立，应当如何设立，还可以进一步研究，即使以后规定，也宜由不动产登记的专门法律作出。物权法作为民事基本法，对于登记错误责任问题，在本条作出的只是原则性规定。本条第2款规定，因登记错误，给他人造成损害的，登记机构应当承担赔偿责任。这里造成登记错误的原因，既包括登记机构工作人员故意以及疏忽大意等过错，也包括当事人提供虚假材料欺骗登记机构等情形。登记错误的受害人处于相对弱势的地位，这样规定，是为了对受害人提供更加充分的保护。登记机构赔偿后，可以向造成登记错误的人追偿。

【相关规定】

《不动产登记暂行条例》

第二十九条　不动产登记机构登记错误给他人造成损害，或者当事人提供虚假材料申请登记给他人造成损害的，依照《中华人民共和国物权法》的规定承担赔偿责任。

第三十条　不动产登记机构工作人员进行虚假登记，损毁、伪造不动产登记簿，擅自修改登记事项，或者有其他滥用职权、玩忽职守行为的，依法给予处分；给他人造成损害的，依法承担赔偿责任；构成犯罪的，依法追究刑事责任。

第三十一条　伪造、变造不动产权属证书、不动产登记证明，或者买卖、使用伪造、变造的不动产权属证书、不动产登记证明的，由不动产登记机构或者公安机关依法予以收缴；有违法所得的，没收违法所得；给他人造成损害的，依法承担赔偿责任；构成违反治安管理行为的，依法给予治安管理处罚；构成犯罪的，依法追究刑事责任。

第三十二条　不动产登记机构、不动产登记信息共享单位及其工作人员，查询不动产登记资料的单位或者个人违反国家规定，泄露不动产登记资料、登记信息，或者利用不动产登记资料、登记信息进行不正当活动，给他人造成损害的，依法承担赔偿责任；对有关责任人员依法给予处分；有关责任人员构成犯罪的，依法追究刑事责任。

《不动产登记暂行条例实施细则》

第一百零三条　不动产登记机构工作人员违反本实施细则规定，有下列

行为之一,依法给予处分;构成犯罪的,依法追究刑事责任:

(一)对符合登记条件的登记申请不予登记,对不符合登记条件的登记申请予以登记;

(二)擅自复制、篡改、毁损、伪造不动产登记簿;

(三)泄露不动产登记资料、登记信息;

(四)无正当理由拒绝申请人查询、复制登记资料;

(五)强制要求权利人更换新的权属证书。

第一百零四条 当事人违反本实施细则规定,有下列行为之一,构成违反治安管理行为的,依法给予治安管理处罚;给他人造成损失的,依法承担赔偿责任;构成犯罪的,依法追究刑事责任:

(一)采用提供虚假材料等欺骗手段申请登记;

(二)采用欺骗手段申请查询、复制登记资料;

(三)违反国家规定,泄露不动产登记资料、登记信息;

(四)查询人遗失、拆散、调换、抽取、污损登记资料的;

(五)擅自将不动产登记资料带离查询场所、损坏查询设备的。

《最高人民法院关于审理房屋登记案件若干问题的规定》

第十二条 申请人提供虚假材料办理房屋登记,给原告造成损害,房屋登记机构未尽合理审慎职责的,应当根据其过错程度及其在损害发生中所起作用承担相应的赔偿责任。

第十三条 房屋登记机构工作人员与第三人恶意串通违法登记,侵犯原告合法权益的,房屋登记机构与第三人承担连带赔偿责任。

第二十二条 不动产登记费按件收取,不得按照不动产的面积、体积或者价款的比例收取。具体收费标准由国务院有关部门会同价格主管部门规定。

【说明】

本条是关于登记收费问题的规定。立法机关在物权法立法征求意见过程中,有人提出,一段时间以来,许多地方存在着不动产登记收费过高的问题,并且无论是对不动产所有权登记,还是对不动产抵押权等所谓不动产他项权利登记,普遍按不动产的面积作为计收登记费的标准,有的地方按照不动产转让或者抵押合同的标的额的相应比例收取登记费。如有的地方如此规定房屋抵押登记收费标准:"抵押评估价值10万元以下收费标准为1‰;10万元至100万元收费标准为0.7‰;100万元至1000万元收费标准为

0.3‰;1000万元以上收费标准为0.2‰。"该标准正面还附有注释:"以抵押评估值计费基数,实行差额定率累进收费,由抵押人支付。每件收费基准抵押期限为一年,低于一年期的收费标准可下降50%,超过一年的收费标准可上浮,但最高不得超过50%。"一些群众对各地方的这些现象有意见,认为加重了交易负担。

2002年,国家计委、财政部发布了《关于规范房屋所有权登记费计费方式和收费标准等有关问题的通知》,主要内容是:(1)房屋所有权登记费是指县级以上地方人民政府行使房产行政管理职能的部门依法对房屋所有权进行登记,并核发房屋所有权证书时,向房屋所有权人收取的登记费,不包括房产测绘机构收取的房产测绘(或勘丈)费用。(2)房屋所有权登记包括所有权初始登记、变更登记、转移登记、注销登记等内容。(3)房屋所有权登记费的计费方式和收费标准,按下列规定执行:对住房收取的,从现行按房屋价值量定率计收、按房屋建筑面积定率或定额计收、按套定额计收等,统一规范为按套收取,每套收费标准为80元。住房以外其他房屋所有权登记费,统一规范为按宗定额收取,具体收费标准由省、自治区、直辖市价格、财政部门核定。通知自2002年5月1日起执行,之后,各地对住房所有权登记费统一按每套80元收取,基本上降低了当事人的负担。对于该通知中"住房以外其他房屋所有权登记费,统一规范为按宗定额收取"的规定,各地方各自作出规定,收费水平不一。如有的地方规定,"对住房以外其他房屋所有权登记费统一规范为按宗定额收取,具体收费标准规定如下:建筑面积100平方米及以下的每宗100元;建筑面积101—500平方米的每宗200元;建筑面积501—1500平方米的每宗300元;建筑面积1501—3000平方米的每宗400元;建筑面积3001—10000平方米的每宗600元;建筑面积10001平方米以上的每宗800元。住房以外其他房屋他项权利(包括抵押权、典权)登记费比照上述规定执行"。有的地方规定,"非住宅50平方米以内收100元,50—100平方米以内收200元,100平方米以上不超过4000平方米,以200元为基数每超过100平方米加收20元"。有的地方规定,大于1000平方米小于2000平方米的收1000元,大于2000平方米小于5000平方米的收1500元,大于5000平方米小于10000平方米的收2000元,大于10000平方米小于20000平方米的收4000元,20000平方米以上的则收到10000元。

【立法理由】

多数意见认为,登记机构不是营利性组织,目前我国各地的不动产登记机构,尤其是房产登记机构,从事的登记工作一般也只是对登记申请人提供的有关材料是否符合规定的条件进行审核,在此基础上收取登记费,不宜与不动产的面积、体积或者价款等因素挂钩,把这些作为计费的标准。据此,本条作出上述规定。立法过程中,有的部门提出,物权法不宜对登记收费问题作规定。有的专家也认为,登记收费问题属于具体的程序性问题,可以由将来的不动产登记法去作规定,物权法作为民事基本法,对此可以不作规定。立法机关经研究认为,物权法关系人民群众的切身利益,为社会各方面普遍关注,对于社会生活中反映较多,与人民群众利益较为密切的问题,应当在物权法中作出适当的规定。

第二节 动产交付

第二十三条 动产物权的设立和转让,自交付时发生效力,但法律另有规定的除外。

【说明】

本条是关于动产物权的设立和转让何时发生效力的规定。

依照本条规定,"动产物权的设立和转让,自交付时发生效力"指的主要是当事人通过合同约定转让动产所有权和设立动产质权两种情况。物权法上所说的交付,指的是物的直接占有的转移,即一方按照法律行为要求,将物的直接占有移转给另一方的事实。本条规定的"法律另有规定的除外"主要指的是:第一,本节对动产物权的设立和转让的一些特殊情况:"动产物权设立和转让前,权利人已经依法占有该动产的,物权自法律行为生效时发生效力。""动产物权设立和转让前,第三人依法占有该动产的,负有交付义务的人可以通过转让请求第三人返还原物的权利代替交付。""动产物权转让时,双方又约定由出让人继续占有该动产的,物权自该约定生效时发生效力。"第二,本章第三节主要是对非依法律行为而发生的物权变动问题所作的规定。第三,本法"担保物权编"对动产抵押权和留置权的相关规定。

【立法理由】

本法第一章规定了物权公示原则,以维护交易安全,为第三人利益提供切实保障。不动产物权以登记为公示手段,与此相对应,动产物权以占有和交付为公示手段。占有主要在静态下,即在不发生物权变动的情况下发挥动产物权的公示作用;而交付主要是在动态下,即在发生物权变动的情况下发挥动产物权的公示作用。

【相关规定】

《中华人民共和国民法通则》

第七十二条 财产所有权的取得,不得违反法律规定。按照合同或者其他合法方式取得财产的,财产所有权从财产交付时起转移,法律另有规定或者当事人另有约定的除外。

《中华人民共和国合同法》

第一百三十三条 标的物的所有权自标的物交付时起转移,但法律另有规定或者当事人另有约定的除外。

《德国民法典》

第九百二十九条 转让动产所有权需由所有权人将物交付于受让人,并就所有权的转移由双方成立合意。受让人已占有该物的,仅需转移所有权的合意即可。

《瑞士民法典》

第七百一十四条第一款 (1)动产所有权的转移,应将占有移转与取得人。

第八百八十四条第一款 (1)法律若无例外规定,动产占有移转至质权人时,出质始为成立。

《日本民法典》

第一百七十八条 关于动产物权的让与,非交付其动产,不能对抗第三人。

我国台湾地区"民法"

第七百六十一条第一款 动产物权之让与,非将动产交付,不生效力。但受让人已占有动产者,于让与合意时,即生效力。

第二十四条 船舶、航空器和机动车等物权的设立、变更、转让和消灭,未经登记,不得对抗善意第三人。

【说明】

本条是关于船舶、航空器和机动车等物权登记的规定。

船舶、航空器和机动车等物权的设立、变更、转让和消灭,未经登记,不得对抗善意第三人。所谓善意第三人,就是指不知道也不应当知道物权发生了变动的物权关系相对人。

【立法理由】

民法学上一般认为,船舶、航空器和汽车因价值超过动产,在法律上被视为一种准不动产,其物权变动应当以登记为公示方法。但在登记的效力上不采用登记生效主义,这是考虑到船舶、航空器和机动车等本身具有动产的属性,其物权变动并不是在登记时发生效力,依照本法规定,其所有权转移一般在交付时发生效力,其抵押权在抵押合同生效时设立。但是,法律对船舶、航空器和汽车等动产规定有登记制度,其物权的变动如果未在登记部门进行登记,就不产生社会公信力,不得对抗善意第三人。

【相关规定】

《中华人民共和国海商法》

第九条第一款 船舶所有权的取得、转让和消灭,应当向船舶登记机关登记;未经登记的,不得对抗第三人。

第十三条第一款 设定船舶抵押权,由抵押权人和抵押人共同向船舶登记机关办理抵押权登记;未经登记的,不得对抗第三人。

《中华人民共和国民用航空法》

第十四条第一款 民用航空器所有权的取得、转让和消灭,应当向国务院民用航空主管部门登记;未经登记的,不得对抗第三人。

第十六条 设定民用航空器抵押权,由抵押权人和抵押人共同向国务院民用航空主管部门办理抵押权登记;未经登记的,不得对抗第三人。

《最高人民法院关于审理买卖合同纠纷案件适用法律问题的解释》

第十条 出卖人就同一船舶、航空器、机动车等特殊动产订立多重买卖合同,在买卖合同均有效的情况下,买受人均要求实际履行合同的,应当按照以下情形分别处理:

(一)先行受领交付的买受人请求出卖人履行办理所有权转移登记手续等合同义务的,人民法院应予支持;

(二)均未受领交付,先行办理所有权转移登记手续的买受人请求出卖人履行交付标的物等合同义务的,人民法院应予支持;

(三)均未受领交付,也未办理所有权转移登记手续,依法成立在先合同的买受人请求出卖人履行交付标的物和办理所有权转移登记手续等合同义务的,人民法院应予支持;

(四)出卖人将标的物交付给买受人之一,又为其他买受人办理所有权转移登记,已受领交付的买受人请求将标的物所有权登记在自己名下的,人民法院应予支持。

《最高人民法院关于适用〈中华人民共和国物权法〉若干问题的解释(一)》

第六条 转让人转移船舶、航空器和机动车等所有权,受让人已经支付对价并取得占有,虽未经登记,但转让人的债权人主张其为物权法第二十四条所称的"善意第三人"的,不予支持,法律另有规定的除外。

第二十条 转让人将物权法第二十四条规定的船舶、航空器和机动车等交付给受让人的,应当认定符合物权法第一百零六条第一款第三项规定的善意取得的条件。

第二十五条 动产物权设立和转让前,权利人已经依法占有该动产的,物权自法律行为生效时发生效力。

【说明】

本条是关于动产物权受让人先行占有问题的规定。

本条规定的是设立或者转让动产物权时的一种特殊的情形,即物权的受让人已经取得了动产的占有,而后又与动产的所有权人达成移转所有权或者设定质权合同的情形。例如,承租人或者借用人,依据租赁合同或者借用合同已经取得了动产的占有,而后又与动产的所有权人达成协议,购买该项动产或者在动产上设定质权。这种情况在实际生活中也经常发生,因此物权法需要加以规定。

本法所规定的法律行为是民法学上的概念。民事法律行为是公民或者法人设立、变更、终止民事权利和民事义务的合法行为。民事法律行为应当具备下列条件:① 行为人具有相应的民事行为能力;② 意思表示真实;③ 不违反法律或者社会公共利益。民事法律行为具有如下三项特征:第一,民事法律行为是一种合法行为。民事法律行为必须合法,才能为法律所确认和保护,从而能够产生行为人预期的民事法律后果。民事法律行为的内容和形式均应合法,既要符合法律规定,又要符合社会公共利益和社会公德的要求。第二,民事法律行为以行为人的意思表示作为构成要素。意思表示是指行为人追求民事法律后果(民事法律关系的设立、变更或者消灭)的内心意思用一定的方式表示于外部的活动。民事法律行为是人们有目的、有意识的行为。所以,意思表示是民事法律行为的必要组成部分。每种民事法律行为都必须存在意思表示。缺少民法所确认的意思表示的行为就不是民事法律行为。意思表示是民事法律行为的构成要素,但并不等于民事法律行为。第三,民事法律行为能够实现行为人所预期的民事法律后果,即设立、变更或者消灭民事法律关系。民事法律行为是一种目的性行为,即以设立、变更或终止民事法律关系为目的,民事法律行为的目的与实际产生的后果是相互一致的。本条规定的法律行为,主要指的是动产所有权人与受让人订立动产转让协议以及与质权人订立动产出质协议。

【立法理由】

在受让人已经取得对动产的占有权又依据法律行为取得其物权的情况下,动产物权的公示已经在事先完成,物权受让人已经能够依物权的排他性行使物权。因此,物权的变动就在当事人之间关于物权变动的协议生效时生效。

【相关规定】

《最高人民法院关于适用〈中华人民共和国物权法〉若干问题的解释(一)》

第十八条 物权法第一百零六条第一款第一项所称的"受让人受让该不动产或者动产时",是指依法完成不动产物权转移登记或者动产交付之时。

当事人以物权法第二十五条规定的方式交付动产的,转让动产法律行为生效时为动产交付之时;当事人以物权法第二十六条规定的方式交付动产的,转让人与受让人之间有关转让返还原物请求权的协议生效时为动产交付之时。

法律对不动产、动产物权的设立另有规定的,应当按照法律规定的时间认定权利人是否为善意。

《德国民法典》

第九百二十九条 转让动产所有权需由所有权人将物交付于受让人,并就所有权的转移由双方成立合意。受让人已占有该物的,仅需转移所有权的合意即可。

第一千二百零五条第一款 (1)设定质权时,所有权人需将物移交于债权人,并由双方当事人就债权人应享有质权达成协议。债权人已占有其物的,只需有关质权成立的协议即可。

我国台湾地区"民法"

第七百六十一条第一款 动产物权之让与,非将动产交付,不生效力。但受让人已占有动产者,于让与合意时,即生效力。

第二十六条 动产物权设立和转让前,第三人依法占有该动产的,负有交付义务的人可以通过转让请求第三人返还原物的权利代替交付。

【说明】

指示交付,又称返还请求权的让与,是指让与动产物权的时候,如果让与人的动产由第三人占有,让与人可以将其享有的对第三人的返还请求权让与给受让人,以代替现实交付。举例说明,甲将自己的自行车出租给乙使用,租期一个月,租赁期未满之时,甲又将该自行车出售给丙,由于租期未满,自行车尚由乙合法使用,此时为使得丙享有对该自行车的所有权,甲应当将自己享有的针对乙的返还原物请求权转让给丙以代替现实交付。

关于本条所规定的指示交付,其逻辑上的前提是,动产物权的让与人对其所转让的标的不享有物理意义上直接占有和直接控制的可能,出让人无法通过现实交付的方式使得动产物权得以变动。因此才有本条指示交付适用的余地。条文中的"第三人"即指能够对转让标的(动产)进行物理意义上直接占有和直接控制的一方,例如前例中根据租赁或者借用协议而占有自行车的乙,或者根据保管合同、动产质押协议等而占有动产的保管人、质权人等等,都可以成为本条所规定的"第三人"。此外需要特别说明的是,在利用提单、仓单等证券进行动产物权变动时,接受货物而签发提单或者仓单的承运人或者仓储保管人都可能成为本条中的"第三人"。除去这一类基于合同等关系而产生的能够对动产进行直接占有和控制的"第三人"外,还有一类"第三人",也在本条的适用范围之内,即不具备法律上的正当原因而占有动产的无权占有人,例如甲将自己收藏的古董出售给乙,买卖合同达成时甲不知该古董已被丙盗去,甲此时只能向乙转让他对于丙的返还原物请求权来代替实际交付,而丙即是本条所指的"第三人"。

【立法理由】

不动产物权的变动是通过登记簿的记载而被外部识别的,而动产物权的变动,则由交付这一行为完成。民法上,交付的原意仅指现实交付,即动产占有的现实转移。例如甲向乙出售蔬菜5斤,蔬菜自甲手中转至乙的菜篮里,由乙获得对蔬菜的直接控制和支配,此时法律意义的交付行为完成。通过交付这一行为,动产上物权的变动能够被人们从外部加以识别。但实践中,动产的交付并非必须是由出让人之手直接交到受让人之手,本条所规定的指示交付即是一种例外情形,它与现实交付具有同等效力。关于指示交付作为现实交付的一种变通方式,为各个国家和地区民法采纳,本法也不例外。

【相关规定】

《中华人民共和国合同法》

第一百三十三条 标的物的所有权自标的物交付时起转移,但法律另有规定或者当事人另有约定的除外。

《最高人民法院关于适用〈中华人民共和国物权法〉若干问题的解释(一)》

第十八条 物权法第一百零六条第一款第一项所称的"受让人受让该不动产或者动产时",是指依法完成不动产物权转移登记或者动产交付之时。

当事人以物权法第二十五条规定的方式交付动产的,转让动产法律行为生效时为动产交付之时;当事人以物权法第二十六条规定的方式交付动产的,转让人与受让人之间有关转让返还原物请求权的协议生效时为动产交付之时。

法律对不动产、动产物权的设立另有规定的,应当按照法律规定的时间认定权利人是否为善意。

《德国民法典》

第九百三十一条 物由第三人占有的,可以通过所有权人将返还请求权让与受让人而代替交付。

第一千二百零五条 (1)设定质权时,所有权人需将物移交于债权人,并由双方当事人就债权人应享有质权达成协议。债权人已占有其物的,只需有关质权成立的协议即可。

(2)所有权人可以将间接占有的物移转于质权人,并将质权的设定通知占有人来代替将所有权人间接占有的物移交。

《日本民法典》

第一百八十四条 如果代理人为占有时,在通过本人指示代理人为第三人占有其物,而第三人对此已作出承诺时,该第三人取得占有权。

《韩国民法典》

第一百九十条 于让与第三人占有有关的动产物权情形,因让与人让与对第三人的返还请权以受让人,而视为交付动产。

我国台湾地区"民法"

第七百六十一条第三款 让与动产物权,如其动产由第三人占有时,让与人得以对于第三人之返还请求权,让与于受让人,以代交付。

第二十七条 动产物权转让时,双方又约定由出让人继续占有该动产的,物权自该约定生效时发生效力。

【说明】

本条是关于占有改定的规定。

占有改定必须符合下列三项要件:第一,让与人与受让人达成移转动产物权的合意,一般通过买卖或者让与担保的设定,使得受让人取得动产所有权。第二,让与人与受让人之间还需具有某种使得受让人取得动产间接占有的具体法律关系,即本条所规定的由出让人继续占有该动产的双方约定。德国民法中,这种具体的法律关系也被称为占有媒介关系。所谓占有媒介关系,是为了保护间接占有人和直接占有人的利益而由法律拟制出来的一种法律关系,具体到本条规定来说,出让人可以根据租赁关系、寄托关系以及其他类似关系为占有改定。第三,让与人已经对物进行了直接占有或者间接占有,否则不能发生占有改定的适用。当让与人间接占有标的物时,让与人可以使受让人取得更上一级的间接占有,这样可能存在多层次的占有关系。举例来说,甲将其寄放在乙处的某物出售给丙,同时又与丙签订借用合同,则乙为直接占有人,甲、丙都为间接占有人。

最后需要说明一点的是,除去现实已经存在的动产,占有改定制度还适用于将来可取得的动产。例如甲向乙购买一台尚未生产出的机器,同时双方约定该机器生产出来后由乙暂时保管。一旦该机器生产完毕,则甲取得间接占有以代替交付。

【立法理由】

占有改定是指动产物权的让与人使受让人取得对标的物的间接占有,以代替该动产现实移转的交付。占有改定的原因在于,社会生活中,出卖人虽然将其动产出卖,但是在某一段时间内仍然可能还有使用的需要;或者买受人已经取得了该动产的所有权,但是需要出卖人对该动产进行暂时的保管或者改进。在德国民法中,占有改定已经成为让与担保制度的法律基础。占有改定作为现实交付的三种变通方式之一,对其效力各个国家和地区民法大都作了明确规定,本法也不例外。

【相关规定】

《中华人民共和国合同法》

第一百三十三条 标的物的所有权自标的物交付时起转移,但法律另有规定或者当事人另有约定的除外。

《德国民法典》

第九百三十条 物由所有权人占有的,可以通过所有权人与受让人之间约定的法律关系使受让人因此取得间接占有而代替交付。

《日本民法典》

第一百八十三条 代理人对自己的占有物,已经作出此后乃为本人而占有的表示意思时,本人因此取得占有权。

《韩国民法典》

第一百八十九条　让与有关动产的物权情形,根据当事人之间的契约,由让与人继续其对动产的占有时,视为受让人已经受让。

我国台湾地区"民法"

第七百六十一条第二款　让与动产物权,而让与人仍继续占有动产者,让与人与受让人间,得订立契约,使受让人,因此取得间接占有,以代交付。

我国澳门特区《民法》

第一千一百八十八条　一、占有人将占有之本权移转予他人时,占有亦视为转移予该取得权利之人,即使前者基于任何原因仍继续持有该物者亦然。

二、在作出转移占有之本权之法律行为时,标的物为第三人所持有者,占有亦同样视为被转移,即使第三人仍继续持有该物者亦然。

第三节　其他规定

第二十八条　因人民法院、仲裁委员会的法律文书或者人民政府的征收决定等,导致物权设立、变更、转让或者消灭的,自法律文书或者人民政府的征收决定等生效时发生效力。

【说明】

物权的设立、变更、转让或者消灭,依其发生根据可以分为依法律行为而进行的物权变动,以及非依法律行为而发生的物权变动。依法律行为进行的物权变动,是指以一方当事人的单方意思表示或双方(或者多方)当事人共同的意思表示为基础进行的物权变动。此种物权变动必须遵循物权公示的一般原则才能发生效力。例如甲将自有的私宅出售于乙,要想使私宅的所有权由甲移转至乙,双方必须去不动产登记机构办理变更登记,否则物权移转不生效力;再如甲将收藏的古董出售于乙,要使乙获得古董的所有权,甲必须将古董或者现实交付到乙手中,或者采取本法第25条、第26条和第27条关于简易交付、指示交付或者占有改定等观念交付的方法替代现实交付,而完成所有权的移转。但无论何种情形,物权变动的效力是同公示方法密切相关的。但在本条,非依法律行为进行的物权的设立、变更、转让或者消灭,并非基于原权利人的意思表示,而是在无原权利人甚至法律有意识排除原权利人意思表示的情况下发生的物权变动,此种变动遵循的不是一般性的物权公示原则,而是法律的直接规定。

【立法理由】

依法律行为发生的物权变动同非依法律行为而发生的物权变动,其效力规则不同,对这两种效力规则的规范构成物权法中物权变动规则的完整体系。对此,《意大利民法典》《瑞士民法典》和我国台湾地区"民法"均有规定。

【相关规定】

《最高人民法院关于适用〈中华人民共和国物权法〉若干问题的解释(一)》

第七条 人民法院、仲裁委员会在分割共有不动产或者动产等案件中作出并依法生效的改变原有物权关系的判决书、裁决书、调解书,以及人民法院在执行程序中作出的拍卖成交裁定书、以物抵债裁定书,应当认定为物权法第二十八条所称导致物权设立、变更、转让或者消灭的人民法院、仲裁委员会的法律文书。

《不动产登记暂行条例实施细则》

第十九条 当事人可以持人民法院、仲裁委员会的生效法律文书或者人民政府的生效决定单方申请不动产登记。

有下列情形之一的,不动产登记机构直接办理不动产登记:

(一)人民法院持生效法律文书和协助执行通知书要求不动产登记机构办理登记的;

(二)人民检察院、公安机关依据法律规定持协助查封通知书要求办理查封登记的;

(三)人民政府依法做出征收或者收回不动产权利决定生效后,要求不动产登记机构办理注销登记的;

(四)法律、行政法规规定的其他情形。

不动产登记机构认为登记事项存在异议的,应当依法向有关机关提出审查建议。

《意大利民法典》

第二千六百八十六条 为取得第2644条规定的效力,基于一个未登记的权利证书,有关取得、变更或者取消第2684条第1项和第2项规定的权利之一的判决应当进行登记。

《瑞士民法典》

第六百五十六条第二款 (2)取得人在先占、继承、征收、强制执行或法院判决等情形下,得在登记前,先取得所有权。但是,非在不动产登记簿上登记,不得处分土地。

我国台湾地区"民法"

第七百五十九条　因继承、强制执行、公用征收或法院之判决,于登记前已取得不动产物权者,非经登记,不得处分其物权。

第二十九条　因继承或者受遗赠取得物权的,自继承或者受遗赠开始时发生效力。

【说明】

继承是导致物权变动的一种重要方式,根据《中华人民共和国继承法》的规定,继承从被继承人死亡时开始。因此,本条所指的"继承开始"就是"被继承人死亡"之时。而此所谓"死亡"既包括事实死亡,如老死、病死、意外事故致死,也包括宣告死亡。在宣告死亡的情形,自判决所确定的死亡之时继承开始。物权法对因继承或者受遗赠取得物权的生效时间作了规定,即自继承或者受遗赠开始时发生效力。

【立法理由】

除去因国家公权力的行使而导致的物权变动,可以不依一般的公示原则直接发生效力外,还有一类情形也导致物权的变动直接发生效力,即因继承或者受遗赠而取得物权的情形。继承是导致物权变动的一个重要方式,德国、意大利、日本等国的民法典皆有类似规定,因继承或者受遗赠取得物权的,自继承或者受遗赠开始时发生效力。

【相关规定】

《中华人民共和国继承法》

第二条　继承从被继承人死亡时开始。

《德国民法典》

第一千九百二十二条第一款　(1)自一人死亡之时起(继承开始),其财产(遗产)全部转移给另外一人或数人(继承人)。

《意大利民法典》

第六百四十九条第二款　遗赠标的是遗嘱人对确定物的所有权或者所享有的其他权利,则所有权或者其他权利自遗嘱人死亡之时起转移给受遗赠人。

第二千六百八十五条　有关分割和第2646条规定的其他文件、家庭财产基金的设立和第2647条规定的其他文件、产生取得或消灭第2648条第1

项和第 2 项规定的权利效力的接受遗产和取得遗赠的行为,均应当进行登记。该登记具有不动产登记所具有的效力。

《日本民法典》

第八百九十六条　继承人自继承开始时起,承继属于被继承人财产的一切权利义务。但是被继承人专属性权利义务,不在此限。

第九百四十五条　财产的分离,涉及不动产的,非法登记不能对抗第三人。

我国台湾地区"民法"

第一千一百四十七条　继承,因被继承人死亡而开始。

第一千一百四十八条　继承人自继承开始时,除本法另有规定外,承受被继承人财产上之一切权利、义务。但权利、义务专属于被继承人本身者,不在此限。

第三十条　因合法建造、拆除房屋等事实行为设立或者消灭物权的,自事实行为成就时发生效力。

【说明】

能够引起物权设立或者消灭的事实行为,举例来讲:如用钢筋、水泥、砖瓦、木石建造房屋或者用布料缝制衣服,用木料制作家具,将缝制好的衣物抛弃或者将制作好的家具烧毁,等等。本条规定的"自事实行为成就时发生效力",就是指房屋建成之时、衣服制成之时、书柜完成之时或者衣服被抛弃之时、书柜被烧毁之时等,这些物的所有权或为设立或为消灭。这些因事实行为而导致的物权的设立或者消灭,自事实行为成就时发生效力,而不需要遵循一般的物权公示方法(不动产为登记,动产为交付)即生效力。

最后需要说明的一点是,我国存在许多因合法建造房屋等事实行为设立物权的情况,这种情形下的建房有些虽然缺少登记行为,但不能将这种行为形成的建筑物作为无主财产对待,对其所有权法律承认归建房人所有。比如农民在宅基地上建造的住房,自建成之日起就取得该住房的所有权。但根据本法第 31 条的规定,此类合法建造的房屋,固然因建造完成而取得所有权,但如果按照法律规定应当办理登记而未登记的,所有权人其后的处分行为,不发生物权效力。

【立法理由】

在法律世界中,引起法律后果的自然事实是有限的,仅限于法律的明文规定。能够产生法律后果的事实主要表现为人的行为,而人的行为又可分为法律行为、准法律行为和事实行为。法律行为因以意思表示为核心要素，所以又被称之为表示行为。准法律行为虽有意思表示的外观，但不同于法律行为中的意思表示，法律行为中的意思表示是产生法律效果的依据，而准法律行为中的意思表示只是一种事实构成要素，其法律效果的产生是基于法律的直接规定，只不过在某些方面可以准用法律行为的相关规定。事实行为不以意思表示为要素，属于无关乎心理状态的行为，所以又叫非表示行为。由此可见，所谓事实行为应是指不以意思表示为要素的能够产生民事法律后果的法律事实。这一定义表明：首先，事实行为是人的行为，是人的一种有意识的活动，与自然事实有别；其次，事实行为是一种法律事实，即能够在人与人之间产生、变更或终止民事法律关系；最后，事实行为不以意思表示为要素，即行为人是否表达了某种心理状态，法律不予考虑，只要有某种事实行为存在，法律便直接赋予其法律效果。本条即是对事实行为导致物权变动效力的规定。

第三十一条 依照本法第二十八条至第三十条规定享有不动产物权的，处分该物权时，依照法律规定需要办理登记的，未经登记，不发生物权效力。

【说明】

物权变动的公示方式，在动产一般为交付，在不动产各个国家或地区立法例多采登记。通过此种方法，物权变动可以被人们从外部察知，从而保护了交易的安全。但依照本法第28—30条的规定，物权的变动还可因法院判决、政府征收决定、继承或者遗赠以及合法建造房屋等，直接发生效力，而不必遵循依法律行为而进行的物权变动应当遵循的一般公示方法，这必然可能损害到交易秩序和交易安全，尤其是涉及不动产物权变动时更甚。因此，依照本法第28—30条的规定享有不动产物权的，处分该物权时，依照法律规定需要办理登记的，未经登记，不发生物权效力。

【立法理由】

关于这一问题，许多国家或地区的立法皆对此作了限制规定。例如，依照《德国土地登记法》的规定，依继承、夫妻共同财产制度之权利取得等，可不依登记而发生物权取得之效力，但物权人非经登记不得处分其物权。《瑞士民法典》也有类似规定，因先占、继承、征收、强制执行或者法院判决等情况取得不动产，可以不经登记，但未经登记，不得处分。我国台湾地区"民法"规定，因继承、强制执行、公用征收、法院判决等而取得物权，以及定作人新建筑物之取得、因除斥期间完成时之典物所有权之取得、对于无主土地之国库取得以及因没收而取得等，皆可在登记之前取得物权，但非经登记不得处分。

考虑到对交易安全的保护，依照本法第28—30条的规定享有的物权，处分该不动产物权时，依照法律规定需要办理登记的，未经登记，不发生物权效力。

【相关规定】

《最高人民法院关于适用〈中华人民共和国物权法〉若干问题的解释（一）》

第八条　依照物权法第二十八条至第三十条规定享有物权，但尚未完成动产交付或者不动产登记的物权人，根据物权法第三十四条至第三十七条的规定，请求保护其物权的，应予支持。

《瑞士民法典》

第六百五十六条第二款　（2）取得人在先占、继承、征收、强制执行或法院判决等情形下，得在登记前，先取得所有权。但是，非在不动产登记簿上登记，不得处分土地。

《韩国民法典》

第一百八十七条　继承、公用征收、判决、拍卖及根据其他法律所定关于不动产物权的取得，无须登记。但非经登记不得处分。

我国台湾地区"民法"

第七百五十九条　因继承、强制执行、公用征收或法院之判决，于登记前已取得不动产物权者，非经登记，不得处分其物权。

第三章　物权的保护

第三十二条　物权受到侵害的,权利人可以通过和解、调解、仲裁、诉讼等途径解决。

【说明】

物权受到侵害,物权人有权选择和解、调解、仲裁、诉讼途径救济。和解是当事人之间通过协商自行解决纠纷。调解是通过第三人调停解决纠纷。仲裁是当事人协议选择仲裁机构,由仲裁庭裁决解决争端。诉讼包括民事、行政、刑事三大诉讼,物权保护的诉讼主要指提起民事诉讼。

【立法理由】

物权受到侵害,就需有救济途径,本条规定了争讼程序的种类。

【相关规定】

《中华人民共和国农村土地承包法》

第五十一条　因土地承包经营发生纠纷的,双方当事人可以通过协商解决,也可以请求村民委员会、乡(镇)人民政府等调解解决。

当事人不愿协商、调解或者协调、调解不成的,可以向农村土地承包仲裁机构申请仲裁,也可以直接向人民法院起诉。

《最高人民法院关于适用〈中华人民共和国物权法〉若干问题的解释(一)》

第一条　因不动产物权的归属,以及作为不动产物权登记基础的买卖、赠与、抵押等产生争议,当事人提起民事诉讼的,应当依法受理。当事人已经在行政诉讼中申请一并解决上述民事争议,且人民法院一并审理的除外。

第三十三条　因物权的归属、内容发生争议的,利害关系人可以请求确认权利。

【说明】

物权确认请求权是物权保护请求权的一种。物权归属或者内容发生争议,物权人可以请求有关行政机关、人民法院等部门确认该物权的归属或者内容。

【立法理由】

本条规定了物权确认请求权。

【相关规定】

《最高人民法院关于适用〈中华人民共和国物权法〉若干问题的解释(一)》

第一条 因不动产物权的归属,以及作为不动产物权登记基础的买卖、赠与、抵押等产生争议,当事人提起民事诉讼的,应当依法受理。当事人已经在行政诉讼中申请一并解决上述民事争议,且人民法院一并审理的除外。

第二条 当事人有证据证明不动产登记簿的记载与真实权利状态不符、其为该不动产物权的真实权利人,请求确认其享有物权的,应予支持。

第三条 异议登记因物权法第十九条第二款规定的事由失效后,当事人提起民事诉讼,请求确认物权归属的,应当依法受理。异议登记失效不影响人民法院对案件的实体审理。

《意大利民法典》

第九百五十条 相邻土地的地界未确定的,每块土地的所有人均可以请求通过法律途径划定地界。

允许以任何方式进行举证。

没有其他证据的,法官将根据地籍册标明的地界进行划定。

第九百五十一条 相邻的两块土地之间没有界石或者界石无法辨认,则每块土地的所有人均有权请求设置或者重建界石,并且由双方共同承担费用。

第一千零七十九条 对否认地役权之人,地役权人可以提起确认地役权之诉,通过判决确认自己享有的地役权,并且请求停止妨碍或干扰地役权行使的行为。除损害赔偿外,地役权人亦可以请求恢复原状。

第三十四条 无权占有不动产或者动产的,权利人可以请求返还原物。

【说明】

物权人的物被他人侵占,物权人有权请求返还原物,使物复归于物权人事实上的支配。

【立法理由】

本条规定了物权确认请求权。

【相关规定】

《中华人民共和国民法通则》

第一百一十七条 侵占国家的、集体的财产或者他人财产的,应当返还财产,不能返还财产的,应当折价赔偿。

损坏国家的、集体的财产或者他人财产的,应当恢复原状或者折价赔偿。

受害人因此遭受其他重大损失的,侵害人并应当赔偿损失。

第一百三十四条第一款 承担民事责任的方式主要有:

……

(四)返还财产;

……

《中华人民共和国侵权责任法》

第十五条 承担侵权责任的方式主要有:

……

(四)返还财产;

……

第二十一条 侵权行为危及他人人身、财产安全的,被侵权人可以请求侵权人承担停止侵害、排除妨碍、消除危险等侵权责任。

《最高人民法院关于适用〈中华人民共和国物权法〉若干问题的解释(一)》

第八条 依照物权法第二十八条至第三十条规定享有物权,但尚未完成动产交付或者不动产登记的物权人,根据物权法第三十四条至第三十七条的规定,请求保护其物权的,应予支持。

《德国民法典》

第九百八十五条 所有权人可以要求占有人返还其物。

第九百八十六条 (1)占有人或者作为其权利来源的间接占有人对所有权人有权占有时,占有人可以拒绝将物返还。间接占有人对所有权人无权将占有让与占有人的,所有权人可以要求占有人将物返还于间接占有人,或者在间接占有人不能或者不愿重新承担占有时,所有权人可以要求将物返还于自己。

(2)根据第931条的规定,因让与返还请求权而受让的物的占有人,可以其对受让的请求权享有的抗辩对抗新的所有权人。

第九百九十三条　（1）如果不存在第986条至第992条所规定的条件，以果实依通常经营方法不能认为是物的收益的为限，占有人应当根据关于返还不当得利的规定将收取的果实返还；此外，占有人既不负返还收益的义务，也不负损害赔偿义务。

（2）对占有人保留收益期间，适用第101条的规定。

《瑞士民法典》

第六百四十一条　（1）物的所有人，在法律规范的限制范围内，对该物得自由处分。

（2）其有权请求物的扣留人返还该物并有权排除一切不当影响。

《意大利民法典》

第九百四十八条　物品的所有人可以向占有或持有人要求返还该所有物；在提出返还请求之后，如果由于占有或持有人的行为丧失了对物的占有或持有，则所有人还可以占有或持有人提起返还所有物之诉。在该情况下，被告承担为原告追回所有物的责任，并且承担追回所有物所需要的全部费用；无法追回的，除赔偿原告的损失外，还要向原告支付相当于物价值的价款。

如果物的所有人直接从现占有人或持有人处取得了物品，则应当将获得的补偿金退还前占有人或前持有人。

返还所有物之诉不因时效而消灭，但是基于时效取得所有权的情况不在此限。

第三十五条　妨害物权或者可能妨害物权的，权利人可以请求排除妨害或者消除危险。

【说明】

物权遭受妨害的，物权人有权请求排除妨害。例如，侵权人设置路障妨害通行，物权人可以请求排除妨害。被排除的妨害需具有不法性，倘若物权人负有容忍义务，则无排除妨害请求权。

请求消除危险，又称请求防止侵害。侵害虽未发生，但物权面临遭受侵害的危险，存在被侵害的可能，对于这种可能发生的侵害，物权人有权请求相对人为一定行为或者不为一定行为，防止侵害，消除既存的危险，以避免侵害的发生。

【立法理由】

本条规定消除危险、排除妨害请求权。

【相关规定】

《中华人民共和国民法通则》

第一百三十四条第一款　承担民事责任的方式主要有：

……

（二）排除妨碍；

（三）消除危险；

……

《中华人民共和国侵权责任法》

第十五条　承担侵权责任的方式主要有：

……

（二）排除妨碍；

（三）消除危险；

……

第二十一条　侵权行为危及他人人身、财产安全的，被侵权人可以请求侵权人承担停止侵害、排除妨碍、消除危险等侵权责任。

《最高人民法院关于适用〈中华人民共和国物权法〉若干问题的解释（一）》

第八条　依照物权法第二十八条至第三十条规定享有物权，但尚未完成动产交付或者不动产登记的物权人，根据物权法第三十四条至第三十七条的规定，请求保护其物权的，应予支持。

《德国民法典》

第一千零四条　（1）所有权人受到除剥夺或者扣留占有以外的其他方式的妨害时，可以要求妨害人排除妨害。所有权有继续受妨害之虞的，可以提起停止妨害之诉。

（2）所有权人负有容忍妨害义务的，不享有上述请求权。

《意大利民法典》

第九百四十九条第一款　因惧怕遭受损害，物的所有人可以宣告在自己的物上不存在他人认定的权利而提起否认所有权之诉。

第一千一百七十二条　由于惧怕位于自己享有权利的财产或者占有的财产附近的任何建筑、树木或者其他物品可能发生给自己的财产、权利或者占有造成严重损害的紧急危险，所有权人、他物权人或者占有人可以将这一危险告知司法机构,由其根据具体情况采取排除危险的措施。

司法机构可以在必要时裁定为可能发生的危险提供适当的担保。

我国台湾地区"民法"

第七百六十七条　有妨害其所有权之虞者,所有人得请求防止之。

第三十六条　造成不动产或者动产毁损的,权利人可以请求修理、重作、更换或者恢复原状。

【说明】

不动产或者动产毁损,物权人可以请求恢复原状,包括修理、重作、更换。修理、重作、更换也是《中华人民共和国民法通则》规定的承担民事责任的方式。

【立法理由】

本条规定了修理、重作、更换或者恢复原状请求权。

【相关规定】

《中华人民共和国民法通则》

第一百一十七条第二款　损坏国家的、集体的财产或者他人财产的,应当恢复原状或者折价赔偿。

第一百三十四条第一款　承担民事责任的方式主要有:

……

(五)恢复原状;

(六)修理、重作、更换;

……

《中华人民共和国侵权责任法》

第十五条　承担侵权责任的方式主要有:

……

(五)恢复原状;

……

《最高人民法院关于适用〈中华人民共和国物权法〉若干问题的解释(一)》

第八条　依照物权法第二十八条至第三十条规定享有物权,但尚未完成动产交付或者不动产登记的物权人,根据物权法第三十四条至第三十七条的规定,请求保护其物权的,应予支持。

《瑞士民法典》

第七百零七条 (1)为土地的耕作或居住及饮用水供给所必要的泉、井的水被污染或被引走的,受害人可请求恢复原状。

(2)除上述情形外,非因正当的特殊原因,不得请求恢复原状。

我国台湾地区"民法"

第七百八十二条 水源地或井之所有人,对于他人因工事杜绝、减少或污秽其水者,得请求损害赔偿。如其水为饮用,或利用土地所必要者,并得请求恢复原状。但不能恢复原状者,不在此限。

第三十七条 侵害物权,造成权利人损害的,权利人可以请求损害赔偿,也可以请求承担其他民事责任。

【说明】

物权受到侵害,给物权人造成损害,物权人有权请求损害赔偿。赔偿损害包括金钱赔偿、代物赔偿。例如将他人的椅子坐坏,赔偿的方式有多种,如修理好椅子,或者赔把新椅子,或者赔把椅子的钱,或者赔些其他东西折抵椅子的钱。

对于物权归属问题,物权人可以请求确认物权。

侵害物权的,物权人可以请求防止侵害、停止侵害、排除妨害、返还原物、赔偿损失、赔礼道歉。其中请求防止侵害、停止侵害、排除妨害、返还原物、恢复原状有物上请求权之称。物上请求权又称作物的请求权,其包括物权请求权和占有请求权。物权请求权指物权受到侵害时,物权人享有请求恢复其物权圆满支配状态的权利。占有请求权指占有受到侵害时,物权人以外的其他占有人享有请求恢复其占有状态的权利。物上请求权与金钱赔偿损失的请求权不同,前者旨在恢复对物的支配力,后者是赔偿物的损害。物权被侵害的,物权人可以行使一种或者数种请求权。

请求停止侵害也是物权保护的一种请求权。对正在实施的侵害物权行为,物权人可以请求侵权人停止侵害行为,也可以请求有关机关制止侵权行为。

赔礼道歉也是承担民事责任的一种方式。物权受到侵犯,物权人有权请求赔礼道歉。赔礼道歉是将道德规范法律化,它不仅可以用于侵犯人身权利的责任承担,也可以用于侵犯财产权利的责任承担。损坏了他人心爱的东西,侵权人赔个礼,道个歉,让物权人消消气,往往有利于化干戈为玉帛。

物权保护请求权中的某些种类可适用于对物权人以外的其他占有人的

保护。

【立法理由】

本条规定了损害赔偿和其他民事责任请求权。

【相关规定】

《中华人民共和国民法通则》

第一百一十七条 侵占国家的、集体的财产或者他人财产的,应当返还财产,不能返还财产的,应当折价赔偿。

损坏国家的、集体的财产或者他人财产的,应当恢复原状或者折价赔偿。

受害人因此遭受其他重大损失的,侵害人并应当赔偿损失。

第一百三十四条第一款 承担民事责任的方式主要有:

……

(七)赔偿损失;

……

《中华人民共和国侵权责任法》

第十五条 承担侵权责任的方式主要有:

……

(六)赔偿损失;

……

《最高人民法院关于适用〈中华人民共和国物权法〉若干问题的解释(一)》

第八条 依照物权法第二十八条至第三十条规定享有物权,但尚未完成动产交付或者不动产登记的物权人,根据物权法第三十四条至第三十七条的规定,请求保护其物权的,应予支持。

《德国民法典》

第九百八十九条 占有人自诉讼拘束发生时起,因其过失致物毁损、灭失或者由于其他原因致不能返还其物而造成的损害,对所有权人负其责任。

《意大利民法典》

第一千零七十九条 其他保护措施:对否认地役权之人,地役权人可以提起确认地役权之诉,通过判决确认自己享有的地役权并且请求停止妨碍或干扰地役权行使的行为。除损害赔偿外,地役权人亦可请求恢复原状。

《瑞士民法典》

第七百零六条 (1)有重点利用价值或设有围障的泉及井,因建筑、铺路等工程,水源受到破坏、污染或被引走,使所有人或用益人的利益受到损害时,受害人可请求赔偿。

(2) 前款的损害,非因故意或过失,或受害人自己有过错的,法官可以自己的裁量决定是否需要赔偿以及赔偿的范围及方法。

我国台湾地区"民法"

第七百八十二条　水源地或井之所有人,对于他人因工事杜绝、减少或污秽其水者,得请求损害赔偿。如其水为饮用,或利用土地所必要者,并得请求恢复原状。但不能恢复原状者,不在此限。

第三十八条　本章规定的物权保护方式,可以单独适用,也可以根据权利被侵害的情形合并适用。

侵害物权,除承担民事责任外,违反行政管理规定的,依法承担行政责任;构成犯罪的,依法追究刑事责任。

【说明】

物权受到侵害的,当事人可以通过请求确认权利、返还原物、消除危险、排除妨害、修理、重作、更换、损害赔偿等方式保护自己的权利。上述保护方式,可以单独适用,也可以根据权利被侵害的情形合并适用。

法律责任包括民事责任、行政责任、刑事责任。侵害物权,除承担民事责任外,违反行政管理规定的,依法承担行政责任;构成犯罪的,依法追究刑事责任。

【立法理由】

本条规定了物权保护方式的单用和并用,以及三大法律责任的适用。

【相关规定】

《中华人民共和国民法通则》

第一百三十四条第二款　以上承担民事责任的方式,可以单独适用,也可以合并适用。

《中华人民共和国侵权责任法》

第十五条第二款　以上承担侵权责任的方式,可以单独适用,也可以合并适用。

第二编 所有权

第四章 一般规定

第三十九条 所有权人对自己的不动产或者动产,依法享有占有、使用、收益和处分的权利。

【说明】

本条是对所有权基本内容的规定。

所有权的占有、使用、收益和处分的内容在理论上称为所有权的"权能"。在理论上通常都认为所有权具有四项基本权能:

1. 占有。占有就是对于财产的实际管领或控制,拥有一个物的一般前提就是占有,这是财产所有者直接行使所有权的表现。

2. 使用。使用是权利主体对财产的运用,发挥财产的使用价值。所有权人可以自己使用,也可以授权他人使用,都是所有权人行使使用权的行为。

3. 收益。收益是通过财产的占有、使用等方式取得的经济效益。使用物并获益是拥有物的目的之一。

4. 处分。处分是指财产所有人对其财产在事实上和法律上的最终处置。处分权一般由所有权人行使,但在某些情况下,非所有权人也可以有处分权,如运输的货物,如果发生紧急情况,承运人也是可以依法进行处分的。

对于所有权有几项权能,在理论上意见并不完全一致,但上述四项权能为学者一致认可。理论上还认为,所有权的权能分为两种:一是积极的权能,二是消极的权能。前述几项权能是积极的权能。所有权的消极权能,指所有权人有依法排除他人干涉的权利。德国、瑞士等国民法典和我国台湾地区"民法"都有排除他人干涉等类似的规定。《中华人民共和国物权法》第2条对物权的定义也规定了"排他"的性质,这一规定当然适用于所有权。可以认为本法也规定了所有权的消极权能。

除了上述各项权能,一般认为,所有权本身具有如下一些特性:

（1）完全性。或者称所有权为完全权，所有权是就标的物为一般支配的完全权。所有权作为一般的支配权，是用益物权、担保物权等他物权的源泉。与所有权不同，他物权仅在使用收益上于一定范围内有支配权。

（2）整体性。或者称为单一性。所有权不是占有、使用、收益和处分等各项权能量的总和，而是对标的物有统一支配力，是整体的权利，不能在内容上或者时间上加以分割。所有权人在其物上设定他物权，即使其物的占有、使用、收益、处分等权能分别归他人享有，所有权人的所有权性质不受影响。

（3）恒久性。所有权有永久性，其存在没有存续期间，不因时效而消灭。

（4）弹力性。或者称为"所有权弹性""归一力"。所有权人在其所有物上为他人设定权利，即使所有权的所有已知表征权利均被剥夺，仍潜在地保留其完整性，这种剥夺终止后，所有权当然地重新恢复其圆满状态。

对于所有权的这些特性，各国民法通常都没有明确规定，但也有例外。《俄罗斯民法典》第209条第2款中"向他人移转财产的占有权、使用权和处分权，而自己仍为财产所有人"的规定，体现了所有权的整体性和弹力性。

根据所有权的权能和所有权的特性，学者通常在理论上以"支配权"来定义所有权。如我国台湾地区有学者认为："所有权谓以全面的物之支配权能为内容之权利。"有学者认为："所有权者，指于法令限制之范围内，对物为全面支配的权利。"大陆有学者认为："所有权作为一种民事权利，是民事主体依法对其物实行占有、使用、收益和处分并独立支配的权利。"

所有权与所有制密切相关。所有权是所有制在法律上的体现，所有权的本质属性是由一定社会形态的所有制决定的。但是，人们常常对所有制产生误解，将所有制也理解为所有权，因而搞不清所有制与所有权究竟是什么关系。"所有制"与"所有权"仅一字之差，但其内涵却相去甚远。由于生产资料的占有形式是生产关系的重要内容，生产资料所有制成为生产关系的集中表现，通常以所有制表述特定的生产关系。但是，所有制不仅指生产资料的占有形式，而是指生产关系的总和。马克思说："私有制不是一种简单的关系，也绝不是什么抽象的概念原理，而是资产阶级生产关系的总和。"我们说所有权是所有制在法律上的体现，这里的"所有制"指的是一定的以生产资料的占有为重要内容的生产关系。

还需要说明的是，所有权不仅仅是民法的专有名词，也不仅仅是民法上的权利。"所有权"一词使用甚广，在不同的含义上使用，也在各种政治法律关系中使用。在较广的含义上，所有权指政治法律制度中的所有权制度，是调整财产所有关系的法律规范的总称。我们说所有权是所有制的法律体现，就是在这个意义上使用"所有权"这一概念的。在这个意义上,所有权与所有制是个对应的概念。在较窄的含义上,所有权指所有人对特定财产所享有的占有、使用、收益和处分的权利。所有权的基本概念通常是由民法规定的,民法的所有权是一项民事权利,属于物权的一种。但是,所有权概念的使用却不限于民法,而是广泛使用于各个法律部门。或者说,规范所有权的法律不仅有民法,各个法律部门均有涉及所有权关系的法律规范。

法律调整的是人与人之间的关系,不是人与物之间的关系。权利体现的是社会关系。民法的所有权是基于所有物而产生的所有权人与他人的财产关系。民法上讲所有权,不仅要讲所有权人对所有物的权利,主要是讲所有权人与他人的关系。在行政法、经济法、刑法上也讲所有权,但由于这些法律调整的社会关系与民法不同,调整的所有权关系也与民法不同。由于民法调整平等主体之间的关系,因而民法上的所有权体现了平等的民事关系。行政法、经济法调整的是行政管理的关系,因而行政法、经济法上的所有权体现的是行政管理的关系。比如,国家依行政权征收集体和私人的财产,体现了行政管理的关系。

【立法理由】

通常认为,所有权是对物的支配权,这样讲是很抽象的,但准确地给所有权下定义则非常困难。其他国家和地区的民法通常以规定所有权内容的方式来说明所有权,有几种情形:一是作概括性规定,强调处分权。如《德国民典法》规定,在不违反法律和第三人利益的范围内,"物的所有权人可以随意处分其物",并排除他人的任何干涉。《瑞士民法典》规定,物的所有人在法律规范的限制范围内,"对该物得自由处分"。二是规定两项内容,强调使用权和处分权。如《意大利民法典》规定,在法律规定的范围内并且在遵守法律规定的义务的前提下,"所有权人对所有物享有完全的、排他的使用和处分的权利"。《法国民法典》规定:"所有权是指,以完全绝对的方式,享有与处分物的权利,但法律或条例禁止的使用除外。"三是规定三项内容,在规定使用权、处分权外,规定收益权或者占有权。如《日本民法典》规定:"所有人于法令限制的范围内,有自由使用、收益及处分所有物的权利。"《俄罗斯民法典》规定:"财产的占有权、使用权和处分权属于财产的所有人。"我国台湾地区"民法"规定:"所有权人,于法令限制之范围内,得自由使用、收益、处分其所有物,并排除他人之干涉。"

《中华人民共和国物权法》的规定与《中华人民共和国民法通则》的规定基本一致,仍沿用《中华人民共和国民法通则》四项内容的规定。

【相关规定】

《中华人民共和国民法通则》

第七十一条 财产所有权是指所有人依法对自己的财产享有占有、使用、收益和处分的权利。

《法国民法典》

第五百四十四条 所有权是最绝对的享用和处分物的权利,但法律或条例禁止的使用除外。

《日本民法典》

第二百零六条 所有人于法令限制内对物享有自由使用、收益及处分的权利。

我国台湾地区"民法"

第七百六十五条 所有权人,于法令限制之范围内,得自由使用、收益、处分其所有物,并排除他人之干涉。

第四十条　所有权人有权在自己的不动产或者动产上设立用益物权和担保物权。用益物权人、担保物权人行使权利,不得损害所有权人的权益。

【说明】

所有权人在自己的不动产或者动产上设立用益物权和担保物权,是所有权人行使其所有权的具体体现。所有人依法为他人设定用益物权、担保物权,他人取得、行使用益物权、担保物权,也必须依法进行。他人享有的用益物权、担保物权,是从所有权中分离出来的权能。因此,设定他物权,是所有权人行使所有权的结果。也正因如此,用益物权人、担保物权人行使权利必须依法进行,不得损害所有权人的权益。

通常所有权人以自己所有的不动产或者动产为他人设定用益物权、担保物权,但也有例外。比如,用益物权中的地役权。在我国,设立地役权的情况较为特殊。在国有土地上设定地役权的,通常是拥有土地使用权的单位而不是作为所有权人的国家,在集体土地上设定地役权的通常是承包土地的农户而不是作为土地所有权人的集体经济组织。再如,担保物权中的留置权。留置权是债权人留置债务人的动产,留置权的设定由债权人依法进行,而非动产的所有权人设定,但当事人约定不得留置的,债权人必须遵守约定,不得违背合同留置债务人的动产。债权人留置债务人的动产、行使留置权必须依法进行,不得损害所有权人的权益。

【相关规定】

《中华人民共和国民法通则》

第八十条第二款　公民、集体依法对集体所有的或者国家所有由集体使用的土地的承包经营权,受法律保护。承包双方的权利和义务,依照法律由承包合同规定。

第八十一条第二款、第三款　国家所有的矿藏,可以依法由全民所有制单位和集体所有制单位开采,也可以依法由公民采挖。国家保护合法的采矿权。

公民、集体依法对集体所有的或者国家所有由集体使用的森林、山岭、草原、荒地、滩涂、水面的承包经营权,受法律保护。承包双方的权利和义务,依照法律由承包合同规定。

《中华人民共和国土地管理法》

第九条　国有土地和农民集体所有的土地,可以依法确定给单位或者个人使用。使用土地的单位和个人,有保护、管理和合理利用土地的义务。

第四十一条　法律规定专属于国家所有的不动产和动产,任何单位和个人不能取得所有权。

【说明】

本条是对国家专有的规定。

国家专有是指只能为国家所有而不能为任何其他人所拥有。国家专有的财产由于不能为他人所拥有,因此不能通过交换或者赠与等任何流通手段转移所有权,这与非专有的国家财产的性质不同。非专有的国家财产是可以流转的,如国家用于投资的财产。国家专有的财产范围很宽,各项具体的专有财产由各个相关单行法律、行政法规规定,本条只作概括性规定。

国家专有的财产包括但不限于以下各项:

(1)国有土地。依据法律、行政法规的规定,属于国家所有的土地有:城市市区的土地;农村和城市郊区已被征收的土地;依法不属于集体所有的森林、山岭、草地、荒地、滩涂及其他土地等。

(2)海域。《中华人民共和国海域使用管理法》规定,海域属于国家所有。

(3)水流。《中华人民共和国宪法》规定,水流属于国家所有。

(4)矿产资源。《中华人民共和国宪法》规定,矿藏属于国家所有。《中华人民共和国矿产资源法》规定,矿产资源属于国家所有。有关法律、行政法规规定煤炭资源、石油资源、盐资源、水晶矿产等属于国家所有。

(5)野生动植物资源。《中华人民共和国野生动物保护法》规定,野生动物资源属于国家所有。

(6) 无线电频谱资源。本法第 50 条规定,无线电频谱资源属于国家所有。

【相关规定】

《中华人民共和国宪法》

第九条第一款 矿藏、水流、森林、山岭、草原、荒地、滩涂等自然资源,都属于国家所有,即全民所有;由法律规定属于集体所有的森林和山岭、草原、荒地、滩涂除外。

第十条第一款 城市的土地属于国家所有。

第四十二条 为了公共利益的需要,依照法律规定的权限和程序可以征收集体所有的土地和单位、个人的房屋及其他不动产。

征收集体所有的土地,应当依法足额支付土地补偿费、安置补助费、地上附着物和青苗的补偿费等费用,安排被征地农民的社会保障费用,保障被征地农民的生活,维护被征地农民的合法权益。

征收单位、个人的房屋及其他不动产,应当依法给予拆迁补偿,维护被征收人的合法权益;征收个人住宅的,还应当保障被征收人的居住条件。

任何单位和个人不得贪污、挪用、私分、截留、拖欠征收补偿费等费用。

【说明】

在我国,由于公共建设任务繁重而征收较多,在城市是因城市规划拆迁而征收居民房屋,在农村是因公共建设、城市规划而征收集体土地。在物权法制定过程中,对于征收的问题意见、建议较多,主要集中在公共利益的目的和征收补偿两个方面:

(1)关于公共利益。有人认为,应在物权法中明确界定公共利益的范围,以限制有的地方政府滥用征收权力,侵害群众利益。全国人大法律委员会、全国人大常委会法制工作委员会同国务院法制办、国土资源部等部门以及专家反复研究认为:在不同领域内,在不同情形下,公共利益是不同的,情况相当复杂,物权法难以对公共利益作出统一的具体界定,还是分别由《中华人民共和国土地管理法》《中华人民共和国城市房地产管理法》等单行法律规定较为切合实际。现行有的法律如《中华人民共和国信托法》《中华人民共和国测绘法》已经对公共利益的范围作了一些具体界定。因此,本条对公共利益的目的只作了原则规定。

(2)关于征收补偿。有人认为,在现实生活中,存在征收土地的补偿标准过低、补偿不到位的问题,侵害群众利益,建议对补偿问题作出明确规定。对于群众反映较大的问题,本条第2款、第3款有针对性地对征收的补偿原则和补偿内容作了明确规定。考虑到各地的发展很不平衡,具体的补偿标准和补偿办法,宜由土地管理法等有关法律依照本法规定的补偿原则和补偿内容,根据不同情况作出规定。针对现实生活中补偿不到位和侵占补偿费用的行为,第4款明确规定,任何单位和个人不得贪污、挪用、私分、截留、拖欠征收补偿费等费用。

【立法理由】

征收是国家以行政权取得他人财产的行为。征收的主体是国家,通常是政府以行政命令的方式从集体、单位和个人取得土地、房屋等财产,集体、单位和个人必须服从。在物权法上,征收是物权变动的一种极为特殊的情形。征收属于行政关系,不属于民事关系,但由于征收是所有权人丧失所有权的一种方式,是对所有权的限制,同时又是国家取得所有权的一种方式,本条对征收作了规定。外国民法通常都从这一角度对征收作原则性规定。

征收通常都附有严格的法定条件的限制。征收必须是为公共目的,经法定程序并按市价予以补偿。由于征收本不属于民法规范,同时征收的情况极为复杂,外国民法通常规定得较为简单,但都原则性地规定了公共利益的目的和公平补偿的内容。如法国法规定,任何人不得被强制转让其所有权,但因公用并在事前受公正补偿时,不在此限。在民法或者物权法中不宜具体界定公共利益和规定具体的赔偿标准,因经济发展迅速,情况复杂,赔偿标准不会长期不变,物权法是民事基本法,不宜经常修改,规定得过于具体反而会成为经济社会发展的障碍。

【相关规定】

《中华人民共和国宪法》

第十条第三款　国家为了公共利益的需要,可以依照法律规定对土地实行征收或者征用并给予补偿。

第十三条第三款　国家为了公共利益的需要,可以依照法律规定对公民的私有财产实行征收或者征用并给予补偿。

《中华人民共和国土地管理法》

第四十七条　征收土地的,按照被征收土地的原用途给予补偿。

征收耕地的补偿费用包括土地补偿费、安置补助费以及地上附着物和青苗的补偿费。征收耕地的土地补偿费,为该耕地被征收前三年平均年产值的六至十倍。征收耕地的安置补助费,按照需要安置的农业人口数计算。需要安置的农业人口数,按照被征收的耕地数量除以征地前被征收单位平均每人占有耕地的数量计算。每一个需要安置的农业人口的安置补助费标准,为该耕地被征收前三年平均年产值的四至六倍。但是,每公顷被征收耕地的安置补助费,最高不得超过被征收前三年平均年产值的十五倍。

征收其他土地的土地补偿费和安置补助费标准,由省、自治区、直辖市参照征收耕地的土地补偿费和安置补助费的标准规定。

被征收土地上的附着物和青苗的补偿标准,由省、自治区、直辖市规定。

征收城市郊区的菜地,用地单位应当按照国家有关规定缴纳新菜地开发建设基金。

依照本条第二款的规定支付土地补偿费和安置补助费,尚不能使需要安置的农民保持原有生活水平的,经省、自治区、直辖市人民政府批准,可以增加安置补助费。但是,土地补偿费和安置补助费的总和不得超过土地被征收前三年平均年产值的三十倍。

国务院根据社会、经济发展水平,在特殊情况下,可以提高征收耕地的土地补偿费和安置补助费的标准。

《国有土地上房屋征收与补偿条例》

第二条 为了公共利益的需要,征收国有土地上单位、个人的房屋,应当对被征收房屋所有权人(以下称被征收人)给予公平补偿。

第三条 房屋征收与补偿应当遵循决策民主、程序正当、结果公开的原则。

第四条 市、县级人民政府负责本行政区域的房屋征收与补偿工作。

市、县级人民政府确定的房屋征收部门(以下称房屋征收部门)组织实施本行政区域的房屋征收与补偿工作。

市、县级人民政府有关部门应当依照本条例的规定和本级人民政府规定的职责分工,互相配合,保障房屋征收与补偿工作的顺利进行。

第五条 房屋征收部门可以委托房屋征收实施单位,承担房屋征收与补偿的具体工作。房屋征收实施单位不得以营利为目的。

房屋征收部门对房屋征收实施单位在委托范围内实施的房屋征收与补偿行为负责监督,并对其行为后果承担法律责任。

第六条 上级人民政府应当加强对下级人民政府房屋征收与补偿工作

的监督。

国务院住房城乡建设主管部门和省、自治区、直辖市人民政府住房城乡建设主管部门应当会同同级财政、国土资源、发展改革等有关部门,加强对房屋征收与补偿实施工作的指导。

第七条　任何组织和个人对违反本条例规定的行为,都有权向有关人民政府、房屋征收部门和其他有关部门举报。接到举报的有关人民政府、房屋征收部门和其他有关部门对举报应当及时核实、处理。

监察机关应当加强对参与房屋征收与补偿工作的政府和有关部门或者单位及其工作人员的监察。

第八条　为了保障国家安全、促进国民经济和社会发展等公共利益的需要,有下列情形之一,确需征收房屋的,由市、县级人民政府作出房屋征收决定:

(一)国防和外交的需要;

(二)由政府组织实施的能源、交通、水利等基础设施建设的需要;

(三)由政府组织实施的科技、教育、文化、卫生、体育、环境和资源保护、防灾减灾、文物保护、社会福利、市政公用等公共事业的需要;

(四)由政府组织实施的保障性安居工程建设的需要;

(五)由政府依照城乡规划法有关规定组织实施的对危房集中、基础设施落后等地段进行旧城区改建的需要;

(六)法律、行政法规规定的其他公共利益的需要。

第九条　依照本条例第八条规定,确需征收房屋的各项建设活动,应当符合国民经济和社会发展规划、土地利用总体规划、城乡规划和专项规划。保障性安居工程建设、旧城区改建,应当纳入市、县级国民经济和社会发展年度计划。

制定国民经济和社会发展规划、土地利用总体规划、城乡规划和专项规划,应当广泛征求社会公众意见,经过科学论证。

第十条　房屋征收部门拟定征收补偿方案,报市、县级人民政府。

市、县级人民政府应当组织有关部门对征收补偿方案进行论证并予以公布,征求公众意见。征求意见期限不得少于30日。

第十一条　市、县级人民政府应当将征求意见情况和根据公众意见修改的情况及时公布。

因旧城区改建需要征收房屋,多数被征收人认为征收补偿方案不符合本条例规定的,市、县级人民政府应当组织由被征收人和公众代表参加的听证会,并根据听证会情况修改方案。

第十二条　市、县级人民政府作出房屋征收决定前,应当按照有关规定进行社会稳定风险评估;房屋征收决定涉及被征收人数量较多的,应当经政府常务会议讨论决定。

作出房屋征收决定前,征收补偿费用应当足额到位、专户存储、专款专用。

第十三条　市、县级人民政府作出房屋征收决定后应当及时公告。公告应当载明征收补偿方案和行政复议、行政诉讼权利等事项。

市、县级人民政府及房屋征收部门应当做好房屋征收与补偿的宣传、解释工作。

房屋被依法征收的,国有土地使用权同时收回。

第十四条　被征收人对市、县级人民政府作出的房屋征收决定不服的,可以依法申请行政复议,也可以依法提起行政诉讼。

第十五条　房屋征收部门应当对房屋征收范围内房屋的权属、区位、用途、建筑面积等情况组织调查登记,被征收人应当予以配合。调查结果应当在房屋征收范围内向被征收人公布。

第十六条　房屋征收范围确定后,不得在房屋征收范围内实施新建、扩建、改建房屋和改变房屋用途等不当增加补偿费用的行为;违反规定实施的,不予补偿。

房屋征收部门应当将前款所列事项书面通知有关部门暂停办理相关手续。暂停办理相关手续的书面通知应当载明暂停期限。暂停期限最长不得超过1年。

第十七条　作出房屋征收决定的市、县级人民政府对被征收人给予的补偿包括:

(一)被征收房屋价值的补偿;

(二)因征收房屋造成的搬迁、临时安置的补偿;

(三)因征收房屋造成的停产停业损失的补偿。

市、县级人民政府应当制定补助和奖励办法,对被征收人给予补助和奖励。

第十八条　征收个人住宅,被征收人符合住房保障条件的,作出房屋征收决定的市、县级人民政府应当优先给予住房保障。具体办法由省、自治区、直辖市制定。

第十九条　对被征收房屋价值的补偿,不得低于房屋征收决定公告之日被征收房屋类似房地产的市场价格。被征收房屋的价值,由具有相应资质的房地产价格评估机构按照房屋征收评估办法评估确定。

对评估确定的被征收房屋价值有异议的,可以向房地产价格评估机构申请复核评估。对复核结果有异议的,可以向房地产价格评估专家委员会申请鉴定。

房屋征收评估办法由国务院住房城乡建设主管部门制定,制定过程中,应当向社会公开征求意见。

第二十条　房地产价格评估机构由被征收人协商选定;协商不成的,通过多数决定、随机选定等方式确定,具体办法由省、自治区、直辖市制定。

房地产价格评估机构应当独立、客观、公正地开展房屋征收评估工作,任何单位和个人不得干预。

第二十一条　被征收人可以选择货币补偿,也可以选择房屋产权调换。

被征收人选择房屋产权调换的,市、县级人民政府应当提供用于产权调换的房屋,并与被征收人计算、结清被征收房屋价值与用于产权调换房屋价值的差价。

因旧城区改建征收个人住宅,被征收人选择在改建地段进行房屋产权调换的,作出房屋征收决定的市、县级人民政府应当提供改建地段或者就近地段的房屋。

第二十二条　因征收房屋造成搬迁的,房屋征收部门应当向被征收人支付搬迁费;选择房屋产权调换的,产权调换房屋交付前,房屋征收部门应当向被征收人支付临时安置费或者提供周转用房。

第二十三条　对因征收房屋造成停产停业损失的补偿,根据房屋被征收前的效益、停产停业期限等因素确定。具体办法由省、自治区、直辖市制定。

第二十四条　市、县级人民政府及其有关部门应当依法加强对建设活动的监督管理,对违反城乡规划进行建设的,依法予以处理。

市、县级人民政府作出房屋征收决定前,应当组织有关部门依法对征收范围内未经登记的建筑进行调查、认定和处理。对认定为合法建筑和未超过批准期限的临时建筑的,应当给予补偿;对认定为违法建筑和超过批准期限的临时建筑的,不予补偿。

第二十五条　房屋征收部门与被征收人依照本条例的规定,就补偿方式、补偿金额和支付期限、用于产权调换房屋的地点和面积、搬迁费、临时安置费或者周转用房、停产停业损失、搬迁期限、过渡方式和过渡期限等事项,订立补偿协议。

补偿协议订立后,一方当事人不履行补偿协议约定的义务的,另一方当事人可以依法提起诉讼。

第二十六条 房屋征收部门与被征收人在征收补偿方案确定的签约期限内达不成补偿协议,或者被征收房屋所有权人不明确的,由房屋征收部门报请作出房屋征收决定的市、县级人民政府依照本条例的规定,按照征收补偿方案作出补偿决定,并在房屋征收范围内予以公告。

补偿决定应当公平,包括本条例第二十五条第一款规定的有关补偿协议的事项。

被征收人对补偿决定不服的,可以依法申请行政复议,也可以依法提起行政诉讼。

第二十七条 实施房屋征收应当先补偿、后搬迁。

作出房屋征收决定的市、县级人民政府对被征收人给予补偿后,被征收人应当在补偿协议约定或者补偿决定确定的搬迁期限内完成搬迁。

任何单位和个人不得采取暴力、威胁或者违反规定中断供水、供热、供气、供电和道路通行等非法方式迫使被征收人搬迁。禁止建设单位参与搬迁活动。

第二十八条 被征收人在法定期限内不申请行政复议或者不提起行政诉讼,在补偿决定规定的期限内又不搬迁的,由作出房屋征收决定的市、县级人民政府依法申请人民法院强制执行。

强制执行申请书应当附具补偿金额和专户存储账号、产权调换房屋和周转用房的地点和面积等材料。

第二十九条 房屋征收部门应当依法建立房屋征收补偿档案,并将分户补偿情况在房屋征收范围内向被征收人公布。

审计机关应当加强对征收补偿费用管理和使用情况的监督,并公布审计结果。

第三十条 市、县级人民政府及房屋征收部门的工作人员在房屋征收与补偿工作中不履行本条例规定的职责,或者滥用职权、玩忽职守、徇私舞弊的,由上级人民政府或者本级人民政府责令改正,通报批评;造成损失的,依法承担赔偿责任;对直接负责的主管人员和其他直接责任人员,依法给予处分;构成犯罪的,依法追究刑事责任。

第三十一条 采取暴力、威胁或者违反规定中断供水、供热、供气、供电和道路通行等非法方式迫使被征收人搬迁,造成损失的,依法承担赔偿责任;对直接负责的主管人员和其他直接责任人员,构成犯罪的,依法追究刑事责任;尚不构成犯罪的,依法给予处分;构成违反治安管理行为的,依法给予治安管理处罚。

第三十二条 采取暴力、威胁等方法阻碍依法进行的房屋征收与补偿工作,构成犯罪的,依法追究刑事责任;构成违反治安管理行为的,依法给予治安管理处罚。

第三十三条 贪污、挪用、私分、截留、拖欠征收补偿费用的,责令改正,追回有关款项,限期退还违法所得,对有关责任单位通报批评、给予警告;造成损失的,依法承担赔偿责任;对直接负责的主管人员和其他直接责任人员,构成犯罪的,依法追究刑事责任;尚不构成犯罪的,依法给予处分。

第三十四条 房地产价格评估机构或者房地产估价师出具虚假或者有重大差错的评估报告的,由发证机关责令限期改正,给予警告,对房地产价格评估机构并处5万元以上20万元以下罚款,对房地产估价师并处1万元以上3万元以下罚款,并记入信用档案;情节严重的,吊销资质证书、注册证书;造成损失的,依法承担赔偿责任;构成犯罪的,依法追究刑事责任。

《最高人民法院关于审理涉及农村集体土地行政案件若干问题的规定》

第十二条 征收农村集体土地时涉及被征收土地上的房屋及其他不动产,土地权利人可以请求依照物权法第四十二条第二款的规定给予补偿的。

征收农村集体土地时未就被征收土地上的房屋及其他不动产进行安置补偿,补偿安置时房屋所在地已纳入城市规划区,土地权利人请求参照执行国有土地上房屋征收补偿标准的,人民法院一般应予支持,但应当扣除已经取得的土地补偿费。

第四十三条 国家对耕地实行特殊保护,严格限制农用地转为建设用地,控制建设用地总量。不得违反法律规定的权限和程序征收集体所有的土地。

【说明】

我国地少人多,耕地宝贵且后备资源贫乏,如何保护并合理利用,关系中华民族的生存。实行最严格的耕地保护制度,严格控制农用地转为建设用地,是保障我国长远发展、经济平稳、社会安定的必然要求。为了切实加强土地调控,制止违法违规用地行为,针对现实生活中滥用征收权力、违法征地的行为,本条作了原则规定。

根据《中华人民共和国土地管理法》等法律、行政法规的有关规定,有关耕地保护的基本政策是:

（1）严格控制耕地转为非耕地。国家实行严格的用途管制制度。通过制定土地利用总体规划,限定建设可以占用土地的区域。农用地转用要报省级以上人民政府批准,有些要报国务院批准。

（2）国家实行占用耕地补偿制度。非农业建设经批准占用耕地的原则是"占多少,垦多少",由占用耕地的单位负责开垦与所占用耕地的数量和质量相当的耕地,或者按规定缴纳耕地开垦费,专款用于开垦新的耕地。

（3）基本农田保护制度。国家实行基本农田保护制度,划定基本农田保护区,对基本农田保护区内的耕地实行特殊保护。所谓"基本农田",是指根据一定时期人口和国民经济对农产品的需求以及对建设用地的预测而确定的在土地利用总体规划期内未经国务院批准不得占用的耕地。"基本农田保护区",是指为对基本农田实行特殊保护而依照土地利用总体规划和法定程序划定的区域。

对保护耕地还有许多规定。如禁止闲置、荒芜耕地;开发未利用土地;土地复垦;可以利用荒地的不得占用耕地,可以利用劣地的不得占用好地;禁止占用基本农田发展林果业和挖塘养鱼,禁止占用耕地建窑、建坟或者擅自在耕地上建房、挖砂、采石、采矿、取土等。

按照《中华人民共和国宪法》、《中华人民共和国土地管理法》等有关法律规定,征收的条件与程序是:

（1）征收土地必须是为了社会公共利益的需要。

（2）征地是一种政府行为,是政府的专有权力,其他任何单位和个人都没有征地权。同时,被征地单位必须服从,不得阻挠征地。

（3）必须依法取得批准。征收基本农田、基本农田以外的耕地超过35公顷的,以及其他土地超过70公顷的,由国务院批准。征收其他土地的,由省、自治区、直辖市人民政府批准,并报国务院备案。征收农用地的,应当依照有关规定先行办理农用地转用审批。国家征收土地依照法定程序批准后,由县级以上地方人民政府予以公告并组织实施。

（4）必须依法对被征地单位进行补偿。被征收土地的所有权人、使用权人应当在公告规定期限内,持土地权属证书到当地人民政府土地行政主管部门办理征地补偿登记。征收土地的,按照被征收土地的原用途给予补偿。有关法律和行政法规对征收的具体补偿标准有专门规定。

（5）征地行为必须向社会公开,接受社会的监督。征地补偿安置方案确定后,有关地方人民政府应当公告,并听取被征地的农村集体经济组织和农民的意见。被征地的农村集体经济组织应当将征收土地的补偿费用的收支状况向本集体经济组织的成员公布,接受监督。

因此,法律、行政法规对于保护耕地、征收土地都有明确的规定。征收农村土地,应当按照特殊保护耕地的原则,依照法律规定的权限和程序进行,切实保护耕地,保护农民利益,保障社会安定和经济的可持续发展。

第四十四条 因抢险、救灾等紧急需要,依照法律规定的权限和程序可以征用单位、个人的不动产或者动产。被征用的不动产或者动产使用后,应当返还被征用人。单位、个人的不动产或者动产被征用或者征用后毁损、灭失的,应当给予补偿。

【说明】

征用在国家出现抢险、救灾等紧急需要时采用,因此国外通常在紧急状态法中规定,但也有的国家在民法中作了规定,如《意大利民法典》规定:"在发生公共事务、军事、民事的重大紧急需求的情况下,可以对动产或者不动产进行征调。对动产或者不动产的所有权人应当给予合理补偿。"《中华人民共和国宪法》《中华人民共和国土地管理法》《中华人民共和国防震减灾法》《中华人民共和国防洪法》《中华人民共和国传染病防治法》《中华人民共和国药品管理法》《中华人民共和国国防法》《中华人民共和国戒严法》《中华人民共和国国家安全法》》等法律对征用都作了规定,考虑到征用如征收一样也是对所有权的限制,因此本条对于征收的条件与补偿作了规定。征用的前提条件是抢险、救灾等紧急需要,平时不得采用。征用应符合法律规定的权限和程序。使用后应当将征用财产返还权利人,并且给予补偿,但通常不及于可得利益的损失。

【立法理由】

征用是国家强制使用单位、个人的财产。强制使用就是不必得到所有权人的同意,在国家有紧急需要时即直接使用。国家需要征用单位、个人的不动产和动产的原因,是抢险、救灾等在社会整体利益遭遇危机的情况下,需要动用一切人力、物力进行紧急救助,所以,法律许可在此种情况下限制单位和个人的财产所有权。国家以行政权命令征用财产,被征用的单位、个人必须服从,这一点与征收相同。但征收是剥夺所有权,征用是在抢险、救灾等紧急需要时强制使用单位、个人的财产,紧急需要结束后被征用的财产要返还给被征用的单位、个人,因此征用与征收有所不同。

征用如征收一样也是较为复杂的问题,同时征用是政府行使行政权,不是民事关系,征用的具体问题行政法都有具体规定。因此,本条仅从民事角度作了原则规定。

【相关规定】

《中华人民共和国宪法》

第十条第三款　国家为了公共利益的需要,可以依照法律规定对土地实行征收或者征用并给予补偿。

第十三条第三款　国家为了公共利益的需要,可以依照法律规定对公民的私有财产实行征收或者征用并给予补偿。

《中华人民共和国土地管理法》

第二条第四款　国家为了公共利益的需要,可以依法对土地实行征收或者征用并给予补偿。

第五章　国家所有权和集体所有权、私人所有权

第四十五条　法律规定属于国家所有的财产,属于国家所有即全民所有。

国有财产由国务院代表国家行使所有权;法律另有规定的,依照其规定。

【说明】

本条是关于国有财产的范围、国家所有的性质和国家所有权行使的规定。

(1)国有财产的范围。本条第1款是对国有财产范围的概括性规定。依据宪法、法律、行政法规,本法第46条至第52条明确规定矿藏、水流、海域、无线电频谱资源、城市的土地、国防资产属于国家所有。法律规定属于国家所有的铁路、公路、电力设施、电信设施和油气管道等基础设施、文物、农村和城市郊区的土地、野生动植物资源,属于国家所有。除法律规定属于集体所有的外,森林、山岭、草原、荒地、滩涂等自然资源,属于国家所有。现行法律、行政法规没有明确规定的,根据本条,可以在制定或者修改有关法律时作出具体规定。

(2)我国国家所有的性质。本条第1款规定,我国国家所有的性质是全民所有。

(3)代表国家行使国家财产所有权的主体。本条第2款是对代表国家行使国家财产所有权的主体的规定。除法律另有规定外,国有财产由国务院代表国家行使所有权。国有财产由国务院代表国家行使所有权,同时依照法律规定也可以由地方人民政府等部门行使有关权利。

【立法理由】

关于国有财产的范围。在征求意见过程中,对于国有财产范围的不同意见主要是,国有财产的范围很广,如何在物权法中确定国有财产的范围,哪些应该明确写,哪些不应该写,对物的种类在文字上应该如何表述。有人认为,

本法具体列举的国有财产不够全面,应当增加规定空域、航道、频道、无居民岛屿、种质资源属于国家所有。考虑到国有财产范围很宽,难以逐项列全,所提出的增加规定的有些内容是否属于物权法上的物,也有争议。因此,本条对国有财产的范围作了概括性的规定:"法律规定属于国家所有的财产,属于国家所有即全民所有。"并以现行法律的规定为依据对国家所有的财产作了列举规定。现行法律、行政法规没有明确规定的,根据本条,可以在制定或者修改有关法律时作出具体规定。

关于我国国家所有的性质。我国国家所有的性质是全民所有。《中华人民共和国宪法》第 6 条、《中华人民共和国民法通则》第 73 条、《中华人民共和国土地管理法》第 2 条第 1 款对此都有相应的规定。本法根据《中华人民共和国宪法》和《中华人民共和国民法通则》规定"国家所有即全民所有",以更好地和《中华人民共和国宪法》《中华人民共和国民法通则》的规定相衔接,进一步明确国家所有的性质。

关于代表国家行使国家财产所有权的主体。在征求意见过程中,有的认为,"由国务院代表国家行使国家所有权"可操作性不强。有人提出,国有自然资源的所有权实际上有不少是由地方人民政府具体行使的,应规定地方人民政府也有权代表国家具体行使国有自然资源的所有权。有人建议,明确实践中行使所有权的地方各级政府同国务院之间的关系是委托还是授权。有人认为,应该由全国人民代表大会代表国家行使国有财产所有权。立法机关经研究认为,依据宪法规定,全国人民代表大会是最高国家权力机关,国务院是最高国家权力机关的执行机关。全国人民代表大会代表全国人民行使国家权力,体现在依法就关系国家全局的重大问题作出决定,而具体执行机关是国务院。我国的许多法律已经明确规定由国务院代表国家行使所有权。例如,《中华人民共和国土地管理法》第 2 条第 2 款、《中华人民共和国矿产资源法》第 3 条、《中华人民共和国水法》第 3 条、《中华人民共和国草原法》第 9 条、《中华人民共和国海域使用管理法》第 3 条。十五届四中全会报告中指出:"国务院代表国家统一行使国有资产所有权,中央和地方政府分级管理国有资产,授权大型企业、企业集团和控股公司经营国有资产。"由国务院代表国家行使所有权也是现行的管理体制。本法规定:"国有财产由国务院代表国家行使所有权;法律另有规定的,依照其规定。"这样规定,既符合人民代表大会制度的特点,也体现了党的十六大关于国家要制定法律法规,建立中央政府和地方政府分别代表国家履行出资人职责,享有所有者权益的国有资产管理体制的要求。全国人民代表大会通过立法授权国务院代表国家行使国家所有权,正体现了全国人民代表大会的性质及其行使职权的特点。当然,国务院代表国家行使所有权,应当依法对人大负责,受人大监督。

【相关规定】

《中华人民共和国宪法》

第九条第一款 矿藏、水流、森林、山岭、草原、荒地、滩涂等自然资源,都属于国家所有,即全民所有;由法律规定属于集体所有的森林和山岭、草原、荒地、滩涂除外。

《中华人民共和国民法通则》

第七十三条第一款 国家财产属于全民所有。

《中华人民共和国土地管理法》

第二条第二款 全民所有,即国家所有土地的所有权由国务院代表国家行使。

第五条 国务院土地行政主管部门统一负责全国土地的管理和监督工作。

县级以上地方人民政府土地行政主管部门的设置及其职责,由省、自治区、直辖市人民政府根据国务院有关规定确定。

《中华人民共和国草原法》

第九条 草原属于国家所有,由法律规定属于集体所有的除外。国家所有的草原,由国务院代表国家行使所有权。

任何单位或者个人不得侵占、买卖或者以其他形式非法转让草原。

《中华人民共和国森林法》

第十条 国务院林业主管部门主管全国林业工作。县级以上地方人民政府林业主管部门,主管本地区的林业工作。乡级人民政府设专职或者兼职人员负责林业工作。

《中华人民共和国水法》

第三条 水资源属于国家所有。水资源的所有权由国务院代表国家行使。农村集体经济组织的水塘和由农村集体经济组织修建管理的水库中的水,归各该农村集体经济组织使用。

《中华人民共和国矿产资源法》

第三条第一款 矿产资源属于国家所有,由国务院行使国家对矿产资源的所有权。地表或者地下的矿产资源的国家所有权,不因其所依附的土地的所有权或者使用权的不同而改变。

第十一条 国务院地质矿产主管部门主管全国矿产资源勘查、开采的监督管理工作。国务院有关主管部门协助国务院地质矿产主管部门进行矿产资源勘查、开采的监督管理工作。

省、自治区、直辖市人民政府地质矿产主管部门主管本行政区域内矿产资源勘查、开采的监督管理工作。省、自治区、直辖市人民政府有关主管部门协助同级地质矿产主管部门进行矿产资源勘查、开采的监督管理工作。

《中华人民共和国海域使用管理法》

第三条第一款 海域属于国家所有，国务院代表国家行使海域所有权。任何单位或者个人不得侵占、买卖或者以其他形式非法转让海域。

《中华人民共和国煤炭法》

第十二条 国务院煤炭管理部门依法负责全国煤炭行业的监督管理。国务院有关部门在各自的职责范围内负责煤炭行业的监督管理。

县级以上地方人民政府煤炭管理部门和有关部门依法负责本行政区域内煤炭行业的监督管理。

《中华人民共和国渔业法》

第六条 国务院渔业行政主管部门主管全国的渔业工作。县级以上地方人民政府渔业行政主管部门主管本行政区域内的渔业工作。县级以上人民政府渔业行政主管部门可以在重要渔业水域、渔港设渔政监督管理机构。

县级以上人民政府渔业行政主管部门及其所属的渔政监督管理机构可以设渔政检查人员。渔政检查人员执行渔业行政主管部门及其所属的渔政监督管理机构交付的任务。

第七条 国家对渔业的监督管理，实行统一领导、分级管理。

海洋渔业，除国务院划定由国务院渔业行政主管部门及其所属的渔政监督管理机构监督管理的海域和特定渔业资源渔场外，由毗邻海域的省、自治区、直辖市人民政府渔业行政主管部门监督管理。

江河、湖泊等水域的渔业，按照行政区划由有关县级以上人民政府渔业行政主管部门监督管理；跨行政区域的，由有关县级以上地方人民政府协商制定管理办法，或者由上一级人民政府渔业行政主管部门及其所属的渔政监督管理机构监督管理。

《法国民法典》

第五百四十二条 市镇行政区的财产是指，一市镇行政区或数市镇行政区的居民对所有权和所生利益享有既得权益的财产。

第四十六条 矿藏、水流、海域属于国家所有。

【说明】

本条是关于矿藏、水流、海域的国家所有权的规定。

(1)矿藏属于国家所有。矿藏,主要指矿产资源,即存在于地壳内部或者地表的,由地质作用形成的,在特定的技术条件下能够被探明和开采利用的,呈固态、液态或气态的自然资源。矿藏属于国家所有,指国家享有对矿产资源的占有、使用、收益和处分的权利。

国家对矿藏的所有权可以有多种行使方式。《中华人民共和国民法通则》第81条第2款规定:"国家所有的矿藏,可以依法由全民所有制单位和集体所有制单位开采,也可以依法由公民采挖。国家保护合法的采矿权。"《中华人民共和国矿产资源法》第3条中规定,"勘查、开采矿产资源,必须依法分别申请、经批准取得探矿权、采矿权,并办理登记"。《中华人民共和国矿产资源法》第4条规定:"国家保障依法设立的矿山企业开采矿产资源的合法权益。"依照规定,民事主体可以依法取得开发和经营矿藏的权利,其性质为采矿权。取得该权利后,通过开发和经营矿藏取得对矿藏的所有权。民事主体取得采矿权并不影响国家的所有权。国家保护合法的采矿权。但该采矿权与对矿藏的所有权不同,前者是他物权,后者是所有权。国家保障矿产资源的合理利用。

(2)水流属于国家所有。水流,指江、河等的统称。此处水流应包括地表水、地下水和其他形态的水资源。本法规定水流属于国家所有。水流属于国家所有,指国家享有对水流的占有、使用、收益和处分的权利。

(3)海域属于国家所有。海域,是指中华人民共和国内水、领海的水面、水体、海床和底土。这是一个空间资源的概念,是对传统民法中"物"的概念的延伸与发展。内水,是指中华人民共和国领海基线向陆地一侧至海岸线的海域。领海这个概念是随公海自由原则的确立而形成的,它是指沿着国家的海岸、受国家主权支配和管辖的一定宽度的海水带。本条明确规定海域属于国家所有。长期以来,在海域权属问题上存在一些模糊认识,出现了一些不正常的现象。个别地方政府或者有关部门擅自将海域的所有权确定为本地所有或者某集体经济组织所有,用海单位在需要使用海域时直接向乡镇和农民集体经济组织购买或者租用;个别乡镇竟然公开拍卖海域或者滩涂;有的村民认为,祖祖辈辈生活在海边,海就是村里的。这些认识和行为,不仅导致海域使用秩序的混乱,而且损害了国家的所有权权益。因此,法律明确规定海域属于国家所有。海域属于国家所有,指国家享有对海域的占有、使用、收益和处分的权利。这不仅能正本清源,纠正思想上的错误认识,而且有助于树立海域国家所有的意识和有偿使用海域的观念,使国家的所有权权益能在经济上得到实现。

【立法理由】

本法依据《宪法》规定矿藏属于国家所有。矿产资源是国民经济和社会发展的重要物质基础,只有严格依照宪法的规定,坚持矿藏属于国家所有,即全民所有,才能保障我国矿产资源的合理开发、利用、节约、保护和满足各方面对矿产资源日益增长的需求,适应国民经济和社会发展的需要。

水是人类生存的生命线,人类因水而生存,因水而发展。然而,21 世纪人类却面临着严重的水资源问题。水资源短缺几乎成为世界性问题。我国是水资源贫乏的国家,人均水资源仅为世界平均水平的 1/4。同时,水资源在时间和地区分布上很不平衡,由于所处的独特的地理位置和气候条件,使我国面临水资源短缺、洪涝灾害频繁、水环境恶化三大水问题,对国民经济和社会发展具有全局影响。水流是我国最宝贵的自然资源之一,是实现可持续发展的重要物质基础。只有严格依照宪法的规定,坚持水流属于国家所有,即全民所有,才能保障我国水资源的合理开发、利用、节约、保护和满足各方面对水资源日益增长的需求,适应国民经济和社会发展的需要。在征求意见过程中,有人建议将"水流"修改为"水资源"。考虑到宪法中的用词是"水流",本法中仍然依照宪法规定使用"水流"一词。

我国是海洋大国,拥有近 300 万平方公里的管辖海域,相当于陆地国土面积的 1/3,拥有 18 000 多公里的大陆岸线,14 000 多公里的岛屿岸线,蕴藏着丰富资源,包括生物资源、矿产资源、航运资源、旅游资源等。对于丰富的资源,国家有责任实施管理,对于我国辽阔的海域,需要由国家行使管理职能。这些管理是以海域的国家所有权为法律依据的。

【相关规定】

《中华人民共和国宪法》

第九条第一款　矿藏、水流、森林、山岭、草原、荒地、滩涂等自然资源,都属于国家所有,即全民所有;由法律规定属于集体所有的森林和山岭、草原、荒地、滩涂除外。

《中华人民共和国矿产资源法》

第三条第一款　矿产资源属于国家所有,由国务院行使国家对矿产资源的所有权。地表或者地下的矿产资源的国家所有权,不因其所依附的土地的所有权或者使用权的不同而改变。

《中华人民共和国水法》

第三条　水资源属于国家所有。水资源的所有权由国务院代表国家行使。农村集体经济组织的水塘和由农村集体经济组织修建管理的水库中的水,归各该农村集体经济组织使用。

《中华人民共和国煤炭法》

第三条　煤炭资源属于国家所有。地表或者地下的煤炭资源的国家所有权,不因其依附的土地的所有权或者使用权的不同而改变。

《中华人民共和国海域使用管理法》

第三条　海域属于国家所有,国务院代表国家行使海域所有权。任何单位或者个人不得侵占、买卖或者以其他形式非法转让海域。

单位和个人使用海域,必须依法取得海域使用权。

《中华人民共和国领海及毗连区法》

第二条第一款　中华人民共和国领海为邻接中华人民共和国陆地领土和内水的一带海域。

《中华人民共和国矿产资源法实施细则》

第三条第一款　矿产资源属于国家所有。地表或者地下的矿产资源的国家所有权,不因其所依附的土地的所有权或者使用权的不同而改变。

《法国民法典》

第五百三十八条　由国家负责管理的道路、公路与街道,可航运或可漂流的江河、海岸、海滩、港口与小港口、停靠锚地,广而言之,不得具有私有财产权性质的法国领土之任何部分,均视为公产不可分割之部分。

《意大利民法典》

第八百二十二条　海岸、沙滩、海湾停泊处和港口;江河、流水、湖泊以及其他依据法律规定属于公共的水域;用于国家防务的建筑物,均属于国家所有,是国有公共财产。

普通公路、高速公路、铁路、机场、输水管道以及按照有关法律的规定被承认具有历史、考古、艺术价值的不动产,博物馆、美术馆、档案馆、图书馆的收藏品属于国家所有的,是国有公共财产;依法受国有公共财产制度调整的其他财产也是国有公共财产。

第四十七条　城市的土地,属于国家所有。法律规定属于国家所有的农村和城市郊区的土地,属于国家所有。

【说明】

本条是关于国家所有土地范围的规定。

我国实行土地的社会主义公有制。土地是宝贵的自然资源,同时也是最基本的生产资料。新中国成立以后,我国土地的社会主义公有制逐步确立,形成了全民所有土地即国家所有土地和劳动群众集体所有土地这两种基本的土地所有制形式。土地所有制的法律表现形式是土地所有权,即土地所有者对其土地享有占有、使用、收益和处分的权利。

本条规定了国家所有土地的范围,国家所有的土地包括:城市的土地;法律规定属于国家所有的农村和城市郊区的土地。

(1)城市的土地属于国家所有。本法规定"城市的土地属于国家所有"即指国家对于城市的土地享有所有权,且城市的土地所有权只属于国家。

(2)法律规定属于国家所有的农村和城市郊区的土地属于国家所有。《中华人民共和国宪法》第10条、《中华人民共和国土地管理法》第8条都对此作了规定。农村和城市郊区的土地,除法律规定属于国家所有的以外,是属于农民集体所有的,但是法律规定属于国家所有的农村和城市郊区的土地属于国家所有。这里所讲的法律是全国人大及其常委会通过的具有法律约束力的规范性文件,包括宪法和其他法律。也就是说,国家法律未确定为集体所有的森林和山岭、草原、荒地、滩涂等,均属于国家所有。

【立法理由】

土地是人类可利用的一切自然资源中最基本、宝贵的资源,具有面积有限、不可再生的特点。因此,人们必须十分珍惜土地,严格保护和合理利用每一寸土地,必须重视土地的自然属性,遵循土地的自然规律。土地的国家管理是由土地的特殊作用和特殊地位所决定的。第一,土地是人类赖以生存的最基本的物质基础,是一个国家最珍贵的资源,必须由国家进行管理;第二,土地的开发利用涉及社会的整体利益,与国民经济的发展息息相关,直接影响社会进步与稳定,因此,土地应当由国家管理,从社会整体利益出发进行必要的控制;第三,土地是自然、经济、社会历史的结合体,土地的开发利用会受制于一定的自然、社会经济条件,应当由国家综合平衡,控制调节,获取符合公共利益的最佳成效;第四,我国实行土地社会主义公有制,国家应当具有统一监督管理土地的职能,而不是由某一个社会团体或经济组织来拥有这种职能。

【相关规定】

《中华人民共和国宪法》

第十条第一、二款 城市的土地属于国家所有。

农村和城市郊区的土地,除由法律规定属于国家所有的以外,属于集体所有;宅基地和自留地、自留山,也属于集体所有。

《中华人民共和国土地管理法》

第二条第一、二款　中华人民共和国实行土地的社会主义公有制,即全民所有制和劳动群众集体所有制。

全民所有,即国家所有土地的所有权由国务院代表国家行使。

第八条　城市市区的土地属于国家所有。

农村和城市郊区的土地,除由法律规定属于国家所有的以外,属于农民集体所有;宅基地和自留地、自留山,属于农民集体所有。

《中华人民共和国土地管理法实施条例》

第二条　下列土地属于全民所有即国家所有:

(一)城市市区的土地;

(二)农村和城市郊区中已经依法没收、征收、征购为国有的土地;

(三)国家依法征用的土地;

(四)依法不属于集体所有的林地、草地、荒地、滩涂及其他土地;

(五)农村集体经济组织全部成员转为城镇居民的,原属于其成员集体所有的土地;

(六)因国家组织移民、自然灾害等原因,农民成建制地集体迁移后不再使用的原属于迁移农民集体所有的土地。

第四十八条　森林、山岭、草原、荒地、滩涂等自然资源,属于国家所有,但法律规定属于集体所有的除外。

【说明】

本条是关于森林、草原等自然资源属于国家所有的规定。

我国绝大多数自然资源都属于国家所有,这是我国不同于资本主义国家经济制度的基本特征之一。本法根据宪法和有关法律的规定,对自然资源的归属作出规定,对进一步保护国有自然资源,合理开发利用国有自然资源,具有重要意义。

【立法理由】

自然资源包括土地资源、水资源、矿产资源、生物资源、气候资源、海洋资源等。自然资源是国民经济与社会发展的重要物质基础。随着工业化和人口的发展,人类对自然资源的巨大需求和大规模的开采已导致资源基础的削弱、退化。以最低的环境成本确保自然资源的可持续利用,已经成为当代国家在经济、社会发展过程中面临的一大难题。自然资源的合理开发利用是人类生存和发展的必然要求和重要内容。

本条有关森林、山岭、草原、荒地、滩涂等自然资源所有权的规定是依据宪法作出的。在征求意见过程中,有人建议,删除"等自然资源"的表述;有人认为,"土地"包括"山岭""荒地""滩涂",建议删除本条中的"山岭""荒地""滩涂";有人认为,本条中"等"表述易生歧义,建议删除。宪法是我国的根本大法,制定法律要以宪法为依据,因此,本条在文字的表述上依据宪法作出规定。

【相关规定】

《中华人民共和国宪法》

第九条第一款 矿藏、水流、森林、山岭、草原、荒地、滩涂等自然资源,都属于国家所有,即全民所有;由法律规定属于集体所有的森林和山岭、草原、荒地、滩涂除外。

《中华人民共和国民法通则》

第七十四条第一款 劳动群众集体组织的财产属于劳动群众集体所有,包括：

(一)法律规定为集体所有的土地和森林、山岭、草原、荒地、滩涂等；

(二)集体经济组织的财产；

(三)集体所有的建筑物、水库、农田水利设施和教育、科学、文化、卫生、体育等设施；

(四)集体所有的其他财产。

《中华人民共和国森林法》

第三条第一、二款 森林资源属于国家所有,由法律规定属于集体所有的除外。

国家所有的和集体所有的森林、林木和林地,个人所有的林木和使用的林地,由县级以上地方人民政府登记造册,发放证书,确认所有权或者使用权。国务院可以授权国务院林业主管部门,对国务院确定的国家所有的重点林区的森林、林木和林地登记造册,发放证书,并通知有关地方人民政府。

《中华人民共和国草原法》

第九条 草原属于国家所有,由法律规定属于集体所有的除外。国家所有的草原,由国务院代表国家行使所有权。

任何单位或者个人不得侵占、买卖或者以其他形式非法转让草原。

《中华人民共和国民族区域自治法》

第二十七条第一款 民族自治地方的自治机关根据法律规定,确定本地方内草场和森林的所有权和使用权。

第四十九条 法律规定属于国家所有的野生动植物资源,属于国家所有。

【说明】

本条是关于属于国家所有的野生动植物资源的规定。

依据《中华人民共和国野生动物保护法》第2条第2款的规定,野生动物,指受保护的野生动物,即珍贵、濒危的陆生、水生野生动物和有益的或者有重要生态、科学、社会价值的陆生野生动物。依据《中华人民共和国野生植物保护条例》第2条第2款的规定,野生植物资源,是指原生地天然生长的珍贵植物和原生地天然生长并具有重要经济、科学研究、文化价值的濒危、稀有植物。

【立法理由】

野生动物是我国的一项巨大自然财富。我国野生动物资源十分丰富,不仅经济动物种类繁多,还有不少闻名世界的珍贵稀有鸟兽。野生动物作为自然生态系统的重要组成部分,是人类宝贵的自然资源,为人类的生产和生活提供了丰富的资源,对人类发展有重要的促进作用。我国也是世界上野生植物资源种类十分丰富的国家之一。野生植物是自然生态系统的重要组成部分,是人类生存和社会发展的重要物质基础,是国家重要的资源。野生植物资源作为社会经济发展中一种极为重要的资源,具有生态性、多样性、遗传性和可再生性等特点。因此,本条规定法律规定属于国家所有的野生动植物资源,属于国家所有。这样规定,有利于保护我国的野生动植物资源,有利于合理地利用野生动植物资源。

【相关规定】

《中华人民共和国野生动物保护法》

第三条 野生动物资源属于国家所有。

国家保障依法从事野生动物科学研究、人工繁育等保护及相关活动的组织和个人的合法权益。

第五十条 无线电频谱资源属于国家所有。

【说明】

本条是关于无线电频谱资源的国家所有权的规定。

无线电通信属于电信中的一种。根据国际电信联盟《无线电规则》,电信定义为利用有线电、无线电、光或其他电磁系统对于符号、信号、文字、图像、声音或任何性质的信息的传输、发射或接收。无线电通信则为使用无线电波的电信。无线电波定义为频率在 3000 GHz 以下,不用人工波导而在空间传播的电磁波。作为传输载体的无线电波都具有一定的频率和波长,即位于无线电频谱中的一定位置,并占据一定的宽度。无线电频谱一般指 9 KHz—3000 GHz 频率范围内发射无线电波的无线电频率的总称。

　　所有的无线电业务都离不开无线电频率,就像车辆必须行驶在道路上。无线电频率是自然界存在的一种电磁波,是一种物质,是一种各国可均等获得的看不见、摸不着的自然资源,它具有以下六种特性:第一,是有限的。尽管使用无线电频谱可以根据时间、空间、频率和编码四种方式进行频率的复用,但就某一频段和频率来讲,在一定的区域、一定的时间和一定的条件下使用频率是有限的。第二,是排他的。无线电频谱资源与其他资源具有共同的属性,即排他性,在一定的时间、地区和频域内,一旦被使用,其他设备是不能再用的。第三,具备复用性。虽然无线电频谱具有排他性,但在一定的时间、地区、频域和编码条件下,无线电频率是可以重复使用和利用的,即不同无线电业务和设备可以频率复用和共用。第四,是非耗竭性的。无线电频谱资源不同于矿产、森林等资源,是可以被人类利用,但不会被消耗掉,不使用它是一种浪费,使用不当更是一种浪费,甚至由于使用不当产生干扰而造成危害。第五,具有固有的传播特性。无线电波是按照一定规律传播,不受行政地域的限制,传播既无省界也无国界。第六,具有易污染性。如果无线电频率使用不当,就会受到其他无线电台、自然噪声和人为噪声的干扰而无法正常工作,或者干扰其他无线电台站,使其不能正常工作,使之无法准确、有效和迅速地传送信息。

【立法理由】

　　几千年来,从烽火报信、快马传书、驿站梨花,到发明电报、电话、互联网,人们追求时空通信自由的努力从未停止过。人们梦想有朝一日拥有在任何时间、任何地点与任何人的无束缚通信自由。要获得这种自由,利用无线电波进行通信必不可少。

　　无线电频谱资源是有限的自然资源。为了充分、合理、有效地利用无线电频谱,保证各种无线电业务的正常运行,防止各种无线电业务、无线电台站和系统之间的相互干扰,本条规定无线电频谱资源属于国家所有。无线电频谱资源属于国家所有,是指国家对无线电频谱资源享有占有、使用、收益和处分的权利。

在征求意见过程中,有的认为,规定频谱资源属于国家所有,不利于新技术的开发,会产生争议。《中华人民共和国无线电管理条例》第5条规定:"国家鼓励对无线电频谱资源的开发、利用和科学研究,努力推广先进技术,提高管理水平。对在无线电管理工作和科学研究中作出重大贡献的单位和个人,应当给予奖励。"因此,规定无线电频谱资源属于国家所有并不会不利于新技术的开发,而会更有利于充分、合理、有效地利用无线电频谱资源。

【相关规定】

《中华人民共和国无线电管理条例》

第四条 无线电频谱资源属国家所有。国家对无线电频谱实行统一规划、合理开发、科学管理、有偿使用的原则。

第五十一条 法律规定属于国家所有的文物,属于国家所有。

【说明】

本条是关于属于国家所有的文物的规定。

本条规定,法律规定属于国家所有的文物,属于国家所有。在此需要明确的是,并不是所有的文物都归国家所有,而是法律规定属于国家所有的文物,属于国家所有。文物的所有者可以是各类民事主体,民事主体可以按照法律规定享有对文物的所有权。国家依法享有对法律规定属于国家所有的文物的所有权,也就是国家依法享有对其所有的文物的占有、使用、收益和处分的权利。

【立法理由】

我国是一个拥有悠久历史和灿烂文化的文明古国,拥有极为丰富的文化遗产。我们的祖先在改造自然、改造社会的长期斗争中,创造了灿烂辉煌的古代文化,为整个人类文明历史作出了重要的贡献。保存在地上、地下极为丰富的祖国文物是文化遗产的重要组成部分,是中华民族历史发展的见证。它真实地反映了我国历史各个发展阶段的政治、经济、军事、文化、科学和社会生活的状况,蕴藏着各族人民的创造、智慧和崇高的爱国主义精神,蕴含着中华民族特有的精神价值、思维方式、想象力,体现着中华民族的生命力和创造力,对世世代代的中华儿女都有着强大的凝聚力和激励作用。在建设具有中国特色的社会主义新时期,在全国各族人民坚持四项基本原则,坚持改革开放总方针的伟大实践中,保护和利用好文物,对于继承和发扬中华民族的优秀文化和革命传统,增进民族团结和维护国家统一,增强民族自信心和凝聚力,促进社会主义物质文明和精神文明建设,团结国内外同胞推进祖国统一大业,以及不断扩大我国人民同世界各国人民的文化交流和友好往来,都具有重要的意义。

【相关规定】

《中华人民共和国文物保护法》

第二条　在中华人民共和国境内,下列文物受国家保护:

(一)具有历史、艺术、科学价值的古文化遗址、古墓葬、古建筑、石窟寺和石刻、壁画;

(二)与重大历史事件、革命运动或者著名人物有关的以及具有重要纪念意义、教育意义或者史料价值的近代现代重要史迹、实物、代表性建筑;

(三)历史上各时代珍贵的艺术品、工艺美术品;

(四)历史上各时代重要的文献资料以及具有历史、艺术、科学价值的手稿和图书资料等;

(五)反映历史上各时代、各民族社会制度、社会生产、社会生活的代表性实物。

文物认定的标准和办法由国务院文物行政部门制定,并报国务院批准。

具有科学价值的古脊椎动物化石和古人类化石同文物一样受国家保护。

第五条　中华人民共和国境内地下、内水和领海中遗存的一切文物,属于国家所有。

古文化遗址、古墓葬、石窟寺属于国家所有。国家指定保护的纪念建筑物、古建筑、石刻、壁画、近代现代代表性建筑等不可移动文物,除国家另有规定的以外,属于国家所有。

国有不可移动文物的所有权不因其所依附的土地所有权或者使用权的改变而改变。

下列可移动文物,属于国家所有:

(一)中国境内出土的文物,国家另有规定的除外;

(二)国有文物收藏单位以及其他国家机关、部队和国有企业、事业组织等收藏、保管的文物;

(三)国家征集、购买的文物;

(四)公民、法人和其他组织捐赠给国家的文物;

(五)法律规定属于国家所有的其他文物。

属于国家所有的可移动文物的所有权不因其保管、收藏单位的终止或者变更而改变。

国有文物所有权受法律保护,不容侵犯。

《中华人民共和国水下文物保护管理条例》

第二条 本条例所称水下文物,是指遗存于下列水域的具有历史、艺术和科学价值的人类文化遗产:

(一)遗存于中国内水、领海内的一切起源于中国的、起源国不明的和起源于外国的文物;

(二)遗存于中国领海以外依照中国法律由中国管辖的其他海域内的起源于中国的和起源国不明的文物;

(三)遗存于外国领海以外的其他管辖海域以及公海区域内的起源于中国的文物。

前款规定内容不包括1911年以后的与重大历史事件、革命运动以及著名人物无关的水下遗存。

第三条 本条例第二条第(一)、(二)项所规定的水下文物属于国家所有,国家对其行使管辖权;本条例第二条第(三)项所规定的水下文物,国家享有辨认器物物主的权利。

第五十二条 国防资产属于国家所有。

铁路、公路、电力设施、电信设施和油气管道等基础设施,依照法律规定为国家所有的,属于国家所有。

【说明】

本条是关于国防资产的国家所有权和属于国家所有的基础设施的规定。

本条第1款规定,国防资产属于国家所有。根据《中华人民共和国国防法》第37条的规定,国家为武装力量建设、国防科研生产和其他国防建设直接投入的资金、划拨使用的土地等资源,以及由此形成的用于国防目的的武器装备和设备设施、物资器材、技术成果等属于国防资产。

本条第2款规定铁路、公路、电力设施、电信设施和油气管道等基础设施,依照法律规定为国家所有的,属于国家所有。依据本条的规定,并不是所有的铁路、公路、电力设施、电信设施和油气管道等基础设施,都属于国家所有,而是依照法律规定为国家所有的基础设施才属于国家所有。此处的基础设施也不仅仅包括铁路、公路、电力设施、电信设施和油气管道这几种,只要是依照法律规定为国家所有的基础设施都被包括在本条之内。

【立法理由】

国防是国家生存与发展的安全保障,是维护国家安全统一,确保实现全面建设小康社会目标的重要保障。建立强大巩固的国防是中国现代化建设的战略任务。规定国防资产的国家所有权对我国的国防建设有重大意义。《中华人民共和国国防法》第37条第2款也规定,国防资产归国家所有。

铁路、公路、电力设施、电信设施和油气管道等基础设施都是国家重要的基础设施,建设铁路、公路、电力设施、电信设施和油气管道等基础设施对方便人民生活、提高人民生活水平有重要意义,确保铁路、公路、电力设施、电信设施和油气管道等基础设施的安全对于国民经济发展和保障人民群众生命财产安全意义重大。因此,本条规定对于提高基础设施的建设速度、使用效率和保障基础设施的安全等都有重要意义。

【相关规定】

《中华人民共和国电力法》

第四条 电力设施受国家保护。

禁止任何单位和个人危害电力设施安全或者非法侵占、使用电能。

第五十二条 任何单位和个人不得危害发电设施、变电设施和电力线路设施及其有关辅助设施。

在电力设施周围进行爆破及其他可能危及电力设施安全的作业的,应当按照国务院有关电力设施保护的规定,经批准并采取确保电力设施安全的措施后,方可进行作业。

《中华人民共和国建筑法》

第四十二条 有下列情形之一的,建设单位应当按照国家有关规定办理申请批准手续:

(一)需要临时占用规划批准范围以外场地的;

(二)可能损坏道路、管线、电力、邮电通讯等公共设施的;

(三)需要临时停水、停电、中断道路交通的;

(四)需要进行爆破作业的;

(五)法律、法规规定需要办理报批手续的其他情形。

《中华人民共和国国防法》

第三十七条 国家为武装力量建设、国防科研生产和其他国防建设直接投入的资金、划拨使用的土地等资源,以及由此形成的用于国防目的的武器装备和设备设施、物资器材、技术成果等属于国防资产。

国防资产归国家所有。

第三十九条第一款　国家保护国防资产不受侵害,保障国防资产的安全、完整和有效。

《法国民法典》

第五百四十条　要塞与堡垒的门、墙、壕、垒,亦属于公有财产。

第五百四十一条　已经不再属于军事要塞的地段、工事或墙垒,亦为公有财产。这些财产,如未经有效转让,或者其所有权未因时效而丧失,即属于国家。

第五十三条　国家机关对其直接支配的不动产和动产,享有占有、使用以及依照法律和国务院的有关规定处分的权利。

【说明】

本条是关于国家机关的物权的规定。

保护国有财产权,防止国有财产流失,是我国的一项长期任务。物权法颁布后,需要制定国有财产管理法,进一步完善国有财产的管理制度。国有财产权作为一种物权,有关这种权利的归属及其内容的基本规则已经在物权法中作出规定,但也要看到,国有财产权的行使及其监管又具有特殊性,因而单纯依靠物权法的规定是不够的,还需要制定国有财产管理法,区分经营性财产和非经营性财产,建立不同的管理制度。依据本条规定,国家机关应当依法对其直接支配的财产行使占有、使用和处分的权利。国家机关对其占用的财产的处分必须依照法律规定的限制和程序进行,不得擅自处置国有财产。本条加强了对国家机关直接占有的国有财产的保护。

【立法理由】

国家机关的财产是国有资产的重要组成部分。明确国家机关对其直接支配的财产享有的权利,哪些权利必须依照法律和国务院的有关规定行使,这对保护国家机关的财产具有重要意义。本法依照《中华人民共和国民法通则》关于机关法人应当具备"必要的财产或者经费""与其业务活动相适应的经费来源"和"能够独立承担民事责任"等条件,从物权角度作出了上述规定。

【相关规定】

《中华人民共和国民法通则》

第三十七条　法人应当具备下列条件:

(一)依法成立;

（二）有必要的财产或者经费；

（三）有自己的名称、组织机构和场所；

（四）能够独立承担民事责任。

第五十条第一款 有独立经费的机关从成立之日起，具有法人资格。

《中华人民共和国森林法》

第二十七条第一款 国有企业事业单位、机关、团体、部队营造的林木，由营造单位经营并按照国家规定支配林木收益。

《中华人民共和国国防法》

第三十八条第二款 国防资产的管理机构和占有、使用单位，应当依法管理国防资产，充分发挥国防资产的效能。

第三十九条 国家保护国防资产不受侵害，保障国防资产的安全、完整和有效。

禁止任何组织或者个人破坏、损害和侵占国防资产。未经国务院、中央军事委员会或者国务院、中央军事委员会授权的机构批准，国防资产的占有、使用单位不得改变国防资产用于国防的目的。国防资产经批准不再用于国防目的的，依照有关法律、法规的规定管理。

《中华人民共和国监狱法》

第九条 监狱依法使用的土地、矿产资源和其他自然资源以及监狱的财产，受法律保护，任何组织或者个人不得侵占、破坏。

第五十四条 国家举办的事业单位对其直接支配的不动产和动产，享有占有、使用以及依照法律和国务院的有关规定收益、处分的权利。

【说明】

本条是关于国家举办的事业单位的物权的规定。

对国家举办的事业单位占用的财产，要根据事业单位的类型、财产的特殊性对其收益和处分的权利分别处理：一是国家举办的事业单位对其占用的财产毫无处分权利，比如故宫博物院对其占用的某些财产；二是经过审批，国家举办的事业单位对其占用的财产具有部分处分权利；三是国家举办的事业单位对其占用的财产具有完全的处分权利。这就需要通过以后制定国有财产管理法对国家举办的事业单位如何有效行使、如何处分其占用的财产作出明确规定。国家举办的事业单位应当依法对其直接支配的财产行使占有、使用、收益和处分的权利，不得擅自处置国有财产。本条对国家举办的事业单位对其直接支配的国有财产行使占有、使用、收益和处分的权利作出了规定，加强了对国家举办的事业单位直接占有的国有财产的保护。

【立法理由】

国有事业单位的财产是国有资产的重要组成部分。明确国有事业单位对其直接支配的财产享有的权利,哪些权利必须依照法律和国务院的有关规定行使,这对保护国有事业单位的财产具有重要意义。本法依照《中华人民共和国民法通则》和《中华人民共和国事业单位登记管理暂行条例》关于事业单位法人应当具备"必要的财产或者经费""与其业务活动相适应的经费来源"和"能够独立承担民事责任"等条件,从物权角度作出了上述规定。

【相关规定】

《中华人民共和国森林法》

第二十七条第一款 国有企业事业单位、机关、团体、部队营造的林木,由营造单位经营并按照国家规定支配林木收益。

《中华人民共和国教育法》

第二十九条 学校及其他教育机构行使下列权利:

……

(七)管理、使用本单位的设施和经费;

……

国家保护学校及其他教育机构的合法权益不受侵犯。

第三十二条 学校及其他教育机构具备法人条件的,自批准设立或者登记注册之日起取得法人资格。

学校及其他教育机构在民事活动中依法享有民事权利,承担民事责任。

学校及其他教育机构中的国有资产属于国家所有。

学校及其他教育机构兴办的校办产业独立承担民事责任。

《中华人民共和国高等教育法》

第三十八条 高等学校对举办者提供的财产、国家财政性资助、受捐赠财产依法自主管理和使用。

高等学校不得将用于教学和科学研究活动的财产挪作他用。

第六十一条 高等学校的举办者应当保证稳定的办学经费来源,不得抽回其投入的办学资金。

第六十四条 高等学校收取的学费应当按照国家有关规定管理和使用,其他任何组织和个人不得挪用。

第五十五条 国家出资的企业,由国务院、地方人民政府依照法律、行政法规规定分别代表国家履行出资人职责,享有出资人权益。

【说明】

本条是关于国有出资的企业出资人制度的规定。

第一,国家出资的企业,不仅包括国家出资兴办的企业,如国有独资公司,也包括国家控股、参股的有限责任公司和股份有限公司等。当然国家出资的企业不仅仅是以公司形式,也包括未进行公司制改造的其他企业。

第二,谁来代表国家履行国有企业的出资人职权。我国是一个大国,地域辽阔,国有企业众多,即使经过调整、改制,目前还有十几万户分布在各地。为了实现有效管理,都由中央政府直接管理是很困难的。因此,适宜的做法就是通过资产的划分和权利的划分,由中央政府和地方政府分别代表国家履行出资人职责。根据《企业国有资产监督管理暂行条例》的规定,国务院和地方人民政府的具体分工是:国务院代表国家对关系国民经济命脉和国家安全的大型国有及国有控股、国有参股企业,重要基础设施和重要自然资源等领域的国有及国有控股、国有参股企业,履行出资人职责。省、自治区、直辖市人民政府和设区的市、自治州人民政府分别代表国家对由国务院履行出资人职责以外的国有及国有控股、国有参股企业,履行出资人职责。需要明确的是,国家实行国有企业出资人制度的前提是国家统一所有,国家是国有企业的出资人。中央政府与地方政府都只是分别代表国家履行出资人职责,享有出资人权益。不能把国家所有与政府所有等同起来,更不能把国家所有与地方政府所有等同。

第三,出资人的职责和权益内容。中央政府和地方政府通过各自设立的国有资产管理委员会,代表国家享有公司法规定的资产收益、重大决策和选择管理者等出资人权益;对国有资产保值、防止国有资产流失负监管责任。需要注意的是,根据宪法的规定和国有资产管理改革所遵循的政企分开原则,中央政府和地方政府以及其设立的国有资产管理机构不能干预国家出资的企业依法行使的自主经营权。

【立法理由】

改革开放以来,特别是党的十四大提出建立社会主义市场经济体制、十四届三中全会提出建立现代企业制度以来,国有企业迅速发展,继续在国民经济中发挥着主导作用。但是,随着国有企业改革的不断深化,国有资产管理体制改革不断推进,国有资产管理面临的体制性障碍还未得到真正解决,政府的社会公共管理职能与国有资产出资人职能没有完全分开。为此,十五届四中全会的决定指出:"政府对国家出资兴办和拥有股份的企业,通过出资人代表行使所有者职能,按出资额享有资产受益、重大决策和选择经营管理者等权利,对企业的债务承担有限责任,不干预企业日常经营活动。"党的十六大作出改革国有资产管理体制的重大决策,提出:"在坚持国家所有的前提下,充分发挥中央和地方两个积极性。国家要制定法律法规,建立中央政府和地方政府分别代表国家履行出资人职责,享有所有者权益,权利、义务和责任相统一,管资产和管人、管事相结合的国有资产管理体制。"本条根据党的有关国有资产管理体制改革的政策,对国有企业出资人制度作了上述规定。

【相关规定】

《中华人民共和国公司法》

第四条 公司股东依法享有资产收益、参与重大决策和选择管理者等权利。

《企业国有资产监督管理暂行条例》

第四条 企业国有资产属于国家所有。国家实行由国务院和地方人民政府分别代表国家履行出资人职责,享有所有者权益,权利、义务和责任相统一,管资产和管人、管事相结合的国有资产管理体制。

第五条 国务院代表国家对关系国民经济命脉和国家安全的大型国有及国有控股、国有参股企业,重要基础设施和重要自然资源等领域的国有及国有控股、国有参股企业,履行出资人职责。国务院履行出资人职责的企业,由国务院确定、公布。

省、自治区、直辖市人民政府和设区的市、自治州级人民政府分别代表国家对由国务院履行出资人职责以外的国有及国有控股、国有参股企业,履行出资人职责。其中,省、自治区、直辖市人民政府履行出资人职责的国有及国有控股、国有参股企业,由省、自治区、直辖市人民政府确定、公布,并报国务院国有资产监督管理机构备案;其他由设区的市、自治州级人民政府履行出资人职责的国有及国有控股、国有参股企业,由设区的市、自治州级人民政府确定、公布,并报省、自治区、直辖市人民政府国有资产监督管理机构备案。

国务院,省、自治区、直辖市人民政府,设区的市、自治州致人民政府履行出资人职责的企业,以下统称所出资企业一。

第五十六条 国家所有的财产受法律保护,禁止任何单位和个人侵占、哄抢、私分、截留、破坏。

【说明】

本条是关于国有财产保护的规定。

本条中的"国家所有的财产"是指依法属于全民所有的财产,不仅包括国家拥有所有权的财产,如矿藏、水流、海域,国有的土地以及森林、山岭、草原、荒地、滩涂等自然资源,野生动植物资源,无线电频谱资源,依法属于国家所有的文物,国防资产国有的铁路、公路、电力设施、电信设施和油气管道等基础设施,国家机关和国家举办的事业单位依法直接支配的国有财产,而且包括国家依法投入到企业的动产和不动产。还有,国家的财政收入、外汇储备和其他国有资金也属于国家所有的财产。

这里的"侵占"是指以非法占有为目的,将其经营、管理的国有财产非法占为己有。"哄抢"是指以非法占有为目的,组织、参与多人一起强行抢夺国有财产的行为。"私分"是指违反国家关于国有财产分配管理规定,以单位名义将国有财产按人头分配给单位内全部或者部分职工的行为。"截留"是指违反国家关于国有资金等国有财产拨付、流转的决定,擅自将经手的有关国有财产据为己有或者挪作他用的行为。"破坏"是指故意毁坏国有财产,影响其发挥正常功效的行为。

侵占、哄抢、私分、截留、破坏国有财产的,应当承担返还原物、恢复原状、赔偿损失等民事责任;触犯治安管理处罚法和刑法的,还应当承担相应的法律责任。有关单位的责任人也要依法追究行政责任甚至是刑事责任。

【立法理由】

国有财产属于全民所有,是国家经济、政治、文化、社会发展的物质基础。加大对国有财产的保护力度,切实防止国有财产流失,是巩固和发展公有制经济的重要内容。在草案修改过程中,有人认为,物权法既然要体现平等保护的原则,就不宜强调对国有财产的保护。经研究认为,物权法应当坚持平等保护的原则;同时,从实际情况看,目前经济领域中受侵害最严重的恰恰是国有财产,物权法就加强对国有财产的保护、切实防止国有财产流失作出有针对性的规定,是必要的。因此,本条根据《中华人民共和国宪法》和《中华人民共和国民法通则》的规定,针对国有财产的特点,从物权的角度作出了保护国有财产的一般原则性规定。

【相关规定】

《中华人民共和国宪法》

第十二条 社会主义的公共财产神圣不可侵犯。

国家保护社会主义的公共财产。禁止任何组织或者个人用任何手段侵占或者破坏国家的和集体的财产。

《中华人民共和国民法通则》

第七十三条　国家财产属于全民所有。

国家财产神圣不可侵犯，禁止任何组织或者个人侵占、哄抢、私分、截留、破坏。

第五十七条　履行国有财产管理、监督职责的机构及其工作人员，应当依法加强对国有财产的管理、监督，促进国有财产保值增值，防止国有财产损失；滥用职权，玩忽职守，造成国有财产损失的，应当依法承担法律责任。

违反国有财产管理规定，在企业改制、合并分立、关联交易等过程中，低价转让、合谋私分、擅自担保或者以其他方式造成国有财产损失的，应当依法承担法律责任。

【说明】

本条是关于国有资产管理法律责任的规定。

本条第1款对履行国有财产管理、监督职责的机构及其工作人员切实履行职责作了规定。有三点需要注意：一是履行国有财产管理、监督职责的机构不仅仅是中央政府和地方政府设立的国有资产监督管理委员会（局），而且包括其他机构，比如，财政部门、审计部门、水利部门、外汇管理部门、银行业监督委员会等，还有国家机关和国家举办事业单位内部设立的国有资产管理部门等，都负有一定的国有财产管理、监督职责。二是国有财产监督管理机构应当支持企业依法自主经营，除履行出资人职责以外，不得干预企业正常的生产经营活动。三是本条强调了国有财产管理、监督职责的机构的工作人员的责任。如果滥用职权，玩忽职守，造成国有资产损失的，还要依法追究行政责任、刑事责任等。

据了解，造成国有财产流失的，主要发生在国有企业改制、合并分立、关联交易的过程中。造成国有财产损失的常见的有以下几种情形：

（1）低价转让。有的不按规定进行国有资产评估或者压低评估价格；有的不把国家划拨的土地计入国有股；有的对专利、商标等无形资产不作评估；有的将国有资产无偿转让或者低价折股、低价出售给非国有单位或者个人；有的在经营活动中高价进、低价出。

（2）违反财务制度，合谋私分侵占国有资产。有的将应收账款做成呆账、坏账；有的私设"小金库"或者设立"寄生公司"，以后再提取侵占私分。

(3) 擅自担保。有的根本不认真调查被担保人的资信情况,未经法定程序和公司章程规定,擅自向非国有单位或者个人担保,造成国有财产损失。

针对上述情况,本条第2款规定,违反国有财产管理规定,造成国有财产流失的,应当依法承担法律责任,包括赔偿损失等民事责任,纪律处分等行政责任,构成犯罪的,依法追究刑事责任。

【立法理由】

加大对国有财产的保护力度,切实防止国有财产流失,是巩固和发展公有制经济的重要内容。从国有财产流失的主要情形看,加大对国有财产的保护力度,切实防止国有财产流失,一方面要加强对国有财产的管理、监督。根据党的十六大和十六届二中全会关于深化国有资产管理体制改革和设立专门国有资产管理监督机构的精神,经十届人大一次会议批准,设立了国务院国有资产监督管理委员会。地方各级政府也组建了相应的国有资产监督管理机构。十六届三中全会决定提出:"国有资产管理机构对授权监管的国有资本依法履行出资人职责,维护所有者权益,维护企业作为市场主体依法享有的各项权利,督促企业实现国有资本保值增值,防止国有资产流失。"另一方面要明确造成国有财产流失的应承担的法律责任。本条从物权法的角度,对加大国有财产的保护力度,切实防止国有财产流失作出规定,与有关国有财产监管的法律相衔接。

【相关规定】

《企业国有资产监督管理暂行条例》

第十三条 国有资产监督管理机构的主要职责是:

(一)依照《中华人民共和国公司法》等法律、法规,对所出资企业履行出资人职责,维护所有者权益;

(二)指导推进国有及国有控股企业的改革和重组;

(三)依照规定向所出资企业派出监事会;

(四)依照法定程序对所出资企业的企业负责人进行任免、考核,并根据考核结果对其进行奖惩;

(五)通过统计、稽核等方式对企业国有资产的保值增值情况进行监管;

(六)履行出资人的其他职责和承办本级政府交办的其他事项。

国务院国有资产监督管理机构除前款规定职责外,可以制定企业国有资产监督管理的规章、制度。

第二十九条 国有资产监督管理机构依照国家有关规定,负责企业国有资产的产权界定、产权登记、资产评估监管、清产核资、资产统计、综合评价等基础管理工作。

第三十九条　国有及国有控股企业的企业负责人滥用职权、玩忽职守,造成企业国有资产损失的,应负赔偿责任,并对其依法给予纪律处分;构成犯罪的,依法追究刑事责任。

第五十八条　集体所有的不动产和动产包括:
(一) 法律规定属于集体所有的土地和森林、山岭、草原、荒地、滩涂;
(二) 集体所有的建筑物、生产设施、农田水利设施;
(三) 集体所有的教育、科学、文化、卫生、体育等设施;
(四) 集体所有的其他不动产和动产。

【说明】

本条是关于集体财产范围的规定。

集体财产所有权的主体是集体,集体所有财产主要包括:

(1)法律规定属于集体所有的土地和森林、山岭、草原、荒地、滩涂。关于集体所有的土地,有两点需要说明:一是集体所有的土地的所有者只有农民集体,城镇集体没有土地的所有权。二是集体所有的土地主要包括耕地,也包括宅基地和自留地、自留山。

(2)集体所有的集体企业的厂房、仓库等建筑物;机器设备、交通运输工具等生产设施;水库、农田灌溉渠道等农田水利设施;以及集体所有的教育、科学、文化、卫生、体育等公益设施。需要说明的是,这里集体所有的财产主要有两个来源:一是集体自己出资兴建、购置的财产;二是国家拨给或者捐赠给集体的财产。

(3)除上述几种常见的集体财产外,集体财产还包括集体企业所有的生产原材料、半成品和成品,村建公路、农村敬老院等,本条不可能一一列举,因此还规定了一个兜底条款,即集体所有的其他不动产和动产,作为对上述规定的补充。

【立法理由】

《中华人民共和国宪法》第6条规定,中华人民共和国的社会主义经济制度的基础是生产资料的社会主义公有制,即全民所有制和劳动群众集体所有制。集体所有根据所有人身份不同,可以分为农村集体所有和城镇集体所有。集体财产是广大人民群众多年来辛勤劳动积累的成果,是发展集体经济和实现共同富裕的重要物质基础。确认集体财产的范围,是维护我国基本经济制度的重要内容,也是物权法的重要内容。本条依据《中华人民共和国宪法》和《中华人民共和国民法通则》等有关法律的规定,以列举加概括的方式,对集体所有的不动产和动产的范围作出了规定,这对保护集体的财产权益和维护广大集体成员的合法财产权益都具有重要意义。

【相关规定】

《中华人民共和国宪法》

第九条第一款 矿藏、水流、森林、山岭、草原、荒地、滩涂等自然资源,都属于国家所有,即全民所有;由法律规定属于集体所有的森林和山岭、草原、荒地、滩涂除外。

第十条第二款 农村和城市郊区的土地,除由法律规定属于国家所有的以外,属于集体所有;宅基地和自留地、自留山,也属于集体所有。

《中华人民共和国民法通则》

第七十四条第一款 劳动群众集体组织的财产属于劳动群众集体所有,包括:

(一)法律规定为集体所有的土地和森林、山岭、草原、荒地、滩涂等;

(二)集体经济组织的财产;

(三)集体所有的建筑物、水库、农田水利设施和教育、科学、文化、卫生、体育等设施;

(四)集体所有的其他财产。

第五十九条 农民集体所有的不动产和动产,属于本集体成员集体所有。

下列事项应当依照法定程序经本集体成员决定:

(一)土地承包方案以及土地发包给本集体以外的单位或者个人承包;

(二)个别土地承包经营权人之间承包地的调整;

(三)土地补偿费等费用的使用、分配办法;

(四)集体出资的企业的所有权变动等事项;

(五)法律规定的其他事项。

【说明】

本条是关于农民集体所有财产归属以及重大事项集体决定的规定。

1. 农民集体所有的特征

农民集体所有的特征就是集体财产成员集体所有、集体事务集体管理、集体利益集体分享。只有本集体的成员才能享有这些权利。农村集体成员有两个特征:一是平等性。即不分加入集体时间长短,不分出生先后,不分贡献大小,不分有无财产投入,等等,其成员资格一律平等。二是地域性和身份性。一般来说,农民集体成员往往就是当地的村民,他们所生的子女,自出生后自动取得该集体的成员资格。此外,也有的成员是通过婚姻或收养关系迁入本集体取得成员资格,也有的是因移民迁入本集体而取得成员资格。

2.重大事项须依法定程序经本集体成员决定

集体所有的特征要求民主管理集体事务,涉及集体成员重大利益的事项,必须依照法定程序经本集体成员决定。根据本条规定,下列事项应当依照法律程序经集体成员决定:

(1)土地承包方案以及将土地发包给本集体以外的单位或者个人承包。根据《中华人民共和国农村土地承包法》的规定,承包方案必须经本集体经济组织成员的村民会议2/3以上成员或者2/3以上村民代表同意。农民集体所有的土地由本集体经济组织以外的单位或者个人承包经营的,必须经村民会议2/3以上成员或者2/3以上村民代表的同意,并报乡(镇)人民政府批准。

(2)个别承包经营者之间承包地的调整。如果因自然灾害严重毁损承包地等特殊情形需要适当调整承包地的,必须经本集体经济组织成员的村民会议2/3以上成员或者2/3以上村民代表的同意,并报乡(镇)人民政府和县级人民政府农业等行政主管部门批准。

(3)土地补偿费等费用的使用、分配办法。按照本法的规定,征收集体所有的土地,应当支付土地补偿费、安置补助费、土地附着物补偿费等费用。现实中,这部分费用一般支付给被征地的农村集体经济组织,其中一部分费用分配给本集体成员、补偿受影响的土地承包经营权人。因为征收集体土地直接影响被征地农民的生产生活,这部分费用的使用和分配办法必须经集体成员通过村民会议等方式决定。

(4)集体出资的企业的所有权变动等事项。集体出资的企业收益属集体成员集体所有。如果将该企业出让或者抵押的,也要经过本集体成员讨论决定,不能由该企业负责人或者本集体管理人擅自做主。

(5)法律规定的其他事项。《中华人民共和国村民委员会组织法》规定,乡统筹的收缴方法,村提留的收缴及使用;村集体经济项目的立项、承包方案及村公益事业的建设承包方案;宅基地的使用方案等涉及村民利益的事项,必须提请村民会议讨论决定,方可办理。

【立法理由】

农民集体所有是以公有制为基础,以土地为中心的主要生产资料为组织内的农民集体所有。无论是采用统或是分的经营方式,农民集体的生产资料都是由成员即劳动者直接占有和使用,经营目的也是为了全体成员的利益,经营成果也是为全体成员所享有。现实中,往往发生少数村干部擅自决定涉及全体村民利益的大事的情况,群众对此反映十分强烈。为了维护集体成员的合法权益,促进社会的和谐和稳定,本条明确规定了涉及集体利益的重大事项须经集体成员决定。

【相关规定】

《中华人民共和国土地管理法》

第十四条第二款 在土地承包经营期限内,对个别承包经营者之间承包的土地进行适当调整的,必须经村民会议三分之二以上成员或者三分之二以上村民代表的同意,并报乡(镇)人民政府和县级人民政府农业行政主管部门批准。

第十五条第二款 农民集体所有的土地由本集体经济组织以外的单位或者个人承包经营的,必须经村民会议三分之二以上成员或者三分之二以上村民代表的同意,并报乡(镇)人民政府批准。

《中华人民共和国农村土地承包法》

第十八条 土地承包应当遵循以下原则:

(一)按照规定统一组织承包时,本集体经济组织成员依法平等地行使承包土地的权利,也可以自愿放弃承包土地的权利;

(二)民主协商,公平合理;

(三)承包方案应当按照本法第十二条的规定,依法经本集体经济组织成员的村民会议三分之二以上成员或者三分之二以上村民代表的同意;

(四)承包程序合法。

第四十八条第一款 发包方将农村土地发包给本集体经济组织以外的单位或者个人承包,应当事先经本集体经济组织成员的村民会议三分之二以上成员或者三分之二以上村民代表的同意,并报乡(镇)人民政府批准。

第六十条 对于集体所有的土地和森林、山岭、草原、荒地、滩涂等,依照下列规定行使所有权:

(一)属于村农民集体所有的,由村集体经济组织或者村民委员会代表集体行使所有权;

（二）分别属于村内两个以上农民集体所有的,由村内各该集体经济组织或者村民小组代表集体行使所有权;

（三）属于乡镇农民集体所有的,由乡镇集体经济组织代表集体行使所有权。

【说明】

本条是关于代表农民集体行使所有权的规定。

(1)属于村农民集体所有的,由村集体经济组织或者村民委员会代表集体行使所有权。这里的"村"是指行政村,该行政村农民集体所有的土地等集体财产,就由该行政村集体经济组织代表集体行使所有权。如果没有这一集体经济组织或者集体经济组织已不健全,难以履行集体所有土地的经营、管理等行使所有权任务的,就需要由行使自治权的村民委员会来行使代表集体行使所有权的职能。

(2)分别属于村内两个以上农民集体所有的,由村内各该集体经济组织或者村民小组代表集体行使所有权。该农民集体所有的土地和其他财产在改革开放以前就分别属于两个以上的生产队,现在其土地和其他集体财产仍然分别属于相当于原生产队的各该农村集体经济组织或者村民小组的农民集体所有。村民委员会可以根据居住地区划分若干个村民小组。如果村内有集体经济组织的,就由村内的集体经济组织行使所有权,如果没有村内的集体经济组织,则由村民小组行使。

(3)属于乡镇农民集体所有的,由乡镇集体经济组织代表集体行使所有权。这种情况包括:一是指改革开放以前,原来以人民公社为核算单位的土地,在公社改为乡镇以后仍然属于乡镇农民集体所有;二是在人民公社时期,公社一级掌握的集体所有的土地和其他财产仍然属于乡镇农民集体所有。上述两种情况下,由乡镇集体经济组织行使所有权。

【立法理由】

根据我国广大农村集体所有权基本形式,规定相应的主体来代表集体行使所有权,这与《中华人民共和国民法通则》《中华人民共和国土地管理法》《中华人民共和国农村土地承包法》等现行法律的相关规定是一致的,也使得党在农村的政策具有连续性和稳定性,进而保护和调动广大农民的积极性。

【相关规定】

《中华人民共和国民法通则》

第七十四条第二款　集体所有的土地依照法律属于村农民集体所有,由村农业生产合作社等农业集体经济组织或者村民委员会经营、管理。已经属于乡(镇)农民集体经济组织所有的,可以属于乡(镇)农民集体所有。

《中华人民共和国土地管理法》

第十条　农民集体所有的土地依法属于村农民集体所有的,由村集体经济组织或者村民委员会经营、管理;已经分别属于村内两个以上农村集体经济组织的农民集体所有的,由村内各该农村集体经济组织或者村民小组经营、管理;已经属于乡(镇)农民集体所有的,由乡(镇)农村集体经济组织经营、管理。

《中华人民共和国农村土地承包法》

第十二条第一款　农民集体所有的土地依法属于村农民集体所有的,由村集体经济组织或者村民委员会发包;已经分别属于村内两个以上农村集体经济组织的农民集体所有的,由村内各该农村集体经济组织或者村民小组发包。村集体经济组织或者村民委员会发包的,不得改变村内各集体经济组织农民集体所有的土地的所有权。

《不动产登记暂行条例实施细则》

第二十九条　集体土地所有权登记,依照下列规定提出申请:

(一)土地属于村农民集体所有的,由村集体经济组织代为申请,没有集体经济组织的,由村民委员会代为申请;

(二)土地分别属于村内两个以上农民集体所有的,由村内各集体经济组织代为申请,没有集体经济组织的,由村民小组代为申请;

(三)土地属于乡(镇)农民集体所有的,由乡(镇)集体经济组织代为申请。

第三十条　申请集体土地所有权首次登记的,应当提交下列材料:

(一)土地权属来源材料;

(二)权籍调查表、宗地图以及宗地界址点坐标;

(三)其他必要材料。

第三十一条　农民集体因互换、土地调整等原因导致集体土地所有权转移,申请集体土地所有权转移登记的,应当提交下列材料:

(一)不动产权属证书;

(二)互换、调整协议等集体土地所有权转移的材料;

(三)本集体经济组织三分之二以上成员或者三分之二以上村民代表同意的材料;

（四）其他必要材料。

第三十二条　申请集体土地所有权变更、注销登记的，应当提交下列材料：

（一）不动产权属证书；

（二）集体土地所有权变更、消灭的材料；

（三）其他必要材料。

第六十一条　城镇集体所有的不动产和动产，依照法律、行政法规的规定由本集体享有占有、使用、收益和处分的权利。

【说明】

本条是关于城镇集体财产权利的规定。

（1）本条规定的集体财产权行使的主体是本集体。集体所有、集体管理、集体经营是集体所有制的应有之义，因此，行使城镇集体财产权的，只能是该集体，而不能由个别集体成员独断专行。

（2）集体财产权的客体只能属于该城镇集体所有的不动产和动产。如果城镇集体企业已经改制了，如成为有限责任公司或者股份有限公司、个人独资企业或者合伙企业的，就不适用本条，而分别适用《中华人民共和国公司法》《中华人民共和国个人独资企业法》或者《中华人民共和国合伙企业法》的有关规定。

（3）城镇集体财产权的内容，包括对本集体所有财产所享有的占有、使用、收益和处分的权利。作为本集体所有财产的所有人，当然享有所有权的"占有、使用、收益和处分"四项权能，全面支配本集体所有的财产。

（4）行使财产权应当依照法律、行政法规的规定。现行法律方面主要有《中华人民共和国宪法》《中华人民共和国民法通则》和本法等有关规定。行政法规目前主要是《中华人民共和国城镇集体所有制企业条例》。今后，随着城镇集体企业改革的不断深入，在实践经验比较成熟时，还会制定或者修改相关的法律、行政法规。

【立法理由】

集体所有制经济是公有制的重要组成部分，而城镇集体经济是集体所有制经济重要形式之一。党的十六大报告提出："集体经济是公有制经济的重要组成部分，对实现共同富裕具有重要作用"。并提出"深化集体企业改革，继续支持和帮助多种形式的集体经济的发展。"物权法考虑到城镇集体经济在我国社会主义经济建设中所发挥的历史作用和现实作用，依据宪法、相关法律和法规,按照党的十六大以来关于发展集体经济的精神,从物权的角度对城镇集体财产权作出了一般规定。

【相关规定】

《中华人民共和国宪法》

第八条第二款　城镇中的手工业、工业、建筑业、运输业、商业、服务业等行业的各种形式的合作经济,都是社会主义劳动群众集体所有制经济。

《中华人民共和国城镇集体所有制企业条例》

第四条　城镇集体所有制企业(以下简称集体企业)是财产属于劳动群众集体所有、实行共同劳动、在分配方式上以按劳分配为主体的社会主义经济组织。

前款所称劳动群众集体所有,应当符合下列任一项的规定:

(一)本集体企业的劳动群众集体所有;

(二)集体企业的联合经济组织范围内的劳动群众集体所有;

(三)投资主体为两个或者两个以上的集体企业,其中前(一)、(二)项劳动群众集体所有的财产应当占主导地位。本项所称主导地位,是指劳动群众集体所有的财产占企业全部财产的比例,一般情况下应不低于51%,特殊情况经过原审批部门批准,可以适当降低。

第二十一条第(一)项　集体企业在国家法律、法规的规定范围内享有下列权利:

(一)对其全部财产享有占有、使用、收益和处分的权利,拒绝任何形式的平调;

……

第六十二条　集体经济组织或者村民委员会、村民小组应当依照法律、行政法规以及章程、村规民约向本集体成员公布集体财产的状况。

【说明】

本条是关于公布集体财产状况的规定。

(1)本条规范的主体是行使集体财产所有权的组织,包括农村集体经济组织、城镇集体企业,也包括代表集体行使所有权的村民委员会、村民小组。

(2)公布的内容是本集体的财产状况,包括集体所有财产总量的变化(如集体财产的收支状况、债权债务状况)、所有权变动的情况(如转让、抵押)、集体财产使用情况(如农村集体土地承包)、集体财产分配情况(征收补偿费的分配)等涉及集体成员利益的重大事项。

（3）公布的要求。向本集体成员公布集体财产状况的，应当依照法律、行政法规、章程和村规民约的规定，一是公布要做到内容真实可靠。本集体成员对于公布的内容，有权进行查询，集体经济组织或者村民委员会、村民小组应当自觉接受查询。二是公布要做到及时。

【立法理由】

集体所有的财产关系到每一个集体成员的切身利益，因此，每一个集体成员有权参与对集体财产的民主管理和民主监督。尊重集体成员的民主权利，保障集体成员的财产权益，才能调动劳动群众的积极性，推动集体经济向前发展。本条从广大集体劳动群众普遍关心的和涉及群众切身利益的实际问题入手，规定了集体经济组织等行使集体财产所有权的组织应当向本集体成员公布集体财产的状况，这是完善集体事务民主监督和民主管理的基础。

【相关规定】

《中华人民共和国村民委员会组织法》

第三十条　村民委员会实行村务公开制度。

村民委员会应当及时公布下列事项，接受村民的监督：

（一）本法第二十三条、第二十四条规定的由村民会议、村民代表会议讨论决定的事项及其实施情况；

（二）国家计划生育政策的落实方案；

（三）政府拨付和接受社会捐赠的救灾救助、补贴补助等资金、物资的管理使用情况；

（四）村民委员会协助人民政府开展工作的情况；

（五）涉及本村村民利益，村民普遍关心的其他事项。

前款规定事项中，一般事项至少每季度公布一次；集体财务往来较多的，财务收支情况应当每月公布一次；涉及村民利益的重大事项应当随时公布。

村民委员会应当保证所公布事项的真实性，并接受村民的查询。

第六十三条　集体所有的财产受法律保护，禁止任何单位和个人侵占、哄抢、私分、破坏。

集体经济组织、村民委员会或者其负责人作出的决定侵害集体成员合法权益的，受侵害的集体成员可以请求人民法院予以撤销。

【说明】

本条是关于集体财产权保护的规定。

这里的"集体所有的财产"从内容上，主要是指本法第59条规定的集体所有的不动产和动产。从所有者来讲，既包括农民集体所有的财产，也包括城镇集体所有的财产。

针对损害集体财产的主要行为，本条强调了禁止任何单位和个人侵占、哄抢、私分、破坏集体财产。所谓的"侵占"是指以非法占有为目的，将其经营、管理的集体财产非法占为己有。"哄抢"是指以非法占有为目的，组织、参与多人一起强行抢夺集体财产的行为。"私分"是指违反集体财产分配管理规定，擅自将集体财产按人头分配给部分集体成员的行为。"破坏"是指故意毁坏集体财产，致使其不能发挥正常功效的行为。侵占、哄抢、私分、破坏集体所有财产的，应当承担返还原物、恢复原状、赔偿损失等民事责任；触犯治安管理处罚法和刑法的，还应当承担相应的法律责任。有关单位的责任人也要依法追究行政责任甚至是刑事责任。

关于集体成员诉权，主要有以下两方面内容：一是，每个集体经济组织成员都可以针对集体经济组织、村民委员会或者其负责人作出的损害其权益的决定，向人民法院请求撤销该决定。本条规定的集体经济组织不仅仅包括农村集体经济组织，也包括城镇集体经济组织。二是，提起诉讼的事由，是集体经济组织、村民委员会或者其负责人作出的决定，侵害了该集体成员的合法财产权益。

【立法理由】

集体所有的财产是劳动群众集体多年来通过辛苦劳动创造、积累的物质财富，是发展集体经济、实现共同富裕的物质基础。近年来，集体经济发展迅速，集体资产存量迅速增长，但由于集体资产的管理还相当薄弱等原因，以致造成集体资产的严重流失，直接损害劳动群众的切身利益，影响了社会和谐发展。因此，依法保护集体财产是巩固和发展公有制经济的现实需要，也是物权法应有之义。现实中，有的集体经济组织、村委会的负责人，违反法定程序或者章程规定，擅自决定或者以集体的名义作出决定，低价处分、私分、侵占集体所有的财产，严重侵害集体成员的财产权益。针对这种情况，本条还赋予了集体成员请求人民法院撤销集体经济组织、村民委员会或者其负责人作出的不当决定的权利。

【相关规定】

《中华人民共和国宪法》

第十二条　社会主义的公共财产神圣不可侵犯。

国家保护社会主义的公共财产。禁止任何组织或者个人用任何手段侵占或者破坏国家的和集体的财产。

《中华人民共和国民法通则》

第七十三条 国家财产属于全民所有。

国家财产神圣不可侵犯,禁止任何组织或者个人侵占、哄抢、私分、截留、破坏。

第六十四条 私人对其合法的收入、房屋、生活用品、生产工具、原材料等不动产和动产享有所有权。

【说明】

本条是关于私有财产范围的规定。

1. 所有权的主体——私人

这里的"私人"不但包括我国的公民,也包括在我国合法取得财产的外国人和无国籍人。不仅包括自然人,还包括个人独资企业、个人合伙等非公有制企业。

2. 私有财产的范围

本条根据《中华人民共和国民法通则》等规定,列举了收入、房屋等最常见、最重要的几类私有的不动产和动产。

(1) 收入。收入是指人们从事各种劳动获得的货币收入或者有价物。主要包括:工资、从事智力创造和提供劳务所取得的物质权利、转让和出租财产所得、从事个体经营的劳动收入、从事承包土地所获得的收益等。

(2) 房屋。房屋是我国公民最主要、最基本的生活资料,包括依法购买的城镇住宅,在农村宅基地上依法建造的住宅,也包括商铺、厂房等建筑物。

(3) 生活用品。生活用品是指用于生活方面的物品,包括家用电器、私人汽车、家具和其他用品。

(4) 生产工具和原材料。生产工具是指人们在进行生产活动时所使用的器具,如机器设备、车辆、船舶等运输工具。原材料是指生产产品所需的物质基础材料,如矿石、木材、钢铁等。生产工具和原材料是重要的生产资料,是生产所必需的基础物质。

(5) 除上述外,私人财产还包括其他的不动产和动产,如图书、个人收藏品、牲畜和家禽等。

必须强调的是,私人只能对其合法获得的财产享有所有权,对贪污、侵占、抢夺、诈骗、盗窃、走私等方式非法获取的财产,不但不能受到法律的保护,而且还要依法予以追缴,行为人还要依法承担法律责任。

【立法理由】

改革开放以来,随着经济发展,人民生活水平不断提高,私有财产日益增加,迫切要求切实保护他们通过辛勤劳动积累的合法财产。《中华人民共和国宪法》第13条第1款规定,公民的合法的私有财产不受侵犯。因此,依法保护私有合法财产,既是宪法的规定和党的主张,也是人民群众的普遍愿望和迫切要求。完善保护私有财产的法律制度,首先要明确私有财产的范围。本条依据宪法的精神,参照《中华人民共和国民法通则》等法律,作了上述规定。

【相关规定】

《中华人民共和国民法通则》

第七十五条第一款　公民的个人财产,包括公民的合法收入、房屋、储蓄、生活用品、文物、图书资料、林木、牲畜和法律允许公民所有的生产资料以及其他合法财产。

第六十五条　私人合法的储蓄、投资及其收益受法律保护。
国家依照法律规定保护私人的继承权及其他合法权益。

【说明】

本条是关于保护私人合法储蓄、投资和继承权等合法权益的规定。私有财产不仅包括不动产和动产,也包括私人合法储蓄、投资及其收益的财产权以及上述财产的继承权等其他合法权益。

(1)储蓄。这里的储蓄主要是指日常生活中所讲的存款储蓄,即指公民个人将合法拥有的、暂时不用的货币存入银行、信用合作社、邮政机构等信用机构,当存款到期或客户随时兑付时,由信用机构保证支付利息和归还本金。只有合法的储蓄才受法律保护。所谓合法的储蓄,一是存款的来源合法;二是存款的机构是依法批准可以从事储蓄业务的机构。

(2)投资。投资是指将现有的资金或者可用于消费的价值投入到未来可以获取更大价值的经济活动中。如通过购买股票、基金、债券、期货以获取更高的资本收益,也包括将资金投入到企业中以扩大再生产或者获得资产收益等行为。违反国家法律、政策规定的投资行为以及以此获得投资收益不受法律保护。

(3)继承权。继承权是指在自然人死亡后,根据遗嘱或者法律规定而承受死者遗留财产(遗产)的权利。继承遗产也是私人获得财富的重要手段之一,尤其是近几年,随着经济的发展,个人拥有的财富不断增加,个人对其合法的财产可以依法自由支配,当然有权决定自己死后财产的归属,这是私人财产权的重要内容之一。

此外,本条还规定了国家依照法律规定保护私人的其他合法权益,如依照专利法保护私人的专利权,依照著作权法保护私人的著作权等。

【立法理由】

改革开放以来,随着经济发展,人民生活水平不断提高,私有财产日益增加,而储蓄和投资是私有财产的重要存在形式,依法继承也是获得私人财产的重要途径。因此,保护私人合法的储蓄、投资及其收益,保护私人的财产继承权及其他合法权益,是保护私人的合法财产的重要内容,也是鼓励、支持和引导个体经济、私营经济等非公有制经济发展的必然要求。

【相关规定】

《中华人民共和国宪法》

第十三条　公民的合法的私有财产不受侵犯。

国家依照法律规定保护公民的私有财产的继承权。

国家为了公共利益的需要,可以依照法律规定对公民的私有财产实行征收或者征用并给予补偿。

第六十六条　私人的合法财产受法律保护,禁止任何单位和个人侵占、哄抢、破坏。

【说明】

本条是关于私有财产保护的规定。

(1)私有财产的范围。这里的私有财产,是指私人拥有所有权的财产,不但包括合法的收入、房屋、生活用品、生产工具、原材料等不动产和动产,也包括私人合法的储蓄、投资及其收益,以及上述财产的继承权。

(2)合法。私有财产受到法律保护的前提是这些财产是合法的财产,非法取得的财产不受法律保护。例如,通过侵占、贪污、盗窃国有、集体资产而取得财产,法律不但不予以保护,而且还要依法追缴,行为人还要承担相应的法律责任。

(3)保护内容。保护私有财产的重要内容是私人的合法财产所有权不受侵犯,如非经依照法律规定的权限和程序,不得征收个人的房屋和其他不动产,也不得非法查封、扣押、冻结、没收私人合法的财产。任何单位和个人不得侵占、哄抢、破坏私人合法的财产。

【立法理由】

改革开放以来,随着整个国民经济高速发展,私人财富也相应日益增长,同时个体经济、私营经济等非公有制经济也迅速发展,在社会主义市场经济建设中发挥了重要的作用。2004年《中华人民共和国宪法修正案》对私有财产的保护作了进一步的规定:"公民的合法的私有财产不受侵犯。""国家依照法律规定保护公民的私有财产权和继承权。"《中华人民共和国民法通则》第75条也明确规定了,公民的合法财产受法律保护,禁止任何组织或者个人侵占、哄抢、破坏或者非法查封、扣押、冻结、没收。物权法依据《中华人民共和国宪法》和《中华人民共和国民法通则》的规定,根据平等保护的原则,作了上述规定。

【相关规定】

《中华人民共和国宪法》

第十三条第一款 公民的合法的私有财产不受侵犯。

《中华人民共和国民法通则》

第七十五条第二款 公民的合法财产受法律保护,禁止任何组织或者个人侵占、哄抢、破坏或者非法查封、扣押、冻结、没收。

第六十七条 国家、集体和私人依法可以出资设立有限责任公司、股份有限公司或者其他企业。国家、集体和私人所有的不动产或者动产,投到企业的,由出资人按照约定或者出资比例享有资产收益、重大决策以及选择经营管理者等权利并履行义务。

【说明】

本条是关于企业出资人权利的规定。

1. 出资人与出资形式

所谓出资人,就是向企业投入资本的人。随着计划经济体制向市场经济体制的转变,我国投资结构发生了重大变化,由单一的国家、集体投资变为包括国家、集体、私人等多种所有制经济的投资;对企业的投资也由独资变为主体多元化的投资。

国家、集体和私人出资设立企业的主要形式是公司。根据公司法的规定,公司是企业法人,包括有限责任公司和股份有限公司。由国家单独出资形成的国有独资公司也是一种有限责任公司。

2. 出资人的权利和义务

出资人作为股东,按照公司法的规定,依法享有资产收益、参与重大决策

和选择经营管理者等权利:

（1）享有资产收益,就是指出资人有权通过企业盈余分配从中获得红利。获得红利是出资人投资的主要目的,只要出资人按照章程或者其他约定,如期、足额地履行了出资义务,就有权向企业请求分配红利。

（2）参与重大决策。出资人通过股东会或者股东大会等作出决议的方式决定企业的重大行为。企业的重大行为包括:企业资本的变化,企业的融资行为,企业的合并、分立、变更组织形式、解散、清算,修改企业章程等。

（3）选择经营管理者。出资人有权通过股东会或者股东大会作出决议选举或者更换公司的董事或者监事,决定董事或者监事的薪酬,通过董事会来聘任或者解聘经理等企业高级管理人员。

作为出资人,不但享有上述权利,还要履行相应的义务。如按照约定或者章程的规定,按期、足额地缴纳出资;不得滥用出资人的权利干涉企业正常的经营活动等。

【立法理由】

在计划经济体制下,我国的所有制结构比较单一,即只存在两种形式的公有制,一是国家所有制;二是集体所有制。在这种情况下,企业的出资主体只是国家和集体。同时,计划经济体制下的企业,投资结构也很单一,都是由国家和集体投资的独资企业。随着计划经济体制向市场经济体制的转变,投资结构发生了重大变化,由单一的国家、集体投资变为包括国家、集体、私人等多种所有制经济的投资;对企业的投资也由独资变为主体多元化的投资。为了保护投资者的合法权益,促进国家经济的发展,本条对企业出资人的主要权利和义务作了上述规定。

【相关规定】

《中华人民共和国公司法》

第四条　公司股东依法享有资产收益、参与重大决策和选择管理者等权利。

第六十八条　企业法人对其不动产和动产依照法律、行政法规以及章程享有占有、使用、收益和处分的权利。

企业法人以外的法人,对其不动产和动产的权利,适用有关法律、行政法规以及章程的规定。

【说明】

本条是关于法人财产权的规定。

根据《中华人民共和国民法通则》的规定,企业法人应当是依法成立的,有法定的独立财产,有健全的组织机构、组织章程和固定场所,能够独立承担民事责任、享有民事权利和承担民事义务的经济组织。具备法人条件的企业成为企业法人后,取得法律上独立的民事主体资格,真正成为自主经营、自负盈亏的生产者和经营者。出资人将其不动产或者动产投到企业后,即构成了企业法人独立的财产,企业法人享有法人财产权,即依照法律、行政法规和章程的规定对该财产享有占有、使用、收益和处分的权利,出资人个人不能直接对其投入的资产进行支配,这是企业法人实现自主经营、自负盈亏,独立承担民事责任的物质基础。

本条第2款规定,企业法人以外的法人对其不动产和动产权利,适用有关法律、行政法规和章程的规定。企业法人之外的法人包括机关法人、事业单位法人、社团法人等。其中机关法人和国家举办的事业单位法人,其财产属于国家所有,对其直接支配的不动产和动产的收益权和处分权也要受到法律和国务院有关规定的限制。如按照《事业单位登记管理暂行条例》的规定,事业法人开展活动按照国家有关规定取得的合法收入,必须用于符合其宗旨和业务范围的活动;事业法人接受捐赠、资助,必须符合该事业法人的宗旨和业务范围,必须根据与捐赠人、资助人约定的期限、方式和合法用途使用。

【立法理由】

本条从企业法人作为市场主体的角度,对不同市场主体之间的关系作出的规定。企业法人包括国有企业作为市场主体,应当有独立的财产,独立承担民事责任。同时,企业法人应当依照法律和章程的规定,对其财产行使占有、使用、收益和处分的权利,不能损害国家等作为出资人依法享有的权益。

【相关规定】

《中华人民共和国民法通则》

第三十六条第一款 法人是具有民事权利能力和民事行为能力,依法独立享有民事权利和承担民事义务的组织。

第三十七条 法人应当具备下列条件:

(一)依法成立;

(二)有必要的财产或者经费;

(三)有自己的名称、组织机构和场所;

(四) 能够独立承担民事责任。

《中华人民共和国公司法》

第三条第一款　公司是企业法人,有独立的法人财产,享有法人财产权。公司以其全部财产对公司的债务承担责任。

第六十九条　社会团体依法所有的不动产和动产,受法律保护。

【说明】

本条是关于保护社会团体财产的规定。

社会团体是指我国公民行使结社权利自愿组成的,为实现会员的共同意愿,按照其章程开展活动的非营利性社会组织,主要包括人民群众团体(如共青团、工会、妇联)、社会公益团体(如希望工程基金会)、专业团体(如律师协会)、学术研究团体(如法学会)、宗教团体(如佛教协会)。社会团体可以是法人,也可以不是法人,但必须都是依法成立的。

社会团体要开展活动,就要有相应的财产和经费,主要来源有:① 成员的出资;② 成员缴纳的会费;③ 国家拨付的资产和补助;④ 接受捐赠的财产;⑤ 社会团体积累的财产等。社会团体的财产来源必须合法。

社会团体对其依法所有的财产,享有直接的支配权,不受他人非法干涉。任何单位和个人都不得侵占、挪用、哄抢、破坏和任意调拨社会团体依法所有的财产。非经法律规定的权限和程序,不得征收、征用。任何单位或者个人侵害社会团体财产的,该社会团体有权向人民法院提起诉讼,要求侵害人承担返还财产、恢复原状、赔偿损失等法律责任。

【立法理由】

在我国存在着各种各样的社会团体,如人民群众团体(如共青团、工会、妇联)、社会公益团体(如希望工程基金会)、专业团体(如律师协会)、学术研究团体(如法学会)、宗教团体(如佛教协会)等。依法支配其合法财产是开展社团活动的必要条件之一,因此,为了保障公民的结社自由,维护社会团体的合法权益,本条明确规定:"社会团体依法所有的不动产和动产,受法律保护。"

【相关规定】

《中华人民共和国民法通则》

第五十条　有独立经费的机关从成立之日起,具有法人资格。

具备法人条件的事业单位、社会团体,依法不需要办理法人登记的,从成立之日起,具有法人资格;依法需要办理法人登记的,经核准登记,取得法人资格。

《社会团体登记管理条例》

第二条第一款　本条例所称社会团体,是指中国公民自愿组成,为实现会员共同意愿,按照其章程开展活动的非营利性社会组织。

第二十六条第一款　社会团体的资产来源必须合法,任何单位和个人不得侵占、私分或者挪用社会团体的资产。

第六章 业主的建筑物区分所有权

第七十条 业主对建筑物内的住宅、经营性用房等专有部分享有所有权,对专有部分以外的共有部分享有共有和共同管理的权利。

【说明】

本条是关于建筑物区分所有权的规定。

根据本条规定,业主的建筑物区分所有权包括对其专有部分的所有权、对建筑区划内的共有部分享有的共有权和共同管理的权利。

第一,业主对专有部分的所有权。即本条规定的,业主对建筑物内的住宅、经营性用房等专有部分享有所有权,有权对专有部分占有、使用、收益和处分。

第二,业主对建筑区划内的共有部分的共有权。即本条规定的,业主对专有部分以外的共有部分如电梯、过道、楼梯、水箱、外墙面、水电气的主管线等享有共有的权利。本法规定,建筑区划内的道路,属于业主共有,但属于城镇公共道路的除外。建筑区划内的绿地,属于业主共有,但属于城镇公共绿地或者明示属于个人的除外。建筑区划内其他公共场所、公用设施和物业服务用房,属于业主共有。占用业主共有的道路或者其他场地用于停放汽车的车位,属于业主共有。

第三,业主对建筑区划内的共有部分的共同管理权。即本条规定的,业主对专有部分以外的共有部分享有共同管理的权利。物权法规定,业主可以自行管理建筑物及其附属设施,也可以委托物业服务企业或者其他管理人管理。业主可以设立业主大会,选举业主委员会,制定或者修改业主大会议事规则和建筑物及其附属设施的管理规约,选举业委员会和更换业主委员会成员,选聘和解聘物业服务企业或者其他管理人,筹集和使用建筑物及其附属设施的维修资金,改建和重建建筑物及其附属设施等。

【立法理由】

第二次世界大战后,不少国家或地区发生了严重的住宅危机,为解决广大市民的居住问题,各国或地区政府纷纷兴建高层或者多层建筑物,由此产生一栋建筑物存在多个所有权人的情形,对此,各国或地区相继制定建筑物区分所有权的法律或者修改原有的民法典以调整不同所有权人之间的关系。有关国家和地区现行调整建筑物区分所有权关系的法律是:法国的《住宅分层所有权法》、日本的《建筑物区分所有法》、奥地利的《区分所有权法》、德国的《住宅所有权及长期居住权的法律》(简称《住宅所有权法》)、美国的《公寓大厦所有权创设之形态法》、英国的《住宅法》,意大利、瑞士在民法典中规定了建筑物共有的内容。我国香港特区制定了《多层大厦(业主立案法团)条例》,我国台湾地区"民法"第799条、第800条及"公寓大厦管理条例"、我国大陆《土地登记规则》等对建筑物区分所有权的问题分别作出了规定。在大陆,随着住房制度的改革和高层建筑物的大量出现,住宅小区越来越多,业主的建筑物区分所有权也已经成为私人不动产物权中的重要权利。对此,物权法在本章对业主的建筑物区分所有权作了规定。

【相关规定】

《最高人民法院关于审理建筑物区分所有权纠纷案件具体应用法律若干问题的解释》

第一条　依法登记取得或者根据物权法第二章第三节规定取得建筑物专有部分所有权的人,应当认定为物权法第六章所称的业主。

基于与建设单位之间的商品房买卖民事法律行为,已经合法占有建筑物专有部分,但尚未依法办理所有权登记的人,可以认定为物权法第六章所称的业主。

《德国住宅所有权法》

第一条第二项　住宅所有权,指住宅的特别所有权与其所属的共同所有权的共有物应有部分相结合的权利。

《日本建筑物区分所有法》

第一条　一栋建筑物构造上区分为数部分,供作独立的住宅、店铺、办公室、仓库或其他用途使用时,其各部分得依本法规定,各自成为所有权的标的。

《瑞士民法典》

第七百一十二条a第一款　(1)建筑物区分所有权,是不动产的共有的份额。区分所有人对建筑物的特定部分享有独占使用和内部改造的特别权利。

第七百一十二条b第一款　(1)特别权利标的物,可为单独的楼层,亦可为楼层内隔开的具有出入口的用于居住、办公或其他目的的单元;单元可包括隔开的房间。

第七百一十二条 b 第三款 （3）建筑物的其他组成部分,经区分所有人在设定建筑物区分所有权时或事后合意后,可宣布为共同所有;未作此宣布的,推定该部分有特别权利。

我国台湾地区"民法"

第七百九十九条 数人区分一建筑物,而各有其一部者,该建筑物及其附属物之共同部分,推定为各所有人之共有,其修缮费及其他负担,由各所有人,按其所有部分之价值分担之。

第七十一条 业主对其建筑物专有部分享有占有、使用、收益和处分的权利。业主行使权利不得危及建筑物的安全,不得损害其他业主的合法权益。

【说明】

本条是关于业主对专有部分行使所有权的规定。

业主对建筑物内的住宅、经营性用房等专有部分享有所有权的具体体现就是本条规定的,业主对其建筑物专有部分享有占有、使用、收益和处分的权利。按照这一规定,业主对建筑物内属于自己所有的住宅、经营性用房等专有部分可以直接占有、使用,实现居住或者营业的目的;也可以依法出租,获取收益;还可以出借,解决亲朋好友居住之难,加深亲朋好友间的亲情与友情;或者在自己的专有部分上依法设定负担,例如,为保证债务的履行将属于自己所有的住宅或者经营性用房抵押给债权人,或者抵押给金融机构以取得贷款等;还可以将住宅、经营性用房等专有部分出售给他人,对专有部分予以处分。

业主的专有部分是建筑物的重要组成部分,但与共有部分又不可分离,例如没有电梯、楼道、走廊,业主就不可能出入自己的居室、经营性用房等专有部分;没有水箱、水、电等管线,业主就无法使用自己的居室、经营性用房等专有部分。因此,建筑物的专有部分与共有部分具有一体性、不可分离性,故业主对专有部分行使专有所有权应受到一定限制。对此,本条规定,业主行使专有部分所有权时,不得危及建筑物的安全,不得损害其他业主的合法权益。例如,业主在对专有部分装修时,不得拆除房屋内的承重墙,不得在专有部分内储藏、存放易燃易爆危险品等物品,危及整个建筑物的安全,损害其他业主的合法权益。

【立法理由】

现实中,有些业主虽然购买了住房,但不太清楚所购买房屋的所有权具体包括哪些内容,使用自己的住宅是否不受任何限制。

【相关规定】

《最高人民法院关于审理建筑物区分所有权纠纷案件具体应用法律若干问题的解释》

第二条 建筑区划内符合下列条件的房屋,以及车位、摊位等特定空间,应当认定为物权法第六章所称的专有部分:

(一)具有构造上的独立性,能够明确区分;

(二)具有利用上的独立性,可以排他使用;

(三)能够登记成为特定业主所有权的客体。

规划上专属于特定房屋,且建设单位销售时已经根据规划列入该特定房屋买卖合同中的露台等,应当认定为物权法第六章所称专有部分的组成部分。

本条第一款所称房屋,包括整栋建筑物。

第四条 业主基于对住宅、经营性用房等专有部分特定使用功能的合理需要,无偿利用屋顶以及与其专有部分相对应的外墙面等共有部分的,不应认定为侵权。但违反法律、法规、管理规约,损害他人合法权益的除外。

《德国住宅所有权法》

第十三条第一项 各住宅所有权人于不违反法律或第三人权利的范围内,得自由处理特别所有权内的建筑物部分,如予以居住、使用、租赁或以其他方式予以利用,并排除他人之干涉。

《日本建筑物区分所有法》

第六条 (一)区分所有权人不得为对建筑物之保存有害的行为,或其他有关建筑物之管理或使用违反区分所有权人共同利益的行为。

(二)区分所有权人因保存或改良其专有部分或共用部分,在必要范围内,得请求使用其他区分所有权人之专有部分或不属于自己所有的共用部分。于此情形,致他区分所有权人受损害时,应支付偿金。

《瑞士民法典》

第七百一十二条 a 第二款 (2)区分所有权人有自由管理、利用并装饰自己房间的权利,但不得妨碍其他区分所有人行使相同的权利,并不得以任何方式破坏建筑物的公用设施,或影响其使用及外观。

我国台湾地区"公寓大厦管理条例"

第五条　区分所有权人对专有部分之利用,不得有妨碍建筑物之正常使用及违反区分所有权人共同利益之行为。

第七十二条　业主对建筑物专有部分以外的共有部分,享有权利,承担义务;不得以放弃权利不履行义务。

业主转让建筑物内的住宅、经营性用房,其对共有部分享有的共有和共同管理的权利一并转让。

【说明】

本条是关于业主对专有部分以外的共有部分权利义务的规定。

业主对专有部分以外的共有部分既享有权利,又承担义务。这一权利义务包括两部分内容:一是业主对专有部分以外的共有部分享有共有权;二是业主对专有部分以外的共有部分享有共同管理的权利。

业主对专有部分以外的共有部分享有共有权,即每个业主在法律对所有权未作特殊规定的情形下,对专有部分以外的走廊、楼梯、过道、电梯、外墙面、水箱、水电气管线等共有部分,对物业管理用房、绿地、道路、公用设施等共有部分享有占有、使用、收益或者处分的权利。但是,如何行使占有、使用、收益或者处分的权利,还要依据《中华人民共和国物权法》及相关法律、法规和建筑区划管理规约的规定。例如,《中华人民共和国物权法》第80条规定,建筑物及其附属设施的费用分摊、收益分配等事项,有约定的,按照约定;没有约定或者约定不明确的,按照业主专有部分占建筑物总面积的比例确定。业主对专有部分以外的共有部分的共有权,还包括对共有部分共负义务。同样,业主对共有部分如何承担义务,也要依据物权法及相关法律、法规和建筑区划管理规约的规定。

由于业主对专有部分以外的共有部分既享有权利,又负有义务,有的业主就可能以放弃权利为由,不履行义务。对此,本条明确规定,业主不得以放弃权利为由不履行义务。例如,业主不得以不使用电梯为由,不交纳电梯维修费用;在集中供暖的情况下,不得以冬季不在此住宅居住为由,不交纳暖气费用。

业主的建筑物区分所有权是一个集合权,包括对专有部分享有的所有权、对建筑区划内的共有部分享有的共有权和共同管理的权利,这三种权利具有不可分离性。在这三种权利中,业主对专有部分的所有权占主导地位,是业主对专有部分以外的共有部分享有共有权以及对共有部分享有共同管理权的前提与基础。没有业主对专有部分的所有权,就无法产生业主对专有部分以外共有部分的共有权,以及对共有部分的共同管理的权利。如果业主丧失了对专有部分的所有权,也就丧失了对共有部分的共有权及对共有部分的共同管理的权利。因此本条规定,业主转让建筑物内的住宅、经营性用房,其对共有部分享有的共有和共同管理的权利一并转让。

【立法理由】

现实中,业主对建筑物专有部分以外的共有部分,是否仅享有权利,不承担义务;业主是否可以以放弃对共有部分的权利为由,不履行义务;业主转让建筑物内的住宅、经营性用房的,其对建筑物共有部分享有的共有和共同管理的权利是否一并转让等问题,看法不一,没有相应的法律、法规等规范性文件的规定。

【相关规定】

《德国住宅所有权法》

第六条第一项 专有所有权不得脱离其所从属的共有所有权份额而被出让设定负担。

《意大利民法典》

第一千一百一十八条 在权利证书未作相反规定的情况下,每个共有人对本法第1117条规定的共有物,根据楼层或者楼台层各单位的价值,按比例享有权利。

共有人不能以放弃对上述财产享有的共有权的方式不承担维修养护费。

《日本建筑物区分所有法》

第二十二条第一款 (一)占地利用权为数人的所有权或其他权利时,区分所有人不得将其专有部分与其专有部分相关的占地利用权相分离而处分之。但是,规约另有规定时,不在此限。

我国台湾地区"公寓大厦管理条例"

第四条 区分所有权人除法律另有限制外,对其专有部分,得自由使用、收益、处分,并排除他人的干涉。

专有部分不得与其所属建筑物共用部分之应有部分及其基地所有权或地上权应有部分分离而为移转或设定负担。

第七十三条 建筑区划内的道路,属于业主共有,但属于城镇公共道路的除外。建筑区划内的绿地,属于业主共有,但属于城镇公共绿地或者明示属于个人的除外。建筑区划内的其他公共场所、公用设施和物业服务用房,属于业主共有。

【说明】

本条是关于建筑区划内的道路、绿地、其他公共场所、公用设施和物业服务用房归属的规定。

道路、绿地、物业服务用房归属的现实情况是,建筑区划内的绿地基本归业主所有。道路有的归业主所有,有的归市政所有。例如,有的地方规定,建筑区划内4米以下宽的道路归业主,4米以上宽的道路归市政。有些大的建筑区,主干线道路产权归政府。关于物业管理用房的归属,《物业管理条例》第38条规定,物业管理用房的所有权依法属于业主。未经业主大会同意,物业管理企业不得改变物业管理用房的用途。

立法部门经调查研究认为,道路、绿地、公用设施和物业服务用房等作为建筑物的附属设施原则归业主共有。因此本条规定:"建筑区划内的道路,属于业主共有,但属于城镇公共道路的除外。建筑区划内的绿地,属于业主共有,但属于城镇公共绿地或者明示属于个人的除外。建筑区划内其他公共场所、公用设施和物业服务用房,属于业主共有。"本条规定的绿地、道路归业主所有,不是说绿地、道路的土地所有权归业主所有,而是说绿地、道路作为土地上的附着物归业主所有。

【立法理由】

在物权法起草、审议和征求意见中,多数意见反映,目前建筑区划内的道路、绿地、公用设施、物业服务用房和其他公共场所的所有权归属不明,导致业主与开发商、业主与物业公司纠纷多,矛盾大,物权法应当对建筑区划内的道路、绿地、公用设施、物业服务用房和其他公共场所的归属作出明确规定。但在物权法中如何规定,存在不同意见。例如有人认为,道路是市政设施,应当属于国家所有,业主享有使用权。有人认为,绿地是土地的一种使用功能,其实质就是土地,城市土地属于国家所有,业主只有使用权,没有所有权。有人认为,现实中,业主购房通常不支付物业管理用房的价款,对物业管理用房没有权利。有人认为,业主购房后对所购房屋拥有的所有权包括两部分,一部分是对建筑物内住宅、经营性用房等专有部分享有的专的、独立的所有权,另一部分是对专有部分以外的道路、绿地、公用设施、物业服务用房和其他公共场所等共有部分以及建筑物的附属设施享有的共有权。有人认为,建筑区划内的道路、绿地、公用设施、物业服务用房和其他公共场所所有权的归属,应当本着谁投资归谁所有的原则确定。开发商在售楼时明确将小区的绿地、道路、公用设施、物业管理用房和其他公共场所的费用分摊给买房人的,就归业主共有,没有分摊的,归开发商所有。

【相关规定】

《物业管理条例》

第三十八条　物业管理用房的所有权依法属于业主。未经业主大会同意,物业服务企业不得改变物业管理用房的用途。

《最高人民法院关于审理建筑物区分所有权纠纷案件具体应用法律若干问题的解释》

第三条　除法律、行政法规规定的共有部分外,建筑区划内的以下部分,也应当认定为物权法第六章所称的共有部分:

(一)建筑物的基础、承重结构、外墙、屋顶等基本结构部分,通道、楼梯、大堂等公共通行部分,消防、公共照明等附属设施、设备,避难层、设备层或者设备间等结构部分;

(二)其他不属于业主专有部分,也不属于市政公用部分或者其他权利人所有的场所及设施等。

建筑区划内的土地,依法由业主共同享有建设用地使用权,但属于业主专有的整栋建筑物的规划占地或者城镇公共道路、绿地占地除外。

《意大利民法典》

第一千一百一十七条　在权利证书未作相反规定的情况下,建筑物的下列部分属于不同楼层或者同一楼层不同单位的所有人所有:

(1)建筑物占用的土地、地基、主墙、屋顶、屋顶平台、楼梯、大门、门廊、前庭、拱廊、天井以及其他所有必须共用的部分;

(2)门房和看门人的住所,洗衣、晾衣的场所、中心供暖处以及安置其他类似公共服务设施的场所;

(3)任何种类的供全体共有人使用和享用的工作物、设施、建筑物,例如:电梯、水井、蓄水池、水管、下水道、排水沟以及直到通向专属每个共有的支路起点以前的供水、供气、供电、供暖系统。

《日本建筑物区分所有法》

第四条　(一)通过数个专有部分的走廊、楼梯及其他构造上供区分所有权人全体或部分共用的建筑物部分,不成为区分所有权的标的。

(二)第一条规定的建筑物的部分及附属建筑物可以依规约成为共用部分。于此情形,如未登记其事,则不得以之对抗第三人。

第七十四条　建筑区划内,规划用于停放汽车的车位、车库应当首先满足业主的需要。

建筑区划内,规划用于停放汽车的车位、车库的归属,由当事人通过出售、附赠或者出租等方式约定。

占用业主共有的道路或者其他场地用于停放汽车的车位,属于业主共有。

【说明】

本条是关于车位、车库的规定。

经过对我国房地产市场的实际做法和存在的问题进行调查研究,并借鉴境外的通常做法,立法部门认为,属于业主共有的财产,应是那些不可分割、不宜也不可能归任何业主专有的财产,如电梯等公用设施、绿地等公用场所。从房地产市场的情况看,一般来说,专门用来停放汽车的车库、车位的归属,是由当事人通过出售、附赠或者出租等方式约定归业主专有或者专用的。这样,既容易操作,也可以避免纠纷。如果规定车库、车位归业主共有,由于车库、车位和住宅的配套比例不同、业主之间享有的住宅面积不同、商品房销售的状况不同等原因,归业主共有很难操作,据此,本条第 2 款规定:"建筑区划内,规划用于停放汽车的车位、车库的归属,由当事人通过出售、附赠或者出租等方式约定。"同时,对现实生活中有的开发商将车位、车库高价出售给小区外的人停放;不少小区没有车位、车库或者车位、车库严重不足,占用共有的道路或者其他场地作为车位的问题,本条第 1 款、第 3 款有针对性地规定:"建筑区划内,规划用于停放汽车的车位、车库应当首先满足业主的需要。""占用业主共有的道路或者其他场地用于停放汽车的车位,属于业主共有。"

【立法理由】

业主的建筑物区分所有权中,争议较大的是车位、车库的所有权归属问题。这个问题涉及广大业主的切身利益,社会普遍关注。在征求意见过程中,主要有两种意见:

一种意见认为,车位、车库应当归业主共有。主要理由是:① 车位、车库已经摊入建筑成本,开发商将其再次买卖或者出租,侵害了业主的利益;② 在房屋销售过程中,开发商处于强势,如果车位、车库的所有权以有约定的按照约定的原则确定归属,对业主不利。

另一种意见认为,车位、车库的归属,业主与开发商有约定的,按照约定;没有约定或者约定不明确的,属于业主共有。主要理由是:① 从我国目前多数地方商品房销售的实际做法看,对车位、车库的归属,在商品房买卖合同中都有约定;从其他国家和地区看,车位、车库一般也归业主个人所有;② 车位、车库不像电梯、走廊、水箱、道路、绿地等应当共用,规定业主共有很难操作;③ 开发商是否把车位、车库摊入成本,和商品房销售价格的高低没有必然联系,而且,也很难证明车库、车位的价值是否包括在建筑成本之中;目前对价格管理部门是否应当公开开发商的建筑成本仍有不同意见;④ 对车位、车库的建造比例和车位、车库首先满足小区业主需要,应当作出行政管理的强制性规定,但地下车库和地面上的停车场,作为独立设施,如果不允许开发商销售或者出租,可能影响开发商建造车位、车库的积极性,对业主不利。

【相关规定】

《最高人民法院关于审理建筑物区分所有权纠纷案件具体应用法律若干问题的解释》

第五条 建设单位按照配置比例将车位、车库,以出售、附赠或者出租等方式处分给业主的,应当认定其行为符合物权法第七十四条第一款有关"应当首先满足业主的需要"的规定。

前款所称配置比例是指规划确定的建筑区划内规划用于停放汽车的车位、车库与房屋套数的比例。

第六条 建筑区划内在规划用于停放汽车的车位之外,占用业主共有道路或者其他场地增设的车位,应当认定为物权法第七十四条第三款所称的车位。

第七十五条 业主可以设立业主大会,选举业主委员会。

地方人民政府有关部门应当对设立业主大会和选举业主委员会给予指导和协助。

【说明】

本条是关于业主大会、业主委员会设立的规定。

业主大会是业主的自治组织,是基于业主的建筑物区分所有权的行使产生的,由全体业主组成,是建筑区划内建筑物及其附属设施的管理机构。因此,只要是建筑区划内的业主,就有权参加业主大会,行使专有部分以外共有部分的共有权以及共同管理的权利,并对小区内的业主行使专有部分的所有权作出限制性规定,以维护建筑区划内全体业主的合法权益。故本条第1款首先规定,业主可以设立业主大会。如果建筑区划内业主人数众多,可以设立本建筑物或者建筑区划内所有建筑物的业主委员会,故本条第1款进一步规定业主可以"选举业主委员会"。业主委员会是本建筑物或者建筑区划内所有建筑物的业主大会的执行机构,按照业主大会的决定履行管理职责。

由于业主大会是业主的自治组织,其成立应由业主自行筹备,自主组建。

但是,一个建筑区划内,业主互不相识,入住的时间又有先有后,因此,成立业主大会对于业主来说有一定的难度。据调查了解,北京市目前成立业主大会的,仅占已有物业小区的1/3左右。河南省已成立业主大会的占物业小区的10%左右。而业主大会的成立关系着业主如何行使自己的权利,维护自身的合法权益,关系到广大业主的切身利益,关系到建筑区划内的安定团结,甚至关系到社会的稳定,对此,本条第2款规定,地方人民政府有关部门应当对设立业主大会和选举业主委员会,给予指导和协助。地方人民政府有关部门应当向准备成立业主大会的业主予以指导,提供相关的法律、法规及规章,提供已成立业主大会的成立经验,帮助成立筹备组织,提供政府部门制定的业主大会议事规则、业主管理公约等示范文本,协调业主之间的不同意见,为业主大会成立前的相关活动提供必要的活动场所,积极主动参加业主大会的成立大会等。

【立法理由】

随着我国住房制度的不断深入,许多居民纷纷迁入新建的高层或者多层建筑物居住,形成不同的居住小区。小区的居民如何行使建筑物区分所有权,对建筑物及其附属设施进行管理,各地做法不一。

【相关规定】

《物业管理条例》

第八条 物业管理区域内全体业主组成业主大会。

业主大会应当代表和维护物业管理区域内全体业主在物业管理活动中的合法权益。

第九条 一个物业管理区域成立一个业主大会。

物业管理区域的划分应当考虑物业的共用设施设备、建筑物规模、社区建设等因素。具体办法由省、自治区、直辖市制定。

第十条 同一个物业管理区域内的业主,应当在物业所在地的区、县人民政府房地产行政主管部门或者街道办事处、乡镇人民政府的指导下成立业主大会,并选举产生业主委员会。但是,只有一个业主的,或者业主人数较少且经全体业主一致同意,决定不成立业主大会的,由业主共同履行业主大会、业主委员会职责。

第十五条 业主委员会执行业主大会的决定事项,履行下列职责:

(一)召集业主大会会议,报告物业管理的实施情况;

(二)代表业主与业主大会选聘的物业服务企业签订物业服务合同;

(三)及时了解业主、物业使用人的意见和建议,监督和协助物业服务企业履行物业服务合同；

（四）监督管理规约的实施；

（五）业主大会赋予的其他职责。

《意大利民法典》

第一千一百三十六条第一款 共有人大会由代表建筑物三分之二价值的共有权和三分之二的共有人组成。

《日本建筑物区分所有法》

第三条 区分所有权人可以以其全体，就其建筑物、建筑物占地及附属设施的管理组成一个团体，依本法规定召开集会、制定规约、设置管理人。显系只供部分区分所有权人共用的共用部分，由区分所有人管理时，亦同。

《德国住宅所有权法》

第二十三条第一至三项 （1）住宅所有权人依本法或住宅所有权人的约定，得以决议决定的事项，应由住宅所有权人会议决议之；

（2）召集会议时，必须载明会议事项，所作决议始生效力；

（3）全体住宅所有权人以书面表示同意该决议时，虽未经会议，该决议也为有效。

我国台湾地区"公寓大厦管理条例"

第二十五条 区分所有权人会议，由全体区分所有权人组成，每年至少应召开定期会议一次。

有下列情形之一者，应召开临时会议：

（1）发生重大事情有及时处理之必要，经管理负责人或管理委员会请求者；

（2）经区分所有权人五分之一以上及其区分所有权比例合计五分之一以上，以书面载明召集之目的及理由请求召集者。

区分所有权人会议由区分所有权人互推一人为召集人；召集人任期一年，连选得连任。召集人无法依前项规定互推产生时，区分所有权人得申请地方主管机关指定临时召集人，或依规约相互轮流担任，其任期至新召集人选出为止。

第七十六条 下列事项由业主共同决定：

（一）制定和修改业主大会议事规则；

（二）制定和修改建筑物及其附属设施的管理规约；

（三）选举业主委员会或者更换业主委员会成员；

（四）选聘和解聘物业服务企业或者其他管理人；
（五）筹集和使用建筑物及其附属设施的维修资金；
（六）改建、重建建筑物及其附属设施；
（七）有关共有和共同管理权利的其他重大事项。

决定前款第五项和第六项规定的事项，应当经专有部分占建筑物总面积三分之二以上的业主且占总人数三分之二以上的业主同意。决定前款其他事项，应当经专有部分占建筑物总面积过半数的业主且占总人数过半数的业主同意。

【说明】

本条是关于业主决定建筑区划内重大事项及表决权的规定。

根据本条规定，建筑区划内的下列事项需由业主共同决定：

（1）制定和修改业主大会议事规则。业主大会议事规则是业主大会组织、运作的规程，需要由业主共同决定。

（2）制定和修改建筑物及其附属设施的管理规约。建筑物及其附属设施的管理规约是业主自我管理、自我约束、自我规范的规则约定，应当由全体业主共同制定和修改。

（3）选举业主委员会或者更换业主委员会成员。业主通过业主大会选举能够代表和维护自己利益的业主委员会成员，成立业主委员会。对不遵守管理规约，责任心不强的成员予以更换。

（4）选聘和解聘物业服务企业或者其他管理人。物业服务企业或者其他管理人的物业管理资质如何，管理水平如何，与业主利益有直接关系，需要通过业主大会集体决策选聘和解聘。

（5）筹集和使用建筑物及其附属设施的维修资金。维修资金的筹集、使用关系到业主的切身利益，应当由业主共同决定。

（6）改建、重建建筑物及其附属设施。建筑物及其附属设施的改建、重建，涉及费用的负担，事情重大，需要业主共同决定。

（7）有关共有和共同管理权利的其他重大事项。除上述所列事项外，对建筑区划内有关共有和共同管理权利的其他重大事项，也需要由业主共同决定。

筹集、使用建筑物及其附属设施的维修资金，改建、重建建筑物及其附属设施，是建筑区划内较为重大的事情，不能由业主以简单多数的表决形式作出决定，因此本条第2款规定，决定筹集、使用建筑物及其附属设施的维修资金，改建、重建建筑物及其附属设施，应当经专有部分占建筑物总面积2/3以上的业主且占总人数 2/3 以上的业主同意。这一规定表明,这两项决定的作出,必须同时具备两个条件,才为有效的决定。第一个条件是,必须获得专有部分占建筑物总面积 2/3 以上的业主的同意;第二个条件是,必须获得占业主总人数的 2/3 以上的业主的同意。假如,一栋大楼的建筑面积总计为 9999 平方米,专有部分占建筑物总面积 2/3 以上的业主,是指若干个业主的建筑面积之和要达到 6666 平方米以上的业主。如果,某一建筑区划内共有 99 户业主,占总人数 2/3 以上的业主是指业主数要达到 66 户以上。

除筹集、使用建筑物及其附属设施的维修资金,改建、重建建筑物及其附属设施外的其他事项,属于建筑区划内的一般性、常规性事务,可以采取普通多数同意的方式。对此,本条第 2 款规定,决定前款其他事项,应当经专有部分占建筑物总面积过半数的业主且占总人数过半数的业主同意。这一规定表明,建筑区划内的一般性、常规性事务,虽然可以采取普通多数同意的方式作出决定,但也必须同时符合如下两个条件:一是必须获得专有部分占建筑物总面积过半数的业主的同意;二是必须获得占总人数过半数的业主同意。

【立法理由】

建筑区划内哪些共有和共同管理的事项需要由业主协商确定,业主如何协商确定,实践中意见不一,做法不同。这一问题涉及业主如何行使建筑物区分所有权,关系到每个业主的切身利益。

【相关规定】

《物业管理条例》

第十一条 下列事项由业主共同决定:

(一)制定和修改业主大会议事规则;

(二)制定和修改管理规约;

(三)选举业主委员会或者更换业主委员会成员;

(四)选聘和解聘物业服务企业;

(五)筹集和使用专项维修资金;

(六)改建、重建建筑物及其附属设施;

(七)有关共有和共同管理权利的其他重大事项。

第十二条 业主大会会议可以采用集体讨论的形式,也可以采用书面征求意见的形式;但是,应当有物业管理区域内专有部分占建筑物总面积过半数的业主且占总人数过半数的业主参加。

业主可以委托代理人参加业主大会会议。

业主大会决定本条例第十一条第(五)项和第(六)项规定的事项,应当经专有部分占建筑物总面积 2/3 以上的业主且占总人数 2/3 以上的业主同意;决定本条例第十一条规定的其他事项,应当经专有部分占建筑物总面积过半数的业主且占总人数过半数的业主同意。

业主大会或者业主委员会的决定,对业主具有约束力。

业主大会或者业主委员会作出的决定侵害业主合法权益的,受侵害的业主可以请求人民法院予以撤销。

《最高人民法院关于审理建筑物区分所有权纠纷案件具体应用法律若干问题的解释》

第七条 改变共有部分的用途、利用共有部分从事经营性活动、处分共有部分,以及业主大会依法决定或者管理规约依法确定应由业主共同决定的事项,应当认定为物权法第七十六条第一款第(七)项规定的有关共有和共同管理权利的"其他重大事项"。

第八条 物权法第七十六条第二款和第八十条规定的专有部分面积和建筑物总面积,可以按照下列方法认定:

(一)专有部分面积,按照不动产登记簿记载的面积计算;尚未进行物权登记的,暂按测绘机构的实测面积计算;尚未进行实测的,暂按房屋买卖合同记载的面积计算;

(二)建筑物总面积,按照前项的统计总和计算。

第九条 物权法第七十六条第二款规定的业主人数和总人数,可以按照下列方法认定:

(一)业主人数,按照专有部分的数量计算,一个专有部分按一人计算。但建设单位尚未出售和虽已出售但尚未交付的部分,以及同一买受人拥有一个以上专有部分的,按一人计算;

(二)总人数,按照前项的统计总和计算。

《最高人民法院关于审理物业服务纠纷案件具体应用法律若干问题的解释》

第八条 业主大会按照物权法第七十六条规定的程序作出解聘物业服务企业的决定后,业主委员会请求解除物业服务合同的,人民法院应予支持。

物业服务企业向业主委员会提出物业费主张的,人民法院应当告知其向拖欠物业费的业主另行主张权利。

第九条 物业服务合同的权利义务终止后,业主请求物业服务企业退还已经预收,但尚未提供物业服务期间的物业费的,人民法院应予支持。

物业服务企业请求业主支付拖欠的物业费的,按照本解释第六条规定处理。

第十条 物业服务合同的权利义务终止后,业主委员会请求物业服务企业退出物业服务区域、移交物业服务用房和相关设施,以及物业服务所必需的相关资料和由其代管的专项维修资金的,人民法院应予支持。

物业服务企业拒绝退出、移交,并以存在事实上的物业服务关系为由,请求业主支付物业服务合同权利义务终止后的物业费的,人民法院不予支持。

《德国住宅所有权法》

第十五条 (1) 住宅所有权人可以通过约定对专有所有权和共同所有权所属物的使用作出规定。

(2) 以不与本条第1款的约定相抵触为限,住宅所有权人可以通过投票多数对处于专有所有权下的建筑物部分和共同所有权所属物的与其性质相符合的、规范的使用作出决议。

(3) 每个住宅所有权人均可要求使用处于专有所有权下的建筑物部分和共同所有权所属物,以此种使用符合法律、约定、决议以及,在由此不能得出此种规定的情况下,依照公平裁量符合住宅所有权人的整体利益为限。

第二十二条 (1) 对建筑上的改造和超出共同所有权所属物规范维护与维修的支出,可以不依照本法第21条第3款的规定而作出决议或依照本法第21条第4款的规定提出要求。以此种改造不致对其权利造成超出本法第14条规定范围的损害为限,无须住宅所有权人对此种措施给予同意。

(2) 建筑物毁损超出其价值半数以上并且损害不能由保险或其他途径获得偿付的,不得不依照本法第21条第3款的规定而对重建作出决议或依照本法第21条第4款的规定提出重建要求。

《意大利民法典》

第一千一百二十条 改进共有财产或者为更方便地使用共有财产作出的改造决议须以根据本法第1136条第5款规定的多数通过。即使只涉及某一个共有人,亦不得进行任何可能损害建筑物的坚固性或者安全性、毁坏建筑装潢或者导致建筑物的某些共有部分无法使用或获益的改造。

第一千一百二十八条 在建筑物全部或者其价值的四分之三的部分灭失的情况下,每个共有人都可以请求拍卖土地和材料,另有约定的除外。

在小部分灭失的情况下,共有人大会可以通过决议重建共用部分,每个共有人根据各自的权利按比例享有重建的共用部分。

不欲参加重建的共有人必须根据估价将他享有的权利,包括专属权,转让给其他共有人;以上规定不影响不欲参加重建的共有人只向某些共有人进行转让的权利。

第一千一百三十六条 共有人大会通常要由代表建筑物三分之二价值的共有权和三分之二的共有参与面成立。

由至少代表建筑物半数价值的共有权和半数以上共有人通过的决议有效。

如果共有人大会因未达到需要的票数而未能作出决议,则由此日召开的大会进行第二次投票,在任一情况下,第二次共有人大会应当在第一次大会召开后 10 日内举行;第二次共有人大会由代表建筑物三分之一价值的共有权和三分之一的共有人通过的决议有效。

涉及聘任管理人或解聘管理人、超出管理人权限的起诉或应诉、重建建筑物和明显超出正常费用的修缮的决议,均应当由本条第 2 款规定的多数票通过。

有关第 1120 条第 1 款规定的改造的决议应当由代表建筑物三分之二价值的共有权和二分之一以上的共有人通过。

第七十七条 业主不得违反法律、法规以及管理规约,将住宅改变为经营性用房。业主将住宅改变为经营性用房的,除遵守法律、法规以及管理规约外,应当经有利害关系的业主同意。

【说明】

本条是关于将住宅改变为经营性用房的规定。

将原本用于居住的住宅改变为歌厅、餐厅等,有许多弊端,例如,造成来往小区人员过多,外来人员杂乱,干扰业主的正常生活,造成小区车位、电梯、水、电等公共设施使用的紧张,造成楼板的承重力过大,增加了小区不安全、不安定的因素,危害性大。另外,将住宅改为经营性用房,用于商业目的,也会造成国家税费的大量流失。因此本条明确规定,业主不得违反法律、法规以及管理规约,将住宅改变为经营性用房。据此,业主不得随意改变住宅的居住用途,是业主应当遵守的一个最基本的进门准则,也是业主必须承担的一项基本义务。如果业主确实因生活需要,如因下岗无收入来源,生活困难,将住宅改变为经营性用房,必须遵守法律、法规以及管理规约的规定。例如要办理相应的审批手续,要符合国家卫生、环境保护要求等。在遵守法律、法规和管理规约的前提下,还必须征得有利害关系的业主同意。这两个条件必须同时具备,才可以将住宅改变为经营性用房,二者缺一不可。何为有利害关系的业主,因改变住宅为经营性用房的用途不同,影响的范围、程度不同,要具体情况具体分析。总之，不论是否为隔壁的业主，还是相邻或者不相邻的业主，凡是因住宅改变为经营性用房受到影响的业主，均是本条所说的有利害关系的业主。

【立法理由】

物权法起草征求意见时，许多业主和常委委员反映，目前许多新建小区的业主擅自将原本用于居住的住宅改变为商业用房，开歌厅、餐厅等，造成小区秩序混乱，影响其他业主的正常生活。对这一问题，目前还没有法律、法规等规范性文件规定，造成业主之间矛盾激化，物业公司也缺乏管理的法律依据。

【相关规定】

《物业管理条例》

第五十条 物业管理区域内按照规划建设的公共建筑和共用设施，不得改变用途。

业主依法确需改变公共建筑和共用设施用途的，应当在依法办理有关手续后告知物业服务企业；物业服务企业确需改变公共建筑和共用设施用途的，应当提请业主大会讨论决定同意后，由业主依法办理有关手续。

《最高人民法院关于审理建筑物区分所有权纠纷案件具体应用法律若干问题的解释》

第十条 业主将住宅改变为经营性用房，未按照物权法第七十七条的规定经有利害关系的业主同意，有利害关系的业主请求排除妨害、消除危险、恢复原状或者赔偿损失的，人民法院应予支持。

将住宅改变为经营性用房的业主以多数有利害关系的业主同意其行为进行抗辩的，人民法院不予支持。

第十一条 业主将住宅改变为经营性用房，本栋建筑物内的其他业主，应当认定为物权法第七十七条所称"有利害关系的业主"。建筑区划内，本栋建筑物之外的业主，主张与自己有利害关系的，应证明其房屋价值、生活质量受到或者可能受到不利影响。

第七十八条 业主大会或者业主委员会的决定，对业主具有约束力。

业主大会或者业主委员会作出的决定侵害业主合法权益的，受侵害的业主可以请求人民法院予以撤销。

【说明】

本条是关于业主大会、业主委员会决定效力的规定。

业主大会是业主依法成立的自治组织,是建筑区划内建筑物及其附属设施的管理机构。业主大会依据法定程序作出的决定,反映了建筑区划内绝大多数业主的意愿。业主委员会作为业主大会的执行机构,具体实施业主大会作出的决定。业主大会或者业主委员会作为自我管理的权力机关和执行机关,其作出的决定,对业主应当具有约束力。

对业主具有约束力的业主大会或者业主委员会的决定,必须是依法设立的业主大会、业主委员会作出的,必须是业主大会、业主委员会依据法定程序作出的,必须是符合法律、法规及规章,不违背社会道德,不损害国家、公共和他人利益的决定,上述三点必须同时具备,否则业主大会、业主委员会的决定对业主没有约束力。《物业管理条例》第19条第2款规定:"业主大会、业主委员会作出的决定违反法律、法规的,物业所在地的区、县人民政府房地产行政主管部门或者街道办事处、乡镇人民政府,应当责令限期改正或者撤销其决定,并通告全体业主。"

现实中,有的业主大会或者业主委员会不遵守法律、法规、管理规约,或者不依据法定程序作出某些决定,侵害业主的合法权益,针对这一情形,本条第2款规定:"业主大会或者业主委员会作出的决定侵害业主合法权益的,受侵害的业主可以请求人民法院予以撤销。"这一规定,赋予业主请求人民法院撤销业主大会或者业主委员会作出的不当决定的权利。业主在具体行使这一权利时,还要依据《中华人民共和国民法通则》《中华人民共和国民事诉讼法》等法律的规定。例如,除法律另有规定外,应当在知道权益被侵害之日起两年内向人民法院提出撤销的请求,要向有管辖权的人民法院提出,要有明确的诉讼请求和事实、理由等。

【立法理由】

在物权法起草征求意见时,许多业主反映,业主大会是业主的自治组织,业主委员会是业主大会的执行机构,那么业主大会、业主委员会作出的决定,业主是否必须遵守执行。如果业主大会、业主委员会作出的决定损害业主的合法权益该怎么办。

【相关规定】

《物业管理条例》

第十二条 业主大会会议可以采用集体讨论的形式,也可以采用书面征求意见的形式;但是,应当有物业管理区域内专有部分占建筑物总面积过半数的业主且占总人数过半数的业主参加。

业主可以委托代理人参加业主大会会议。

业主大会决定本条例第十一条第（五）项和第（六）项规定的事项，应当经专有部分占建筑物总面积 2/3 以上的业主且占总人数 2/3 以上的业主同意；决定本条例第十一条规定的其他事项，应当经专有部分占建筑物总面积过半数的业主且占总人数过半数的业主同意。

业主大会或者业主委员会的决定，对业主具有约束力。

业主大会或者业主委员会作出的决定侵害业主合法权益的，受侵害的业主可以请求人民法院予以撤销。

《最高人民法院关于审理物业服务纠纷案件具体应用法律若干问题的解释》

第一条 建设单位依法与物业服务企业签订的前期物业服务合同，以及业主委员会与业主大会依法选聘的物业服务企业签订的物业服务合同，对业主具有约束力。业主以其并非合同当事人为由提出抗辩的，人民法院不予支持。

《最高人民法院关于审理建筑物区分所有权纠纷案件具体应用法律若干问题的解释》

第十二条 业主以业主大会或者业主委员会作出的决定侵害其合法权益或者违反了法律规定的程序为由，依据物权法第七十八条第二款的规定请求人民法院撤销该决定的，应当在知道或者应当知道业主大会或者业主委员会作出决定之日起一年内行使。

第七十九条 建筑物及其附属设施的维修资金，属于业主共有。经业主共同决定，可以用于电梯、水箱等共有部分的维修。维修资金的筹集、使用情况应当公布。

【说明】

本条是关于建筑物及其附属设施的维修资金的归属、用途以及筹集与使用的规定。

本条规定首先明确了建筑物及其附属设施的维修资金属于业主共有。但是建筑物及其附属设施的维修资金的使用涉及业主能否正常使用建筑物及其附属设施，关系着每个业主的切身利益，因此，本条还规定维修资金的使用应当经业主共同决定。业主如何决定维修资金的使用，要依据《中华人民共和国物权法》第 76 条的规定。

关于维修资金的用途,本条规定主要用于业主专有部分以外的共用部分的维修。例如电梯、水箱等的维修。至于业主专有部分以外的哪些部分为共有部分,哪些设施为建筑物的附属设施,要根据每一栋建筑物、每一个建筑区划的不同情况具体分析。

为便于业主及时了解建筑物及其附属设施维修资金的筹集情况,依法监督维修资金的使用,本条明确规定,维修资金的筹集、使用情况应当予以公布。

【立法理由】

随着我国住房制度改革的不断深入,人民群众的生活水平不断提高,居民个人拥有住宅的比例越来越高,住宅房屋的维修管理责任也相应地由过去的国家、单位承担转移到居民个人承担;而我国的住宅多为高层或者多层的群体建筑,又往往以住宅小区的形式开发建设,这样,建筑物及其附属设施的维修问题就日益彰显。建筑物及其附属设施能否正常、及时、顺利地维修,关系到建筑物及其附属设施能否正常使用以及业主的安全,关系到全体业主的切身利益,关系到社会的和谐与稳定。因此,有必要对建筑物及其附属设施的维修资金作出规定。

【相关规定】

《物业管理条例》

第五十四条 住宅物业、住宅小区内的非住宅物业或者与单幢住宅楼结构相连的非住宅物业的业主,应当按照国家有关规定交纳专项维修资金。

专项维修资金属业主所有,专项用于物业保修期满后物业共用部位、共用设施设备的维修和更新、改造,不得挪作他用。

专项维修资金收取、使用、管理的办法由国务院建设行政主管部门会同国务院财政部门制定。

我国台湾地区"民法"

第七百九十九条 数人区分一建筑物,而各有其一部者,该建筑物及其附属物之共同部分,推定为各所有人之共有,其修缮费及其他负担,由各所有人,按其所有部分之价值分担之。

我国台湾地区"公寓大厦管理条例"

第十一条 共用部分及其相关设施之拆除、重大修缮或改良,应依区分所有权人会议决议为之。

前项费用,由公共基金支付或由区分所有权人按其共有之应有部分比例分担。

第十八条 公寓大厦应设置公共基金,其来源如下:

(1) 起造人就公寓大厦领得使用执照一年内之管理维护事项,应按工程造价一定比例或金额提列;

(2) 区分所有权人依区分所有权人会议决议缴纳;

(3) 本基金之孳息;

(4) 其他收入。

依前项第1款提列之公共基金,起造人于该公寓大厦使用执照申请时,应提出已于金融业者设立专户存储之证明;并于成立管理委员会或选任管理人后移交之。同款所称比例或金额,由中央主管机关定之。本项所称金融业者,准用"票据法"第4条第2项规定。

公共基金应设专户储存,并由管理负责人或管理委员会负责管理。其运用依区分所有权人会议的决议为之。

第1、2项所规定起造人应提列之公共基金,于本体例公布施行前,起造人已取得建造执照者,不适用之。

第八十条 建筑物及其附属设施的费用分摊、收益分配等事项,有约定的,按照约定;没有约定或者约定不明确的,按照业主专有部分占建筑物总面积的比例确定。

【说明】

本条是关于建筑物及其附属设施的费用分摊、收益分配的规定。

对建筑物及其附属设施进行养护、维修,就带来了业主如何负担费用的问题。

建筑物及其附属设施不仅存在着养护、维修的问题,还存在着经营收益如何分配的问题。例如,业主大会决定,将建筑物楼顶出租给企业做广告,广告收入如何分配,是居住顶层的业主多拿一些,还是业主平均分配;是作为业主大会、业主委员会的活动经费,还是作为维修资金用于建筑物及其附属设施的维修。

如何规定业主对建筑物及其附属设施的费用负担、收益分配的问题,立法中也有不同看法。有人认为,应当按照业主所有的专有部分的面积占建筑物总面积的比例确定;有人认为,应当按照业主专有部分占建筑物的价值比例确定;还有人提出,这一比例应当考虑业主专有部分的面积、楼层、朝向、购买时的价钱等综合因素。鉴于现实中情况复杂,各地及每个建筑区划的具体情况不同,业主如何负担建筑物及其附属设施的费用,如何分配建筑物及其附属设施的收益,是业主行使建筑物区分所有权的问题,业主可以依法处分,故本条规定,建筑物及其附属设施的费用分摊、收益分配等事项,有约定的,按照约定;没有约定或者约定不明确的,本条作了原则性、指导性规定,即按照业主专有部分占建筑物总面积的比例确定。

【立法理由】

为保障业主的居住安全,保证建筑物及其附属设施能够正常运转和使用,保证业主的正常生活,有必要及时对建筑物及其附属设施进行养护和维修,那么由此产生的费用由谁负担,如何负担,已成为广大业主特别关注的一个热点问题。

【相关规定】

《物业管理条例》

第五十五条 利用物业共用部位、共用设施设备进行经营的,应当在征得相关业主、业主大会、物业服务企业的同意后,按照规定办理有关手续。业主所得收益应当主要用于补充专项维修资金,也可以按照业主大会的决定使用。

《最高人民法院关于审理建筑物区分所有权纠纷案件具体应用法律若干问题的解释》

第八条 物权法第七十六条第二款和第八十条规定的专有部分面积和建筑物总面积,可以按照下列方法认定:

(一)专有部分面积,按照不动产登记簿记载的面积计算;尚未进行物权登记的,暂按测绘机构的实测面积计算;尚未进行实测的,暂按房屋买卖合同记载的面积计算;

(二)建筑物总面积,按照前项的统计总和计算。

《德国住宅所有权法》

第十三条第二项 各住宅所有权人得依第14条、第15条之规定,共同使用共有物。各住宅所有权人,就共有物之其他收益,享有依第16条所规定的应有部分。

第十六条 (1)对共同所有权所属物的收益,每个住宅所有权人都享有一份与其份额相符的份额。份额依照根据《土地登记簿条例》第47条登记入土地登记簿的共有所有权的比例确定。

(2)每个住宅所有权人均相对于其他住宅所有权人负有义务,依照其份额比例(本条第1款第2句)承担共同所有权所属物的负担以及维护、维修、其他管理事务和对共同所有权所属物的共同使用的费用。

(3) 依照本法第 22 条第 1 款不同意一项措施的住宅所有权人,无权请求对基于此种措施而取得的收益获得份额;对因此种措施所产生的费用也不承担义务。

(4) 本条第 2 款所指的管理费用特别是本法第 18 条规定的法律争议费用和本法第 14 条第 4 项规定的损害赔偿费用。

(5) 本法第 43 条规定的程序费用不属于本条第 2 款所指的管理费用。

《意大利民法典》

第一千一百二十三条　为养护、享用建筑物的共有部分支出的费用、为共同利益支出的劳务费、实施多数共有人通过的改造决议的费用由全体共有人根据各自享有的所有权的价值按比例承担,另有约定的除外。

对于按照不同比例供共有人使用的物品,每个共有人按照实际使用的比例承担费用。

在建筑物中有供内部某一特定部分共有人使用的楼梯、天井、屋顶平台、工作物或者设施的情况下,其养护费用由享有利益的那部分共有人承担。

《日本建筑物区分所有法》

第十九条　各共有人,除规约另有规定外,按其应有部分承担共用部分的费用,收取由共用部分所生的利益。

第八十一条　业主可以自行管理建筑物及其附属设施,也可以委托物业服务企业或者其他管理人管理。

对建设单位聘请的物业服务企业或者其他管理人,业主有权依法更换。

【说明】

本条是关于建筑物及其附属设施管理的规定。

目前对建筑物及其附属设施进行管理主要有两种形式:一是业主委托物业服务企业或者其他管理人管理;二是业主自行管理。故本条规定,业主可以自行管理建筑物及其附属设施,也可以委托物业服务企业或者其他管理人管理。

业主对建筑物及其附属设施自行管理,主要发生在只有一个业主或者业主人数较少的建筑区划。随着经济的发展、科技的进步,建筑领域不断出现新技术、新产品,建筑物及其附属设施的科技含量也越来越高,管理的难度加大,管理更为复杂,业主自行管理较为困难,还是提倡选择专业化、市场化、社会化的物业管理公司对建筑物及其附属设施进行管理为好。

通常情况下,一栋楼或者一个住宅小区建好后,就要对建筑物及其附属设施进行管理,但业主们是陆陆续续迁入居住的,业主大会尚未成立,不能及时委托物业管理公司。在这种情况下,只能由建设单位选聘物业管理公司对建筑物及其附属设施进行管理。《物业管理条例》第 24 条规定,国家提倡建设单位按照房地产开发与物业管理相分离的原则,通过招投标的方式选聘具有相应资质的物业服务企业。在业主、业主大会选聘物业服务企业之前,建设单位选聘物业服务企业的,应当签订书面的前期物业服务合同。建设单位与业主签订的买卖合同应当包含前期物业服务合同约定的内容。建设单位在销售住宅或者经营性用房时,应当向业主明示前期物业服务合同。业主大会成立后,可以对建设单位选聘的物业管理公司予以更换。故本条第 2 款规定,对建设单位聘请的物业服务企业或者其他管理人,业主有权依法更换。

【立法理由】

业主是否可以自行管理建筑物及其附属设施,是否可以更换建设单位聘请的物业服务企业,实践中矛盾较多,意见不统一。

【相关规定】

《物业管理条例》

第二十一条 在业主、业主大会选聘物业服务企业之前,建设单位选聘物业服务企业的,应当签订书面的前期物业服务合同。

第二十六条 前期物业服务合同可以约定期限;但是,期限未满、业主委员会与物业服务企业签订的物业服务合同生效的,前期物业服务合同终止。

第八十二条 物业服务企业或者其他管理人根据业主的委托管理建筑区划内的建筑物及其附属设施,并接受业主的监督。

【说明】

本条是关于物业服务企业或者其他管理人与业主关系的规定。

根据《中华人民共和国物权法》第 81 条的规定,业主可以选择物业服务企业或者其他管理人对建筑区划内的建筑物及其附属设施进行管理。业主选好物业服务企业或者其他管理人后,应当签订物业服务合同,将自己对建筑物及其附属设施的管理权利委托给选聘的物业服务企业或者其他管理人。因此,业主与物业服务企业或者其他管理人之间是一种委托合同关系。

物业服务企业或者其他管理人应当按照合同的约定向业主提供相应的

服务。物业服务企业未能履行物业服务合同的约定,导致业主人身、财产安全受到损害的,应当依法承担相应的法律责任。物业服务企业承接物业时,应当与业主委员会办理物业验收手续。物业服务企业可以将物业管理区域内的专项服务业务委托给专业性服务企业,但不得将该区域内的全部物业管理一并委托给他人。物业服务企业可以根据业主的委托提供物业服务合同约定以外的服务项目,服务报酬由双方约定。物业管理区域内,供水、供电、供气、供热、通讯、有线电视等单位应当向最终用户收取有关费用。物业服务企业接受委托代收上述费用的,不得向业主收取手续费等额外费用。对物业管理区域内违反有关治安、环保、物业装饰装修和使用等方面法律、法规规定的行为,物业服务企业应当制止,并及时向有关行政管理部门报告。物业服务企业应当协助做好物业管理区域内的安全防范工作。发生安全事故时,物业服务企业在采取应急措施的同时,应当及时向有关行政管理部门报告,协助做好救助工作。物业服务企业雇请保安人员的,应当遵守国家有关规定。保安人员在维护物业管理区域内的公共秩序时,应当履行职责,不得侵害公民的合法权益。

物业管理是否符合合同约定,涉及建筑区划内的建筑物及其附属设施能否正常有效地运转,建筑区划内的治安、环保、卫生、消防等许多方面,涉及每个业主的切身利益,关系着社会的和谐与安定。因此,在履行物业服务合同的过程中,物业服务企业或者其他管理人应当接受业主的监督。例如业主可以查询物业服务企业有关物业管理的各种档案材料,查询物业服务企业的收费情况,对物业服务企业履行合同的情况提出批评、建议等。业主对物业服务企业的监督有利于其更好地向业主提供服务,履行好合同规定的义务。

【立法理由】

目前个别小区的物业公司以业主不交纳物业费、供暖费等为由,擅自停电、停水、停暖,还有极个别小区的保安人员对业主大打出手,侵犯业主的合法权益。对此,有的业主和常委委员提出,物权法应当规定业主与物业服务企业之间的关系。

【相关规定】

《物业管理条例》

第三十五条　业主委员会应当与业主大会选聘的物业服务企业订立书面的物业服务合同。

物业服务合同应当对物业管理事项、服务质量、服务费用、双方的权利义务、专项维修资金的管理与使用、物业管理用房、合同期限、违约责任等内容进行约定。

第三十六条　物业服务企业应当按照物业服务合同的约定,提供相应的服务。

物业服务企业未能履行物业服务合同的约定,导致业主人身、财产安全受到损害的,应当依法承担相应的法律责任。

《最高人民法院关于审理物业服务纠纷案件具体应用法律若干问题的解释》

第二条　符合下列情形之一,业主委员会或者业主请求确认合同或者合同相关条款无效的,人民法院应予支持:

(一)物业服务企业将物业服务区域内的全部物业服务业务一并委托他人而签订的委托合同;

(二)物业服务合同中免除物业服务企业责任、加重业主委员会或者业主责任、排除业主委员会或者业主主要权利的条款。

前款所称物业服务合同包括前期物业服务合同。

第三条　物业服务企业不履行或者不完全履行物业服务合同约定的或者法律、法规规定以及相关行业规范确定的维修、养护、管理和维护义务,业主请求物业服务企业承担继续履行、采取补救措施或者赔偿损失等违约责任的,人民法院应予支持。

物业服务企业公开作出的服务承诺及制定的服务细则,应当认定为物业服务合同的组成部分。

第五条　物业服务企业违反物业服务合同约定或者法律、法规、部门规章规定,擅自扩大收费范围、提高收费标准或者重复收费,业主以违规收费为由提出抗辩的,人民法院应予支持。

业主请求物业服务企业退还其已收取的违规费用的,人民法院应予支持。

《最高人民法院关于审理建筑物区分所有权纠纷案件具体应用法律若干问题的解释》

第十三条　业主请求公布、查阅下列应当向业主公开的情况和资料的,人民法院应予支持:

(一)建筑物及其附属设施的维修资金的筹集、使用情况;

(二)管理规约、业主大会议事规则,以及业主大会或者业主委员会的决定及会议记录;

(三)物业服务合同、共有部分的使用和收益情况;

(四)建筑区划内规划用于停放汽车的车位、车库的处分情况;

(五)其他应当向业主公开的情况和资料。

第八十三条 业主应当遵守法律、法规以及管理规约。

业主大会和业主委员会,对任意弃置垃圾、排放污染物或者噪声、违反规定饲养动物、违章搭建、侵占通道、拒付物业费等损害他人合法权益的行为,有权依照法律、法规以及管理规约,要求行为人停止侵害、消除危险、排除妨害、赔偿损失。业主对侵害自己合法权益的行为,可以依法向人民法院提起诉讼。

【说明】

本条是关于业主相关义务以及制止损害他人合法权益的行为并追究其法律责任的规定。

遵守法律、法规以及管理规约是居住于建筑区划内的业主应当履行的最基本的义务,对此本条第1款作了明确规定。

目前,有些建筑区划内的个别业主,不遵守法律、法规以及管理规约的规定,任意弃置垃圾、排放污染物或者噪声、违反规定饲养动物、违章搭建、侵占通道、拒付物业费,损害了部分业主甚至是全体业主的合法权益,对这些侵权行为,由谁予以制止,是否可以追究其侵权的民事责任,本条第2款作了规定。这一规定表明,对任意弃置垃圾、排放污染物或者噪声、违反规定饲养动物、违章搭建、侵占通道、拒付物业费等损害他人合法权益行为的处置办法有如下几种:一是业主大会、业主委员会依照法律、法规以及管理规约的规定,要求其停止侵害、消除危险、排除妨碍、赔偿损失;二是受到侵害的业主个人依据民事诉讼法等法律的规定,向人民法院提起诉讼;三是共同受到侵害的业主,推选代表人,依据民事诉讼法等法律的规定,向人民法院提起诉讼。

【立法理由】

物权法起草征求意见过程中,许多业主、物业公司及有关部门提出,任意弃置垃圾、排放污染物、施放噪声、违反规定饲养动物、违章搭建、侵占通道、拒付物业费等是当前引发邻里纠纷的一个重要因素,是居民反映最强烈的问题。对这些问题目前缺乏法律规定,导致矛盾久拖不决,群众意见大。

【相关规定】

《物业管理条例》

第五十一条 业主、物业服务企业不得擅自占用、挖掘物业管理区域内的道路、场地,损害业主的共同利益。

因维修物业或者公共利益,业主确需临时占用、挖掘道路、场地的,应当征得业主委员会和物业服务企业的同意;物业服务企业确需临时占用、挖掘道路、场地的,应当征得业主委员会的同意。

业主、物业服务企业应当将临时占用、挖掘的道路、场地,在约定期限内恢复原状。

《最高人民法院关于审理物业服务纠纷案件具体应用法律若干问题的解释》

第四条 业主违反物业服务合同或者法律、法规、管理规约,实施妨害物业服务与管理的行为,物业服务企业请求业主承担恢复原状、停止侵害、排除妨害等相应民事责任的,人民法院应予支持。

第六条 经书面催交,业主无正当理由拒绝交纳或者在催告的合理期限内仍未交纳物业费,物业服务企业请求业主支付物业费的,人民法院应予支持。物业服务企业已经按照合同约定以及相关规定提供服务,业主仅以未享受或者无需接受相关物业服务为抗辩理由的,人民法院不予支持。

第七条 业主与物业的承租人、借用人或者其他物业使用人约定由物业使用人交纳物业费,物业服务企业请求业主承担连带责任的,人民法院应予支持。

第十二条 因物业的承租人、借用人或者其他物业使用人实施违反物业服务合同,以及法律、法规或者管理规约的行为引起的物业服务纠纷,人民法院应当参照本解释关于业主的规定处理。

《最高人民法院关于审理建筑物区分所有权纠纷案件具体应用法律若干问题的解释》

第十四条 建设单位或者其他行为人擅自占用、处分业主共有部分、改变其使用功能或者进行经营性活动,权利人请求排除妨害、恢复原状、确认处分行为无效或者赔偿损失的,人民法院应予支持。

属于前款所称擅自进行经营性活动的情形,权利人请求行为人将扣除合理成本之后的收益用于补充专项维修资金或者业主共同决定的其他用途的,人民法院应予支持。行为人对成本的支出及其合理性承担举证责任。

第十五条 业主或者其他行为人违反法律、法规、国家相关强制性标准、管理规约,或者违反业主大会、业主委员会依法作出的决定,实施下列行为的,可以认定为物权法第八十三条第二款所称的其他"损害他人合法权益的行为":

(一)损害房屋承重结构,损害或者违章使用电力、燃气、消防设施,在建筑物内放置危险、放射性物品等危及建筑物安全或者妨碍建筑物正常使用;

(二)违反规定破坏、改变建筑物外墙面的形状、颜色等损害建筑物外观;

(三)违反规定进行房屋装饰装修;

(四)违章加建、改建,侵占、挖掘公共通道、道路、场地或者其他共有部分。

第十六条 建筑物区分所有权纠纷涉及专有部分的承租人、借用人等物业使用人的,参照本解释处理。

专有部分的承租人、借用人等物业使用人,根据法律、法规、管理规约、业主大会或者业主委员会依法作出的决定,以及其与业主的约定,享有相应权利,承担相应义务。

《德国住宅所有法》

第十八条 (1)住宅所有权人有过错地严重违反其相对于其他住宅所有权人所负有的义务,致使不再可以合理期待其他住宅所有权人与其存续共有关系的,其他住宅所有权人可以要求其出让住宅所有权。

(2)本条第1款的前提尤其在如下情形成就:

① 该住宅所有权人反复粗暴违反其依本法第14条所应履行的义务并且不听劝诫;

② 该住宅所有权人迟延履行其所承担的负担和费用(本法第16条第2款)的义务,数额超出其住宅所有权单位价值的3%且迟延期间长于3个月。

(3)对本条第1款规定的要求,由住宅所有权人通过投票多数作出决议。决议必须获得有投票权的住宅所有权人的多数。本法第25条第3款和第4款的规定在此不适用。

(4)住宅所有权人不得以约定对本条第1款规定的请求权予以限制或排除。

《日本建筑物区分所有法》

第五十七条 (一)区分所有人实施第六条第一款规定的或有实施该行为之虞时,其他区分所有人全体或管理组合法人可以为区分所有人的共同利益,请求其停止该行为,消除行为后果,或采取防止该行为发生的必要措置。

(二)管理人或于集会被指定的区分所有权人,得依集会的决议为其他全体区分所有权人提起诉讼。

第五十九条第一项 于第57条第1项规定的情形,因第6条第1项所规定的行为致区分所有权人的共同生活发生显著障碍,而难依其他方法除去其障碍,以谋共用部分利用之确保或其他区分所有权人共同生活之维持时,其他区分所有权人全体或管理组合法人得基于区分所有权人会议决议,以诉讼请求拍卖与该行为有关的区分所有权人的区分所有权及基地利用权。

我国台湾地区"公寓大厦管理条例"

第八条　公寓大厦周围上下、外墙面、楼顶平台及防空避难室,非依法令规定并经区分所有权人会议之决议,不得有变更构造、颜色、使用目的、设置广告物或其他类似之行为。

住户违反前项规定,管理负责人或管理委员会应予制止,并报请各该主管机关依第39条第1项第2款处以罚金后,该住户应于一个月内回复原状。未回复原状者,由主管机关回复原状,其费用由该住户负担。

第十六条　住户不得任意弃置垃圾、排放各种污染物、恶臭物质或发生喧嚣、振动及其他与此相类之行为。

住户不得于防火间隔、防火巷弄、楼梯间、共同走廊、防空避难设备等处所堆置杂物、设置栅栏、门扇或营业使用,或违规设置广告物或私设路障及停车位,侵占巷道妨碍出入。

住户饲养动物,不得妨碍公共卫生、公共安宁及公共安全。但法令或规约另有禁止饲养之规定时,从其规定。

住户违反前三项规定时,管理负责人或管理委员会应予制止或按规约处理,必要时得报请地方主管机关处理。

第二十二条　住户有下列情形之一者,由管理负责人或管理委员会促请其改善,于三个月内仍未改善者,管理人或管理委员会得依区分所有权人会议之决议,诉请法院强制其迁离。

(1) 积欠依本条例应分担之费用,经强制执行后再度积欠金额达其区分所有权总价1%者;

(2) 违反本条例规定经依第39条第1项第1款至第4款处以罚金后,仍不改善或续犯者;

(3) 其他违反法令或规约情节重大者。

前项之住户如为区分所有权人时,管理负责人或管理委员会得依区分所有权人会议之决议,诉请法院区分所有权人出让其区分所有权及其基地所有权应有部分;于判决确定后三个月内不自行出让并完成移转登记手续者,管理负责人或管理委员会得申请法院拍卖之。

第七章 相邻关系

第八十四条 不动产的相邻权利人应当按照有利生产、方便生活、团结互助、公平合理的原则,正确处理相邻关系。

【说明】

本条是关于处理相邻关系原则的规定。

法律设立不动产相邻关系的目的是尽可能确保相邻的不动产权利人之间的和睦关系,解决相邻的两个或者多个不动产所有人或使用人因行使权利而发生的冲突,维护不动产相邻各方利益的平衡。在现代社会,世界各国或地区的立法取向更加注重不动产所有权的"社会性义务",给不动产所有权提出了更多的限制性要求。人们逐渐认识到对不动产所有权的行使不能是绝对的,为避免所有权人绝对行使权利而妨碍社会的进步和公共利益的需要,有必要对所有权的行使,特别是不动产物权的行使加以必要的限制。基于相邻关系的规定,如果我是一个不动产权利人,这种限制来自两个方面:一是我不能在我所有或使用的不动产内恣意作为,从而影响邻人对其不动产的正常使用及安宁。很多国家和地区对此均有规定,例如,《瑞士民法典》第684条第1项规定:"任何人在行使其所有权时,特别是在其土地上经营工业时,对邻人的所有权有不造成过度侵害的注意义务。"我国台湾地区"民法"第774条规定:"土地所有人经营工业及行使其他权利,应注意防免邻地之损害。"二是我对我的不动产行使权利时,要为邻人对其不动产的使用提供一定的便利,即容忍邻人在合理范围内使用自己的不动产。邻人对我的不动产使用前提是:邻人如果不使用我的土地,就不能对其土地进行正常的经营和管理。例如邻人的土地属于"袋地",非通行于我的土地就不能到达其他。此种情况下,按照相邻关系的规定,我必须为邻人通行于我的土地,或者从我的土地上引水、排水提供必要的便利。

我国物权法对相邻关系原则的规定,揭示了相邻关系的本质特征。首先,相邻关系是法定的,一是体现在不动产权利人对相邻不动产权利人的避免妨害之注意义务;二是体现在不动产权利人在非使用邻地就不能对自己的不动产进行正常使用时,有权在对邻地损害最小的范围内使用邻地,邻地权利人不能阻拦。但是如果这种使用超出了合理的限度或者范围,即超出了被使用的邻地权利人能够容忍的范围,则应进行赔偿。这就是"团结互助、公平合理"的原则要求。

处理相邻关系的原则,不仅是人们在生产、生活中处理相邻关系应遵从的原则,也是法官审理相邻关系纠纷案件应遵从的原则。特别是在法律对相邻关系的某些类型缺乏明确规定的情况下,需要法官以处理相邻关系的一般原则评判是非。例如我国物权法对树木根枝越界的相邻关系问题没有作出规定,但在我国农村此类纠纷还是很常见的。例如甲家树木的枝蔓越界到乙家,乙家认为该越界枝蔓影响了其家采光,从而起诉到法院,要求甲家砍断越界的枝蔓。法官在审理此案时要依我国法律规定的处理相邻关系的一般原则审理此案。法官要查证越界枝蔓是否对乙家的生活造成了严重影响,也要查明砍断越界枝蔓对甲家的生产会产生多少影响,因为该树可能是经济价值较高的果树。如果法官认定越界枝蔓严重妨害了乙家的采光,同时砍断越界枝蔓对甲家的生产损失不大,则判决甲家砍断越界枝蔓;反之,如果法官认定越界枝蔓对乙家的生活影响不大,但砍断越界枝蔓可能对甲家的生产造成较大损失,可以判决保留越界枝蔓,而由甲家给乙家一定补偿。总之,判决要体现公平合理的原则,保持邻里团结友爱的和睦关系。

【立法理由】

我国早在1986年通过的《中华人民共和国民法通则》就规定了处理不动产相邻关系的原则。《中华人民共和国民法通则》第83条规定:"不动产的相邻各方,应当按照有利生产、方便生活、团结互助、公平合理的精神,正确处理截水、排水、通行、通风、采光等方面的相邻关系。给相邻方造成妨碍或者损失的,应当停止侵害,排除妨碍,赔偿损失。"20年来,人民法院主要依据这一条法律规定,审理了大量基于相邻关系而引起的纠纷案件。《中华人民共和国民法通则》对相邻关系的规定太过简单,虽然《最高人民法院关于贯彻执行〈中华人民共和国民法通则〉若干问题的意见(试行)》,从审判的角度对相邻关系作了一些规定,但仍不能全面为人们处理相邻关系提供指南,也不能适应审判实践的需要。但是20年的审判实践证明,《中华人民共和国民法通则》规定的处理相邻关系的原则是正确的,虽然是20年前制定的法律,但仍全面体现了我国在新世纪建立和谐社会的崇高追求。因此,在制定物权法时,有必要把《中华人民共和国民法通则》规定的处理相邻关系的原则在物权法中予以重申。另外,相邻关系的种类繁多,不可能在物权法中一一予以体现。明确规定按照有利生产、方便生活、团结互助、公平合理的精神,正确处理相邻关系的原则,仍然为人们处理所有相邻关系提出原则要求,同时为人民法院审理缺乏法律规定的新型相邻关系纠纷案件提供原则指导。

【相关规定】

《中华人民共和国民法通则》

第八十三条　不动产的相邻各方,应当按照有利生产、方便生活、团结互助、公平合理的精神,正确处理截水、排水、通行、通风、采光等方面的相邻关系。给相邻方造成妨碍或者损失的,应当停止侵害,排除妨碍,赔偿损失。

《瑞士民法典》

第六百八十四条第一款　任何人在行使其所有权时,特别是在其土地上经营工业时,对邻人的所有权有不造成过度侵害的注意义务。

我国台湾地区"民法"

第七百七十四条　土地所有人经营工业及行使其他权利,应注意防免邻地之损害。

第八十五条　法律、法规对处理相邻关系有规定的,依照其规定;法律、法规没有规定的,可以按照当地习惯。

【说明】

本条是关于处理相邻关系依据的规定。

处理相邻关系,首先依照我国物权法关于相邻关系的规定,我国其他法律、法规对处理相邻关系有规定的,也依照这些法律、法规的规定,例如,《中华人民共和国水法》对用水、排水等水事纠纷的处理作了比较具体的规定。该法第56条规定:"不同行政区域之间发生水事纠纷的,应当协商处理;协商不成的,由上一级人民政府裁决,有关各方必须遵照执行。在水事纠纷解决前,未经各方达成协议或者共同的上一级人民政府批准,在行政区域交界线两侧一定范围内,任何一方不得修建排水、阻水、取水和截(蓄)水工程,不得单方面改变水的现状。"第57条规定:"单位之间、个人之间、单位与个人之间发生的水事纠纷,应当协商解决;当事人不愿协商或者协商不成的,可以申请县级以上地方人民政府或者其授权的部门调解,也可以直接向人民法院提起民事诉讼。县级以上地方人民政府或者其授权的部门调解不成的,当事人可以向人民法院提起民事诉讼。在水事纠纷解决前,当事人不得单方面改变现状。"再例如,我国建筑法对施工现场关于相邻建筑物的安全、地下管线的安全,以及周围环境的安全都提出了要求。《中华人民共和国建筑法》第39条第 2 款规定:"施工现场对毗邻的建筑物、构筑物和特殊作业环境可能造成损害的,建筑施工企业应当采取安全防护措施。"第 40 条规定:"建设单位应当向建筑施工企业提供与施工现场相关的地下管线资料,建筑施工企业应当采取措施加以保护。"第 41 条规定:"建筑施工企业应当遵守有关环境保护和安全生产的法律、法规的规定,采取控制和处理施工现场的各种粉尘、废气、废水、固体废物以及噪声、振动对环境的污染和危害的措施。"

处理民事关系,应当首先依照民事法律的规定。在民事法律未作规定的情况下,法官在处理民事纠纷时,依习惯作出判断。很多大陆法系国家或地区都有类似的规定。例如,《瑞士民法典》第 1 条第 2 款规定:"如本法无相应规定时,法官应依据惯例;如无惯例时,依据自己作为立法人所提出的规则裁判。"再例如我国台湾地区"民法"第 1 条规定:"民事,法律所未规定者,依习惯;无习惯者,依法理。"

作为审案依据的"习惯"必须是当地多年实施且为当地多数人所遵从和认可的习惯,这习惯已经具有"习惯法"的作用,在当地具有类似于法律一样的约束力。同时,这种习惯以不违背社会公共利益和善良风俗为前提。因此,当邻里因为不动产的使用而发生纠纷时,如果没有相应的民事法律进行调整,在是否适用习惯作为审案依据,以及适用何种习惯作为审案依据的问题上,法官具有自由裁量权。

在整个民法体系中,处理相邻关系需要以习惯作为依据所占的比例是比较大的,理由就是相邻关系的种类繁多且内容丰富。由于我国物权法对相邻关系的规定比较原则和抽象,因此,更需要以习惯作为标准来判决基于相邻关系而产生的纠纷的是与非。例如,本章没有规定果实自落于邻地的归属问题。果树的枝蔓越界在邻里之间是常有的事,但越界枝蔓上的果实自落于邻地上,该果实的所有权到底归谁,我国物权法没有作出明确规定。很多国家或地区的民法规定了"邻地人的果实取得权",例如德国、法国、意大利和我国台湾地区"民法"规定,"果实自落于邻地的,视为属于邻地的权利人所有。但邻地为公用地的除外"。在我国民间,因果实自落于邻地后的归属问题,可能会产生大量纠纷。鉴于我国物权法和其他法律对此没有明确作出规定,法官在审理此类案件时,只能以当地习惯作为判断的标准。如果当地习惯允许果树的所有人取回果实,则法院应当支持果树所有人的主张。

【立法理由】

平等主体之间的财产关系和人身关系的种类和内容极其广泛和复杂,调整这些关系的民法是难以涵盖全部的。因此,有的民事关系在没有相应法律进行调整时,适用当地风俗习惯或者交易惯例是一种必然要求。在法制社会里,民事主体之间发生了某种纠纷,不能由于没有相应法律作为依据,法院就拒绝审理,这不利于社会的和谐与稳定。

　　需要用法律调整的相邻关系的种类很多,随着社会经济的发展,其范围还在不断扩大。因此,物权法不可能对需要调整的相邻关系一一列举,只能择其主要,作出原则性规定。世界各国或地区对相邻关系种类的规定也是有繁有简。但是在现实生活中,基于相邻关系发生的纠纷的种类很多,人民法院或者其他有权调解、处理的组织在处理纠纷时,又必须依据一定的规范,所以《中华人民共和国物权法》第85条规定:"法律、法规对处理相邻关系有规定的,依照其规定;法律、法规没有规定的,可以按照当地习惯。"

【相关规定】

《中华人民共和国水法》

　　第二十八条　任何单位和个人引水、截(蓄)水、排水,不得损害公共利益和他人的合法权益。

　　第五十六条　不同行政区域之间发生水事纠纷的,应当协商处理;协商不成的,由上一级人民政府裁决,有关各方必须遵照执行。在水事纠纷解决前,未经各方达成协议或者共同的上一级人民政府批准,在行政区域交界线两侧一定范围内,任何一方不得修建排水、阻水、取水和截(蓄)水工程,不得单方面改变水的现状。

　　第五十七条　单位之间、个人之间、单位与个人之间发生的水事纠纷,应当协商解决;当事人不愿协商或者协商不成的,可以申请县级以上地方人民政府或者其授权的部门调解,也可以直接向人民法院提起民事诉讼。县级以上地方人民政府或者其授权的部门调解不成的,当事人可以向人民法院提起民事诉讼。

　　在水事纠纷解决前,当事人不得单方面改变现状。

《中华人民共和国建筑法》

　　第三十九条第二款　施工现场对毗邻的建筑物、构筑物和特殊作业环境可能造成损害的,建筑施工企业应当采取安全防护措施。

　　第四十条　建设单位应当向建筑施工企业提供与施工现场相关的地下管线资料,建筑施工企业应当采取措施加以保护。

　　第四十一条　建筑施工企业应当遵守有关环境保护和安全生产的法律、法规的规定,采取控制和处理施工现场的各种粉尘、废气、废水、固体废物以及噪声、振动对环境的污染和危害的措施。

《瑞士民法典》

第一条第二款　如本法无相应规定时,法官应依据惯例;如无惯例时,依据自己作为立法人所提出的规则裁判。

我国台湾地区"民法"

第一条　民事,法律所未规定者,依习惯;无习惯者,依法理。

第八十六条　不动产权利人应当为相邻权利人用水、排水提供必要的便利。

对自然流水的利用,应当在不动产的相邻权利人之间合理分配。对自然流水的排放,应当尊重自然流向。

【说明】

本条是关于用水、排水相邻关系的规定。

本条分两款,分述如下:

1. 用水、排水相邻关系

不动产权利人基于用水、排水而发生的相邻关系的内容非常丰富,《中华人民共和国水法》第28条规定:"任何单位和个人引水、截(蓄)水、排水,不得损害公共利益和他人的合法权益。"由于我国物权法和水法等法律对此规定相对原则与抽象,参考一些国家或地区的立法例,关于用水与排水的相邻关系的内容大概有如下几项:

(1)用水权。大陆法系一些国家和地区,例如法国和我国台湾地区"民法"规定,河流两岸、水井所在地等水源地的权利人有自由用水权,但公法对水资源的利用有特别规定的除外。

由于我国法律规定水资源属于国家所有,所以《中华人民共和国水法》第48条第1款规定:"直接从江河、湖泊或者地下取用水资源的单位和个人,应当按照国家取水许可制度和水资源有偿使用制度的规定,向水行政主管部门或者流域管理机构申请领取取水许可证,并缴纳水资源费,取得取水权。但是,家庭生活和零星散养、圈养畜禽饮用等少量取水的除外。"从以上规定可以看出,在我国对国家所有的水资源实行行政许可的取水制度,但是依照《中华人民共和国水法》第3条的规定,农村集体经济组织的水塘和由农村集体经济组织修建管理的水库中的水,归各该农村集体经济组织使用。

(2)堰的设置与利用。设堰的目的实为引水与防洪的需要,我国古代著名的都江堰把引水、防洪的功能发挥到极致,两千多年来,使成都平原成为米粮川发挥了极其重要的作用。设堰作为水土工程,在使两岸人民受益的同时,在建设之初也必然涉及两岸权利人的利益。我国物权法对设堰的问题未作规定,大陆法系一些国家和地区设专条对设堰的问题作出规定,以调整两岸权利人的关系,例如,我国台湾地区"民法"规定,水流地权利人有设堰的必要时,如对岸土地属于他人的,可以使其堰附着于对岸。但对于因此而发生的损害,应支付偿金。对岸土地的权利人,可以使用此堰,但是应当按其受益程度,负担该堰的设置及保存费用。关于设堰,如法律另有规定或者当地另有习惯的,从其规定或习惯。

(3)排水权。日本和我国台湾地区"民法"规定,高地权利人为使其浸水之地干涸,或者排泄家用、农工业用水至公共排水通道时,可以使其水通过低地。但应选择于低地损害最小的处所和方法为之。在对低地仍有损害的情况下,应给予补偿。

日本和我国台湾地区"民法"规定,水流因事变在低地阻塞时,高地权利人为保障自己的排水,有权以自己的费用在低地建造疏通流水的必要工事。但对费用的承担另有习惯的,从其习惯。

(4)土地权利人为引水或排水而使用邻地水利设施的权利。日本和我国台湾地区"民法"规定,土地权利人为引水或排水,可以使用邻地的水利设施。但应按其受益的程度,负担该设施的设置及保存费用。

(5)蓄水、引水、排水设施损坏而致邻地损害时的修缮义务。例如,日本和我国台湾地区"民法"规定,土地因蓄水、引水、排水所设置的工作物破溃、阻塞,致损及他人的土地,或者有损害发生的危险时,土地权利人应以自己的费用进行必要的修缮、疏通和预防。但对费用的承担另有习惯的,从其习惯。

(6)水源地权利人的物上请求权。例如,瑞士和我国台湾地区"民法"规定,他人因建筑等行为而对水源地的水资源造成损害,如使水资源减少或受到污染,无论其出于故意还是过失,水源地权利人都可以请求损害赔偿。如果该水资源属于饮用水或者利用土地所必需的,并可以请求恢复原状。

我国最高人民法院《关于贯彻执行〈中华人民共和国民法通则〉若干问题的意见(试行)》,从审判的角度对用水与排水的相邻关系作了一些规定,主要是:

(1)关于生产、生活用水的排放。相邻一方必须使用另一方的土地排水的,应当予以准许;但应在必要限度内使用并采取适当的保护措施排水,如仍造成损失的,由受益人合理补偿。相邻一方可以采取其他合理的措施排水而未采取,向他方土地排水毁损或者可能毁损他方财产,他方要求致害人停止侵害、消除危险、恢复原状、赔偿损失的,应当予以支持。

(2)关于房屋滴水。处理相邻房屋滴水纠纷时,对有过错的一方造成他方损害的,应当责令其排除妨碍、赔偿损失。

2. 关于自然流水

关于对自然流水的使用问题,特别法有规定的,首先应当适用特别法的规定。《中华人民共和国水法》规定,水资源属于国家所有。我国对跨行政区域的河流实行水资源配置制度。国家按照水资源供需协调、综合平衡、保护生态、厉行节约、合理开源的原则制定水中长期供求规划。《中华人民共和国水法》第45条规定:"调蓄径流和分配水量,应当依据流域规划和水中长期供求规划,以流域为单元制定水量分配方案。跨省、自治区、直辖市的水量分配方案和旱情紧急情况下的水量调度预案,由流域管理机构商有关省、自治区、直辖市人民政府制订,报国务院或者其授权的部门批准后执行。其他跨行政区域的水量分配方案和旱情紧急情况下的水量调度预案,由共同的上一级人民政府水行政主管部门商有关地方人民政府制订,报本级人民政府批准后执行。水量分配方案和旱情紧急情况下的水量调度预案经批准后,有关地方人民政府必须执行。在不同行政区域之间的边界河流上建设水资源开发、利用项目,应当符合该流域经批准的水量分配方案,由有关县级以上地方人民政府报共同的上一级人民政府水行政主管部门或者有关流域管理机构批准。"

从《中华人民共和国水法》的规定来看,跨行政区域的自然流水的使用要遵从政府的行政调配。但不跨行政区域的自然流水的使用要适用《中华人民共和国物权法》第86条第2款的规定。包括以下两个方面:

首先,"对自然流水的利用,应当在不动产的相邻权利人之间合理分配"。很多国家和地区对此均有规定,如法国、意大利、瑞士和我国台湾地区"民法"规定,自然流水为低地所必须的,高地权利人纵因其需要,也不得妨堵其全部。例如,一条山谷中的溪流从上到下流经两个自然村,两个村的村民都依赖这条溪流生产和生活。在旱季上游来水减少,上游村的村民对水量的需求增大,即使在这样的情况下,也应该考虑到下游村的村民对水的需要,上游村的村民不能在溪流上筑坝,截取全部水流。《最高人民法院关于贯彻执行〈中华人民共和国民法通则〉若干问题的意见(试行)》,从审判的角度对自然流水的分配与使用作了规定,该意见第98条规定:"一方擅自堵截或者独占自然流水,影响他方正常生产、生活的,他方有权请求排除妨碍;造成他方损失的应负赔偿责任。"

其次,"对自然流水的排放,应当尊重自然流向"。参考一些国家和地区

的立法例,又包括以下两个方面:

第一,低地权利人的承水、过水义务。例如,法国、意大利、瑞士、日本和我国台湾地区"民法"规定,从高地自然流至之水,低地权利人不得妨阻。

第二,水流地权利人变更水流或者宽度的限制。例如,日本和我国台湾地区"民法"规定,水流地权利人,如对岸的土地属于他人时,不得变更水流或者宽度。两岸的土地均属于一个权利人时,该权利人可以变更水流或者宽度,但应给下游留出自然水路。当地对此有不同习惯的,从其习惯。

【立法理由】

《中华人民共和国民法通则》对相邻关系只有一条规定,即第83条的规定。相邻的不动产权利人基于用水、排水而发生的相邻关系非常之多,需要法律对用水、排水相邻关系专门作出规定。另外,自然流水是生活在水流所流经区域的上游与下游人民以及水流两岸人民共同的财富。因此,如何协调好上游与下游以及水流两岸人民使用自然流水的关系,是各国或地区物权法及有关水的特别法的重要内容。在我国,由于对自然流水的使用而发生的纠纷也是屡见不鲜,在有些地方甚至发生械斗事件。因此,有必要在物权法中对自然流水的使用问题作出规定。因此,此次制定物权法,在《中华人民共和国民法通则》的基础上,对用水、排水相邻关系作了一定细化。

【相关规定】

《中华人民共和国民法通则》

第八十三条 不动产的相邻各方,应当按照有利生产、方便生活、团结互助、公平合理的精神,正确处理截水、排水、通行、通风、采光等方面的相邻关系。给相邻方造成妨碍或者损失的,应当停止侵害,排除妨碍,赔偿损失。

《中华人民共和国水法》

第二十八条 任何单位和个人引水、截(蓄)水、排水,不得损害公共利益和他人的合法权益。

第四十五条 调蓄径流和分配水量,应当依据流域规划和水中长期供求规划,以流域为单元制定水量分配方案。

跨省、自治区、直辖市的水量分配方案和旱情紧急情况下的水量调度预案,由流域管理机构商有关省、自治区、直辖市人民政府制订,报国务院或者其授权的部门批准后执行。其他跨行政区域的水量分配方案和旱情紧急情况下的水量调度预案,由共同的上一级人民政府水行政主管部门商有关地方人民政府制订,报本级人民政府批准后执行。

水量分配方案和旱情紧急情况下的水量调度预案经批准后,有关地方人民政府必须执行。

在不同行政区域之间的边界河流上建设水资源开发、利用项目,应当符合该流域经批准的水量分配方案,由有关县级以上地方人民政府报共同的上一级人民政府水行政主管部门或者有关流域管理机构批准。

第四十八条第一款　直接从江河、湖泊或者地下取用水资源的单位和个人,应当按照国家取水许可制度和水资源有偿使用制度的规定,向水行政主管部门或者流域管理机构申请领取取水许可证,并缴纳水资源费,取得取水权。但是,家庭生活和零星散养、圈养畜禽饮用等少量取水的除外。

《法国民法典》

第六百四十条　低地须接受高地不假人力、自然流下的水。低地所有人不得建立妨碍流水的堤坝。高地所有人不得作任何加重低地负担的行为。

第六百四十一条第一款　一切所有权人有权使用并处置降落在其土地上的雨水。

第六百四十二条第一款　在自己土地上拥有水源的人,得按照自己的意愿,在其不动产的范围内,并为其不动产的需要使用其水源。

第六百八十一条　一切所有人应设置屋檐,使雨水流注在自己的土地或公共道路;所有人不得使雨水倾注在邻人的土地上。

《意大利民法典》

第九百零八条　房屋的所有人应当以将雨水排放到自己的土地上而不使其坠落到邻人土地上的方式建造屋顶。如果有公共排水系统,则应当将雨水通过屋檐或排水沟导入公共排水系统。在任一情况下,都应当遵守地方法规和有关调整水资源法的规定。

第九百一十三条　低地应当接受自高地非人力的、自然留下之水。低地的所有人不得阻碍这一排放,高地的所有人也不得加重这一排放。如果为进行这块或那块土地的农业规划工程而必须改变水的自然流量,则必须对因改变流量而受到损害的土地所有人进行补偿。

第一千零三十三条　土地的所有人承担容忍另一有权为生活需要或者工农业生产需要而利用水流的土地所有人排放的、即使是临时排放的、任何一种性质的水流通过自己土地的义务。房屋、庭院、花园以及周围的空地不承担上述义务。

《瑞士民法典》

第六百八十九条　(1)土地所有人对自高地自然流至的水,特别是对雨水、雪水或未设围障的泉水,有承受的义务;

（2）任何变更水的自然流向的行为，不得造成邻人的损失；

（3）由高地自然流向低地的水，为低地所必须的，高地的所有人在必要的限度内，始得堵截。

第六百九十条　（1）承受高地自然流水的低地的所有人，在高地排水时，亦应承受，并不得请求赔偿；

（2）低地所有人，因前款的排水受损害时，得请求高地的所有人负担必要的疏通及修缮的费用。

第七百零六条第二款　前款的损害（即因水源受到破坏而生的损害），非因故意或过失，或受害人自己有过失时，法官得以自己的裁量决定是否需要赔偿及赔偿的范围与方法。

《日本民法典》

第二百一十四条　土地所有人不得妨碍自邻地自然流来之水。

第二百一十五条　水流因事变于低地阻塞时，高地所有人可以用自己的费用，建造疏通流水的必要工事。

第二百一十六条　甲地为蓄水、排水或引水而建造的工作物破溃或阻塞，所生损害及于乙地或有及于之虞时，乙地所有人可以使甲地所有人加以修缮或疏通。必要时，可使其修建预防工事。

第二百一十八条　土地所有人不得建造可使雨水直接泻于邻地的屋顶及其他工作物。

第二百一十九条　（1）沟渠及其他水流地的所有人，于对岸土地属于他人所有时，不得变更其水路或宽度；

（2）两岸土地均属于水流地所有人时，该所有人可以变更水路或宽度。但于下游，应恢复自然水路；

（3）有不同于前两款规定的习惯时，从其习惯。

第二百二十条　高地所有人为干涸其浸水地或排泄家用、农工业用的余水至公共道路、公共水流及下水道，可以使水通过低地。但应选择对低地损害最少的处所及方法。

第二百二十一条　（1）土地所有人为疏通其所有地的水，可以使用高地或低地所有人设置的工作物；

（2）于前款情形，使用他人工作物者，应按其受益的比例，负担工作物的设置及保存费用。

第二百二十二条　（1）水流地的所有人需要设堰时，可以使其堰附着于对岸。但是，对因此而产生的损害，应支付偿金。

(2) 如水流地之一部属对岸的所有人所有,该人可以使用前款的堰,但应依前条规定分担费用。

我国台湾地区"民法"

第七百七十五条 由高地自然流至之水,低地所有人不得防阻。由高地自然流至之水,而为低地所必须者,高地所有人纵因其土地之必要,不得防堵其全部。

第七百七十六条 土地因蓄水、排水或引水所设之工作物破溃、阻塞,致损害及于他人之土地,或有致损害之虞者,土地所有人应以自己之费用,为必要之修缮、疏通或预防。但其费用之负担,另有习惯者,从其习惯。

第七百七十七条 土地所有人,不得设置屋檐或其他工作物,使雨水直注于相邻之不动产。

第七百七十八条 水流如因事变在低地阻塞,高地所有人得以自己之费用,为必要疏通之工事。但其费用之负担,另有习惯者,从其习惯。

第七百七十九条 高地所有人,因使浸水之地干涸,或排泄家用、农工业用之水,以至河渠或沟道,得使其水通过低地。但应择于低地损害最少之处所及方法为之。

前项情形,高地所有人,对于低地所受之损害,应支付偿金。

第七百八十条 土地所有人,因使其土地之水通过,得使用高地或低地所有人所设之工作物。但应按其受益之程度,负担该工作物设置及保存之费用。

第七百八十一条 水源地、井、沟渠及其他水流地的所有人,得自由使用其水。但有特别习惯者,不在此限。

第七百八十二条 水源地或井之所有人,对于他人因工事杜绝、减少或污秽其水者,得请求损害赔偿。如其水为饮用,或利用土地所必要者,并得请求回复原状;但不能回复原状者,不在此限。

第七百八十三条 土地所有人因其家用或利用土地所必要,非以过巨之费用及劳力不能得水者,得支付偿金,对邻地所有人,请求给予有余之水。

第七百八十四条 水流地所有人,如对岸之土地,属于他人时,不得变更其水流或宽度。

两岸之土地,均属于水流地所有人者,其所有人得变更其水流或宽度,但应留下游自然之水路。

前两项情形,如另有习惯者,从其习惯。

第七百八十五条 水流地所有人,有设堰之必要者,得使其堰附着于对岸。但对于因此所生之损害,应支付偿金。

对岸地所有人,如水流地之一部,属于其所有者,得使用前项之堰。但应按其受益之程度,负担该堰设置及保存之费用。

前二项情形,如另有习惯者,从其习惯。

第八十七条　不动产权利人对相邻权利人因通行等必须利用其土地的,应当提供必要的便利。

【说明】

本条是关于相邻关系中通行权的规定。

从大陆法系一些国家或地区的规定来看,不动产权利人必须为相邻"袋地"的权利人提供通行便利。所谓"袋地"是指土地被他人土地包围,与公路没有适宜的联络,致使不能正常使用的土地。按照这些国家或地区的法律规定,"袋地"土地权利人可以通行周围的土地以到达公路。但应选择损害最小的处所及方法通行,仍有损害的,应支付偿金。例如《法国民法典》第682条规定:"土地被他人土地包围,且在为工业、农业或商业利用其土地或为进行建筑或小块土地上的建筑作业而无任何出路或出路不足通至公共道路时,其所有人得要求在其邻人土地上取得足够的通道,以保证其土地的完全通达,但应负担与通道所造成的损害相当的赔偿。"

"袋地"的权利人通行于周围的土地以到达公路是法律赋予其应享有的权利,是其所有权或使用权的延伸。同时法律强制要求"袋地"周围土地的权利人必须为"袋地"的权利人提供通行便利。如果拒绝,"袋地"权利人可以以对自己土地的所有权或使用权的行使受到妨碍为由,请求相邻土地的权利人排除妨碍。

大陆法系一些国家或地区的法律规定,如果"袋地"是因为土地转让或分割而形成,"袋地"的权利人只能通行受让人或者让与人的土地,而且无须支付偿金。例如,《法国民法典》第684条规定:"如因出卖、交换、分割或其他任何契约所产生的土地划分而造成被他人土地的包围,其通道仅得在作为此类行为的客体的土地上要求取得。但在划分的土地上不能建立足够的通道时,适用第682条的规定。"按照法国法的规定,例如,甲、乙兄弟二人共同继承一块土地后予以分割,使甲的土地形成"袋地",即无适宜的通道到达公路。在此种情况下,由于乙的土地可到达公路,所以甲只能在乙的土地上通行。但如果乙的通道不能满足甲的需要时,如通道过于狭窄,则甲有权通行于另一相邻土地的权利人丙的土地。

日本和我国台湾地区"民法"还规定,"袋地"的权利人于必要时,还可以在周围的土地上开设道路。但对于周围土地所造成的损害,应支付偿金。

最高人民法院《关于贯彻执行〈中华人民共和国民法通则〉若干问题的意见(试行)》,从审判的角度对相邻关系中的通行权作了一些规定,主要是:

(1)一方必须在相邻一方使用的土地上通行的,应当予以准许;因此造成损失的,应当给予适当补偿。

(2)对于一方所有的或者使用的建筑物范围内历史形成的必经通道,所有权人或者使用权人不得堵塞。因堵塞影响他人生产、生活,他人要求排除妨碍或者恢复原状的,应当予以支持。但有条件另开通道的,也可以另开通道。

不动产权利人原则上有权禁止他人进入其土地,但相邻不动产权利人有通行权的情况下,不动产权利人不能阻止相邻不动产权利人行使通行权。除此之外,《中华人民共和国物权法》第87条规定,不动产权利人对相邻权利人因通行等必须利用其土地的,应当提供必要的便利。该条规定中还有个"等"字,即在通行之外的某些情形之下,不动产权利人应当允许他人进入其土地。我国物权法没有明确规定不动产权利人在哪些情形之下不得阻止他人进入其土地,参考大陆法系一些国家或地区的法律规定,大致有以下两种情形:

第一,依当地习惯,许可他人进入其未设围障的土地刈取杂草,采集枯枝、枯干,采集野生植物,或放牧牲畜等。

第二,他人物品或者动物偶然失落于其土地时,应允许他人进入其土地取回。

【立法理由】

不动产权利人原则上有权禁止他人进入其土地,但他人因通行等必须利用或进入其土地的,不动产权利人不能阻挠,而应当提供必要的便利。"袋地"的权利人在相邻土地上的通行权是相邻关系的重要内容,《中华人民共和国物权法》有必要对此作出规定。

【相关规定】

《中华人民共和国民法通则》

第八十三条 不动产的相邻各方,应当按照有利生产、方便生活、团结互助、公平合理的精神,正确处理截水、排水、通行、通风、采光等方面的相邻关系。给相邻方造成妨碍或者损失的,应当停止侵害,排除妨碍,赔偿损失。

《德国民法典》

第八百六十七条　物已脱离占有人之支配,移到他人占有的土地上,而他人又未占有该物时,物之原占有人得向土地占有人,请求允许其搜索与收回。土地占有人得请求赔偿因搜索及收回所生的损害;如有发生损害的危险时,土地占有人在物之原占有人提交担保以前,得拒绝允许搜索及收回;但因迟延而有发生损害之危险时,不得拒绝。

第九百一十七条　(1)土地缺少通常使用所必要的与公路的交通联系的,土地所有权人可以要求邻所有权人,在此缺陷排除之前,容许其利用邻地所有权人的土地建立必要的交通联系。必要通道的方向和使用权的范围在必要的情况下应根据判决加以确定。

(2)对必要通道经过其土地的邻地所有权人,应以金钱定期金作为赔偿。于此准用第912条第2款第2句以及第913条、第914条、第916条的规定。

第九百一十八条　(1)对于土地与公路原有的联络因土地所有人的任意行为而废弃时,不生容许必要通行的义务。

(2) A.因让与土地的一部分切断被让与的或存留的部分与公路的联络时,原来存在联络的部分的所有人应容许必要通道。B.数块土地属于同一所有人而出让其中一块土地者,与一块土地出让其中一部分者相同。

第九百六十二条　蜂群的所有人,在追踪之际,得进入他人之土地。蜂群移住他人的空虚蜂房时,蜂群所有人,为捕获蜂群,得开启蜂房,取出蜂窝或破坏而消除之。在此情形,所有人应赔偿所生的损害。

《法国民法典》

第六百八十二条　土地被他人土地包围,且在为工业、农业或商业利用其土地或为进行建筑或小块土地上的建筑作业而无任何出路或出路不足通至公共道路时,其所有人得要求在其邻人土地上取得足够的通道,以保证其土地的完全通达,但应负担与通道所造成的损害相当的赔偿。

第六百八十三条　通道一般应在被包围的土地与公共通道之间最短处开辟。但通道应选定在给予通道的通道损害最少的地方开辟。

第六百八十四条　如因出卖、交换、分割或其他任何契约所产生的土地划分而造成被他人土地的包围,其通道仅得在作为此类行为的客体的土地上要求取得。但在划分的土地上不能建立足够的通道时,适用第682条的规定。

《意大利民法典》

第一千零五十一条第一款　在不支出高额费用或者克服重重困难就无

法取得通往公共道路的情况下,被其他土地包围的、没有通往公共道路出口的土地所有人有权为耕种土地或者为更方便地利用土地而要求在相邻土地上取得通行权。

第一千零五十二条第一款 本法第1051条的规定同样准用于即使土地的所有人拥有通往公共道路的通道,但是,这一已有的通道不方便或者不能满足需要,又不能进行扩建的情况。

《瑞士民法典》

第七百条 物因水、风、雪崩或其他自然力或偶然事件而被移至他人地内,或大小牛仔、蜂群、鸟类及鱼类等偶至他人地内者,土地所有人应许权利人入其地内巡查取回。

前项情形,土地所有人受有损害者,得请求其赔偿,并就该物享有留置权。

《日本民法典》

第二百零九条 (1)土地所有人,于疆界或疆界附近建造、修缮墙壁或建筑物时,于必要范围内,可以使用邻地。但是,未经邻人允许,不得进入其住宅;

(2)于前款情形,邻人受损害时,可以请求偿金。

第二百一十条 (1)某土地被其他土地围绕而不能通至公共道路时,该土地的所有人为通至公共道路,可以从围绕地通过;

(2)除非经池沼、河渠或海洋则不能通往他处或因悬崖致土地与公共道路高低悬殊时,亦同。

第二百一十一条 (1)于前条情形,应本着既满足通行权人需要,又使围绕地受损失最小的原则,选定通行的处所及方法;

(2)通行权人于必要时,可以开辟通路。

第二百一十二条 通行权人对通行地的损害,应支付偿金。但是,除因开辟通路而产生的损害外,可以逐年分付偿金。

第二百一十三条 (1)因分割而产生不能通往公共道路的土地时,该土地的所有人为通至公共道路,只能通行其他分割人的所有地。于此情形,无须支付偿金;

(2)前款规定,准用于土地所有人将其土地一部予以让与的情形。

《瑞士民法典》

第六百九十九条 任何人得于地方习惯容许的范围内,进入森林及牧场,并取得野生浆果、香菇(草)及其他出产物;但主管官署为耕作的利益,个别限定范围禁止之者,不在此限。

关于为狩猎及捕鱼之必要而进入他人所有地,州法得为详细地规定。

我国台湾地区"民法"

第七百八十七条　土地因与公路无适宜之联络,致不能为通常之使用者,土地所有人得通行周围地以至公路,但对于通行地因此所受之损害,应支付偿金。

前项情形,有通行权之人,应于通行必要之范围内,择其周围地损害最少之处所及方法为之。

第七百八十八条　有通行权人,于必要时,得开设道路。但对于通行地因此所受之损害,应支付偿金。

第七百八十九条　因土地一部之让与或分割,致有不通公路之土地者,不通公路土地之所有人,因至公路,仅得通行受让人或让与人或他分割人之所有地。

第七百九十条　土地所有人得禁止他人侵入其地内。但有下列情形之一者,不在此限:

（1）他人有通行权者;

（2）依地方习惯,任他人入其未设围障之田地、牧场、山林刈取杂草,采取枯枝、枯干,或采集野生物,或放牧牲畜者。

第七百九十一条　土地所有人,遇他人之物品或动物偶至其地内时,应许该物品或动物之占有人或所有人入其地内,巡查取回。

前项情形,土地所有人或使用人受有损害者,得请求赔偿。于未受赔偿前,得留置其物品或动物。

第七百九十二条　土地所有人,因邻地所有人在其疆界或近旁,营造或修缮建筑物或其他工作物有使用其土地之必要,应许邻地所有人使用其土地,但因而受损害者,得请求偿金。

第八十八条　不动产权利人因建造、修缮建筑物以及铺设电线、电缆、水管、暖气和燃气管线等必须利用相邻土地、建筑物的,该土地、建筑物的权利人应当提供必要的便利。

【说明】

本条是关于利用相邻土地的规定。

本条规定的使用邻地包括两种情形:一是因建造、修缮建筑物而临时使用邻地;二是在邻地上安设管线。

1. 因建造、修缮建筑物而临时使用邻地

土地权利人因建造、修缮建筑物暂时而且有必要使用相邻的土地、建筑物的,相邻的土地、建筑物的权利人应当提供必要的便利。例如,甲要在自己的建设用地使用权范围内建筑自己的房屋,有必要将脚手架临时搭在相邻的乙的土地范围内,乙不能阻拦,而应提供必要的便利。很多国家或地区对这种基于建筑而临时使用相邻土地的相邻关系作了规定,例如,《日本民法典》第209条规定:"(一)土地所有人,于疆界或疆界附近建造、修缮墙壁或建筑物时,于必要范围内,可以使用邻地。但是,未经邻人允许,不得进入其住宅;(二)于前款情形,邻人受损害时,可以请求偿金。"

为了解决因施工临时占用邻人土地而产生的纠纷,《最高人民法院关于贯彻执行〈中华人民共和国民法通则〉若干问题的意见(试行)》第97条规定:"相邻一方因施工临时占用他方使用的土地,占用的一方如未按照双方约定的范围、用途和期限使用的,应当责令其及时清理现场,排除妨碍,恢复原状,赔偿损失。"

2. 在邻地上安设管线

从建筑工程学角度讲,土地权利人,非经过邻人的土地而不能安设电线、水管、煤气管等管线,而此等管线又为土地权利人所必需,该土地权利人有权通过邻人土地的上下安设,但应选择损害最小的处所及方法安设,仍有损害的,应支付偿金。

很多国家或地区对在相邻土地上安设管线的问题作出了规定。例如《瑞士民法典》第691条第1款规定:"土地所有人已取得全部损害赔偿时,有许可水道、疏水管、煤气管等类似管道及地上、地上电缆在其土地安设的义务。但以非经其土地不能安设,或需过大费用始能安设的为限。"我国台湾地区"民法"专设"管线安设权"一条,其第786条规定:"土地所有人,非通过他人之土地,不能安设电线、水管、煤气管或其他筒管,或虽能安设而需费过巨者,得通过他人土地之上下而安设之。但应择其损害最少之处所及方法为之,并应支付偿金。依前项规定,安设电线、水管、煤气管或其他筒管后,如情事有变更时,他土地所有人得请求变更其安设。前项变更安设之费用,由土地所有人负担,但另有习惯者,从其习惯。"

【立法理由】

相邻不动产权利人难免需要临时或长期利用邻地,调节这种因利用邻地而产生的权利义务关系,是相邻关系的重要内容。如果没有法律去规范邻里之间的这种行为,极易在邻里之间产生纠纷。

【相关规定】

《瑞士民法典》

第六百九十一条第一款 （1）土地所有人已取得全部损害赔偿时,有许可水道、疏水管等类似管道及地上、地上电缆在其土地安设的义务。但以非经其土地不能安设,或需过大费用始能安设的为限。

我国台湾地区"民法"

第七百八十六条 土地所有人,非通过他人之土地,不能安设电线、水管、煤气管或其他筒管,或虽能安设而需费过巨者,得通过他人土地之上下而安设之。但应择其损害最少之处所及方法为之,并应支付偿金。

依前项规定,安设电线、水管、煤气管或其他筒管后,如情事有变更时,他土地所有人得请求变更其安设。

前项变更安设之费用,由土地所有人负担,但另有习惯者,从其习惯。

第八十九条 建造建筑物,不得违反国家有关工程建设标准,妨碍相邻建筑物的通风、采光和日照。

【说明】

本条是关于通风、采光和日照的规定。

有些国家或地区在民法中规定建造建筑物的一些具体标准,例如,意大利、瑞士和日本民法规定,不动产权利人建造建筑物时,应与相邻建筑物保持适当的距离,并且限制其适当的高度,不得妨碍相邻建筑物的通风和采光。意大利民法规定,相邻土地上的建筑物不是一体的,应保持不少于3米的距离。日本民法规定,土地权利人在冬至这一天应享有不少于4小时的日照时间。

由于我国地域辽阔,各地经济发展很不平衡,所以在物权法中很难规定具体的标准。又由于以某个社会发展阶段,对建设工程标准的要求也有所不同,因此不宜在物权法中规定具体的标准。所以本条只是原则性规定。2001年7月31日,建设部颁布《建筑采光设计标准》。2002年8月30日,建设部专门就房屋建筑部分发布《工程建设标准强制性条文》。2002年3月1日,建设部发布《城市居住区规划设计规范》。按照该规范规定,旧区改造住宅日照标准按照大寒日照不低于1小时执行。

【立法理由】

通风、采光和日照是衡量一个人居住质量的重要标准之一。随着城市化的发展,在现代都市,建筑物的通风、采光和日照问题日益成为社会关注的问题之一。由于城市土地价值的提升,导致建筑物之间的距离比过去缩小,高层建筑进一步普及,这些变化使得有关建筑物之间通风、采光和日照的矛盾越来越多,因此,《中华人民共和国物权法》有必要在《中华人民共和国民法通则》规定的基础上,对通风、采光和日照的问题作进一步规定。

【相关规定】

《中华人民共和国民法通则》

第八十三条　不动产的相邻各方,应当按照有利生产、方便生活、团结互助、公平合理的精神,正确处理截水、排水、通行、通风、采光等方面的相邻关系。给相邻方造成妨碍或者损失的,应当停止侵害,排除妨碍,赔偿损失。

《意大利民法典》

第八百七十三条　如果位于互相毗邻土地上的建筑物不是一体的,则建筑物之间应当保持不少于3米的距离。地方法可以规定更远的距离。

第八百七十八条第一项　围墙以及其他高度不超过3米的单独的隔墙,不受第873条规定的建筑物之间应当保持的距离的限制。

另参见意大利民法典第七分节第900条至第907条。

《日本民法典》

第二百三十四条第一款　(1)建造建筑物时,应自疆界线起保留50公分以上的距离。

《瑞士民法典》

第六百八十六条第一项　各州得规定开掘土地及为建筑时所应保持的距离。

第九十条　不动产权利人不得违反国家规定弃置固体废物,排放大气污染物、水污染物、噪声、光、电磁波辐射等有害物质。

【说明】

本条是关于相邻不动产之间排放、施放污染物的规定。

大陆法系多数国家或地区都把"不可称量物质侵入"的禁止性规定作为相邻关系一章的重要内容。所谓"不可称量物质侵入"是指煤气、蒸汽、热气、臭气、烟气、灰屑、喧嚣、振动,以及其他类似物质侵入相邻不动产。大陆法系多数国家或地区的民法中都规定了不可称量物质侵入相邻不动产时,如何调整、处理双方的相邻关系,只不过论述的角度有所不同。德国规定,在不损害或仅轻微损害的前提下,土地权利人不得禁止相邻不动产的煤气、蒸汽、臭气、烟气、煤烟、热气、噪声、振动或其他类似物质侵入自己的土地,但是如果此种妨害超出预期的程度时,可以向造成损害的相邻土地权利人请求相当数额的金钱作为赔偿(《德国民法典》第906条)。我国台湾地区"民法"第793条规定:"土地所有人,于他人之土地有煤气、蒸汽、热气、臭气、烟气、灰屑、喧嚣、振动,及其他相类者侵入时,得禁止之。但其侵入轻微,或按土地形状、地方习惯,认为相当者,不在此限。"

通过德国和我国台湾地区"民法"的规定来看,明确规定了相邻关系中的容忍义务,即遭受来自于相邻不动产的污染物侵害时,此种侵害如果是轻微的,或者按地方习惯认为不构成损害的,则应当容忍,不能阻止相邻不动产排放或施放污染物。只有此种侵害超过必要的限度或者可容忍的限度时,就可以通过法律途径要求相邻不动产权利人停止侵害、消除危险、排除妨害,以及赔偿损失。这样规定的目的在于维持相邻不动产之间的和睦关系,因为一个人不可能生活在真空里,来自于相邻不动产的污染物的侵入是不可避免的,但这种侵害不能超过一个合理的度。例如,甲在装修时释放的噪音势必对其邻居造成一定的侵害,但其上下左右的邻居为维持和睦的邻里关系,应当负容忍义务,因为谁家都可能需要装修,并且装修是能在一段时间之内完成的,此种噪音侵害并不是永久的,所以应当是可以容忍的。但是甲也应当遵守建筑物的管理规约,不得在邻居晚上休息时释放施工噪音。

《中华人民共和国物权法》第90条虽然没有明确规定相邻不动产权利人之间排放污染物的容忍义务,但按照第84条规定的处理相邻关系的"有利生产、方便生活、团结互助、公平合理"的原则,已经包含了相邻不动产权利人之间应当互负容忍义务。但互负容忍义务是有限度的,在国家规定的标准以内应当容忍,如果超过国家规定的标准,受害的不动产权利人有权要求侵害人停止侵害、消除危险、排除妨害,以及赔偿损失。

本条规定的大气污染物,主要包括燃煤的煤烟污染;废气、粉尘和恶臭污染;机动车船的尾气污染等。《中华人民共和国大气污染防治法》第9条规定,国务院环境保护行政主管部门或者省、自治区、直辖市人民政府制定国家大气污染物排放标准。例如目前我国北方城市大气总悬浮颗粒物的50%来自扬尘,其中建筑施工是扬尘的重要来源。如果某一居民区的旁边是一个施工现场,该居民区的居民认为该施工现场的粉尘超过国家规定的标准的,可以要求其停止侵害、消除危险、排除妨害,以及赔偿损失。

水是一种基本的环境因素,也是重要的资源。它的开发、利用和保护的情况如何,不仅直接关系到农业生产和工业生产的发展,而且直接关系到人民生活和整个国民经济的发展。水污染是我国环境保护中的一个突出问题。

随着工业生产的增长和城市的发展,排向江河、湖泊的污水量不断增加,特别是未经处理的工业废水带有大量的有毒、有害污染物质,排放到自然水体,造成水体污染,破坏了生态平衡。《中华人民共和国水污染防治法》第13条规定,国务院环境保护主管部门根据国家水环境质量标准和国家经济、技术条件,制定国家水污染物排放标准。省、自治区、直辖市人民政府对国家水污染物排放标准中未作规定的项目,可以制定地方水污染物排放标准;对国家水污染物排放标准中已作规定的项目,可以制定严于国家水污染物排放标准的地方水污染物排放标准。在相邻关系中,突出的纠纷是上游向下游排污,导致下游污染,影响下游人民的生活和工农业生产。按照本条和《中华人民共和国水污染防治法》的规定,上游企业向河道排放污水,必须符合国家规定的排污标准。

随着我国工业化、城市化的发展以及人民生活水平的提高,固体废物污染防治工作面临着许多新的情况和问题,主要表现在以下几个方面:一是固体废物产生量持续增长,特别是城市生活垃圾每年增长过快;二是固体废物处置能力明显不足,导致工业固体废物(很多是危险废物)长年堆积,垃圾围城的状况十分严重;三是固体废物处置标准不高,管理不严,不少工业固体废物仅仅做到简单堆放,城市生活垃圾无害化处置率不高;四是农村固体废物污染问题日益突出,畜禽养殖业污染严重,大多数农村生活垃圾没有得到妥善处置;五是废弃电器产品等新型废物不断增长,造成新的污染。《中华人民共和国固体废物污染环境防治法》第11条规定,国务院环境保护行政主管部门会同国务院有关行政主管部门根据国家环境质量标准和国家经济、技术条件,制定国家固体废物污染环境防治技术标准。在相邻关系中,不动产权利人不得违反国家规定的标准,向相邻不动产倾倒、堆放、丢弃、遗撒固体废物。

《中华人民共和国环境保护法》第42条第1款规定,排放污染物的企业事业单位和其他生产经营者,应当采取措施,防治在生产建设或者其他活动中产生的废气、废水、废渣、医疗废物、粉尘、恶臭气体、放射性物质以及噪声、振动、光辐射、电磁辐射等对环境的污染和危害。

在相邻关系中,不动产向相邻不动产施放噪声是难免的,但是要控制施放噪声的分贝以及施放噪声的时间,不得影响相邻不动产权利人正常的生产、生活;随着城市化的发展,高层建筑的玻璃幕墙造成的光污染,以及霓虹灯等造成的光污染越来越多。解决此类纠纷,一是要求建筑单位在建筑物设计上,要考虑相邻不动产权利人可能遭受的损害;二是要给受损害的相邻不动产权利人充分、合理的补偿。随着近代无线电技术的发展,电磁波污染日益受到社会的重视。我国《广播电视设施保护条例》第 11 条规定："广播电视信号发射设施的建设,应当符合国家有关电磁波防护和卫生标准;在已有发射设施的场强区内,兴建机关、工厂、学校、商店、居民住宅等设施的,除应当遵守本条例有关规定外,还应当符合国家有关电磁波防护和卫生标准。"

【立法理由】

在现代社会,人们生活环境的质量日益受到社会的重视,各国或地区都在加大环境保护的力度,其中重要的举措就是加强有关环境保护方面的立法。但是保护环境不能只靠环境保护法,在与环境有关的相邻关系,以及侵害环境的民事责任等方面,则是民法的重要任务之一。此次我国制定的物权法是进入 21 世纪后制定的重要民事法律之一,应充分体现人文关怀,因此,非常有必要对相邻不动产之间基于环境而产生的相邻关系问题作出规定。

【相关规定】

《中华人民共和国大气污染防治法》

第九条 国务院环境保护主管部门或者省、自治区、直辖市人民政府制度大气污染物排放标准,应当以大气环境质量标准和国家经济、技术条件为依据。

第十三条 国务院环境保护主管部门根据国家水环境质量标准和国家经济、技术条件,制定国家水污染物排放标准。

省、自治区、直辖市人民政府对国家水污染物排放标准中未作规定的项目,可以制定地方水污染物排放标准;对国家水污染物排放标准中已作规定的项目,可以制定严于国家水污染物排放标准的地方水污染物排放标准。地方水污染物排放标准须报国务院环境保护主管部门备案。

向已有地方水污染物排放标准的水体排放污染物的,应当执行地方水污染物排放标准。

《中华人民共和国固体废物污染环境防治法》

第十一条 国务院环境保护行政主管部门会同国务院有关行政主管部门根据国家环境质量标准和国家经济、技术条件,制定国家固体废物污染环境防治技术标准。

《中华人民共和国环境保护法》

第四十二条第一款 排放污染物的企业事业单位和其他生产经营者,应当采取措施,防治在生产建设或者其他活动中产生的废气、废水、废渣、医疗废物、粉尘、恶臭气体、放射性物质以及噪声、振动、光辐射、电磁辐射等对环境的污染和危害。

《广播电视设施保护条例》

第十一条 广播电视信号发射设施的建设,应当符合国家有关电磁波防护和卫生标准;在已有发射设施的场强区内,兴建机关、工厂、学校、商店、居民住宅等设施的,除应当遵守本条例有关规定外,还应当符合国家有关电磁波防护和卫生标准。

《德国民法典》

第九百零六条 (1)在干涉不损害或仅轻微损害土地的使用为限,土地所有人不得禁止煤气、蒸汽、臭气、烟气、煤烟、热气、噪声、振动和其他来自他人土地的类似干涉的侵入。轻微损害通常是指,根据规定查明和估算的干涉未超过法律或者法令确定的极限数值或者标准数值。上述规定同样适用于根据《联邦污染防治法》第48条颁布的、包含有技术标准的一般行政规定中的数值。

(2)A.以由于按当地通行的使用方法使用他人的土地引起重大损害,而不是采取此种使用者在经济上可望获得的措施所能阻止的为限,也适用前项规定。B.所有人在此后应容许干涉时,如其干涉对自己土地按当时通行的使用,或土地的收益所造成的妨害超出预期的程度时,所有人得向另一土地的使用人请求相当数额的金钱作为赔偿。

(3)通过特殊管道的侵入是不许可的。

我国台湾地区"民法"

第七百九十三条 土地所有人,于他人之土地有煤气、蒸汽、热气、臭气、烟气、灰屑、喧嚣、振动、及其他相类者侵入时,得禁止之。但其侵入轻微,或按土地形状、地方习惯,认为相当者,不在此限。

第九十一条 不动产权利人挖掘土地、建造建筑物、铺设管线以及安装设备等,不得危及相邻不动产的安全。

【说明】

本条是关于维护相邻不动产安全的规定。

所谓"不得危及相邻不动产的安全"主要包括以下几个方面:

第一,在自己的土地上开挖地基时,要注意避免使相邻土地的地基发生动摇或动摇之危险,致使相邻土地上的建筑物受到损害。很多国家和地区对此有规定,例如《瑞士民法典》第685条第1款规定:"所有人在挖掘或建筑时,不得使邻人的土地发生动摇,或有动摇的危险,或使其土地上的设施受到危害。"我国台湾地区"民法"第794条规定:"土地所有人开掘土地或为建筑时,不得因此使邻地之地基动摇或发生危险,或使邻地之工作物受其损害。"

第二,在与相邻不动产的疆界线附近处埋设水管时,要预防土沙崩溃、水或污水渗漏到相邻不动产。《日本民法典》第 238 条对此有规定。

第三,不动产权利人在自己的土地范围内种植的竹木根枝伸延,危及另一方建筑物的安全和正常使用时,应当消除危险,恢复原状。《最高人民法院关于贯彻执行〈中华人民共和国民法通则〉若干问题的意见(试行)》第 103 条规定:"相邻一方在自己使用的土地上挖水沟、水池、地窖等或者种植的竹木根枝伸延,危及另一方建筑物的安全和正常使用的,应当分别情况,责令其消除危险,恢复原状,赔偿损失。"

《中华人民共和国建筑法》对施工现场关于相邻建筑物的安全、地下管线的安全提出了明确要求。该法第 39 条第 2 款规定:"施工现场对毗邻的建筑物、构筑物和特殊作业环境可能造成损害的,建筑施工企业应当采取安全防护措施。"第 40 条规定:"建设单位应当向建筑施工企业提供与施工现场相关的地下管线资料,建筑施工企业应当采取措施加以保护。"

【立法理由】

不动产权利人有权在自己具有使用权的土地范围内进行工程建设,但是要注意相邻不动产的安全,避免使相邻不动产造成不应有的损害。

【相关规定】

《中华人民共和国建筑法》

第三十九条第二款　施工现场对毗邻的建筑物、构筑物和特殊作业环境可能造成损害的,建筑施工企业应当采取安全防护措施。

第四十条　建设单位应当向建筑施工企业提供与施工现场相关的地下管线资料,建筑施工企业应当采取措施加以保护。

《德国民法典》

第九百零七条　(1) A. 土地所有人对于确实可以预见邻地上的设备因其存在或其利用,对自己的土地会造成不能允许的干涉时,得请求邻地上不得制造或保存该项设备;B. 如一项设备离地界有相当距离或有其他保护措施,符合州法律的规定时,仅在实际发生不允许的干涉时,设得请求除去此设备。

(2) 树木和灌木不属于前项规定所指的设备的意义范围内。

第九百零八条　因与邻地相关的建筑物或其他工作物有倒塌的危险,或因建筑物或工作物的一部分有崩离的危险,致土地有受损害之虞时,所有人对于依第 836 条第 1 项或第 837 条、第 838 条的规定,对发生的损害可能应负责的人,得请求采取为防止危险发生所必要的措施。

第九百零九条 不得以会使邻地失去必要支撑的方法开掘土地,但已充分作好其他巩固措施者,不在此限。

《日本民法典》

第二百三十八条 于疆界线近处进行前条工事(疆界线附近的挖掘、埋设水管——笔者注)施工时,对于预防土沙崩溃、水或污水渗漏事,应予以必要注意。

《瑞士民法典》

第六百八十四条第一款 (1)任何人在行使其所有权时,特别是在其土地上经营工业时,对邻人的所有权有不造成过度侵害的注意义务。

第六百八十五条第一款 (1)所有人在挖掘或建筑时,不得使邻人的土地发生动摇,或有动摇的危险,或使其土地上的设施受到危害。

我国台湾地区"民法"

第七百七十四条 土地所有人经营工业及行使其他权利,应注意防免邻地之损害。

第七百九十四条 土地所有人开掘土地或为建筑时,不得因此使邻地之地基动摇或发生危险,或使邻地之工作物受其损害。

第七百九十五条 建筑物或其他工作物之全部,或一部有倾倒之危险,致邻地有受损害之虞者,邻地所有人,得请求为必要之预防。

第九十二条 不动产权利人因用水、排水、通行、铺设管线等利用相邻不动产的,应当尽量避免对相邻的不动产权利人造成损害;造成损害的,应当给予赔偿。

【说明】

本条是关于在使用相邻不动产时避免造成损害的规定。

利用相邻土地引水、排水可能无法避免给相邻土地的权利人造成损失,但应选择损害最小的处所或方法进行引水或者排水,仍有损害的情况下,要给予相邻土地的权利人以赔偿。

利用相邻土地通行,一般都会对相邻土地的权利人造成损害,特别是在相邻土地上开路的情况下,损害是避免不了的,享有通行权的人必须给予赔偿。《最高人民法院关于贯彻执行〈中华人民共和国民法通则〉若干问题的意见(试行)》第100条规定:"一方必须在相邻一方使用的土地上通行的,应当予以准许;因此造成损失的,应当给予适当补偿。"

关于必须利用相邻不动产铺设管线的,应选择相邻不动产损害最小之处所或方法进行,并按照损害的大小,给予赔偿。

关于在自己的土地上进行建筑活动,而有必要临时使用相邻土地、建筑物的,如有损害,应当对相邻土地、建筑物的权利人给予赔偿。

【立法理由】

本法第86条第1款规定:"不动产权利人应当为相邻权利人用水、排水提供必要的便利。"第87条规定:"不动产权利人对相邻权利人因通行等必须利用其土地的,应当提供必要的便利。"第88条规定:"不动产权利人因建造、修缮建筑物以及铺设电线、电缆、水管、暖气和燃气管线等必须利用相邻土地、建筑物的,该土地、建筑物的权利人应当提供必要的便利。"这三条都是从义务的角度写的,即不动产权利人应当按照有利生产、方便生活、团结互助、公平合理的原则,为相邻不动产权利人因用水、排水、通行、铺设管线等而使用自己的不动产负容忍义务,即提供必要的便利。但从使用一方来讲,在行使相邻权的同时,也要负尽量避免对被使用的相邻不动产的权利人造成损害的义务,在无法避免造成损害的情况下,要给予合理的赔偿,这也是公平合理原则的体现。

【相关规定】

《中华人民共和国民法通则》

第八十三条 不动产的相邻各方,应当按照有利生产、方便生活、团结互助、公平合理的精神,正确处理截水、排水、通行、通风、采光等方面的相邻关系。给相邻方造成妨碍或者损失的,应当停止侵害,排除妨碍,赔偿损失。

《中华人民共和国水法》

第七十六条 引水、截(蓄)水、排水,损害公共利益或者他人合法权益的,依法承担民事责任。

《德国民法典》

第九百零六条第二款 (2) A. 以由于按当地通行的使用方法使用他人的土地引起重大损害,而不是采取此种使用者在经济上可望获得的措施所能阻止的为限,也适用前项规定。B. 所有人在此后应容许干涉时,如其干涉对自己土地按当时通行的使用,或土地的收益所造成的妨害超出预期的程度时,所有人得向另一土地的使用人请求相当数额的金钱作为赔偿。

第九百一十七条第二款 (2) 对必要通道经过其土地的邻地所有权人,应以金钱定期金作为赔偿。于此准用第912条第2款第2句以及第913条、第914条、第916条的规定。

《法国民法典》

第六百八十二条 土地被他人土地包围,且在为工业、农业或商业利用其土地或为进行建筑或小块土地上的建筑作业而无任何出路或出路不足通至公共道路时,其所有人得要求在其邻人土地上取得足够的通道,以保证其土地的完全通达,但应负担与通道所造成的损害相当的赔偿。

《意大利民法典》

第八百四十三条 在土地的所有人认为必要时,土地的所有人应当准许相邻土地的所有人为建造或者修缮墙壁或其他的建筑物或者为共同的工程事项而进入或者通过自己的土地。

如果进入他人土地给土地所有人造成了损失,则应当给予适当的补偿。

土地的所有权人应当准许他人因取回其偶然失落的物品或者逃逸的牲畜而进入自己的土地。土地所有权人也可以将物品或者牲畜交给失主而阻止他人进入土地。

第一千零五十三条第一款 在本法第1051条和第1052条规定的情况下,需役地的所有人应当对开辟通道给供役地造成的损害按比例承担补偿责任。

《瑞士民法典》

第六百九十四条第一款 土地所有人,因其土地无适宜的道路与公路连结时,得支付相当的赔偿,向邻地的所有人请求取得必要的通路。

第七百零六条第二款 前款的损害(即因水源受到破坏而生的损害),非因故意或过失,或受害人自己有过失时,法官得以自己的裁量决定是否需要赔偿及赔偿的范围与方法。

《日本民法典》

第二百零九条 (1)土地所有人,于疆界或疆界附近建造、修缮墙壁或建筑物时,于必要范围内,可以使用邻地。但是,未经邻人允许,不得进入其住宅;

(2)于前款情形,邻人受损害时,可以请求偿金。

第二百一十二条 通行权人于通行地的损害,应支付偿金。但是,除因开辟通路而产生的损害外,可以逐年分付偿金。

我国台湾地区"民法"

第七百七十九条 高地所有人,因使浸水之地干涸,或排泄家用、农工业用之水,以至河渠或沟道,得使其水通过低地。但应择于低地损害最少之处所及方法为之。

前项情形,高地所有人,对于低地所受之损害,应支付偿金。

第七百八十条　土地所有人,因使其土地之水通过,得使用高地或低地所有人所设之工作物。但应按其受益之程度,负担该工作物设置及保存之费用。

第七百八十二条　水源地或井之所有人,对于他人因工事杜绝、减少或污秽其水者,得请求损害赔偿。如其水为饮用,或利用土地所必要者,并得请求回复原状;但不能回复原状者,不在此限。

第七百八十三条　土地所有人因其家用或利用土地所必要,非以过巨之费用及劳力不能得水者,得支付偿金,对邻地所有人,请求给予有余之水。

第七百八十六条　土地所有人,非通过他人之土地,不能安设电线、水管、煤气管或其他筒管,或虽能安设而需费过巨者,得通过他人土地之上下而安设。但应择其损害最少之处所及方法为之,并应支付偿金。

第七百八十七条第一款　(1)土地因与公路无适宜之联络,致不能为通常之使用者,土地所有人得通行周围地以至公路,但对于通行地因此所受之损害,应支付偿金。

第七百八十八条　有通行权人,于必要时,得开设道路。但对于通行地因此所受之损害,应支付偿金。

第七百九十二条　土地所有人,因邻地所有人在其疆界或近旁,营造或修缮建筑物或其他工作物有使用其土地之必要,应许邻地所有人使用其土地,但因而受损害者,得请求偿金。

第八章 共　　有

第九十三条 不动产或者动产可以由两个以上单位、个人共有。共有包括按份共有和共同共有。

【说明】

本条是关于共有概念和共有形式的规定。

1. 关于共有的概念

共有是指多个权利主体对一物共同享有所有权。共有的主体称为共有人,客体称为共有财产或共有物。各共有人之间因财产共有形成的权利义务关系,称为共有关系。

财产的所有形式可分为单独所有和共有两种形式。单独所有是指财产所有权的主体是单一的,即一个人单独享有对某项财产的所有权。所谓共有,是指某项财产由两个或两个以上的权利主体共同享有所有权,换言之,是指多个权利主体对一物共同享有所有权。例如,两个人共同所有一艘船舶。《中华人民共和国海商法》第 10 条规定:"船舶由两个以上的法人或者个人共有的,应当向船舶登记机关登记;未经登记的,不得对抗第三人。"

在共有的概念中要区分共有与公有的关系问题。共有和公有不同。"公有"是指社会经济制度,即公有制。就公有财产权来说,它和共有在法律性质上的不同主要表现在:第一,共有财产的主体是多个共有人,而公有财产的主体是单一的,在我国为国家或集体组织。全民所有的财产属于国家所有,集体所有的财产则属于某集体组织成员集体所有。第二,公有财产已经脱离个人而存在,它既不能实际分割为个人所有,也不能由个人按照一定的份额享有财产权利。在法律上,任何个人都不能成为公有财产的权利主体。所以,有人认为集体所有是一种共同共有的观点是不对的,集体所有是一种抽象的概念,集体所有的财产不能量化到集体经济组织的成员。而在共有的情况下,特别是在公民个人的共有关系中,财产并没有脱离共有人而存在。共有财产在归属上为共有人所有,是共有人的财产。所以,单个公民退出或加入公有组织并不影响公有财产的完整性,但是,公民退出或加入共有组织(如合伙),就会对共有财产发生影响。

2. 关于共有的形式

在德国民法中,共有指"按份共有",没有提出"共同共有"的概念,但事实上规定了共同共有的法律关系。如《德国民法典》第 718 条规定的合伙,《德国商法典》第 105 条、第 106 条规定的合伙公司、夫妻共同财产和尚未分割的共同继承财产的所有权等。这种共有关系并没有规定在《德国民法典》物权编中的"共有"一节,而是规定在第二编即债务关系编第十四节"团体"和第十五节"共同关系"之内。而我国台湾地区"民法"中,共有事实上包括按份共有、"公同共有"(共同共有)及"准共有"。《中华人民共和国民法通则》虽然也把共有分为按份共有与共同共有,但哪些是按份共有,哪些是共同共有,并无明确规定。

【立法理由】

共有属于传统民法的内容,《中华人民共和国民法通则》对共有仅有一条规定,因此有必要对共有问题作进一步规定,首先就需要明确共有的概念和共有的形式。

【相关规定】

《中华人民共和国民法通则》

第三十二条　合伙人投入的财产,由合伙人统一管理和使用。

合伙经营积累的财产,归合伙人共有。

第七十八条第一、二款　财产可以由两个以上的公民、法人共有。

共有分为按份共有和共同共有。按份共有人按照各自的份额,对共有财产分享权利,分担义务。共同共有人对共有财产享有权利,承担义务。

《中华人民共和国海商法》

第十条　船舶由两个以上的法人或者个人共有的,应当向船舶登记机关登记;未经登记的,不得对抗第三人。

《中华人民共和国合伙企业法》

第二十条　合伙人的出资、以合伙企业名义取得的收益和依法取得的其他财产,均为合伙企业的财产。

《墨西哥民法典》

第九百三十八条　在未分割的情形下,一物或一个权利为数人所有,为共有。

第九十四条　按份共有人对共有的不动产或者动产按照其份额享有

所有权。

【说明】

本条是关于按份共有的规定。

按份共有,又称分别共有,是与共同共有相对应的一项制度,指数人按应有份额(部分)对共有物共同享有权利和分担义务的共有。在按份共有中,各共有人对共有物享有不同的份额。各共有人的份额,又称应有份,其具体数额一般是由共有人约定明确的。例如,甲、乙合购一辆汽车,甲出资3万元,乙出资2万元,甲、乙各按出资的份额对汽车享有权利、分担义务。在按份共有中,各共有人的应有份必须是明确的,如果按份共有人对共有的不动产或者动产享有的份额,没有约定或者约定不明确的,依照本法第104条的规定,按照出资额确定;不能确定出资额的,视为等额享有。

在按份共有中,每个共有人对共有财产享有的权利和承担的义务,是依据其不同的份额确定的。共有人的份额决定了其权利义务的范围。共有人对共有物持有多大的份额,就对共有物享有多大权利和承担多大义务,份额不同,共有人对共有财产的权利义务也不同。例如,甲、乙二人共同出资购买一处房屋,甲出资6万元,乙出资4万元,甲、乙二人共同决定将该房屋出租获取收益。在租金的分配上,甲有权获得租金总额的60%,乙则获得租金总额的40%。反之,在对该房屋维修费用的负担上,甲应负担60%,乙则承担40%。

按份共有与分别所有是不同的。在按份共有中,各个共有人的权利不是局限在共有财产的某一部分上,或就某一具体部分单独享有所有权,而是各共有人的权利均及于共有财产的全部。当然,在许多情况下,按份共有人的份额可以产生和单个所有权一样的效力,如共有人有权要求转让其份额,但是各个份额并不是一个完整的所有权,如果各共有人分别单独享有所有权,则共有也就不复存在了。

【立法理由】

大陆法系各国或地区民法都对按份共有作了详细规定,因为按份共有基本是按约定设立,在现代经济生活、社会生活中出现的频率越来越高,法律有必要对其作出较全面的规定。

【相关规定】

《中华人民共和国民法通则》

第七十八条第二款 共有分为按份共有和共同共有。按份共有人按照各自的份额,对共有财产分享权利,分担义务。共同共有人对共有财产享有权利,承担义务。

《德国民法典》

第七百四十一条 数人共同享有一权利者,除法律另有其他规定外,准用第742条至第758条的规定。

第七百四十二条 在发生疑问时,应认为各共有人享有均等的份额。

第七百四十三条 (1)各共有人按其份额享有果实的应有部分。

(2)各共有人以不妨害其他共有人的共有使用为限,得使用共有物。

第七百四十六条 全体共有人对共有物的管理和使用作出决议者,此项决议对特定继受人无论为有利或不利均有约束力。

第七百四十七条 (1)各共有人得自由处分其份额。

(2)整个共有物仅得由全体共有人共同处分。

第一千零八条 数人按其应有部分对于一物有所有权者,适用第1009条之第1011条的规定。

第一千零九条 (1)为有利于共同所有权人中之一人,也可以在共有物上设定其他权利。

(2)为有利于另一土地的现时所有权人而在共有土地上设定权利,以及为有利于共有土地的现时所有权人而在另一土地上设定权利的,均不因另一土地属于共有土地的共同所有权人中之一人而被排除。

第一千零一十一条 各共同所有权人均可以对第三人主张由所有权产生的各项请求权,但返还请求权仅可以根据第432条的规定为之。

《意大利民法典》

第一千一百零一条第二款 共有人根据各自享有的财产份额按比例享有利益,承担负担。

第一千一百零二条 在不改变共有物的用途并且不妨碍其他共有人按照各自享有的权利使用共有物的情况下,每个共有人都可以使用共有物。为达到使用的目的,共有人可以为更好地享用共有物而进行必要的改进并且自己承担所需的费用。

在未以适当的方式变更对共有物享有的权利份额的情况下,任一共有人都不得扩大自己对共有物的权利,损害其他共有人的利益。

第一千一百零三条第一款 每个共有人都可以在自己享有的财产份额范围内处分自己的权利、允许他人享用自己的财产。

《瑞士民法典》

第六百四十六条　（1）一物按份额为数人所有,且该物外部又不能分割的,该所有人为共有人。

（2）除另有约定外,共有人对该物的应有份额为均等。

（3）各共有人对其应有份额享有所有人的全部权利及义务。对其应有份额可转让、质押或供债权人扣押。

第六百四十八条第一款　各共有人在与其他共有人约定的权利范围内,对该物有代表、使用并收益的权利。

《日本民法典》

第二百四十九条　各共有人,可以按其应有部分,使用全部共有物。

第二百五十条　各共有人的应有部分不明时,推定为均等。

第二百五十一条　各共有人,非经其他共有人同意,不得变更共有物。

我国台湾地区"民法"

第八百一十七条　数人按其应有部分,对于一物有所有权者,为共有人。

各共有人之应有部分不明者,推定其为均等。

第八百一十八条　各共有人,按其应有部分,对于共有物之全部,有使用收益之权。

第八百一十九条　各共有人,得自由处分其应有部分。

共有物之处分、变更及设定负担,应得共有人全体之同意。

第八百二十条　共有物,除契约另有订定外,由共有人共同管理之。

共有物之简易修缮,及其他保存行为,得由各共有人单独为之。

共有物之改良,非经共有人过半数,并其应有部分合计已过半数者之同意不得为之。

第九十五条　共同共有人对共有的不动产或者动产共同享有所有权。

【说明】

本条是关于共同共有的规定。

共同共有是指两个或两个以上的民事主体,根据某种共同关系而对某项财产不分份额地共同享有权利并承担义务。共同共有的特征是:第一,共同共有根据共同关系而产生,以共同关系的存在为前提,例如夫妻关系、家庭关系。第二,在共同共有关系存续期间内,共有财产不分份额。这是共同共有与按份共有的主要区别。第三,在共同共有中,各共有人平等地对共有物享受权利和承担义务。

关于共同共有的形式,我国学界普遍认为共同共有包括"夫妻共有""家庭共有"和"遗产分割前的共有"。

1. 夫妻共有

共同共有最典型的形式就是夫妻共有。《中华人民共和国婚姻法》第17条规定,夫妻在婚姻关系存续期间所得的下列财产,归夫妻共同所有:一是工资、奖金;二是生产、经营的收益;三是知识产权的收益;四是继承或赠与所得的财产,但遗嘱或赠与合同中确定只归夫或妻一方的财产除外;五是其他应当归共同所有的财产。夫妻对共同所有的财产,有平等的处理权。例如,夫妻双方出卖、赠与属于夫妻共有的财产,应取得一致意见。夫妻一方明知另一方处分财产而未作否定表示的,视为同意。

2. 家庭共有

家庭共有财产是指家庭成员在家庭共同生活关系存续期间,共同创造、共同所得的财产。例如,家庭成员交给家庭的财产、家庭成员共同受赠的财产,以及在此基础上购置和积累起来的财产等。概言之,家庭共有财产是家庭成员的共同劳动收入和所得。家庭共有财产和家庭财产的概念是不同的。家庭财产是指家庭成员共同所有和各自所有的财产的总和,包括家庭成员共同所有的财产、夫妻共有财产和夫妻个人财产、成年子女个人所有的财产、其他家庭成员各自所有的财产等。家庭共有财产则不包括家庭成员各自所有的财产。

区分家庭共有财产与家庭成员个人财产的主要意义在于:

(1)《中华人民共和国继承法》第26条第2款规定:"遗产在家庭共有财产之中的,遗产分割时,应当先分出他人的财产。"家庭共有财产的某一共有人死亡,财产继承开始时,必须把死者在家庭共有财产中的应有部分分出,作为遗产继承,而不能把家庭共有财产都作为遗产继承。

(2)《中华人民共和国个人独资企业法》第18条规定:"个人独资企业投资人在申请企业设立登记时明确以其家庭共有财产作为个人出资的,应当依法以家庭共有财产对企业债务承担无限责任。"《个人独资企业登记管理办法》第10条第2款规定:"个人独资企业投资人以个人财产出资或者以其家庭共有财产作为个人出资的,应当在设立申请书中予以明确。"

(3)《最高人民法院关于贯彻执行〈中华人民共和国民法通则〉若干问题的意见(试行)》规定:"民法通则第三十五条第一款中关于'以各自的财产承担清偿责任',是指合伙人以个人财产出资的,以合伙人的个人财产承担;合伙人以其家庭共有财产出资,以其家庭共有财产承担;合伙人以个人财产出资,合伙的盈余分配所得用于其家庭成员生活的,应先以合伙人的个人财产承担,不足部分以合伙人的家庭共有财产承担。"

3. 遗产分割前的共有

我国台湾地区"民法"第1151条规定:"继承人有数人时,在分割遗产前,各继承人对于遗产全部为公同共有。"所谓"公同共有"即我们所说的"共同共有"。《中华人民共和国继承法》第24条规定:"存有遗产的人,应当妥善保管遗产,任何人不得侵吞或者争抢。"

4. 关于合伙的共有性质

我国内地很多学者把我国台湾地区"民法"中归入共同共有的"合伙"认为是按份共有。经查,我国台湾地区"民法"第668条规定:各合伙人之出资及其他合伙财产,为合伙人全体之公同共有。第682条第1款规定:合伙人于合伙清算前,不得请求合伙财产之分析。第683条规定:合伙人非经他合伙人全体同意,不得将自己之股份转让于第三人。从我国台湾地区"民法"的规定看,其对合伙财产的规定符合共同共有的某些特征,首先是共同管理,个人不得处分;其次是在共有关系解除前,不得分割共有财产。我国多数学者认为合伙财产属于按份共有的理由是:首先,共同共有是不能划分份额的,而在合伙财产中,实际是按投资比例划分份额。其次,按份共有是按照自己的份额享有共有财产的收益,而合伙人对收益的分配主要也是以投资比例确定。我国台湾地区"民法"第677条第1款规定:分配损益之成数,未经约定者,按照各合伙人出资额之比例定之。反观,共同共有人对共有财产的收益则是不分份额的共同享有。因此,"合伙财产"是归入按份共有,还是归入共同共有,是一个值得研究的问题。

【立法理由】

经查,大陆法系国家或地区的民法中,规定共同共有的不多,瑞士和我国台湾地区"民法"明确规定了共同共有,只是我国台湾地区"民法"称其为"公同共有"。1986年制定的《中华人民共和国民法通则》第78条把共有区分为两种形式,即按份共有和共同共有。因此,从我国民事立法的传统上就规定了共同共有。我国民法学界普遍认为我国婚姻法规定的夫妻共有是典型的共同共有,所以有必要在物权法中对共同共有作出规定。

【相关规定】

《中华人民共和国民法通则》

第七十八条第二款　共有分为按份共有和共同共有。按份共有人按照各自的份额,对共有财产分享权利,分担义务。共同共有人对共有财产享有权利,承担义务。

《中华人民共和国婚姻法》

第十七条 夫妻在婚姻关系存续期间所得的下列财产,归夫妻共同所有:

(一)工资、奖金;

(二)生产、经营的收益;

(三)知识产权的收益;

(四)继承或赠与所得的财产,但本法第十八条第三项规定的除外;

(五)其他应当归共同所有的财产。

夫妻对共同所有的财产,有平等的处理权。

《中华人民共和国妇女权益保障法》

第四十七条第一款 妇女对依照法律规定的夫妻共同财产享有与其配偶平等的占有、使用、收益和处分的权利,不受双方收入状况的影响。

《瑞士民法典》

第六百五十二条 若干人依法律或契约而成立共同共有关系,并依共同共有关系对某物有所有权时,为共同共有人。各共有人的权利及于全物。

第六百五十三条 共同共有人的权利和义务,依法定或约定的规则而定。

行使所有权,特别是对物的处分,除有特别约定外,须经全体共同共有人一致同意。

在共同共有关系存续期间,不得分割共同共有物或处分共同共有物中的任何部分。

我国台湾地区"民法"

第六百六十八条 各合伙人之出资,及其他合伙财产,为合伙人全体之公同共有。

第八百二十七条 依法律规定或依契约,成立公同关系之数人,基于其共有关系,而共有一物者,为公同共有人。

各公同共有人之权利,及于公同共有物之全部。

第八百二十八条 公同共有人之权利义务,依其公同关系所由规定之法律或契约定之。

除前项之法律或契约另有规定外,公同共有物之处分及其他之权利行使,应得公同共有人全体之同意。

第一千一百五十一条 继承人有数人时,在分割遗产前,各继承人对于遗产全部为公同共有。

第九十六条 共有人按照约定管理共有的不动产或者动产;没有约定或者约定不明确的,各共有人都有管理的权利和义务。

【说明】

本条是关于共有物管理的规定。

本条规定的对共有物的"管理"是一个外延宽泛的大概念,包括共有人对共有物的保存、使用方法和简易修缮。对共有物的处分和重大修缮则不属于对共有物管理的内容,在本章中另条规定。另外,本条没有区分按份共有、共同共有而对共有物的管理分别作出规定,应当说按份共有人与共同共有人在对共有物的管理的权利、义务上还是略有区别的。在对本条的释义里有必要分述如下:

1. 按份共有人对共有物的管理

(1) 按份共有人对共有物的保存。对共有物的保存是指以维持共有物的现状为目的,保持共有物的完好状态,通过相应的管理措施,避免共有物的毁损、灭失。例如,甲、乙二人共购一辆出租汽车并获得运营权。甲、乙二人在共同经营这辆出租汽车时,可以就如何维护、保养这辆汽车进行约定,如该车每跑5 000公里必须做保养;每晚停止营运后要置放于某安全地点以免被盗等内容。甲、乙二人应当遵守双方关于保存该车的约定。如果甲、乙二人没有就该车如何保存作出约定,那么甲和乙各自应尽自己妥善保存的义务。

(2) 按份共有人对共有物的使用方法。按份共有人对共有物的使用与按份共有人决定对共有物的使用方法是两个性质不同的问题。按份共有人对共有物的使用及收益分配是本法第94条调整的内容,即各共有人按照其份额对共有物享有所有权。例如,甲、乙二人共同出资购买一处房屋,甲出资6万元,乙出资4万元。甲、乙二人共同决定将该房屋出租获取收益。在租金的分配上,甲有权获得租金总额的60%,乙则获得租金总额的40%。而按份共有人商定对共有物的使用方法则属于对共有物管理的内容。因为对共有物的使用方法决定着共有物的状态及使用寿命。例如,全体共有人可以约定以下几种对共有物的使用方法:一是各共有人对共有物分部分或者分时间使用;二是将共有物交个别共有人使用,由使用的共有人对不使用的共有人给予补偿;三是将共有物出租,租金在共有人中按各自的份额分配。

(3) 按份共有人对共有物的简易修缮。对共有物的简易修缮与对共有物的重大修缮不同。对共有物的简易修缮是出于对共有物的保存目的,即保持共有物现有的状态。例如给共有的房屋破损的玻璃换上好的玻璃等。而对共有物作重大修缮,目的往往是增加共有物的效用或价值。例如将共有居住房屋改造成商业用房出租。对共有物的重大修缮,往往需费过巨,依照本法第97条的规定,需要在按份共有人中间实行多数决。而对共有物的简易修缮,往往需费甚少,按本条规定,只需共有人按约定办理。如果没有约定或者约定不明确的,各共有人都有义务对共有物作简易修缮。例如我国台湾地区"民法"第820条规定:"共有物,除契约另有订定外,由共有人共同管理之。共有物之简易修缮,及其他保存行为,得由各共有人单独为之。"

2. 共同共有人对共有物的管理

共同共有人对共有物享有共同的权利,承担共同的义务。在对共有物的管理上,也主要体现在以下三个方面:

(1)在对共有物的保存上,有约定的按约定办理,没有约定或者约定不明确的,各共有人都有妥善保存的权利和义务。所谓对共有物保存的约定,主要是对共有物保存方式的约定,使共有物处于良好状态,对全体共有人发挥更大的功效。例如夫妻可以对共有的汽车商定如何保养、存放,以避免汽车毁损、灭失。有约定的依约定,没有约定的,夫妻双方都要对汽车进行妥善保存。

(2)在对共有物的使用方法上,也要遵循有约定的依约定,没有约定的,共有人在各自使用时,要尽合理的注意义务,以避免共有物毁损。例如夫妻在使用共有的洗衣机问题上,几乎不可能约定使用方法,那么夫妻各自使用时,要按照产品的操作规程,以防洗衣机毁损。

(3)在对共有物简易修缮问题上,共有人要商量确定。商量不通的,各共有人都有权利和义务进行修缮。因为共有物的瑕疵如不及时修理,可能导致损失进一步扩大,对全体共有人都是不利的。

【立法理由】

多人共有一物的,对共有物的管理是事关各共有人的大事,所以也是关于共有的法律规范中的重要内容。只有明确了各共有人之间在管理共有物方面的权利和义务关系,才能减少共有人之间发生纠纷的可能性,使共有物更有效地发挥其作用和价值,为全体共有人服务。

【相关规定】

《中华人民共和国民法通则》

第三十二条　合伙人投入的资产,由合伙人统一管理和使用。

合伙经营积累的财产,归合伙人共有。

《德国民法典》

第七百四十四条　(1)共有物由共有人共同管理。

(2) 各共有人有权,不经其他共有人同意,为保存共有物采取必要的措施;该共有人可以要求其他共有人事先同意其采取此类措施。

第七百四十五条 (1) 关于符合共有物性质的正常管理和使用,得经过半数票决定之。此项过半数票,应按共有人的份额计算。

(2) 管理和使用未经协议或未经过半数的决议规定者,各共有人得请求按照公平原则衡量符合全体共有人利益的管理和使用。

(3) 不得决议或请求对共有物为根本的变更。非经个别共有人本人同意,不得妨害其行使与其份额相当的应有部分的收益权。

第七百四十六条 全体共有人对共有物的管理和使用作出决议者,此项决议对特定继受人无论为有利或不利均有约束力。

《意大利民法典》

第一千一百零五条 每个共有人都有权参与共有财产的管理。

对于一般管理行为,持不同意见的少数共有人必须执行以按照财产份额价值计算出的、半数以上共有人通过的决议。

为使半数以上共有人通过的决议生效,必须将决议的内容事先通知全体共有人。

如果对于共有财产的管理,未采取必要的措施,或者未能形成必须由半数以上共有人通过的决议,或者虽然作出了决议,但是,未付诸执行,则每个共有人都有权向司法机关提起诉讼。可以由司法机关的议事室进行裁决,也可以任命一名管理人。

第一千一百零八条第一、二款 所有涉及改进共有物或者为更方便地享用共有物或者为使共有物产生收益而作出的改造决议须以占共有财产三分之二份额的多数共有人通过,但是,这一改造不得损害其他共有人的权利并且不得造成过重的费用负担。

涉及特殊管理行为的决议同样应当以占共有财产三分之二份额的多数共有人通过,但是,不得损害其他共有人的权利。

《日本民法典》

第二百五十二条 关于共有物的管理事项,除前条情形外,按各共有人应有部分的价值,以其过半数者决定。但保存行为,各共有人均可实行。

《瑞士民法典》

第六百四十七条 1. 共有人可以约定不同于法律规定的收益及管理办法,并请求将此登记于不动产登记簿。

2. 但是,前款情形不得废除或限制各共有人的下列权利:(1) 为保护物的价值及使用性能而进行的必要管理行为;必要时,也可向法官提出诉请。(2) 为保护物免受损害及日益增长的威胁而主动采取的紧急措施;该紧急措施的费用由全体共有人平均负担。

第六百四十七条 a　1. 各共有人对共有物有进行普通管理行为的权利,特别是有权修缮、耕作及收获,短期的管理及监督,为上述目的缔结契约并执行契约以及缔结并执行租佃契约和工作契约。为全体共有人支付或收受现金亦属普通管理行为。

2. 前款的管理行为,经共有人中多数人同意后,得另外规定其范围。但本法有关必要及紧急措施的规定,不在此限。

第六百四十七条 b　1. 经对物的大部分有所有权的绝大多数共有人的同意,可进行较重要的管理行为,特别是对农作物或使用方式的变更、缔结或解除租佃契约、改良土地及委任有一般权限的管理人等。

2. 前款规定,不得限制有关必要的建筑措施的规定。

第六百四十九条 a　共有人关于用益及管理的约定和关于管理的决议,以及法院的裁决,对共有人的继承人及某共有人应有部分物权的取得人,同样有约束力。

我国台湾地区"民法"

第八百二十条　共有物,除契约另有订定外,由共有人共同管理之。

共有物之简易修缮,及其他保存行为,得由各共有人单独为之。

共有物之改良,非经共有人过半数,并且应有部分合计已过半数者之同意不得为之。

第九十七条　处分共有的不动产或者动产以及对共有的不动产或者动产作重大修缮的,应当经占份额三分之二以上的按份共有人或者全体共同共有人同意,但共有人之间另有约定的除外。

【说明】

本条是关于共有物处分或者重大修缮的规定。

《中华人民共和国物权法》第97条区分按份共有和共同共有,对共有物的处分或者重大修缮问题作出了不同的规定。

1. 对按份共有物的处分

我国物权法在对按份共有物的处分问题上兼顾效益原则和公平原则,在对共有物的处分问题上,实行"绝对多数决"原则,即占份额 2/3 以上的按份共有人同意,即可处分共有物。传统民法从公平原则出发,规定只有在全体按份共有人同意的前提下,才能对共有物进行处分。例如《德国民法典》第747条第2款规定:"整个共有物仅得由全体共有人共同处分。"我国台湾地区"民法"第819条第2款规定:"共有物之处分、变更及设定负担,应得共有人全体之同意。"在《中华人民共和国物权法》起草过程中,经过对此问题深入细致地研究,认为传统民法的规定存在一定弊端,并不能适应新时代对物尽其用的要求。全体同意原则不仅使按份共有人间易滋生矛盾,丧失合作信心,也阻碍对物之及时有效的利用。在当今社会,机会稍纵即逝,很多情况下,等到每个共有人都首肯,机会早已丧失,使物不能尽其用。因此,《中华人民共和国物权法》在对按份共有的共有物处分问题上采用"多数决"原则。但如果按份共有人约定对共有物的处分应经全体共有人一致同意,则应当依照约定行事。

为了提高共有物的使用效率,按份共有人可以转让其在共有物上的财产份额,当然也可以用自己在共有物上的份额设定负担。例如甲、乙、丙兄弟三人各出资30万元购置一套房屋。甲、乙二人因生意缺钱,可以以二人在该房屋上的份额向银行抵押并获得贷款60万元。如果甲、乙二人到期不能归还银行借款,丙对甲、乙二人在该房屋上的份额有优先购买权,丙可以向甲、乙二人各支付30万元消灭与丙的按份共有关系。

2. 对按份共有物的重大修缮

按份共有人对共有物的重大修缮,在我国台湾地区被称为对共有物的改良。对共有物的重大修缮或改良行为,是在不改变共有物性质的前提下,提高共有物的效用或者增加共有物的价值。例如甲、乙、丙兄弟三人决定将共有的房屋重建。由于对共有物的重大修缮较对共有物的保存而言需费较大,需要各共有人按照自己所占共有物份额的比例支付重大修缮费用,因此为维护多数共有人的利益,我国物权法对共有物作重大修缮的行为规定实行"绝对多数决"原则,即占共有物2/3以上份额的共有人同意,才能对共有物作重大修缮。

经查大陆法系有些国家或地区的立法,对共有物的改良实行"相对多数决"原则。例如我国台湾地区"民法"第820条第3款规定:"共有物之改良,非经共有人过半数,并其应有部分合计已过半数者之同意,不得为之。"由此可以看出,我国台湾地区立法对共有物的改良实行"相对多数决"原则,但是其强调不但份额要过半数,共有人的人数也要过半数的前提下,才能对共有物进行改良。《中华人民共和国物权法》第97条只是规定占份额2/3以上共有人同意,即可对共有物进行重大修缮。应当说这样规定是有其合理性的,既能体现物尽其用的原则,又能兼顾多数共有人的利益,可以说是兼顾了效率原则与公平原则。

3. 对共同共有物的处分

共同共有根据共同关系而产生,以共同关系的存在为前提。共同共有最重要的特征之一就是各共有人平等地对共有物享有权利和承担义务。因此,处分共有物必须经全体共同共有人同意。例如,甲、乙二人为夫妻关系,甲、乙二人共同共有一辆汽车。在对这辆汽车的转让问题上,则必须在甲、乙二人一致同意转让的前提下,才能将该车转让。

对共同共有物的处分须经全体共有人"一致决"的原则是传统民法的通例,例如《瑞士民法典》第653条第2款规定:"行使所有权,特别是对物的处分,除有特别约定外,须经全体共同共有人一致同意。"我国台湾地区"民法"第828条规定:"公同共有人之权利义务,依其公同关系所由规定之法律或契约定之,除前项之法律或契约另有规定外,公同共有物之处分及其他之权利行使,应得公同共有人全体之同意。"

我国在司法实践中也是坚持对共有物处分须经全体共同共有人一致决的原则。《最高人民法院关于贯彻执行〈中华人民共和国民法通则〉若干问题的意见(试行)》第89条规定:"共同共有人对共有财产享有共同的权利,承担共同的义务。在共同共有关系存续期间,部分共有人擅自处分共有财产的,一般认定无效。但第三人善意、有偿取得该项财产的,应当维护第三人的合法权益;对其他共有人的损失,由擅自处分共有财产的人赔偿。

法律规定对共有物的处分须经全体共同共有人同意,但共有人另有约定的除外。例如甲、乙二人为夫妻关系,甲、乙二人可以对共有财产约定一个各自可以处分的财产范围,例如对价值100元以下的共有财产的处分,可以不经过另一共有人的同意。如果双方有此约定,则依约定行事。

4. 对共同共有物的重大修缮

无论是夫妻共有财产,还是家庭共有财产,对共有财产作重大修缮,特别是对价值较大的共有财产作重大修缮,往往事关各共有人的利益,一般需要从共有财产中支付费用,还可能基于修缮而使共有人在一段时间内不能使用,或者影响共有物所创造的价值。所以本条规定,在对共有物作重大修缮的,须经全体共同共有人一致同意,但共有人另有约定的除外。

5. 关于对共同共有物规定"一致决"的理论基础

共同共有以法律规定的或者合同约定的共同关系为前提,而这种共有关系的当事人之间在多数情况下具有一定的人身关系,如婚姻关系或者亲属关系。家庭是社会的细胞,家庭成员之间除具有人身关系之外,还具有一定的财产关系,而共同共有则作为家庭财产的一个常态。法律为了维护家庭关系的稳定,有必要对夫妻共有、家庭共有等共有形式的共有人之间的权利义务作出明确规定,以保护各共有人利益的同时也维护共有人之间的和睦。

共同共有最重要的特征之一就是各共有人平等地对共有物享有权利和承担义务。《中华人民共和国婚姻法》第17条第2款规定:"夫妻对共同所有的财产,有平等的处理权。"平等地对共有物行使所有权是共同共有的本质特征。我国是具有两千多年封建历史的国家,封建的父权主义、夫权主义在一些家庭中还有所表现。对共同共有物的处分及行使其他权利问题上,侵害妇女或其他共有人利益的情况仍然很多。男女平等是我国婚姻法的基本原则,在对夫妻共同财产或者家庭共同财产的处分等权利方面,也必须贯彻平等的原则。

【立法理由】

对共有物的处分涉及共有关系能否继续存在,对共有物的处分及重大修缮又涉及各共有人的利益,所以对共有物的处分及重大修缮是共有关系中的重要内容。在按份共有中,大陆法系多数国家或地区对共有物的处分规定了严格的条件,即实行"一致决"原则。而我国是在新世纪制定物权法,对这个传统民法规定"一致决"原则自有新的考量,有必要予以明确规定。

【相关规定】

《德国民法典》

第七百四十七条 (1)各共有人得自由处分其份额。

(2)整个共有物仅得由全体共有人共同处分。

《意大利民法典》

第一千一百零三条 每个共有人都可以在自己享有的财产份额范围内处分自己的权利、允许他人享用自己的财产。

当某一共有人在共有财产上设定抵押权时,应当遵守本法第六编第三章第六节的规定。

《瑞士民法典》

第六百四十六条第三款 各共有人对其应有份额享有所有人的全部权利及义务。对其应有份额可转让、质押或供债权人扣押。

第六百五十三条 共同共有人的权利和义务,依法定或约定的规则而定。

行使所有权,特别是对物的处分,除有特别约定外,须经全体共同共有人一致同意。

在共同共有关系存续期间,不得分割共同共有物或处分共同共有物中的任何部分。

《日本民法典》

第二百五十一条 各共有人,非经其他共有人同意,不得变更共有物。

第二百五十五条 共有人的一人抛弃其份额时,或者没有继承人而死亡时,其份额归属于其他共有人。

我国台湾地区"民法"

第八百一十九条 各共有人,得自由处分其应有部分。

共有物之处分、变更及设定负担,应得共有人全体之同意。

第八百二十八条 公同共有人之权利义务,依其公同关系所由规定之法律或契约定之。

除前项之法律或契约另有规定外,公同共有物之处分及其他之权利行使,应得公同共有人全体之同意。

第九十八条 对共有物的管理费用以及其他负担,有约定的,按照约定;没有约定或者约定不明确的,按份共有人按照其份额负担,共同共有人共同负担。

【说明】

本条是关于共有物管理费用负担的规定。

对共有物的管理费用主要包括以下方面:

第一,对共有物的保存费用,即为保持共有物免于毁损、灭失,处于良好安全状态或使用状态而支付的费用。例如对共有的汽车在一年中支付的保险费、养路费、车船使用税、保养费、存放费等。

第二,对共有物作简易修缮或者重大修缮所支出的费用,如修理共有的电视机所支付的修理费,装修共有的房屋所支付的费用。

对共有物的其他负担,例如因为共有物对共有人以外的人造成损害,而向受害人支付的偿金。如共有的房屋倒塌造成他人损害,而向受害人赔偿的医疗费、误工损失费等。

在按份共有中,对共有物的管理费用以及其他负担,有约定的,按照约定;没有约定或者约定不明确的,按份共有人按照其份额负担。

在共同共有中,对共有物的管理费用以及其他负担,原则上由共同共有人共同负担,即由其他的共有财产,如从共有的积蓄中支付。但是共同共有人另有约定的,依照其约定。《中华人民共和国婚姻法》允许夫妻约定财产制,例如夫妻可以把家庭财产,部分约定为共同所有,部分约定为各自所有。例如甲、乙二人为夫妻,双方在结婚之时约定婚后各自的工资收入为各自所有,奖金收入为共同共有。同时约定对家庭生活所必需的生活用品的购买实行 AA 制。婚后甲、乙二人商定共买一辆汽车,约定双方各出资 10 万元,同时约定所购汽车为夫妻共同财产。在购买汽车后,在对汽车的费用支出问题上,如果甲、乙二人有约定,则依约定行事。如甲、乙二人约定对该车的所有管理费用支出也实行 AA 制,则依此约定。如果甲、乙二人没有对该车的管理费用支出作出约定,则由二人共同负担,即从二人共有的奖金中支付该车的管理费用。

【立法理由】

本法第 96 条规定了对共有物的管理,无论是对共有物的保存或者简易修缮等方面,都需要各共有人负担费用;本法第 97 条规定了对共有物的重大修缮,对重大修缮所带来的费用,更是需要在共有人之间合理负担。因此,本条位列第 96 条和第 97 条之后,明确规定共有物的管理及重大修缮所引起的费用负担问题。

【相关规定】

《德国民法典》

第七百四十八条　各共有人对其他共有人负有义务,按其份额的比例,承担共有物的负担,以及为保存、管理和共同使用所支出的费用。

《意大利民法典》

第一千一百零四条第一款　每个共有人都应当承担为保管和享用共有财产而支出的必要费用以及根据本节以下各条的规定经多数共有人同意支出的费用,共有人以抛弃共有权的方式解除承担费用义务的权利不在此限。

第一千一百一十条　在其他共有人或管理人疏忽的情况下,承担了保管责任的共有人有权请求偿还为保管共有财产支出的必要费用。

《瑞士民法典》

第六百四十九条　1. 共有物及共有关系的管理费用、租税及其他负担,由各共有人,按其应有部分的比例分摊。但如另有约定时,不在此限。

2. 前款情形,共有人中一人支付的费用超过其应负担的时,对超出部分有向其他共有人请求补偿的权利。

《日本民法典》

第二百五十三条　1. 各共有人按其应有部分,支付管理费用,承担共有物的其他负担。

2.共有人于一年内不履行前款义务时,其他共有人,可以支付相当偿金,取得其应有部分。

我国台湾地区"民法"

第八百二十二条 共有物之管理费,及其他负担,除契约另有订定外,应由各共有人,按其应有部分分担之。

共有人中之一人就共有物之负担为支付,而逾其所应负担之部分者,对于其他共有人得按其各应分担之部分请求偿还。

第九十九条 共有人约定不得分割共有的不动产或者动产,以维持共有关系的,应当按照约定,但共有人有重大理由需要分割的,可以请求分割;没有约定或者约定不明确的,按份共有人可以随时请求分割,共同共有人在共有的基础丧失或者有重大理由需要分割时可以请求分割。因分割对其他共有人造成损害的,应当给予赔偿。

【说明】

本条是关于共有财产分割原则的规定。

依据本条规定,分割共有财产的基本原则有三:

一是依据共有人约定分割的原则。无论是按份共有,还是共同共有,共有人对共有财产的分割有约定的依其约定。共有人约定不得分割共有的不动产或者动产以维持共有关系的,应当按照约定,但共有人有重大理由需要分割的,可以请求分割。例如,没有经济收入的某个共有人的父亲病重,需要分割共有财产,获得给父亲看病的钱。在这种情形下,虽然共有人有不能分割共有财产的约定,但父亲患病的共有人属于本条规定的有重大理由需要分割共有财产的情形。

二是依法分割的原则。共有人对共有财产是否可以分割,在什么情况下可以分割没有约定,或者约定不明确的,应当依据本条的规定予以分割,即按份共有人可以随时请求分割,共同共有人在共有的基础丧失或者有重大理由需要分割时可以请求分割。

(1)按份共有人可以随时请求分割。按份共有是各共有人按照确定的份额对共有财产享有权利承担义务的共有。按份共有人对其应有份额享有相当于分别所有的权利。因此,按份共有关系存续期间,按份共有人有权请求从共有财产中分割出属于自己的份额,这种请求不需要征得其他共有人的同意。

(2)共同共有人在共有的基础丧失或者有重大理由需要分割时可以请

求分割。共同共有是共有人对全部共有财产不分份额地享有权利承担义务的共有。在共有关系存续期间,各共有人对共有财产没有确定的份额,无论在权利的享有上还是在义务的负担上都无份额比例之分。那么,在共有人对共有财产的分割没有约定的情况下,通常共有人只有在共同共有关系消灭时才能协商确定各自的财产份额,对共有财产予以分割。因此,本条规定共同共有人在共有的基础丧失或者有重大理由需要分割时可以请求分割共有财产。共同共有人共有的基础丧失,如夫妻财产的共同共有,因婚姻关系的解除而失去了共有的基础,在这种情况下,夫或者妻一方可以请求分割共有的财产。有重大理由需要分割,如在婚姻关系存续期间,夫妻二人约定由原来的夫妻共同财产制,改变为夫妻分别财产制,在这种情况下,夫或者妻一方也可以请求分割共有的财产。

三是损害赔偿原则。共有财产关系的客体为一项特定的统一的财产,如图书馆,其功能、作用、价值是确定的。因某些法定的特殊原因,共有人分割共有财产,会使共有财产的功能丧失或者削弱,降低它的价值,有可能给其他共有人造成损害,因此本条规定,因分割对其他共有人造成损害的,应当给予赔偿。

【立法理由】

在《中华人民共和国物权法》起草征求意见时,有的部门和同志反映,在共有人对共有财产的分割问题没有约定或者约定不明确的情况下,如何分割共有财产,实践中认识不一;如果共有人约定不得分割共有财产,那么遇有某些特殊情况,共有人是否可以分割共有财产。

【相关规定】

《中华人民共和国合伙企业法》

第二十一条 合伙企业进行清算前,合伙人不得请求分割合伙企业的财产,但是,本法另有规定的除外。

合伙人在合伙企业清算前私自转移或者处分合伙企业财产的,合伙企业不得以此对抗不知情的善意第三人。

《最高人民法院关于贯彻执行〈中华人民共和国民法通则〉若干问题的意见(试行)》

第九十条 在共同共有关系终止时,对共有财产的分割,有协议的,按协议处理;没有协议的,应当根据等份原则处理,并且考虑共有人对共有财产的贡献大小,适当照顾共有人生产、生活的实际需要等情况,但分割夫妻共有财产,应当根据婚姻法的有关规定处理。

《日本民法典》

第二百五十六条　1. 各共有人可以随时请求分割共有物。但是,不妨碍其订立于不超过五年的期间内不实行分割的契约。

2. 此契约可以更新。但其期间,自更新时起,不得超过五年。

《瑞士民法典》

第六百五十条　各共有人均有权请求分割共有物。但依约定或标的物性质上具有继续性而不得请求终止的,不在此限。

共有人依合意,最多得约定在30年内不许请求分割。合意须采用公证方式,并在不动产登记簿登记后,始生效。

共有物分割请求,不得在不合时宜时提起。

我国台湾地区"民法"

第八百二十三条　各共有人,得随时请求分割共有物。但因物之使用目的不能分割或契约订有不分割之期限者,不在此限。

前项契约所定不分割之期限不得逾五年。逾五年者,缩短为五年。

第八百二十九条　公同关系存续中,各公同共有人,不得请求分割其公同共有物。

第一百条　共有人可以协商确定分割方式。达不成协议,共有的不动产或者动产可以分割并且不会因分割减损价值的,应当对实物予以分割;难以分割或者因分割会减损价值的,应当对折价或者拍卖、变卖取得的价款予以分割。

共有人分割所得的不动产或者动产有瑕疵的,其他共有人应当分担损失。

【说明】

分割共有的不动产或者动产,可以采取各共有人间协商确定的方式。协商的内容,由共有人自由决定,当然须得共有人全体同意。当无法达成协议时,共有人可提请法院进行裁判分割。裁判分割应遵循本条关于实物分割、变价分割或者折价分割的原则规定,同时,共有人分割所得的不动产或者动产有瑕疵的,其他共有人应当分担损失。

【立法理由】

关于共有物的分割方式,瑞士、日本和我国台湾地区"民法"都作了详细规定。共有物的分割首先应当尊重各方共有人的意思自治,同时本着发挥物的最大效用,尽可能避免减损其价值的原则进行,实物分割、变价分割或者折价分割是常采用的方式。

【相关规定】

《德国民法典》

第七百五十二条 共有一物或共有数物可以不减损其价值而分割为符合共有人份额的均等部分时,共有关系因自然分割而解除。

第七百五十三条 (1)不能自然分割者,共有得按关于质物出售的规定,由变卖分割共有物,解除共有关系;共有物为土地者,以强制拍卖并分配其价金。标的物为禁止转让于第三人者,应在全体共有人之间进行拍卖。

(2)出售标的物无结果时,各共有人得请求再次出售,如再次出售仍无结果,该请求人应负担其费用。

第七百五十七条 解除共有关系时,各共有人对于其他共有人分割而得的物,按其份额负与出卖人同一的担保责任。

《意大利民法典》

第一千一百一十四条 在能够按照共有人各自享有的财产份额方便地进行分割的情况下,可以进行实物分割。

《日本民法典》

第二百五十八条 1.共有人就分割协议不成时,可以请求法院分割。

2.于前款情形,如不能就共有物实行现实分割,或因分割有显著损害其价格之虞时,法院可命令将其拍卖。

第二百六十一条 各共有人,就其他共有人因分割所得之物,按其份额负与出卖人相同的担保责任。

《瑞士民法典》

第六百五十一条 共有关系的终止,以分割实物、自由变卖、拍卖后分割价金,或使共有人中之一人或若干人拥有全物,并使其向其他共有人赔偿的方法完成。共有人对终止共有关系的方法不能达成协议时,应根据法院的命令分割实物;如此种方法严重减损该物价值的,则应公开或在共有人中间拍卖。实物分割不能均等时,以货币进行平均。

我国台湾地区"民法"

第八百二十四条 共有物之分割,依共有人协议之方法行之。分割之方法,不能协议决定者,法院得因任何共有人之声请,命为左列之分配:

(1)以原物分配于各共有人。

(2)变卖共有物,以价金分配于各共有人。以原物为分配时,如共有人中,有不能按其应有部分受分配者,得以金钱赔偿之。

第八百二十五条　各共有人因分割而得之物，按其应有部分负与出卖人同一之担保责任。

第一百零一条　按份共有人可以转让其享有的共有的不动产或者动产份额。其他共有人在同等条件下享有优先购买的权利。

【说明】

本条是关于共有人的优先购买权的规定。

1. 按份共有人可以转让其享有的共有份额

本条第一句规定了在共有关系存续期间，按份共有人有权转让其享有的共有的不动产或者动产份额。共有人转让共有份额后，受让人可能继续与其他原共有人共有，或者分割共有份额。分割共有物的方法依据当事人的约定，如果当事人没有约定或约定不明时，则按照以下方法加以分割：

（1）如果共有物能够分割，则将共有物按照共有人各自的份额加以分配；

（2）如果共有物不适合分割，如分割会减少共有物的价值，则可以将共有物拍卖或变卖而分割其价金，或者共有人之一人取得共有物，向其他共有人按照各自的份额支付相应的对价。

在一般情况下，按份共有人转让其享有的共有份额，无需得到其他共有人同意。但各共有人不得侵害其他共有人的利益，并受法律的限制。法律有特别规定的，共有人处分其份额应遵守法律的规定。如《中华人民共和国海商法》第16条第1款规定："船舶共有人就共有船舶设定抵押权，应当取得持有三分之二以上份额的共有人的同意，共有人之间另有约定的除外。"根据《中华人民共和国城市房地产管理法》第38条的规定，共有房地产，未经其他共有人书面同意的，不得转让。此外，在共有关系中有禁止共有人出让其份额的约定的，对共有人应当具有约束力。共有人之一不按照约定处分自己应有份额的，应当无效。但是这种约定是对所有关系的特别限制，不能对抗善意第三人，如果第三人受让其份额为善意无过失，发生共有份额所有权转移的后果。

2. 共有人转让其份额时其他共有人享有优先购买权

本条第二句规定了共有人转让其份额时其他共有人在同等条件下享有优先购买权。此处"同等条件下"是指其他共有人就购买该份额所给出的价格等条件与欲购买该份额的非共有人相同。即通常情况下，当其他共有人与此外的其他人出价相同时，其他共有人有优先购买的权利。法律规定其他共有人优先购买权,是为了简化共有关系,防止因外人的介入而使共有人内部关系趋于复杂。此处优先购买权是共有人相对于非共有人而言的,在共有人之间并无优先的问题。

【立法理由】

规定各共有人有权处分其份额的原因如下:

(1) 按份共有中各共有人的所有权可划分为份额,各共有人拥有其份额,自然有权将其份额进行处分,这是买卖自由原则的体现,也是所有权的本质所决定的。

(2) 我国现行法的规定也未限制共有人处分其份额的权利。

(3) 其他国家和地区有同样的立法例。

关于共有人的优先购买权,我国现行法律、其他国家和地区都有类似规定。如《中华人民共和国民法通则》第78条、《中华人民共和国合同法》第340条、《俄罗斯民法典》第250条、我国台湾地区"土地法"第34条。

【相关规定】

《中华人民共和国民法通则》

第七十八条第三款 按份共有财产的每个共有人有权要求将自己的份额分出或者转让。但在出售时,其他共有人在同等条件下,有优先购买的权利。

《最高人民法院关于适用〈中华人民共和国物权法〉若干问题的解释(一)》

第九条 共有份额的权利主体因继承、遗赠等原因发生变化时,其他按份共有人主张优先购买的,不予支持,但按份共有人之间另有约定的除外。

第十条 物权法第一百零一条所称的"同等条件",应当综合共有份额的转让价格、价款履行方式及期限等因素确定。

第十一条 优先购买权的行使期间,按份共有人之间有约定的,按照约定处理;没有约定或者约定不明的,按照下列情形确定:

(一)转让人向其他按份共有人发出的包含同等条件内容的通知中载明行使期间的,以该期间为准;

(二)通知中未载明行使期间,或者载明的期间短于通知送达之日起十五日的,为十五日;

(三)转让人未通知的,为其他按份共有人知道或者应当知道最终确定的同等条件之日起十五日;

(四)转让人未通知,且无法确定其他按份共有人知道或者应当知道最终确定的同等条件的,为共有份额权属转移之日起六个月。

第十二条 按份共有人向共有人之外的人转让其份额,其他按份共有人根据法律、司法解释规定,请求按照同等条件购买该共有份额的,应予支持。

其他按份共有人的请求具有下列情形之一的,不予支持:

(一)未在本解释第十一条规定的期间内主张优先购买,或者虽主张优先购买,但提出减少转让价款、增加转让人负担等实质性变更要求;

(二)以其优先购买权受到侵害为由,仅请求撤销共有份额转让合同或者认定该合同无效。

第十三条 按份共有人之间转让共有份额,其他按份共有人主张根据物权法第一百零一条规定优先购买的,不予支持,但按份共有人之间另有约定的除外。

第十四条 两个以上按份共有人主张优先购买且协商不成时,请求按照转让时各自份额比例行使优先购买权的,应予支持。

《德国民法典》

第七百四十七条 各共有人得自由处分其份额。整个共有物仅得由全体共有人共同处分。

《意大利民法典》

第一千一百零三条 每个共有人都可以在自己享有的财产份额范围内处分自己的权利、允许他人享用自己的财产。

当某一共有人在共有财产上设定抵押权时,应当遵守本法第六编第三章第四节的规定。

《日本民法典》

第二百五十五条 共有人的一人抛弃其份额时,或者没有继承人而死亡时,其份额归属于其他共有人。

《瑞士民法典》

第六百四十六条第三款 各共有人对其应有份额享有所有人的全部权利及义务。对其应有份额可转让、质押或供债权人扣押。

我国台湾地区"民法"

第八百一十九条 各共有人,得自由处分其应有部分。

共有物之处分、变更及设定负担,应得共有人全体之同意。

第一百零二条 因共有的不动产或者动产产生的债权债务,在对外关系上,共有人享有连带债权、承担连带债务,但法律另有规定或者第三人知道共有人不具有连带债权债务关系的除外;在共有人内部关系上,除共有人另有约定外,按份共有人按照份额享有债权、承担债务,共同共有人共同享有债权、承担债务。偿还债务超过自己应当承担份额的按份共有人,有权向其他共有人追偿。

【说明】

本条是关于因共有财产产生的债权债务关系的对外以及对内效力的规定。

1. 因共有财产产生的债权债务关系的对外效力

本条第一句规定了因共有财产产生的债权债务关系的对外效力。按照本条规定,不论是按份共有还是共同共有,只要是因共有的不动产或者动产产生的债权债务,在对外关系上,共有人对债权债务享有连带债权、承担连带债务,但法律另有规定或者第三人知道共有人不具有连带债权债务关系的除外。连带的方法,是共有人享有连带债权时,任一共有人都可向第三人主张债权;共有人承担连带债务时,第三人可向任一共有人主张债权。

但是,当法律另有规定或者第三人知道共有人不具有连带债权债务关系时,共有人不用承担连带责任而是按照约定或者共有人享有的份额各自享有债权、承担债务。

2. 因共有财产产生的债权债务关系的对内效力

本条第二句规定了因共有财产产生的债权债务关系的对内效力。按照本条规定,因共有财产产生的债权债务关系,在共有人内部关系上,除共有人另有约定外,按份共有人按照份额享有债权、承担债务,共同共有人共同享有债权、承担债务。按份共有人按照其份额对共有物享有所有权,在内部关系上,除共有人另有约定外,按份共有人按照其份额享有权利、承担义务。共同共有人共同对共有物享有所有权。在内部关系上,共同共有人共同享有权利、承担义务。偿还债务超过自己应当承担份额的按份共有人,有权向其他共有人追偿。

【立法理由】

关于因共有财产产生的债权债务关系的对外效力,我国法律对此有类似规定,如《中华人民共和国民法通则》第 35 条、《中华人民共和国合伙企业法》第 39 条。本条对因共有财产产生的债权债务关系的对外效力不区分按份共有和共同共有,是为了保护善意第三人的权益,对于第三人来说,很难获知共有人的共有关系的性质,此种情形下若不使各共有人承担连带义务,很容易发生共有人推托履行义务的可能,对债权人不利。在第三人不知道共有人内部关系的情况下，法律规定共有人对其享有连带债权、承担连带债务，第三人即可向共有人中的任何一共有人主张其债权，保护了善意第三人的权利。

关于因共有财产产生的债权债务关系的对内效力以及追偿权，这样规定的理论基础是按份共有人在内部关系上是按照其份额承担义务的。《中华人民共和国民法通则》第35条、《意大利民法典》第1115条都有类似规定。

【相关规定】

《中华人民共和国民法通则》

第三十五条 合伙的债务，由合伙人按照出资比例或者协议的约定，以各自的财产承担清偿责任。

合伙人对合伙的债务承担连带责任，法律另有规定的除外。偿还合伙债务超过自己应当承担数额的合伙人，有权向其他合伙人追偿。

《中华人民共和国合伙企业法》

第三十八条 合伙企业对其债务，应先以其全部财产进行清偿。

第三十九条 合伙企业不能清偿到期债务的，合伙人承担无限连带责任。

第四十条 合伙人由于承担无限连带责任，清偿数额超过本法第三十三条第一款规定的其亏损分担比例的，有权向其他合伙人追偿。

第四十一条 合伙人发生与合伙企业无关的债务，相关债权人不得以其债权抵销其对合伙企业的债务；也不得代位行使合伙人在合伙企业中的权利。

第四十二条 合伙人的自有财产不足清偿其与合伙企业无关的债务的，该合伙人可以以其从合伙企业中分取的收益用于清偿；债权人也可以依法请求人民法院强制执行该合伙人在合伙企业中的财产份额用于清偿。

人民法院强制执行合伙人的财产份额时，应当通知全体合伙人，其他合伙人有优先购买权；其他合伙人未购买，又不同意将该财产份额转让给他人的，依照本法第五十一条的规定为该合伙人办理退伙结算，或者办理削减该合伙人相应财产份额的结算。

《德国民法典》

第七百五十五条 全体共有人对于一宗债务作为连带债务人依第748条的规定按其份额因履行部分负其责任者，或出于履行的目的而负担债务者，各共有人得在解除共有关系时，请求就共有物清偿债务。

此项请求权亦得对特定继受人主张之。

因清偿债务而有出售共有物之必要者，应依第753条的规定进行出售。

第七百五十六条　共有人中一人对其他共有人由于共有关系而有债权者,此共有人得在解除共有关系时,就债务人对其共有物的应有部分,请求清偿其债权。

于此适用第755条第2项和第3项的规定。

第一千零一十一条　各共有人对第三人得就共有物的全部,主张基于所有权的各项请求权,但返还共有物的请求权仅得按照第432条的规定为之。

《意大利民法典》

第一千一百一十五条　每个共有人都可以请求清偿在共有财产上设立的、提出分割请求时已经到期限的或者将于一年内到期的连带债务。

为清偿债务支出的款项从出售共有财产的价款中扣除;在实物分割的情况下,应当为清偿债务出售相应部分的共同财产,共有人另有约定的除外。

清偿了连带债务又没有得到补偿的共有人,在共有财产的分割中,除取得自己的份额以外,还应当取得与本应获得的补偿相适应的份额作为补偿。

《瑞士民法典》

第六百五十三条第一款　共同共有人的权利及义务,依法定或约定的支配共同共有关系的规定而定。

《日本民法典》

第二百五十九条　共有人之一人,就共有对其他共有人有债权时,于分割之际,可使债务人以应归债务人的共有物部分进行清偿。

债权人为受上述清偿,有变卖应归债务人的共有物部分的必要时,得请求其变卖。

我国台湾地区"民法"

第八百二十一条　各共有人对第三人得就共有物之全部为本于所有权之请求。但回复共有物之请求,仅得为共有人全体之利益为之。

第八百二十八条第一款　公同共有人之权利义务,依其公同关系所由规定之法律或契约定之。

第一百零三条　共有人对共有的不动产或者动产没有约定为按份共有或者共同共有,或者约定不明确的,除共有人具有家庭关系等外,视为按份共有。

【说明】

本条是关于共有关系不明时对共有关系性质推定的规定。

本条规定,共有人对共有的不动产或者动产没有约定为按份共有或者共同共有,或者约定不明确的,除共有人具有家庭关系等外,视为按份共有。

【立法理由】

在征求意见过程中,有人认为,按照传统民法,共有人对共有的不动产或动产没有约定为按份共有或者共同共有,或者约定不明确的,应视为共同共有。有人建议,删除本条"除共有人具有家庭关系等外"中的"等"字,不宜将推定的共同共有范围扩大到家庭关系之外的其他社会关系。

共同共有是指共有人对全部共有财产不分份额地享有权利和承担义务的共有。共同共有的共有人只有在共有关系消灭时才能协商确定各自的份额。当共有人对共有的不动产或动产没有约定为按份共有或者共同共有,或者约定不明确的,如果推定为共同共有,共有人对共有财产的份额还是不明确的。因此,本法规定:共有人对共有的不动产或者动产没有约定为按份共有或者共同共有,或者约定不明确的,除共有人具有家庭关系等外,视为按份共有。这样规定,在共有人对共有的不动产或者动产没有约定为按份共有或者共同共有,或者约定不明确时,就能很明确地确定各共有人享有的份额。

第一百零四条 按份共有人对共有的不动产或者动产享有的份额,没有约定或者约定不明确的,按照出资额确定;不能确定出资额的,视为等额享有。

【说明】

本条是关于按份共有人份额不明时份额的确定原则的规定。按份共有,是指数人按照各自的份额,对共有财产分享权利,分担义务。按份共有的主体须为二人以上,称为共有人;客体须为物,称为共有物;共有人所享有的权利,为所有权。但此处的所有权不是数个,而是一个。即数个所有权人对一个物共同享有一个所有权。

所谓份额,在我国台湾地区"民法"中称做应有部分,在日本称做持分,即各共有人对其所有权在分量上应享有的比例。这个份额是抽象的,并不是指共有物具体的或实体的部分,它既不是对共有物在量上的划分,也不是就共有物划分使用部分。份额是对共有物的所有权在观念上的划分,只是确定各共有人行使权利的比例或者范围而已。各按份共有人有权依其应有份额,对共有物的全部行使权利。如两人共同出资购买了一套房屋,每人的应有份额为1/2,并非每人对这套房屋享有所有权,而是在这套房屋上只有一个所有权,每人对这套房屋都享有1/2的所有权。又如A、B二人共有一只羊,二者的份额相等,不能说羊头和羊腿属于A,羊的其他部分属于B,只能是在羊的利用上,二者享有同等权利,或平均分配卖羊所得的价金。

按份共有人对共有的不动产或者动产享有的份额,有约定时,按照其约定确定份额,没有约定或者约定不明确时,首先按照出资额确定按份共有人享有的份额,在不能确定出资额的情况下,推定为等额享有。按份共有依共有人意思而成立,共有人应有份额依共有人的约定而定;没有特别约定,但共有关系基于有偿行为而发生的,按其出资比例而确定。既然共有关系的成立是当事人意思自治的结果,那么各共有人应有份额也应贯彻同样的原则,即由当事人约定,当事人没有约定应有份额时则依出资比例确定共有份额,在不能确定出资额的情况下,推定为等额享有,这样不仅易于操作,且能简化当事人之间的法律关系,符合社会生活中最基本的公平正义。

【立法理由】

关于按份共有人份额不明时份额的确定原则,很多国家和地区都有类似的立法例。如《德国民法典》第 742 条、《意大利民法典》第 1101 条、《瑞士民法典》第 646 条、《日本民法典》第 250 条、《俄罗斯民法典》第 245 条、《阿尔及利亚民法典》第 713 条、我国台湾地区"民法"第 817 条。

【相关规定】

《德国民法典》

第七百四十二条 在发生疑问时,应认为各共有人享有均等的份额。

《意大利民法典》

第一千一百零一条 推定共有人按均等份额享有共有财产。

共有人根据各自享有的财产份额按比例享有利益,承担负担。

《日本民法典》

第二百五十条 各共有人的应有部分不明时,推定为均等。

《瑞士民法典》

第六百四十六条 (1)一物按份额为数人所有,且该物外部又不能分割的,该所有人为共有人。

(2)除另有约定外,共有人对该物的应有份额为均等。

我国台湾地区"民法"

第八百一十七条 数人按其应有部分,对于一物有所有权者,为共有人。

各共有人之应有部分不明者,推定其为均等。

第一百零五条 两个以上单位、个人共同享有用益物权、担保物权的,参照本章规定。

【说明】

本条是关于用益物权和担保物权的准共有的规定。

所谓准共有是指数人按份共有或者共同共有所有权以外的财产权。准共有有以下特征：

（1）准共有的标的物是所有权之外的财产权，包括用益物权、担保物权等。

（2）准共有即准用共有的有关规定，各人就所有权之外的财产究竟是准用共同共有还是按份共有，应当视其共有关系而定。

（3）准共有准用按份共有或共同共有的前提，是规范该财产权的法律没有特别规定。如果有，则应首先适用该特别规定。

【立法理由】

物权法中的共有制度是专为所有权的共有而规定的，但实际生活中，并非只有所有权才能共有，其他财产权，如他物权、知识产权等财产权均可共有。比如二人以上共同享有一块土地的建设用地使用权。此种情况就是两个以上的主体共同享有用益物权。又如甲、乙、丙三人分别借款给债务人丁，三人同时就丁所有的房屋设定一个抵押权，份额为均等，并办理一个抵押权登记时，就发生抵押权的准共有。此种情况就是两个以上的主体共同享有担保物权。本条对用益物权和担保物权的准共有作出规定。两个以上的主体共同享有用益物权和担保物权的按份共有或共同共有，在性质上与对所有权的共有没有差别，为了条文的简约以及对实践中这种情况的处理，本条规定两个以上单位、个人共同享有用益物权、担保物权的，参照本章规定。关于准共有，很多国家和地区都有类似立法例。

【相关规定】

《德国民法典》

第七百四十一条　数人共同享有一权利者，除法律另有其他规定外，准用第742—758条规定。

《日本民法典》

第二百六十四条　本节规定，准用于数人有所有权以外财产权的情形。但法令另有规定时，不在此限。

我国台湾地区"民法"

第八百三十一条　本节规定，于所有权以外之财产权，由数人共有或公同共有者准用之。

第九章　所有权取得的特别规定

第一百零六条　无处分权人将不动产或者动产转让给受让人的,所有权人有权追回;除法律另有规定外,符合下列情形的,受让人取得该不动产或者动产的所有权:

（一）受让人受让该不动产或者动产时是善意的;

（二）以合理的价格转让;

（三）转让的不动产或者动产依照法律规定应当登记的已经登记,不需要登记的已经交付给受让人。

受让人依照前款规定取得不动产或者动产的所有权的,原所有权人有权向无处分权人请求赔偿损失。

当事人善意取得其他物权的,参照前两款规定。

【说明】

善意取得,指受让人以财产所有权转移为目的,善意、对价受让且占有该财产,即使出让人无转移所有权的权利,受让人仍取得其所有权。善意取得既适用于动产,又可适用于不动产。善意取得中的受让人需是善意的,不知出让人是无处分权人,否则不构成善意取得。

善意取得的条件:第一,受让人需是善意的,不知出让人是无处分权人。第二,受让人支付了合理的价款。第三,转让的财产应当登记的已经登记,不需要登记的已经交付给受让人。三项条件必须同时具备,否则不构成善意取得。

善意取得既适用于动产,又可适用于不动产。当事人出于善意,从无处分权人手中购买了房屋并登记过户,善意人取得房屋所有权。

善意取得制度常被认为仅适用于动产,其实不然,不动产也适用于善意取得制度。瑞士就有不动产的善意取得,《瑞士民法典》第973条中规定:出于善意而信赖不动产登记簿的登记,因而取得所有权或其他权利的人,均受保护。

善意取得与可追认的无处分权人处分财产行为有别。善意取得制度中的出让人与可追认的无处分权人处分财产行为中的出让人均是无处分权人，故善意取得是无处分权人处分财产行为的特别规定。善意取得中的受让人是善意第三人，善意取得行为自始有效，无需权利人追认。可追认的无处分权人处分财产行为中的受让人非善意第三人，其知道出让人无处分权仍受让财产，故该行为是可追认的行为。权利人追认的，让与行为自始有效；权利人不追认的，让与行为自始无效。

有意见认为，善意取得对所有权人保护不利。善意取得对所有权人是有一定限制，但善意取得基于占有的公信力，旨在维护交易安全，这项制度存在是必要的。

【立法理由】

本条规定善意取得。

【相关规定】

《最高人民法院关于适用〈中华人民共和国物权法〉若干问题的解释（一）》

第十五条 受让人受让不动产或者动产时，不知道转让人无处分权，且无重大过失的，应当认定受让人为善意。

真实权利人主张受让人不构成善意的，应当承担举证证明责任。

第十六条 具有下列情形之一的，应当认定不动产受让人知道转让人无处分权：

（一）登记簿上存在有效的异议登记；

（二）预告登记有效期内，未经预告登记的权利人同意；

（三）登记簿上已经记载司法机关或者行政机关依法裁定、决定查封或者以其他形式限制不动产权利的有关事项；

（四）受让人知道登记簿上记载的权利主体错误；

（五）受让人知道他人已经依法享有不动产物权。

真实权利人有证据证明不动产受让人应当知道转让人无处分权的，应当认定受让人具有重大过失。

第十七条 受让人受让动产时，交易的对象、场所或者时机等不符合交易习惯的，应当认定受让人具有重大过失。

第十八条 物权法第一百零六条第一款第一项所称的"受让人受让该不动产或者动产时"，是指依法完成不动产物权转移登记或者动产交付之时。

当事人以物权法第二十五条规定的方式交付动产的，转让动产法律行为生效时为动产交付之时；当事人以物权法第二十六条规定的方式交付动产的,转让人与受让人之间有关转让返还原物请求权的协议生效时为动产交付之时。

法律对不动产、动产物权的设立另有规定的,应当按照法律规定的时间认定权利人是否为善意。

第十九条 物权法第一百零六条第一款第二项所称"合理的价格",应当根据转让标的物的性质、数量以及付款方式等具体情况,参考转让时交易地市场价格以及交易习惯等因素综合认定。

第二十条 转让人将物权法第二十四条规定的船舶、航空器和机动车等交付给受让人的,应当认定符合物权法第一百零六条第一款第三项规定的善意取得的条件。

第二十一条 具有下列情形之一,受让人主张根据物权法第一百零六条规定取得所有权的,不予支持:

(一)转让合同因违反合同法第五十二条规定被认定无效;

(二)转让合同因受让人存在欺诈、胁迫或者乘人之危等法定事由被撤销。

《最高人民法院关于审理融资租赁合同纠纷案件适用法律问题的解释》

第九条 承租人或者租赁物的实际使用人,未经出租人同意转让租赁物或者在租赁物上设立其他物权,第三人依据物权法第一百零六条的规定取得租赁物的所有权或者其他物权,出租人主张第三人物权权利不成立的,人民法院不予支持,但有下列情形之一的除外:

(一)出租人已在租赁物的显著位置作出标识,第三人在与承租人交易时知道或者应当知道该物为租赁物的;

(二)出租人授权承租人将租赁物抵押给出租人并在登记机关依法办理抵押权登记的;

(三)第三人与承租人交易时,未按照法律、行政法规、行业或者地区主管部门的规定在相应机构进行融资租赁交易查询的;

(四)出租人有证据证明第三人知道或者应当知道交易标的物为租赁物的其他情形。

《最高人民法院关于适用〈中华人民共和国公司法〉若干问题的规定(三)》

第七条 出资人以不享有处分权的财产出资,当事人之间对于出资行为效力产生争议的,人民法院可以参照物权法第一百零六条的规定予以认定。

第二十五条 名义股东将登记于其名下的股权转让、质押或者以其他方式处分,实际出资人以其对于股权享有实际权利为由,请求认定处分股权行为无效的,人民法院可以参照物权法第一百零六条的规定处理。

名义股东处分股权造成实际出资人损失,实际出资人请求名义股东承担赔偿责任的,人民法院应予支持。

第二十七条第一款　股权转让后尚未向公司登记机关办理变更登记,原股东将仍登记于其名下的股权转让、质押或者以其他方式处分,受让股东以其对于股权享有实际权利为由,请求认定处分股权行为无效的,人民法院可以参照物权法第一百零六条的规定处理。

《德国民法典》

第九百三十二条　(1)物虽不属于让与人,受让人也得因第929条规定的让与成为所有人,但在其依此规定取得所有权的当时为非善意者,不在此限。在第929条第2句的情形,仅在受让人从让与人取得占有时,始适用前句的规定。

(2)受让人明知或因重大过失而不知物不属于让与人者,视为非善意者。

《法国民法典》

第二千二百七十九条第一款　对于动产,占有即等于所有权证书。

《意大利民法典》

第一千一百五十三条　从非所有权人处取得物品转让的人可以通过占有取得所有权,但是,以实行占有之时具有善意并且持有适当的所有权转移证书为限。在权利证书未表明所有权上附有其他人的权利并且取得方具有善意的情况下,占有人无任何负担地取得所有权。可以以同样的方式取得用益权、使用权和质权。

第一千一百五十四条　误信出让人为所有权人或者误信前占有人已经取得了物品的所有权的理由不适用于知晓原因不法仍然取得物品的人。

《日本民法典》

第一百九十二条　通过交易行为平稳而公然地开始占有动产者,如系善意且无过失,则即时取得行使于该动产上的权利。

《瑞士民法典》

第七百一十四条第二款　以所有权移转为目的善意取得动产的,依照占有的规定,其占有受保护的,即使该动产的让与人无此转让权,该善意占有人仍取得该动产的所有权。

第九百三十三条　凡以善意受让动产所有权或有限物权的人,即使转让人未被授予让与权,亦应保护受让人取得该动产的事实。

我国台湾地区"民法"

第八百零一条 动产之受让人占有动产,而受关于占有规定之保护者,纵让与人无移转所有权之权利,受让人仍取得其所有权。

第八百八十六条 质权人占有动产,而受关于占有规定之保护者,纵出质人无处分其质物之权利,质权人仍取得质权。

第九百四十八条 以动产所有权,或其他物权之移转或设定为目的,而善意受让该动产之占有者,纵其让与人无让与之权利,其占有仍受法律之保护。

第一百零七条 所有权人或者其他权利人有权追回遗失物。该遗失物通过转让被他人占有的,权利人有权向无处分权人请求损害赔偿,或者自知道或者应当知道受让人之日起二年内向受让人请求返还原物,但受让人通过拍卖或者向具有经营资格的经营者购得该遗失物的,权利人请求返还原物时应当支付受让人所付的费用。权利人向受让人支付所付费用后,有权向无处分权人追偿。

【说明】

动产的善意取得亦受限制。出让人让与的动产若是货币或者无记名有价证券之外的遗失物,遗失人有权向善意取得人请求返还原物。善意取得人应当返还,善意取得人返还后可以向让与人追偿。倘若该遗失物是由善意取得人在拍卖市场、公共市场或者在贩卖与其物同类之物的商人处购得的,遗失人需偿还其购买之价金,方能取回其物。遗失物若是货币或者无记名有价证券,遗失人无权向善意取得人请求返还原物,只能向出让人请求返还同种类物或者请求其他赔偿。

对善意取得的另一意见,是认为应当规定盗赃物的善意取得。本法之所以不规定盗赃物的善意取得,立法考虑是,对被盗、被抢的财物,所有权人主要通过司法机关依照《中华人民共和国刑法》《中华人民共和国刑事诉讼法》《中华人民共和国治安管理处罚法》等有关法律的规定追缴后退回。在追赃过程中,如何保护善意受让人的权益,维护交易安全和社会经济秩序,可以通过进一步完善有关法律规定解决,物权法对此可以不作规定。

【立法理由】

本条规定遗失物的善意取得。

【相关规定】

《最高人民法院关于刑事裁判涉财产部分执行的若干规定》

第十一条第二款 第三人善意取得涉案财物的,执行程序中不予追缴。作为原所有人的被害人对该涉案财物主张权利的,人民法院应当告知其通过诉讼程序处理。

《德国民法典》

第九百三十五条 (1)从所有权人处盗窃的物、由所有权人遗失或者因其他原因丢失的物,不发生根据第932条到第934条的规定取得的所有权。所有权人为间接占有人的,物为占有人所丢失时,亦同。

(2)对于金钱或者无记名证券以及以公开拍卖方式出让的物,不适用上述规定。

《法国民法典》

第二千二百七十九条第二款 占有物如系遗失物或盗窃物时,其遗失人或被害人自遗失或被盗之日起三年内,得向占有人请求回复其物;但占有人得向其所由取得该物之人行使求偿的权利。

第二千二百八十条 现实占有人如其占有的盗窃物或遗失物系由市场、公卖、或贩卖同类物品的商人处买得者,其原所有人仅在偿还占有人所支付的价金时,始得请求回复其物。

《日本民法典》

第一百九十三条 于前条情形,占有物系盗赃或遗失物时,受害人或遗失人自被盗或遗失之时起二年间,可以向占有人请求回复其物。

第一百九十四条 盗赃及遗失物,如系占有人由拍卖处、公共市场或出卖同种类物的商人处善意买受者时,受害人或遗失人除非向占有人清偿其支付的代价,不得回复其物。

《瑞士民法典》

第九百三十四条 因动产被窃、丢失或因其他违反本意而丧失占有的,得在丧失的五年内请求返还。但前款的动产被拍卖或经市场或经专营商人转卖的,对第一位及其后的善意取得人,非经赔偿已支付的价格,不得请求返还。前款以外的返还给付,亦适用有关善意取得人请求权的规定。

第九百三十五条 货币及不记名证券,即使系未经所有人同意而丧失占有的,所有人亦不得向善意取得人请求返还。

我国台湾地区"民法"

第九百四十九条 占有物如系盗赃或遗失物,其被害人或遗失人,自被盗或遗失之时起,二年以内,得向占有人请求回复其物。

第九百五十条　盗赃或遗失物,如占有人由拍卖或公共市场,或由贩卖与其物同种之物之商人,以善意买得者,非偿还其支出之价金,不得回复其物。

第九百五十一条　盗赃或遗失物,如系金钱或无记名证券,不得向其善意占有人,请求回复。

第一百零八条　善意受让人取得动产后,该动产上的原有权利消灭,但善意受让人在受让时知道或者应当知道该权利的除外。

【说明】

善意受让人取得动产后,该动产上的原有权利消灭。例如,该动产上有抵押的权利,抵押权消灭。但是,善意受让人取得动产时,知道该动产已被抵押的,抵押权不消灭。

【立法理由】

本条规定善意受让人取得动产后,该动产上的原有权利消灭。

【相关规定】

《德国民法典》

第九百三十六条　(1)在出让物上设定第三人权利的,该项权利因取得所有权而消灭。但在第929条第2句规定的情况下,上述规定仅在受让人从出让人处取得占有时,始得适用之。根据第929a条或者第930条的规定进行出让时,或者根据第931条的规定出让的物是由出让人间接占有时,第三人的权利仅在受让人基于出让而取得物的占有时,始行消灭。

(2)如果受让人于本条第1款规定的时间内,对该项权利非出于善意时,第三人的权利不消灭。

(3)在第931条规定的情形下,权利属于第三占有人的,该项权利即使对善意受让人也不消灭。

第一百零九条　拾得遗失物,应当返还权利人。拾得人应当及时通知权利人领取,或者送交公安等有关部门。

【说明】

遗失物是非故意抛弃而丢失的物品。遗失物与废弃物不同,废弃物是故意抛弃之物。丢失遗失物的人,称遗失物丢失人。拾得遗失物,是发现并占有遗失物。拾得遗失物的人,称拾得人。

拾得人拾得遗失物,知道遗失物所有人的,应当及时通知其领取,或者送交遗失物。

拾得人拾得遗失物,不知道遗失物丢失人的,可以张贴招领告示,寻找遗失物丢失人,也可以将遗失物上缴公安机关或者有关单位。例如,学生将捡到的手套交学校。

【立法理由】

本条规定拾得遗失物应当返还。

【相关规定】

《中华人民共和国民法通则》

第七十九条　所有人不明的埋藏物、隐藏物,归国家所有。接收单位应当对上缴的单位或者个人,给予表扬或者物质奖励。

拾得遗失物、漂流物或者失散的饲养动物,应当归还失主,因此而支出的费用由失主偿还。

《最高人民法院关于贯彻执行〈中华人民共和国民法通则〉若干问题的意见(试行)》

第九十四条　拾得物灭失、毁损,拾得人没有故意的,不承担民事责任。拾得人将拾得物据为己有,拒不返还而引起诉讼的,按照侵权之诉处理。

《德国民法典》

第九百六十五条　(1)拾得并占有遗失物者,应立即通知遗失人或所有人或其他有权受领的人。

(2)拾得人不认识有权受领的人或不知其所在者,应立即将遗失物及有可能对查明有权受领人有关的重要的情事报告主管官署。遗失物的价值不超过10欧元者,不需要报告。

第九百六十七条　拾得人有权,并依主管官署的命令有义务将遗失物或其拍卖所得价金交付于主管官署。

《日本遗失物法》

第四条第一款　(一)拾得他人物品的人,应急速将其物品向遗失人、所有人或其他有物品回复请求权的人返还,或者将其物交给警察署长。但依法令的规定禁止私人所有或持有的物品,不在返还的范围。

《瑞士民法典》

第七百二十条　(一)拾得遗失物的人应通知失主,如失主不明,应将遗失物交付警署或自行采取适宜的招领方法。

（二）遗失物的价值明显超过法郎的，拾得人有将遗失物交付警署的义务。

我国台湾地区"民法"

第八百零三条　拾得遗失物者应通知其所有人。不知所有人，或所有人所在不明者，应为招领之揭示，或报告警署或自治机关，报告时，应将其物一并交存。

第八百零四条　遗失物经揭示后，所有人不于相当期间认领者，拾得人应报告警署或自治机关，并将其物交存。

第一百一十条　有关部门收到遗失物，知道权利人的，应当及时通知其领取；不知道的，应当及时发布招领公告。

【说明】

有关单位收到遗失物，应当查找遗失物丢失人，请其认领。无人认领的，上缴公安机关。

公安机关收到遗失物，应当查找遗失物丢失人，请其认领，或者存放遗失物品招领处，待人认领。自公安机关收到遗失物发布招领公告之日起6个月内无人认领的，遗失物归国家所有。公安机关可以拍卖、变卖遗失物，所得价金上缴国库。

【立法理由】

本条规定有关部门收到遗失物的处理。

【相关规定】

《日本遗失物法》

第四条第二款　（二）拾得物的处置：将物件提交给警察署长后，警察署长应将其返还给应接受返还者。如应受返还者的姓名或居所不明，应依命令所定进行公告。

第一百一十一条　拾得人在遗失物送交有关部门前，有关部门在遗失物被领取前，应当妥善保管遗失物。因故意或者重大过失致使遗失物毁损、灭失的，应当承担民事责任。

【说明】

拾得人拾得遗失物，在返还失主或者送交有关部门前，应当妥善保管遗失物。有关部门收到遗失物，在遗失物被领取前，也应当妥善保管遗失物。

拾得人或者有关部门因故意或者重大过失致使遗失物损毁灭失的,应当承担民事责任。

遗失物不易保管或者保管费用过高的,公安机关可以及时拍卖、变卖,保存价金。拾得人和有关单位不能自行拍卖、变卖遗失物。

【立法理由】

本条规定遗失物的保管。

【相关规定】

《德国民法典》

第九百六十六条第一款　拾得人有保管遗失物的义务。

《瑞士民法典》

第七百二十一条　对遗失物应妥善保管。

《铁路旅客运输规程》

第五十六条　客流量较大的车站应设失物招领处。失物招领处对旅客遗失物品应妥善保管,正确交付。遗失物品需通过铁路向失主所在站转送时,物品在 5 kg 以内的免费转送,超过 5 kg 时,到站按品类补收运费;但对第 52 条中所列物品及食品不办理转送。

《最高人民法院关于贯彻执行〈中华人民共和国民法通则〉若干问题的意见(试行)》

第九十四条　拾得物灭失、毁损,拾得人没有故意的,不承担民事责任。拾得人将拾得物据为己有,拒不返还而引起诉讼的,按照侵权之诉处理。

第一百一十二条　权利人领取遗失物时,应当向拾得人或者有关部门支付保管遗失物等支出的必要费用。

权利人悬赏寻找遗失物的,领取遗失物时应当按照承诺履行义务。

拾得人侵占遗失物的,无权请求保管遗失物等支出的费用,也无权请求权利人按照承诺履行义务。

【说明】

拾得人拾得遗失物,有人主张拾得人应获得报酬,遗失物所有人不支付酬金的,拾得人享有留置权。物权法未采纳这种意见。路不拾遗、拾金不昧是崇高道德风尚,立法要有价值取向,弘扬中华传统美德。拾得人因拾得遗失物、寻找遗失物丢失人、保管遗失物而实际支付的费用,可以按无因管理请求遗失物所有人偿还。无人认领的,由公安机关在上缴国库前支付。

拾得人隐匿遗失物据为己有的,构成侵犯所有权。遗失物所有人可以请求拾得人返还,公安机关可以责令拾得人缴出,拾得人丧失报酬和费用请求权。拾得人将数额较大的遗失物占为己有,拒不交出构成犯罪的,处2年以上5年以下有期徒刑,并处罚金。

【立法理由】
本条规定拾金不昧。

【相关规定】
《德国民法典》
第九百七十条　拾得人出于保管或保存遗失物的目的,或出于查明有权受领人的目的而支出拾得人依当时情况认为必要支付的费用者,得向有权受领人请求偿还之。

第九百七十一条　(1)拾得人得向有权受领人请求拾得人的报酬。遗失物价值在1000马克以下者,其报酬为5%,超过此数部分,按超过部分价值3%计算,动物,少其价值的3%。如果遗失物仅对受领人有价值的,拾得人的报酬应按公平原则衡量确定之。

(2)拾得人违反报告义务,或在询问时隐瞒遗失物的,上述请求权即告消灭。

第九百七十二条　拾得人可基于费用偿还请求权与报酬请求权对遗失物实施留置。

第九百七十八条　在公共行政机关或者交通机构中拾得:拾得人为该机关或该交通机构的公务员,或拾得人违反交存义务时,无此请求权。

《瑞士民法典》
第七百二十二条　……
(二)遗失物交与失主的,拾得人有请求赔偿全部费用及适当拾得报酬的权利。
(三)住户人、承租人或公共场所管理机关在其住宅内或在其管理的公共场所拾得遗失物,无拾得报酬请求权。

《日本遗失物法》
第三条　遗失物的保管费、公告费及其他必要费用,由受物品返还的人或取得物品的所有权而将其领取的人负担。

第四条　受物品返还的人,应向拾得者给付不少于物品价格5%,不多于物品价格20%的酬劳金。但国库或其他公法人不得请求酬劳金。

第九条　因侵占遗失物或其他准用本法规定的物品而受处罚的人,及自拾得之日起7日内不办理第1条第1项、第11条第1项手续的人,丧失受领第3条费用及第4条酬劳金的权利,及取得遗失物所有权的权利。

我国台湾地区"民法"

第八百零五条　遗失物拾得后6个月内,所有人认领者,拾得人或警署或自治机关,于揭示及保管费受偿还后,应将其物返还之。拾得人对于所有人,得请求其物十分之三之报酬。

《中华人民共和国刑法》

第二百七十条　将代为保管的他人财物非法占为己有,数额较大,拒不退还的,处二年以下有期徒刑、拘役或者罚金;数额巨大或者有其他严重情节的,处二年以上五年以下有期徒刑,并处罚金。

将他人的遗忘物或者埋藏物非法占为己有,数额较大,拒不交出的,依照前款的规定处罚。

本条罪,告诉的才处理。

第一百一十三条　遗失物自发布招领公告之日起六个月内无人认领的,归国家所有。

【说明】

公安机关收到遗失物,应当查找遗失物丢失人,请其认领。或者存放遗失物品招领处,待人认领。自公安机关收到遗失物发布招领公告之日起6个月内无人认领的,遗失物归国家所有。公安机关可以拍卖、变卖遗失物,所得价金上缴国库。

【立法理由】

本条规定无人认领的遗失物归国家所有。

【相关规定】

《法国民法典》

第七百一十三条　无主财产属于国家。

第七百一十四条　不属于任何人之物,得为公众共同使用。

《中华人民共和国民事诉讼法》

第一百九十二条　人民法院受理申请后,经审查核实,应当发出财产认领公告。公告满一年无人认领的,判决认定财产无主,收归国家或者集体所有。

《中华人民共和国海关法》

第三十条　进口货物的收货人自运输工具申报进境之日起超过三个月未向海关申报的,其进口货物由海关提取依法变卖处理,所得价款在扣除运输、装卸、储存等费用和税款后,尚有余款的,自货物依法变卖之日起一年内,经收货人申请,予以发还;其中属于国家对进口有限制性规定,应当提交许可证件而不能提供的,不予发还。逾期无人申请或者不予发还的,上缴国库。

确属误卸或者溢卸的进境货物,经海关审定,由原运输工具负责人或者货物的收发货人自该运输工具卸货之日起三个月内,办理退运或者进口手续;必要时,经海关批准,可以延期三个月。逾期未办手续的,由海关按前款规定处理。

前两款所列货物不宜长期保存的,海关可以根据实际情况提前处理。

收货人或者货物所有人声明放弃的进口货物,由海关提取依法变卖处理;所得价款在扣除运输、装卸、储存等费用后,上缴国库。

第五十一条　进出境物品所有人声明放弃的物品、在海关规定期限内未办理海关手续或者无人认领的物品,以及无法投递又无法退回的进境邮递物品,由海关依照本法第三十条的规定处理。

《中华人民共和国邮政法》

第三十三条　邮政企业对无法投递的邮件,应当退回寄件人。

无法投递又无法退回的信件,自邮政企业确认无法退回之日起超过六个月无人认领的,由邮政企业在邮政管理部门的监督下销毁。无法投递又无法退回的其他邮件,按照国务院邮政管理部门的规定处理。其中无法投递又无法退回的境国际邮递物品,由海关依照《中华人民共和国海关法》的规定处理。

《物资部仓库盘盈物资及无主货管理暂行办法》

第四条　无主货的确认。盘点检查中发现的不明货主物资,自发现之日起三个月内,仓库应采取必要措施寻找货主。三个月期满后确实找不到货主时方可确认为无主货。记入无主货账。

第六条　盘盈物资和无主货要单独存放,单独及时建账、建卡,专人保管和保养。

第七条　盘盈物资入账后即可处理;无主货从确认之日起,半年内要继续寻找货主,半年内未找到货主,又无人认领时,可做变卖处理。

第一百一十四条　拾得漂流物、发现埋藏物或者隐藏物的,参照拾得遗失物的有关规定。文物保护法等法律另有规定的,依照其规定。

【说明】

漂流物、埋藏物和隐藏物的现实问题非常复杂,应当区别情况分别处理:

1. 拾得漂流物或者失散的饲养动物,应当归还失主,因此而支出的费用由失主偿还。拾得漂流物、失散的饲养动物,可参照拾得遗失物的相关规定。漂流物是指漂流在水上的遗失物。失散的饲养动物是指走失的他人饲养的动物。

2. 发现埋藏物。埋藏物是指埋藏于地下的物品。埋藏物品的人,称埋藏人。发现埋藏物的人,称发现人。发现人发现埋藏物,可视情况分别处理:一是能够判定埋藏人,且埋藏物不易为他人发现,发现人可以不挖取埋藏物,并将埋藏物继续掩埋好,且将发现情况告知埋藏人。二是能够判定埋藏人,且埋藏物易为他人发现,发现人可依前种情形处理,也可以将埋藏物挖出,交还埋藏人。三是不能判定埋藏人,且埋藏物不易为他人发现,发现人可以不挖取埋藏物,并将埋藏物继续掩埋好。发现人可以将发现情况告知有关单位或者公安机关。四是不能判定埋藏人,且埋藏物易为他人发现,发现人可依前种情形处理,也可以挖取埋藏物,按拾得不知遗失物丢失人的遗失物的办法处理。发现人发现的埋藏物倘若是文物,应依《中华人民共和国文物保护法》处理。

3. 发现隐藏物。隐藏物是隐藏于他物之中的物品,如隐藏于夹墙中的物品。隐藏物品的人,称隐藏人,发现隐藏物的人,称发现人。发现隐藏物适用发现埋藏物的相关规定。

【立法理由】

漂流物、埋藏物和隐藏物的现实问题非常复杂,考虑到同现行法律的衔接和统一,同时参考境外立法例,本法规定拾得漂流物、发现埋藏物或者隐藏物的,参照拾得遗失物的有关规定,对这一原则立法过程中不存在太大争议。但是由于漂流物、埋藏物和隐藏物的概念在外延上同"文物"的概念存在交叉,在如何处理涉及文物的埋藏物和隐藏物上,有意见认为,埋藏物和隐藏物的问题复杂,近期的埋藏物、隐藏物可视为遗失物处理,但历史上的埋藏物,属于文物。根据《中华人民共和国文物保护法》的规定,中华人民共和国境内地下、内水和领海中遗存的一切文物,属于国家所有,任何单位或者个人非经报批都不得私自发掘,非以发掘为目的的基本建设工程或者农业生产活动中,任何单位或者个人发现文物,应立即报告当地文化行政管理部门。考虑到文物保护法中对构成文物的物(包括漂流物、埋藏物和隐藏物)的权属及处理程序作了详细规定,因此对于文物的处理不宜笼统参照拾得遗失物的有关规定,所以本条规定但书"文物保护法等法律另有规定的,依照其规定"。

【相关规定】

《中华人民共和国民法通则》

第七十九条 所有人不明的埋藏物、隐藏物,归国家所有。接收单位应当对上缴的单位或者个人,给予表扬或者物质奖励。

拾得遗失物、漂流物或者失散的饲养动物,应当归还失主,因此而支出的费用由失主偿还。

《中华人民共和国刑法》

第二百七十条 将代为保管的他人财物非法占为己有,数额较大,拒不退还的,处二年以下有期徒刑、拘役或者罚金;数额巨大或者有其他严重情节的,处二年以上五年以下有期徒刑,并处罚金。

将他人的遗忘物或者埋藏物非法占为己有,数额较大,拒不交出的,依照前款的规定处罚。

本条罪,告诉的才处理。

《中华人民共和国河道管理条例》

第三十三条 在河道中流放竹木,不得影响行洪、航运和水工程安全,并服从当地河道主管机关的安全管理。

在汛期,河道主管机关有权对河道上的竹木和其他漂流物进行紧急处置。

《中华人民共和国城镇国有土地使用权出让和转让暂行条例》

第二条第一款 国家按照所有权与使用权分离的原则,实行城镇国有土地使用权出让、转让制度,但地下资源、埋藏物和市政公用设施除外。

《最高人民法院关于贯彻执行〈中华人民共和国民法通则〉若干问题的意见(试行)》

第九十三条 公民、法人对于挖掘、发现的埋藏物、隐藏物,如果能够证明属其所有,而且根据现行的法律、政策又可以归其所有的,应当予以保护。

《日本遗失物法》

第十二条 关于因错误而占有的物品,他人遗忘的物品,或者逃逸的家畜,准用本法及民法第240条的规定。但关于因错误而占有的物品,不得请求第3条的费用及第4条的酬劳金。

《日本民法典》

第二百四十一条 关于埋藏物,依特别法规定进行公告后六个月内,其所有人不明时,拾得人取得其所有权。

第一百一十五条 主物转让的,从物随主物转让,但当事人另有约定的除外。

【说明】

要准确把握本条关于主物转让的,从物随主物转让的一般规则,需要首先对主物和从物的概念进行理解。首先,主物、从物的概念不同于物的整体与其重要成分之间的关系。物的重要成分是物的组成部分,而主物和从物在聚合之前分别为独立的物,例如自行车与车锁,在聚合之前分别为独立的物。在聚合之后,根据它们的作用可以决定主从关系,并决定权利的变动。但物的重要成分与物的整体本身就是一个物,例如汽车与其发动机,如果没有发动机的作用,汽车就不成之为汽车,也就无法发挥物的整体的效用。因此法律上的规则是,不许可在物的整体上和该物的重要成分上分设两个独立的权利;而主物和从物之间的关系却不同,在从物随主物转让的一般规则下,均承认当事人例外约定的效力。例如甲将自行车出售给乙,完全可以约定自行车车锁不售仍由甲所有。

【立法理由】

主物与从物的划分规则,是指在两个以上的物发生互相附着或者聚合而且在经济上发生密切的关联之后,当物上的权利发生变动时,为确定物的归属所适用的规则。物的主从关系的划分并非人为拟制,而是经济实践的反映。现实中的物常常是由许多单一物结合在一起组成的物。当物上的权利发生变动时,必须考虑各部分是否也随之发生权利的变动,因此制定主物与从物之间的关系规则非常必要。

【相关规定】

《中华人民共和国合同法》

第一百六十四条 因标的物的主物不符合约定而解除合同的,解除合同的效力及于从物。因标的物的从物不符合约定被解除的,解除的效力不及于主物。

《最高人民法院关于贯彻执行〈中华人民共和国民法通则〉若干问题的意见(试行)》

第八十七条 有附属物的财产,附属物随财产所有权的转移而转移。但当事人另有约定又不违法的,按约定处理。

《德国民法典》

第九十七条 (1)不是主物的组成部分,但为了主物的经济目的而提供使用,并与主物存在符合此使用目的的空间关系的动产,为从物。在交易中不认为是从物的物,不是从物。

(2) 为了他物的经济目的而暂时提供使用的物,不产生从物的性质。从物暂时与主物分离的,不丧失其从物的性质。

《意大利民法典》

第八百一十八条 以主物为客体的行为和法律关系也包括从物(参阅第667条、第1477条、第2912条),另有规定的除外。从物也可以成为独立行为和法律关系(参阅第817条)的客体。从物从属性质的终止不得对抗先前已经对主物取得了权利的第三人。

《日本民法典》

第八十七条第二款 从物随主物处分。

《瑞士民法典》

第六百四十四条 对物的处分,及于从物。但有特别约定的,不在此限。前款的从物,系指依地方通常见解或根据所有人的明确意思表示,继续为主物的所有人经营、利用或保存,并通过连结或依其他方式与主物有关系的动产。物为从物时,虽与主物暂时分离,但不失其性质。

我国台湾地区"民法"

第六十八条第二款 主物之处分及于从物。

第一百一十六条 天然孳息,由所有权人取得;既有所有权人又有用益物权人的,由用益物权人取得。当事人另有约定的,按照约定。

法定孳息,当事人有约定的,按照约定取得;没有约定或者约定不明确的,按照交易习惯取得。

【说明】

天然孳息,自从与原物脱离后,会立即产生归属的问题,但是天然孳息的处理原则,民法中甚为复杂。对天然孳息,罗马法的处理原则是"生根的植物从属于土地",即原物的所有权人取得孳息的权利,但是法律允许其他人提出可以对抗原物所有权人的抗辩。考察德国、日本及我国台湾地区立法例,关于天然孳息归属的基本规则,是在承认原物的所有权人有取得权利的大前提下,同时许可他人享有排斥原物所有权人取得的权利。他人的这一权利可以基于物权产生,例如基于用益物权;也可因债权产生,例如因当事人约定而取得孳息。因此,本法明确规定,天然孳息,由所有权人取得;既有所有权人又有用益物权人的,由用益物权人取得;当事人另有约定的,按照约定。法定孳息是指依一定的法律关系由原物所生的物,是原物的所有权人进行租赁、投资等特定的民事法律活动而应当获得的合法收益。如房屋出租所得的租金,依股本金所得的股息等。关于法定孳息的归属,物权法明确,法定孳息,当事人有约定的,按照约定取得;没有约定或者约定不明确的,按照交易习惯取得。

【立法理由】

天然孳息是原物的出产物,一方面,人们占有使用原物并对其进行生产劳动,其目的就是获得出产物、收获物,因此法律规定天然孳息的归属,实际上就是对劳动的保护;另一方面,日常生活中也常发生原物在脱离所有权人的情况下而产生孳息的情形,因此确定孳息的归属尤显必要。

【相关规定】

《中华人民共和国合同法》

第一百零三条 标的物提存后,毁损、灭失的风险由债权人承担。提存期间,标的物的孳息归债权人所有。提存费用由债权人负担。

第一百六十三条 标的物在交付之前产生的孳息,归出卖人所有,交付之后产生的孳息,归买受人所有。

《中华人民共和国担保法》

第四十七条 债务履行期届满,债务人不履行债务致使抵押物被人民法院依法扣押的,自扣押之日起抵押权人有权收取由抵押物分离的天然孳息以及抵押人就抵押物可以收取的法定孳息。抵押权人未将扣押抵押物的事实通知应当清偿法定孳息的义务人的,抵押权的效力不及于该孳息。

前款孳息应当先充抵收取孳息的费用。

《中华人民共和国刑事诉讼法》

第二百三十四条 公安机关、人民检察院和人民法院对查封、扣押、冻结的犯罪嫌疑人、被告人的财物及其孳息,应当妥善保管,以供核查,并制作清单,随案移送。任何单位和个人不得挪用或者自行处理。对被害人的合法财产,应当及时返还。对违禁品或者不宜长期保存的物品,应当依照国家有关规定处理。

对作为证据使用的实物应当随案移送,对不宜移送的,应当将其清单、照片或者其他证明文件随案移送。

人民法院作出的判决,应当对查封、扣押、冻结的财物及其孳息作出处理。

人民法院作出的判决生效以后,有关机关应当根据判决对查封、扣押、冻结的财物及其孳息进行处理。对查封、扣押、冻结的赃款赃物及其孳息,除依法返还被害人的以外,一律上缴国库。

司法工作人员贪污、挪用或者私自处理查封、扣押、冻结的财物及其孳息的,依法追究刑事责任;不构成犯罪的,给予处分。

《德国民法典》

第一百零一条 到一定时期为止或者从一定时期开始,对物或者权利的果实享有权利的人,除另有其他规定外,可以收取以下各物:

1. 第99条第1款所列举的出产物以及物的组成部分,即使权利人将其作为权利的果实而取得的,亦同但仅以在权利的存续期间内已与原物分离的为限;

2. 在权利存续期间内已到期的其他果实;但如果果实系为偿付使用或者收益的报酬、利息、红利或者其他定期收益时,权利人可以取得与其权利存续期间相适应的部分。

《法国民法典》

第五百四十七条 以下权利依添附权归属于原物所有人:土地产生的天然果实或人工果实;法定果实;家畜繁殖的小家畜。

第五百四十八条 物所生的果实归属于原物所有人,但所有人负责偿还第三人支出的耕作、劳动及种子。

第五百四十九条 占有人仅于善意占有的情形,取得占有物的果实;在恶意占有的情形,占有人负责对请求返还占有物及其果实。

《意大利民法典》

第八百二十条 那些需要或者不需要人类劳动、由物直接产生的收益,诸如农产品、木柴、动物的幼息、金属矿、石矿、石灰矿的矿产品是自然孳息。孳息在分离以前为主物的一部分。然而,可以作为未来的动产对孳息进行处分。

作为他人享有财产的对价而从物中提取的收益是法定孳息。诸如取自本金的利息、取自永佃土地的租金、终身年金和其他任一定期收益以及租赁契约的租金。

第八百二十一条 自然孳息属于产生该孳息之物的所有人,将孳息的所有权给予其他人的情况不在此限。在这后一种情况下,孳息的所有权自孳息与母体分离之时取得。欲取得孳息之人,应当在孳息价值范围内,向生产或者收获孳息之人偿还他们为生产或收获孳息所支出的费用。法定孳息的取得根据享有权利的期限逐日计算。

《日本民法典》

第八十八条 （一）依物的用法所收取的出产物,为天然孳息;

(二)作为物的使用对价而受取的金钱或其他物,为法定孳息。

第八十九条 （一）天然孳息,自其与原物分离之时起,属于收取权利人。

(二)法定孳息,于收取权利存续期间,以日计取得。

《瑞士民法典》

第六百四十三条 1. 物的所有人,对该物所生的天然孳息,亦有所有权。

2. 天然孳息指定期出产物及依通常方法使用该物所得的收益。

《荷兰民法典》

第3.1.1.9条 1. 天然孳息,根据一般的观念,即其他物的出产物。

2. 法定孳息,根据一般的观念,即财产所由产生的权利。

3. 个人对终身租赁租金的欠款,视为终身租赁的孳息。

4. 天然孳息自与原物分离时,成为独立的物;法定孳息自可请求时,成为独立的权利。

我国台湾地区"民法"

第七十条 有收取天然孳息权利之人,其权利存续期间内,取得与原物分离之孳息。有收取法定孳息权利之人,按其权利存续期间之日数,取得其孳息。

第三编　用　益　物　权

第十章　一　般　规　定

第一百一十七条　用益物权人对他人所有的不动产或者动产,依法享有占有、使用和收益的权利。

【说明】

本条是关于用益物权人享有的基本权利和用益物权的基本特征的规定。

1. 用益物权人的基本权利

依照本条规定,用益物权人对他人所有的不动产或者动产,依照法律规定享有占有、使用和收益的权利。

(1) 占有的权利。"占有"是对物的实际控制。用益物权作为以使用收益为目的的物权,自当以权利人对物的实际占有为必要。利用他人之物为使用收益,必然要对物予以实际支配。没有占有就不可能实现对物的直接利用。

(2) 使用、收益的权利。"使用"是依物的自然属性、法定用途或者约定的方式,对物进行实际上的利用。"收益"是通过对物的利用而获取经济上的收入或者其他利益。用益物权的设立目的是对物的使用和收益。比如在他人的土地上自建房屋以供居住;在他人的土地上耕种、畜牧以供自用或出售而获得收益;在他人土地上建造楼宇用以出售、出租以取得收益等。

2. 用益物权的特征

作为物权体系的重要组成部分,用益物权具备物权的一般特征,同时还具有自身的特性,除了以对物的实际占有为前提、以使用收益为目的以外,还有以下几个方面的特征:

(1) 用益物权是由所有权派生的物权。所有权是权利人对自己的不动产或者动产,依法享有占有、使用、收益和处分的权利,包括在自己的财产上设立用益物权或担保物权的权利。用益物权则是在他人所有的财产上设立的权利,即对他人的财产享有占有、使用和收益的权利。因此,用益物权被作为"他物权",以相对于所有权的"自物权"。

(2)用益物权是受限制的物权。相对于所有权而言,用益物权是不全面的、受一定限制的物权。由此,用益物权属于"定限物权",以区别于所有权的"完全物权"。其一,所有权是物权权利种类中最完全也是最充分的权利。所有权的权利人对自己的财产,依法享有完全的直接支配力,包括占有、使用、收益和处分。而用益物权只具有所有权权能的一部分权能,其权利人享有的是对财产占有、使用和收益的权利。虽然权利人依法可以将其享有的用益物权予以转让、抵押等,但不具有对财产的所有权进行处分的权利。其二,所有权具有恒久性,只要所有物存在,所有权人对所有物便享有永久的权利。而用益物权则具有期限性。虽然设定的期限往往较长,但不是永久期限,期限届满时,用益物权人应将占有、使用之物返还于所有权人。其三,用益物权人必须根据法律的规定及合同的约定正确行使权利。用益物权人应当保护和合理利用所有权人的不动产和动产,按照设定权利时约定的用途和使用方法利用所有权人的财产,不得损害所有权人的权益。

(3)用益物权是一项独立的物权。用益物权是对所有权有所限制的物权。用益物权虽由所有权派生,以所有权为权源,并属于"他物权""定限物权",但用益物权一经设立,便具有独立于所有权而存在的特性。所有权对物的支配力受到约束,对物占有、使用和收益的权能由用益物权人行使,所有权人不得干涉。所有权人不得随意收回其财产,不得妨碍用益物权人依法行使权利。用益物权具有对物的直接支配性和排他性,可以对抗所有权人的干涉。同时,用益物权的义务人包括任何第三人,用益物权可以对抗所有第三人的侵害,包括干预、占有和使用客体物等。因此,用益物权是一项独立的物权。

(4)用益物权一般以不动产为客体。用益物权多以不动产尤其是土地为使用收益的对象。由于不动产特别是土地的稀缺性、不可替代性且价值较高,以及土地所有权依法不可移转性,使在土地等不动产上设立用益物权成为经济、社会发展的必然要求。而动产的特性决定了通常可以采用购买、租用等方式获得其所有权和使用权。

【立法理由】

用益物权是权利人对他人所有的不动产或者动产,依法享有占有、使用和收益的权利。用益物权制度是物权法律制度中一项非常重要的制度,与所有权制度、担保物权制度等一同构成了物权制度的完整体系。

用益物权制度的建立,对社会、经济发展有着重要意义。归结起来,一是促进资源的有效利用,二是维护资源的有序利用。

1. 促进资源的有效利用

随着社会、经济的发展,人们对物质尤其是对土地等资源的需求不断扩大,而土地等资源相对稀缺、不可替代。为了社会和经济的持续发展,必然要提高对土地等资源的有效利用,充分发挥其效用。在对资源的利用过程中,通过建立对物的利用予以保障的机制,以实现资源有效、充分利用的目的,便成为物权尤其是用益物权法律制度的任务之一。用益物权法律制度,可以在不能取得土地等资源的所有权或不必取得他人之物的所有权时,使得用益物权人可以通过对他人所有之物的占有、使用而获得收益,同时为社会提供财富。而对于所有人,也可以通过设定用益物权,将其所有的土地等资源交由他人使用收益,由此所有人可以不必直接使用其所有物也能获得收益。所有权人和用益物权人都可取得相应利益,表明资源的使用价值得到了更为有效、充分的实现。对整个社会而言,社会的资源得到有效利用,社会的整体利益也就得到了最大程度的实现和满足。

2. 维护资源的有序利用

维护资源的有序利用,有以下四层含义:

首先,通过用益物权制度,确定所有权人与用益物权人之间的权利义务,以达到权利人之间的利益平衡。用益物权制度并非是单纯为维护用益物权人的利益而建立的制度,而是在维护用益物权人权利的同时,兼顾所有权人利益的制度。所以说,用益物权制度是平衡用益物权人和所有权人之间利益保障的法律制度。

其次,用益物权制度所规定的所有权人与用益物权人之间的权利义务,是法定的权利义务,当事人不得随意变更。这样就避免了一方利用其社会或者经济上的优势地位,迫使对方放弃权利,或者无端地增加本不应由对方履行的义务,以此来保障双方权利义务关系的长久与稳定。

再次,用益物权,一般需要通过登记的公示方法将土地等资源上的权利状态昭示社会。通过公示来保障用益物权人的权利不为他人所侵害,并保障交易的安全。同时,通过对用益物权的设立目的、土地等资源的用途等进行登记,防止用益物权人任意改变土地等资源的原有用途。

最后,用益物权制度赋予了权利人对土地等资源的占有、使用和收益的权利。同时,还要求权利人在行使权利时,应当承担保护和合理开发利用资源的义务。这对保护和合理开发利用土地等资源,促进社会经济的可持续发展有重要意义。

【相关规定】

《法国民法典》

第五百七十八条 用益权人是指,如同本人是所有权人,享用所有权属于他人之物的权利,但享用人应负责保管物之本位。

《意大利民法典》

第九百八十一条 用益权人对物享有使用收益的权利,但是,应当按照该物的经济用途进行使用。

用益权人可以获得用益物所产生的一切利益,本节的限制性规定不在此限。

《瑞士民法典》

第七百四十五条 (1)对动产、土地、权利及财产,可设定用益权。

(2)用益权赋予权利人对物的全部使用及收益的权利。

第一百一十八条 国家所有或者国家所有由集体使用以及法律规定属于集体所有的自然资源,单位、个人依法可以占有、使用和收益。

【说明】

本条是关于国有和集体所有的自然资源,单位和个人可以取得用益物权的规定。

物权法具有较强的本土性,与一国的基本经济制度密切相关,用益物权制度也概莫能外。在实行计划经济体制时期,国家一般运用行政手段组织经济运行。国有土地的使用关系采取无偿的划拨方式,作为国有土地所有者的国家将国有土地划拨给国有企业无偿使用。农村土地则由作为所有者的集体统一经营,集中管理,农户在集体所有的土地上进行生产劳动,按劳取酬,不发生所有权与使用权的分离。无论是国有土地还是集体所有的土地的使用,都不采取设立用益物权的方式,因而不需要用益物权制度。

物权法上的用益物权,是土地所有权与土地使用权分离的法律形式。我国是在土地公有制基础上实行社会主义市场经济,城市土地归国家所有,农村土地归集体所有。作为土地所有者的国家自己不使用土地而交给各类企业等使用,是国有土地使用关系的主要形式;作为土地所有者的农民集体自己不使用土地而交给农户使用,是农村土地使用关系的主要形式。因此,用益物权制度,对于实行社会主义市场经济的我国具有重要的意义和作用。

《中华人民共和国物权法》根据我国的基本经济制度,以及建立和完善社会主义市场经济体制的要求,在"用益物权编"中设专章分别规定了土地承包经营权、建设用地使用权、宅基地使用权等用益物权。

土地承包经营权是指权利人依法对农民集体所有和国家所有由农民集体使用的耕地、林地、草地等享有占有、使用和收益的权利,有权从事种植业、林业、畜牧业等农业生产。物权法明确将农村土地承包经营权规定为用益物权,赋予农民长期而有保障的土地使用权。本法对承包经营权人的基本权利、承包经营权的期限和期满后的继续承包、承包经营权的流转、承包地的调整和收回、承包地被征收的补偿等作了规定。

建设用地使用权是指权利人依法对国家所有的土地享有占有、使用和收益的权利,有权利用该土地建造建筑物、构筑物及其附属设施。建设用地使用权是用益物权中的一项重要权利。建设用地使用权人通过出让或者划拨的方式取得对国家所有的土地使用和收益的权利,有权利用该土地建造建筑物、构筑物及其附属设施。本法对建设用地使用权的取得方式、分层设立建设用地使用权、建设用地使用权的转让和出资或者抵押、建设用地使用权期满后的续期等作了规定。

宅基地使用权是指权利人依法对集体所有的土地享有占有和使用的权利,有权依法利用该土地建造住宅及其附属设施。本法对宅基地使用权的取得、行使和转让等作了原则性的规定。

【立法理由】

在我国,国家对土地等资源实行公有制,它是我国生产资料社会主义公有制的重要组成部分。《中华人民共和国宪法》第10条第1款、第2款规定:"城市的土地属于国家所有。农村和城市郊区的土地,除由法律规定属于国家所有的以外,属于集体所有;宅基地和自留地、自留山,也属于集体所有。"根据《中华人民共和国宪法》的规定,土地公有制有两种形式:一是国家所有;二是集体所有。土地等自然资源的公有制,决定了单位、个人利用土地等资源,必然要在国家所有或者集体所有的土地等资源上取得用益物权。

【相关规定】

《中华人民共和国民法通则》

第八十条第一款 国家所有的土地,可以依法由全民所有制单位使用,也可以依法确定由集体所有制单位使用,国家保护它的使用、收益的权利;使用单位有管理、保护、合理利用的义务。

第八十一条第一、二款 国家所有的森林、山岭、草原、荒地、滩涂、水面等自然资源,可以依法由全民所有制单位使用,也可以依法确定由集体所有制单位使用,国家保护它的使用、收益的权利;使用单位有管理、保护、合理利用的义务。

国家所有的矿藏,可以依法由全民所有制单位和集体所有制单位开采,也可以依法由公民采挖。国家保护合法的采矿权。

《中华人民共和国土地管理法》

第九条 国有土地和农民集体所有的土地,可以依法确定给单位或者个人使用。使用土地的单位和个人,有保护、管理和合理利用土地的义务。

第一百一十九条 国家实行自然资源有偿使用制度,但法律另有规定的除外。

【说明】

本条是关于我国自然资源使用制度的规定。按照《中华人民共和国土地管理法》《中华人民共和国矿产资源法》《中华人民共和国水法》等法律以及国务院的有关规定,我国对自然资源实行有偿使用为原则、无偿利用为例外的制度。自然资源有偿使用制度,是指国家以自然资源所有者和管理者的双重身份,为实现所有者权益,保障自然资源的可持续利用,向使用自然资源的单位和个人收取自然资源使用费的制度。《中华人民共和国物权法》用益物权编中,对建设用地使用权、探矿权、采矿权、取水权等用益物权的规定与已经颁布实施多年的《中华人民共和国土地管理法》《中华人民共和国矿产资源法》《中华人民共和国水法》等法律中有关自然资源使用制度的规定是一致的。无偿使用作为自然资源有偿使用制度中的例外和补充,其适用范围和条件是受到严格限制的。

【立法理由】

物权法用益物权制度之所以要规定自然资源使用制度,理由在于:

(1)用益物权制度中规定自然资源使用制度具有合理性。对他人所有的土地等不动产的使用和收益一直是世界各国物权法用益物权制度的主要内容。随着社会经济的发展,土地资源、矿产资源、水资源等自然资源的使用和收益问题日益成为现代物权法用益物权制度的重要课题。物权法在用益物权部分,就自然资源的使用和收益问题作出相应规定是合理的。

(2)用益物权制度中规定自然资源使用制度也具有必要性。土地等自然资源一方面是整个社会赖以存续的共同物质基础,具有社会性;另一方面又只能在具体的使用中实现价值,使用权属必须确定。在资本主义制度下,通过用益物权制度,所有权人之外的权利人也可以就土地等自然资源进行使用和分享收益,这在一定程度上克服了私有制的狭隘局限,有利于物尽其用。我国是社会主义公有制国家,自然资源主要归国家所有即全民所有。国家通过自然资源的有偿使用制度,将自然资源的使用权属确定下来。现在,权利人利用国家所有的自然资源已经成为社会经济生活中的重要内容,由此产生的建设用地使用权等财产权利已经成为社会财富的重要方面,受到广泛关注。物权法在用益物权部分,就自然资源的使用和收益问题作出相应规定是非常必要的。

【相关规定】

《中华人民共和国土地管理法》

第二条第五款 国家依法实行国有土地有偿使用制度。但是,国家在法律规定的范围内划拨国有土地使用权的除外。

《中华人民共和国矿产资源法》

第五条 国家实行探矿权、采矿权有偿取得的制度;但是,国家对探矿权、采矿权有偿取得的费用,可以根据不同情况规定予以减缴、免缴。具体办法和实施步骤由国务院规定。

开采矿产资源,必须按照国家有关规定缴纳资源税和资源补偿费。

《中华人民共和国水法》

第七条 国家对水资源依法实行取水许可制度和有偿使用制度。但是,农村集体经济组织及其成员使用本集体经济组织的水塘、水库中的水的除外。国务院水行政主管部门负责全国取水许可制度和水资源有偿使用制度的组织实施。

《中华人民共和国土地管理法》

第五十四条 建设单位使用国有土地,应当以出让等有偿使用方式取得;但是,下列建设用地,经县级以上人民政府依法批准,可以以划拨方式取得:

(一)国家机关用地和军事用地;

(二)城市基础设施用地和公益事业用地;

(三)国家重点扶持的能源、交通、水利等基础设施用地;

(四)法律、行政法规规定的其他用地。

《中华人民共和国城市房地产管理法》

第四十条 以划拨方式取得土地使用权的,转让房地产时,应当按照国务院规定,报有批准权的人民政府审批。有批准权的人民政府准予转让的,应当由受让方办理土地使用权出让手续,并依照国家有关规定缴纳土地使用权出让金。

以划拨方式取得土地使用权的,转让房地产报批时,有批准权的人民政府按照国务院规定决定可以不办理土地使用权出让手续的,转让方应当按照国务院规定将转让房地产所获收益中的土地收益上缴国家或者作其他处理。

第一百二十条　用益物权人行使权利,应当遵守法律有关保护和合理开发利用资源的规定。所有权人不得干涉用益物权人行使权利。

【说明】

本条是用益物权人应当保护和合理开发利用资源,以及所有权人不得干涉用益物权人行使权利的规定。

本条分别从用益物权人和所有权人的角度,规定了两个方面的内容。一是用益物权人行使权利,应当遵守法律有关保护和合理开发利用资源的规定;二是所有权人不得干涉用益物权人行使权利。

1. 用益物权人行使权利,应当遵守法律有关保护和合理开发利用资源

用益物权是在他人所有的不动产或者动产上享有的占有、使用和收益的权利。在我国,多为在国家所有或者集体所有的土地上行使建设用地使用权、农村土地承包经营权和宅基地使用权,以及行使对国家所有的矿产资源、水资源等自然资源开发利用的权利。用益物权人在行使权利的同时,应当履行遵守法律有关保护和合理开发利用土地等资源的义务。

对保护和合理开发利用资源,我国相关法律都作出了明确规定。比如《中华人民共和国土地管理法》第 3 条规定:"十分珍惜、合理利用土地和切实保护耕地是我国的基本国策。各级人民政府应当采取措施,全面规划,严格管理,保护、开发土地资源,制止非法占用土地的行为。"使用土地的单位和个人必须严格按照土地利用总体规划确定的用途使用土地。国家保护耕地,严格控制耕地转为非耕地。非农业建设必须节约使用土地,可以利用荒地的,不得占用耕地;可以利用劣地的,不得占用好地。

又如《中华人民共和国农村土地承包法》第 8 条规定:"农村土地承包应当遵守法律、法规,保护土地资源的合理开发和可持续利用。未经依法批准不得将承包地用于非农建设。国家鼓励农民和农村集体经济组织增加对土地的投入,培肥地力,提高农业生产能力。"承包人承担维持土地的农业用途,不得用于非农建设;依法保护和合理利用土地,不得给土地造成永久性损害的义务。

再如《中华人民共和国矿产资源法》第 3 条规定,国家保障矿产资源的合

理开发利用。开采矿产资源,必须采取合理的开采顺序、开采方法和选矿工艺。矿山企业的开采回采率、采矿贫化率和选矿回收率应当达到设计要求。开采矿产资源,应当节约用地。耕地、草原、林地因采矿受到破坏的,矿山企业应当因地制宜地采取复垦利用、植树种草或其他利用措施。

作为相关的用益物权人,在享有权利的同时,应当严格遵守有关法律,积极保护和合理开发利用自然资源。

2. 所有权人不得干涉用益物权人行使权利

所有权人不得干涉用益物权人行使权利,是由所有权与用益物权、所有权人与用益物权人之间的关系决定的。用益物权虽由所有权派生,但它是一项独立的物权,当事人依法取得用益物权后对所有人的不动产或动产享有占有、使用、收益和依法转让该用益物权的权利。用益物权具有直接支配性和排他性,可以依法直接行使权利,不受第三人的侵害和所有权人的干涉。比如农村土地承包经营权人依法享有承包地使用、收益和土地承包经营权流转的权利,有权自主组织生产经营和处置产品。发包人应当尊重承包人的生产经营自主权,不得干涉承包人依法进行正常的生产经营活动。土地承包经营权流转的主体是承包人,承包人有权依法自主决定土地承包经营权是否流转和流转的方式。承包期内发包人不得调整承包地。因自然灾害严重毁损承包地等特殊情形,需要适当调整承包的耕地和草地的,应当依照《中华人民共和国农村土地承包法》等法律规定办理。承包期内发包人不得收回承包地。《中华人民共和国农村土地承包法》等法律另有规定的,依照其规定。

【立法理由】

土地、矿产、水资源等自然资源,具有不可再生性或者稀缺匮乏性。拿土地资源来说,土地是人类可利用的一切自然资源中最基本、最宝贵的资源,是人类最基本的生产资料。我国人多地少,特别是耕地少是我国的基本国情。耕地资源还存在着几个突出的问题:一是人均占有耕地的数量少。二是耕地总体质量差,生产水平低,抗自然灾害的能力差。三是耕地退化严重。四是耕地后备资源匮乏。我国每年因各项建设占用以及自然灾害毁损等造成耕地不断减少,而我国的人口却还在不断增长,人增地减的趋势已经成为我国经济社会发展中的一个重大问题和严峻挑战。因此,十分珍惜、合理利用土地和切实保护土地特别是耕地,是我国的基本国策。合理开发土地,保护土地资源是促进社会经济可持续发展的基本要求。强化土地等资源的保护,保证对土地等资源的持续利用,是资源利用中一个特别重要的问题。因此,本条明确要求:用益物权人行使权利,应当遵守法律有关保护和合理开发利用资源的规定。

所有权人不得干涉用益物权人行使权利,是用益物权人正常行使权利的基本保障。当然,如果用益物权人在行使权利时存在违背法律规定,未合理利用和保护资源等损害所有权人权益的行为,所有权人有权依法制止,并要求其赔偿损失。

【相关规定】

《中华人民共和国宪法》

第九条第二款　国家保障自然资源的合理利用,保护珍贵的动物和植物。禁止任何组织或者个人用任何手段侵占或者破坏自然资源。

第十条第五款　一切使用土地的组织和个人必须合理地利用土地。

《中华人民共和国土地管理法》

第三条　十分珍惜、合理利用土地和切实保护耕地是我国的基本国策。各级人民政府应当采取措施,全面规划,严格管理,保护、开发土地资源,制止非法占用土地的行为。

《中华人民共和国农业法》

第五十七条第一款　发展农业和农村经济必须合理利用和保护土地、水、森林、草原、野生动植物等自然资源,合理开发和利用水能、沼气、太阳能、风能等可再生能源和清洁能源,发展生态农业,保护和改善生态环境。

《中华人民共和国农村土地承包法》

第八条第一款　农村土地承包应当遵守法律、法规,保护土地资源的合理开发和可持续利用。未经依法批准不得将承包地用于非农建设。

《中华人民共和国草原法》

第十四条第二款　承包经营草原的单位和个人,应当履行保护、建设和按照承包合同约定的用途合理利用草原的义务。

《中华人民共和国矿产资源法》

第三条第二款　国家保障矿产资源的合理开发利用。禁止任何组织或者个人用任何手段侵占或者破坏矿产资源。各级人民政府必须加强矿产资源的保护工作。

第三十二条第二款　开采矿产资源,应当节约用地。耕地、草原、林地因采矿受到破坏的,矿山企业应当因地制宜地采取复垦利用、植树种草或者其他利用措施。

《中华人民共和国水法》

第九条　国家保护水资源,采取有效措施,保护植被,植树种草,涵养水源,防治水土流失和水体污染,改善生态环境。

《中华人民共和国清洁生产促进法》

第二十五条 矿产资源的勘查、开采,应当采用有利于合理利用资源、保护环境和防止污染的勘查、开采方法和工艺技术,提高资源利用水平。

第一百二十一条 因不动产或者动产被征收、征用致使用益物权消灭或者影响用益物权行使的,用益物权人有权依照本法第四十二条、第四十四条的规定获得相应补偿。

【说明】

本条是关于用益物权人因征收、征用有权获得补偿的规定。

《中华人民共和国宪法》第 10 条第 2 款规定:"国家为了公共利益的需要,可以依照法律规定对土地实行征收或者征用并给予补偿。"这一规定表明,征收和征用应当遵循三个原则:

一是公共利益需要的原则。实施征收、征用,必须是出于公共利益的需要,这是征收、征用的前提条件。公共利益通常是指全体社会成员的共同利益和社会的整体利益。

二是依照法定程序的原则。征收、征用在一定程度上限制了他人的财产权。为了防止这种手段的滥用,平衡他人财产保护和公共利益需要的关系,征收、征用必须严格依照法律规定的程序进行。

三是依法给予补偿的原则。尽管征收和征用是为了公共利益需要,但都不能采取无偿剥夺的方式,必须依法给予补偿。补偿的方式应视财产的类别而加以区别对待。在征收过程中,征收的对象一般都是不动产,并且是所有权的改变,一般都要给予金钱补偿、相应的财产补偿或者其他形式的补偿。在征用过程中,如果是非消耗品,使用结束后,原物还存在的,应当返还原物,对于物的价值减少的部分要给予补偿;如果是消耗品,通常要给予金钱补偿。

征收主要是针对不动产,而不动产中又以征收集体所有的土地最具代表性,因此,对征收集体土地,如何对所有权人即农民集体和用益物权人即承包经营权人给予补偿,就显得尤为重要。

《中华人民共和国物权法》第 42 条第 2 款规定:"征收集体所有的土地,应当依法足额支付土地补偿费、安置补助费、地上附着物和青苗的补偿费等费用,安排被征地农民的社会保障费用,保障被征地农民的生活,维护被征地农民的合法权益。"该款明确规定了要给予集体所有土地的用益物权人以补偿。而具体的补偿范围和标准,则要根据《中华人民共和国土地管理法》的

规定办理。在适用《中华人民共和国土地管理法》第47条的规定时,应当把握以下几点:

(1)征地补偿和安置补助的原则是保证被征地农民的生活水平不因征收土地而降低。征收土地后通过补偿和采取各项安置措施,要使被征地农民的生活水平达到征地前的生活水平。如果达不到,应当采取相应的措施,包括提高补偿标准。

(2)按照被征收土地的原用途给予补偿。原来是耕地的按耕地的标准补偿,原来是林地的按林地的标准补偿,原来是草地的按草地的标准补偿。

(3)征收耕地的补偿费用包括土地补偿费、安置补助费、地上附着物补偿费和青苗补偿费。

(4)依据前述标准支付的土地补偿费和安置补助费不能保证被征地农民的原有生活水平的,经省级人民政府批准,可以提高补偿标准。根据社会、经济发展水平,在特殊情况下,国务院可以提高征收耕地的土地补偿费和安置补助费标准。

(5)征收其他土地的土地补偿费和安置补助费,是指征收耕地以外其他土地,如林地、草地、建设用地等应当给予的补偿。其具体标准由各省、自治区、直辖市参照征收耕地的土地补偿费和安置补助费的标准规定。

《中华人民共和国物权法》第44条规定:"因抢险、救灾等紧急需要,依照法律规定的权限和程序可以征用单位、个人的不动产或者动产。被征用的不动产或者动产使用后,应当返还被征用人。单位、个人的不动产或者动产被征用后毁损、灭失的,应当给予补偿。"根据本条规定,单位、个人的不动产被征用或者征用后毁损、灭失,致使用益物权消灭,或者影响用益物权行使的,应当对用益物权人给予补偿。

【立法理由】

用益物权是当事人依照法律规定,对他人所有的不动产或者动产享有占有、使用和收益的权利。用益物权虽由所有权派生出来,但它是一项独立的物权。用益物权人是对他人所有的物享有占有、使用和收益的权利人,虽然不是物的所有权人,但也是具有独立物权地位的权利人。在他人的不动产被征收、征用,致使所有权消灭或者影响所有权行使的,应当依法给予所有权人补偿。同时,因他人的不动产被征收、征用致使用益物权消灭或者影响用益物权行使的,用益物权人也有权依法获得相应的补偿。

【相关规定】

《中华人民共和国宪法》

第十条第三款　国家为了公共利益的需要,可以依照法律规定对土地实行征收或者征用并给予补偿。

第十三条第三款　国家为了公共利益的需要,可以依照法律规定对公民的私有财产实行征收或者征用并给予补偿。

《中华人民共和国土地管理法》

第二条第四款　国家为了公共利益的需要,可以依法对土地实行征收或者征用并给予补偿。

《中华人民共和国农业法》

第七十一条　国家依法征收农民集体所有的土地,应当保护农民和农村集体经济组织的合法权益,依法给予农民和农村集体经济组织征地补偿,任何单位和个人不得截留、挪用征地补偿费用。

《中华人民共和国草原法》

第三十九条第一款　因建设征收、征用集体所有的草原的,应当依照《中华人民共和国土地管理法》的规定给予补偿;因建设使用国家所有的草原的,应当依照国务院有关规定对草原承包经营者给予补偿。

《中华人民共和国渔业法》

第十四条　国家建设征收集体所有的水域、滩涂,按照《中华人民共和国土地管理法》有关征地的规定办理。

《最高人民法院关于审理涉及农村集体土地行政案件若干问题的规定》

第十二条　征收农村集体土地时涉及被征收土地上的房屋及其他不动产,土地权利人可以请求依照物权法第四十二条第二款的规定给予补偿的。

征收农村集体土地时未就被征收土地上的房屋及其他不动产进行安置补偿,补偿安置时房屋所在地已纳入城市规划区,土地权利人请求参照执行国有土地上房屋征收补偿标准的,人民法院一般应予支持,但应当扣除已经取得的土地补偿费。

第一百二十二条　依法取得的海域使用权受法律保护。

【说明】

国家是海域所有权的唯一主体。海域与土地具有相同的属性,随着海洋科学技术的发展,海域可以通过技术手段加以区分并进行排他性的使用,海域越来越成为被人类利用的重要资源。2001年颁布的《中华人民共和国海域使用管理法》从法律上确立了海域使用权制度。海域使用权是指单位或者个人依法取得对国家所有的特定海域排他性使用权。单位和个人使用海域,必须依法取得海域使用权。海域使用权人通过向海洋行政主管部门申请、招标、拍卖方式取得海域使用权后应当办理登记手续。根据使用海域不同的用途，海域使用权最高期限分别为：养殖用海 15 年；拆船用海 20 年；旅游、娱乐用海 25 年；盐业、矿业用海 30 年；公益事业用海 40 年；港口、修造船厂等建设工程用海 50 年。海域作为国家重要的自然资源实行有偿使用制度。单位和个人使用海域，应当按照国务院的规定缴纳海域使用金。海域使用权是与建设用地使用权等具有相同性质的用益物权。

【立法理由】

在《中华人民共和国物权法》起草过程中，有人提出，海域使用权应与建设用地使用权等并列为用益物权，建议专章规定海域使用权，强化海域使用权的物权特点，增加海域使用权抵押以及设立海域使用权时优先考虑渔民利益等内容。《中华人民共和国物权法》没有对海域使用权专章规定，主要是考虑到海域使用权是一个综合性的权利，包括利用海域从事建设工程、海水养殖、海底探矿采矿、旅游等多种活动。《中华人民共和国物权法》有关用益物权的规定，是根据土地的不同用途产生的不同法律关系分别规定为土地承包经营权、建设用地使用权和宅基地使用权，没有综合规定为土地使用权。因此，如果将海域使用权专章规定，会造成《中华人民共和国物权法》用益物权编体系的不平衡。所以，强化海域使用权的物权特点，弥补现行海域使用管理法不足的问题，还是应当留待修改《中华人民共和国海域使用管理法》时一并解决。因此，本条只是对海域使用权作了原则性的规定，确立了海域使用权用益物权的属性，明确依法取得的海域使用权受法律保护。根据特别法优先于普通法的原则，海域使用权首先应当适用《中华人民共和国海域使用管理法》的规定；《中华人民共和国海域使用管理法》没有规定的，适用《中华人民共和国物权法》的有关规定。

【相关规定】

《中华人民共和国民法通则》

第八十一条第一、三款　国家所有的森林、山岭、草原、荒地、滩涂、水面等自然资源，可以依法由全民所有制单位使用，也可以依法确定由集体所有制单位使用，国家保护它的使用、收益的权利；使用单位有管理、保护、合理利用的义务。

公民、集体依法对集体所有的或者国家所有由集体使用的森林、山岭、草原、荒地、滩涂、水面的承包经营权，受法律保护。承包双方的权利和义务，依照法律由承包合同规定。

《中华人民共和国海域使用管理法》

第三条第二款　单位和个人使用海域,必须依法取得海域使用权。

第六条第一款　国家建立海域使用权登记制度,依法登记的海域使用权受法律保护。

第二十五条　海域使用权最高期限,按照下列用途确定:

(一)养殖用海十五年;

(二)拆船用海二十年;

(三)旅游、娱乐用海二十五年;

(四)盐业、矿业用海三十年;

(五)公益事业用海四十年;

(六)港口、修造船厂等建设工程用海五十年。

第二十七条第二、三款　海域使用权可以依法转让。海域使用权转让的具体办法,由国务院规定。

海域使用权可以依法继承。

第三十三条第一款　国家实行海域有偿使用制度。

《不动产登记暂行条例》

第五条　下列不动产权利,依照本条例的规定办理登记:

(一)集体土地所有权;

(二)房屋等建筑物、构筑物所有权;

(三)森林、林木所有权;

(四)耕地、林地、草地等土地承包经营权;

(五)建设用地使用权;

(六)宅基地使用权;

(七)海域使用权;

(八)地役权;

(九)抵押权;

(十)法律规定需要登记的其他不动产权利。

《不动产登记暂行条例实施细则》

第四条第二款　国务院批准的项目用海、用岛的登记,由国土资源部受理,依法向权利人核发不动产权属证书。

第五十四条第一、二款　依法取得海域使用权,可以单独申请海域使用权登记。

依法使用海域,在海域上建造建筑物、构筑物的,应当申请海域使用权及建筑物、构筑物所有权登记。

第一百二十三条 依法取得的探矿权、采矿权、取水权和使用水域、滩涂从事养殖、捕捞的权利受法律保护。

【说明】

我国对自然资源实行有偿使用制度。《中华人民共和国矿产资源法》《中华人民共和国水法》《中华人民共和国渔业法》分别对单位和个人利用自然资源的权利作出了规定。探矿权、采矿权,取水权和从事养殖、捕捞的权利具有自身的特点,与一般的用益物权有所不同。用益物权一般是通过合同设立,探矿权、采矿权、取水权和从事养殖、捕捞的权利是经行政主管部门许可设立。考虑到探矿权、采矿权、取水权和从事养殖、捕捞的权利主要是对国家自然资源的利用,权利人取得这些权利后,即享有占有、使用和收益的权利,其权能与用益物权是一致的,同时也需要办理登记并进行公示,符合物权公示的原则。因此,物权法对这些权利作了原则性、衔接性的规定。

【立法理由】

《中华人民共和国矿产资源法》《中华人民共和国水法》《中华人民共和国渔业法》等单行法律对相关的权利都作了较为全面的规定。但是,由于这些法律多是从行政管理的角度对权利进行规范的,这些权利的物权属性并不明确,财产权利的内容并不完善,更缺少对这些权利相应的民事救济措施,因此实践中也出现了一些侵犯权利人合法权益的行为。所以,《中华人民共和国物权法》有必要作出衔接性的规定,明确这些权利受《中华人民共和国物权法》以及相关法律的保护。至于进一步完善这些权利的问题,可以通过修改相关法律加以解决。根据特别法优于普通法适用的原则,探矿权、采矿权,取水权,利用水域、滩涂从事养殖、捕捞的权利,首先应当适用《中华人民共和国矿产资源法》《中华人民共和国水法》和《中华人民共和国渔业法》等法律的规定;《中华人民共和国矿产资源法》《中华人民共和国水法》和《中华人民共和国渔业法》等法律没有规定的,适用本法的有关规定。

【相关规定】

《中华人民共和国民法通则》

第八十一条第一、二、四款 国家所有的森林、山岭、草原、荒地、滩涂、水面等自然资源,可以依法由全民所有制单位使用,也可以依法确定由集体所有制单位使用,国家保护它的使用、收益的权利;使用单位有管理、保护、合理利用的义务。

国家所有的矿藏,可以依法由全民所有制单位和集体所有制单位开采,也可以依法由公民采挖。国家保护合法的采矿权。

国家所有的矿藏、水流,国家所有的和法律规定属于集体所有的林地、山岭、草原、荒地、滩涂不得买卖、出租、抵押或者以其他形式非法转让。

《中华人民共和国土地管理法》

第十一条第四款　确认林地、草原的所有权或者使用权,确认水面、滩涂的养殖使用权,分别依照《中华人民共和国森林法》、《中华人民共和国草原法》和《中华人民共和国渔业法》的有关规定办理。

《中华人民共和国矿产资源法》

第五条　国家实行探矿权、采矿权有偿取得的制度;但是,国家对探矿权、采矿权有偿取得的费用,可以根据不同情况规定予以减缴、免缴。具体办法和实施步骤由国务院规定。

开采矿产资源,必须按照国家有关规定缴纳资源税和资源补偿费。

第六条第一款　除按下列规定可以转让外,探矿权、采矿权不得转让:

(一)探矿权人有权在划定的勘查作业区内进行规定的勘查作业,有权优先取得勘查作业区内矿产资源的采矿权。探矿权人在完成规定的最低勘查投入后,经依法批准,可以将探矿权转让他人。

(二)已取得采矿权的矿山企业,因企业合并、分立,与他人合资、合作经营,或者因企业资产出售以及有其他变更企业资产产权的情形而需要变更采矿权主体的,经依法批准可以将采矿权转让他人采矿。

《中华人民共和国水法》

第七条　国家对水资源依法实行取水许可制度和有偿使用制度。但是,农村集体经济组织及其成员使用本集体经济组织的水塘、水库中的水的除外。国务院水行政主管部门负责全国取水许可制度和水资源有偿使用制度的组织实施。

第四十八条　直接从江河、湖泊或者地下取用水资源的单位和个人,应当按照国家取水许可制度和水资源有偿使用制度的规定,向水行政主管部门或者流域管理机构申请领取取水许可证,并缴纳水资源费,取得取水权。但是,家庭生活和零星散养、圈养畜禽饮用等少量取水的除外。

实施取水许可制度和征收管理水资源费的具体办法,由国务院规定。

《中华人民共和国渔业法》

第十一条　国家对水域利用进行统一规划,确定可以用于养殖业的水域和滩涂。单位和个人使用国家规划确定用于养殖业的全民所有的水域、滩涂的,使用者应当向县级以上地方人民政府渔业行政主管部门提出申请,由本级人民政府核发养殖证,许可其使用该水域、滩涂从事养殖生产。核发养殖证的具体办法由国务院规定。

集体所有的或者全民所有由农业集体经济组织使用的水域、滩涂,可以由个人或者集体承包,从事养殖生产。

第二十三条第一、二、三款 国家对捕捞业实行捕捞许可证制度。

到中华人民共和国与有关国家缔结的协定确定的共同管理的渔区或者公海从事捕捞作业的捕捞许可证,由国务院渔业行政主管部门批准发放。海洋大型拖网、围网作业的捕捞许可证,由省、自治区、直辖市人民政府渔业行政主管部门批准发放。其他作业的捕捞许可证,由县级以上地方人民政府渔业行政主管部门批准发放;但是,批准发放海洋作业的捕捞许可证不得超过国家下达的船网工具控制指标,具体办法由省、自治区、直辖市人民政府规定。

捕捞许可证不得买卖、出租和以其他形式转让,不得涂改、伪造、变造。

第十一章 土地承包经营权

第一百二十四条 农村集体经济组织实行家庭承包经营为基础、统分结合的双层经营体制。

农民集体所有和国家所有由农民集体使用的耕地、林地、草地以及其他用于农业的土地,依法实行土地承包经营制度。

【说明】

本条是关于农村集体经济组织实行家庭承包经营为基础、统分结合的双层经营体制的规定。

《中华人民共和国物权法》作出"农村集体经济组织实行家庭承包经营为基础、统分结合的双层经营体制"的规定,正是为了稳定和完善以家庭承包经营为基础、统分结合的双层经营体制,赋予农民长期而有保障的土地使用权,维护农村土地承包当事人的合法权益,促进农业、农村经济发展和农村社会稳定。

依法实行土地承包经营制度的农村土地,包括农民集体所有和国家所有依法由农民集体使用的耕地、林地、草地以及其他依法用于农业的土地。其中既包括农民集体所有的农业用地,也包括国家所有依法由农民集体使用的农业用地。本条"用于农业的土地",主要有耕地、林地和草地,还有一些其他用于农业的土地,如荒山、荒丘、荒沟、荒滩等"四荒地"。

根据《中华人民共和国农村土地承包法》的规定,农村土地承包采取农村集体经济组织内部的家庭承包方式,不宜采取家庭承包方式的荒山、荒沟、荒丘、荒滩等农村土地,可以采取招标、拍卖、公开协商等方式承包。可见,农村土地承包经营制度包括两种承包方式,即家庭承包和以招标、拍卖、公开协商等方式的承包。

农村土地承包一般采取农村集体经济组织内部的家庭承包方式。家庭承包方式是指,以农村集体经济组织的每一个农户家庭全体成员为一个生产经营单位,作为承包人与发包人建立承包关系,承包耕地、林地、草地等用于农业的土地。家庭承包中的承包人是农村集体经济组织的农户。发包人将土地发包给农户经营时,应当按照每户所有成员的人数来确定承包土地的份额,也就是通常所说的"按户承包,按人分地",也叫"人人有份"。由于每个集体经济组织成员在本集体经济组织中均享有成员权,也由于农村土地是农民的基本生产资料,也是他们的基本生活保障,因此,凡是本集体经济组织的成员应当人人有份,尤其是耕地、林地、草地,都应当依法实行家庭承包。

有些用于农业的土地,如果园,在本集体经济组织内做不到人人有份,只能由少数农户来承包;对于"四荒地",本集体经济组织成员有的不愿承包,有的根据自己的能力承包的数量不同。这些不宜采取家庭承包方式的农村土地,可以采取招标、拍卖、公开协商等方式承包。这些承包方式都是以自愿、公开、公正的原则进行的,能够更合理地利用这些农村土地。

【立法理由】

农村集体经济组织实行家庭承包经营为基础、统分结合的双层经营体制,是我国宪法确立的农村集体经济组织的经营体制。长期稳定和不断完善以家庭承包经营为基础、统分结合的双层经营体制,是党在农村的基本政策。"双层经营"包含了两个经营层次:一是家庭分散经营层次;二是集体统一经营层次。

二十多年来的农村改革的实践证明,实行家庭承包经营,符合生产关系要适应生产力发展要求的规律,使农户获得了充分的经营自主权,充分调动了亿万农民的生产积极性,极大地解放和发展了农村生产力,实现了我国农业的巨大发展和农村经济的全面繁荣,使广大农民的生活从温饱迈向小康。实行家庭承包经营,符合农业生产的特点,可以使农户根据市场需求和效益原则确定农业生产的品种和结构,使农民成为独立的市场主体。家庭承包经营是集体经济组织内部的一个经营层次,是双层经营体制的基础。集体经营层次具有生产服务、组织协调和资产积累等功能。农村集体经济组织的主要任务是管理好集体资产,协调好利益关系,组织好生产服务和集体资源开发,壮大经济实力,特别是要增强服务功能,解决一家一户难以解决的困难。这种双层经营体制,不仅适应以手工劳动为主的传统农业,也能适应采用先进科学技术和生产手段的现代农业,具有广泛的适应性和旺盛的生命力,必须长期坚持。

稳定完善双层经营体制,关键是稳定完善土地承包关系。土地是农业最基本的生产要素,又是农民最基本的生活保障。稳定土地承包关系,是引导农民珍惜土地,增加投入的需要;是保持农业发展、促进农民增收的需要;是保持农村稳定的需要。稳定土地承包关系是党的农村政策的基石,决不能动摇。

【相关规定】

《中华人民共和国宪法》

第八条第一款　农村集体经济组织实行家庭承包经营为基础、统分结合的双层经营体制。农村中的生产、供销、信用、消费等各种形式的合作经济，是社会主义劳动群众集体所有制经济。参加农村集体经济组织的劳动者，有权在法律规定的范围内经营自留地、自留山、家庭副业和饲养自留畜。

《中华人民共和国农村土地承包法》

第三条　国家实行农村土地承包经营制度。

农村土地承包采取农村集体经济组织内部的家庭承包方式，不宜采取家庭承包方式的荒山、荒沟、荒丘、荒滩等农村土地，可以采取招标、拍卖、公开协商等方式承包。

第十八条　土地承包应当遵循以下原则：

（一）按照规定统一组织承包时，本集体经济组织成员依法平等地行使承包土地的权利，也可以自愿放弃承包土地的权利；

（二）民主协商，公平合理；

（三）承包方案应当按照本法第十二条的规定，依法经本集体经济组织成员的村民会议三分之二以上成员或者三分之二以上村民代表的同意；

（四）承包程序合法。

《中华人民共和国农业法》

第十条　国家实行农村土地承包经营制度，依法保障农村土地承包关系的长期稳定，保护农民对承包土地的使用权。

农村土地承包经营的方式、期限、发包方和承包方的权利义务、土地承包经营权的保护和流转等，适用《中华人民共和国土地管理法》和《中华人民共和国农村土地承包法》。

农村集体经济组织应当在家庭承包经营的基础上，依法管理集体资产，为其成员提供生产、技术、信息等服务，组织合理开发、利用集体资源，壮大经济实力。

第一百二十五条　土地承包经营权人依法对其承包经营的耕地、林地、草地等享有占有、使用和收益的权利，有权从事种植业、林业、畜牧业等农业生产。

【说明】

本条是关于土地承包经营权人享有的基本权利的规定。

这一条进一步明确了土地承包经营权的物权性质,明确规定了土地承包经营权人依法对其承包经营的耕地、林地、草地等享有占有、使用和收益的权利,有权从事种植业、林业、畜牧业等农业生产。

1. 承包经营权人的基本权利

本条规定了承包人对承包地享有的占有、使用和收益这几项最基本、最重要的权利。这些权利都是法定权利,即使在承包合同中没有约定,承包人也依法享有这些权利,任何组织和个人不得剥夺和侵害。

(1) 依法享有对承包地占有的权利。占有的权利是土地承包经营权人对所有人的土地直接支配和排他的权利。土地承包经营权是在集体或国家所有由集体使用的土地上使用、收益的权利,为实现其使用、收益的目的,必然以对土地占有为前提。

(2) 依法享有对承包地使用的权利。农村土地承包经营权设立的目的,就在于由承包人在集体的土地上从事种植业、林业、畜牧业等农业生产。因此,承包人对其承包的土地进行合理且有效的使用是其重要权能之一。至于从事农业生产的种类、方式等均由承包人按照土地用途自主决定,承包人享有生产经营自主权,发包人和其他任何第三人都无权进行干涉。对承包土地的使用不仅仅限于传统意义上的种粮植树、放牛养羊等,对于因进行农业生产而修建必要的附属设施,如建造沟渠、修建水井等,也应是对承包土地的一种使用。

(3) 依法获取承包地收益的权利。收益权是承包人获取承包地上产生的收益的权利,这种收益主要是从承包地上种植的农林作物以及畜牧中所获得的利益。例如,粮田里产出的粮食,果树产生的果实等。承包人还有权自由处置产品,可以自由决定农林牧产品是否出售,如何卖,卖给谁等。承包人对承包地享有的收益权是承包经营权中的重要权利。对承包人的收益权应当依法保护,使其得到充分的实现。

2. 承包经营权人的其他权利

承包经营权人的上述权利,体现了作为用益物权的承包经营权的最基本的权利,还有一些权利内容也体现了承包经营权的物权性质。

(1) 较长的承包期及承包期满后可以继续承包。耕地的承包期为30年。草地的承包期为30年至50年。林地的承包期为30年至70年;特殊林木的林地承包期,经国务院林业行政主管部门批准可以延长。承包期届满,由土地承包经营权人按照国家规定继续承包。

（2）依法享有土地承包经营权流转的权利。土地承包经营权人依照《中华人民共和国农村土地承包法》的规定有权将土地承包经营权采取转包、互换、转让等方式流转。

（3）承包期内发包人不得调整承包地。因自然灾害严重毁损承包地等特殊情形，需要适当调整承包的耕地和草地的，应当依照《中华人民共和国农村土地承包法》等法律规定办理。

（4）承包期内发包人不得收回承包地。《中华人民共和国农村土地承包法》等法律另有规定的，依照其规定。

（5）承包地被征收的，土地承包经营权人有权依照本法第42条第2款的规定获得相应补偿。

【立法理由】

《中华人民共和国物权法》明确将农村土地承包经营权规定为用益物权，体现了党的十五届三中全会"要抓紧制定确保农村土地承包关系长期稳定的法律法规，赋予农民长期而有保障的土地使用权"的要求。

在《中华人民共和国农村土地承包法》颁布之前，人们对土地承包经营权大多是从债权的角度即承包合同的角度来认识的。2002年颁布的《中华人民共和国农村土地承包法》将土地承包经营权作为用益物权，但未明确使用"用益物权"的概念。根据物权的特征和土地承包经营权的实际状况，将土地承包经营权确立为用益物权，更有利于保护土地承包经营权人的利益。

（1）土地承包经营权中的各项权利为法定权利，不得随意变更。而合同权利依双方当事人约定，难以避免因发包人违反合同等行为对土地承包经营权造成侵害。

（2）土地承包经营权作为用益物权，期限较长，比较稳定。而合同的期限一般较短也容易发生变化。

（3）承包人享有经营自主权，发包人不得干涉。而合同可以变更，难以避免发包人强令承包人不变更就解除合同的现象发生。

（4）承包人作为用益物权人，可以对抗发包人的侵害，土地承包经营权不能被任意剥夺，承包地被违法收回后，可以要求返还。而合同有可能随意解除，承包地被违法收回的，承包人虽有可能获得金钱赔偿，但返还承包地并不必然。

（5）承包人可以以用益物权人的地位直接对抗第三人的侵害，包括政府的违法干预。比如，承包人可以据此抵制"一乡一品"等干预经营自主权的政府决定。

(6)承包人依用益物权享有自主将土地承包经营权流转的权利基础,任何人不得强迫或者阻碍。而依合同关系难以形成流转的基础,而且往往受到对方的限制。

(7)在征地补偿时,承包人可以作为独立的权利主体,土地承包经营权可以作为独立的财产权利获得相应的补偿,而不是仅作为合同一方当事人被忽视。

【相关规定】

《中华人民共和国民法通则》

第八十条第二款　公民、集体依法对集体所有的或者国家所有由集体使用的土地的承包经营权,受法律保护。承包双方的权利和义务,依照法律由承包合同规定。

第八十一条第三款　公民、集体依法对集体所有的或者国家所有由集体使用的森林、山岭、草原、荒地、滩涂、水面的承包经营权,受法律保护。承包双方的权利和义务,依照法律由承包合同规定。

《中华人民共和国农村土地承包法》

第二条　本法所称农村土地,是指农民集体所有和国家所有依法由农民集体使用的耕地、林地、草地,以及其他依法用于农业的土地。

第四条　国家依法保护农村土地承包关系的长期稳定。

农村土地承包后,土地的所有权性质不变。承包地不得买卖。

第五条　农村集体经济组织成员有权依法承包由本集体经济组织发包的农村土地。

任何组织和个人不得剥夺和非法限制农村集体经济组织成员承包土地的权利。

第九条　国家保护集体土地所有者的合法权益,保护承包方的土地承包经营权,任何组织和个人不得侵犯。

第十六条　承包方享有下列权利:

(一)依法享有承包地使用、收益和土地承包经营权流转的权利,有权自主组织生产经营和处置产品;

(二)承包地被依法征收、征用、占用的,有权依法获得相应的补偿;

(三)法律、行政法规规定的其他权利。

第一百二十六条　耕地的承包期为三十年。草地的承包期为三十年

至五十年。林地的承包期为三十年至七十年;特殊林木的林地承包期,经国务院林业行政主管部门批准可以延长。

前款规定的承包期届满,由土地承包经营权人按照国家有关规定继续承包。

【说明】

本条是关于土地承包期的规定。

本条根据《中华人民共和国农村土地承包法》的规定,对不同用途的农用地的承包期作了规定。

1. 耕地的承包期

在我国农村实行家庭联产承包责任制之初,承包期一般都比较短。承包期限过短,难以调动承包人增加投入、合理开发土地的积极性,甚至可能导致短期行为和对土地的掠夺式经营。这样,国家实行土地承包经营制度就失去了积极意义。因此,1984年,国家有关政策要求土地承包期应当适当延长,一般应在15年以上。1993年,一些较早实行家庭承包经营的地方,第一轮土地承包即将到期。为了及时指导,国家提出,在原定的耕地承包期到期之后,再延长30年不变。此后,1998年修改的《中华人民共和国土地管理法》明确规定,土地承包经营期限为30年。2002年颁布的《中华人民共和国农村土地承包法》进一步明确规定,耕地的承包期为30年。

土地承包期限的长短,应考虑到我国农村的实际情况,根据农业生产经营的特点和农业经济的发展趋势等因素确定。如果期限过短,不利于土地承包经营权的稳定和农业的发展。耕地的承包期为30年的规定,符合农村耕地承包的现实要求。

2. 草地、林地的承包期

对于草地、林地的承包期限,我国法律的规定有一个发展过程。《中华人民共和国土地管理法》规定,农民集体所有的土地由本集体经济组织的成员承包经营,从事种植业、林业、畜牧业、渔业生产。土地承包经营期限为30年。国家政策曾原则要求,土地承包期再延长30年不变,营造林地和"四荒"地等开发性生产的承包期可以更长。《中华人民共和国农村土地承包法》根据草地和林地承包的特殊性,明确规定,草地的承包期为30—50年。林地的承包期为30—70年;特殊林木的林地承包期,经国务院林业行政主管部门批准可以延长。

同耕地相比,草地和林地有其特殊性。以林地为例:

首先,耕地主要是用于种植农作物,一般是一年一季或者两季,有的是三季,很少种植多年生植物。而林地上一般生长着多年生的乔木、竹类、灌木等。

其次,从事林业开发投资大,林木生长期、收益期长,风险也比较高。

最后,我国对森林实行限额采伐制度,林地上种植的林木不能任意采伐,采伐必须申请采伐许可证并按照要求完成更新造林。承包人的生产经营和处置产品的权利受到一定的限制。

《中华人民共和国农村土地承包法》对草地和林地的承包期作出了上述规定。《中华人民共和国物权法》的规定与《中华人民共和国农村土地承包法》的规定是一致的。

本条第2款规定,前款规定的承包期届满,由土地承包经营权人按照国家规定继续承包。这一规定符合用益物权的基本特征,符合以家庭承包经营为基础、统分结合的双层经营体制必须长期坚持的要求,进一步体现了赋予农民长期而有保障的土地使用权的立法精神。有利于保障广大承包经营权人的利益,更好地鼓励承包人在承包期即将届满时,继续向承包地进行资金、劳力和农田基本建设等方面的投入,促进农业、农村经济的发展和农村社会的稳定。

【立法理由】

土地承包期是农村土地承包经营权存续的期间。在此期间,承包人享有土地承包经营权,依照法律的规定和合同的约定,行使权利,承担义务。土地承包期是土地承包制度的一项重要内容,享有较长的承包期也是承包经营权中的一项重要权利。本法规定的承包期是法定期限,不得随意变更。这一点关系到农民是否可以得到长期而有保障的承包经营权,关系到以家庭承包经营为基础、统分结合的双层经营体制的稳定和完善,关系到农业、农村经济发展和农村社会稳定。

【相关规定】

《中华人民共和国农村土地承包法》

第二十条 耕地的承包期为三十年。草地的承包期为三十年至五十年。林地的承包期为三十年至七十年;特殊林木的林地承包期,经国务院林业行政主管部门批准可以延长。

第一百二十七条 土地承包经营权自土地承包经营权合同生效时设立。

县级以上地方人民政府应当向土地承包经营权人发放土地承包经营

权证、林权证、草原使用权证,并登记造册,确认土地承包经营权。

【说明】

本条是关于土地承包经营权的设立和登记的规定。

依本条规定,土地承包经营权自土地承包经营权合同生效时设立。合同生效是指合同产生法律约束力。合同的生效在通常情况下与合同的成立是一致的。《中华人民共和国农村土地承包法》规定,承包合同自成立之日起生效。本法对承包合同的生效作出的规定与《中华人民共和国合同法》《中华人民共和国农村土地承包法》的规定是一致的,即承包合同自成立之日起生效。

土地承包经营权作为用益物权的一种,它的设立以土地承包合同生效为前提。同时,承包合同生效时承包经营权即设立虽为特例,但符合我国农村的实际情况。一是承包方案经村民会议或村民代表会议讨论同意,集体经济组织成员相互熟悉,承包的地块人所共知,能够起到相应的公示作用。二是承包证书的发放和登记造册,往往滞后于承包合同的签订,不能因此而否定农户的承包经营权。因此,土地承包经营权自承包合同生效时设立,登记造册是作为对承包经营权予以确认的程序。

土地承包经营权证、林权证、草原使用权证,是承包人享有土地承包经营权的法律凭证。为了稳定土地承包关系,更好地保障土地承包经营权人的合法权益,县级以上地方人民政府应当积极地向承包人颁发相应的土地承包经营权证书,并登记造册,确认土地承包经营权。

【立法理由】

《中华人民共和国物权法》上的登记制度,是土地等不动产物权公示的方法。其功能是对物权的设立、变更、转让或者消灭产生公示作用。登记不仅可以表彰物权的设立,明确归属,而且有助于解决物权的冲突。关于物权登记的效力,一般有两种做法:一是登记是不动产物权变动的必要条件,未经登记,不生效力。二是当事人在物权变动后未经登记,在当事人之间也可有效成立,但是不能对抗善意第三人。对土地承包经营权的设立,考虑到我国农村土地承包的实际情况,本条规定,土地承包经营权自土地承包经营权合同生效时设立。可见,土地承包经营权的设立,不以登记为生效要件。同时,为了进一步确认和保护承包经营权人的合法权利,对已经设立的土地承包经营权,县级以上地方人民政府应当向承包人颁发土地承包经营权证、林权证、草原使用权证,并进行登记造册,确认土地承包经营权。

【相关规定】

《中华人民共和国农村土地承包法》

第二十二条 承包合同自成立之日起生效。承包方自承包合同生效时取得土地承包经营权。

第二十三条 县级以上地方人民政府应当向承包方颁发土地承包经营权证或者林权证等证书,并登记造册,确认土地承包经营权。

颁发土地承包经营权证或者林权证等证书,除按规定收取证书工本费外,不得收取其他费用。

《中华人民共和国森林法》

第三条第二款 国家所有的和集体所有的森林、林木和林地,个人所有的林木和使用的林地,由县级以上地方人民政府登记造册,发放证书,确认所有权或者使用权。国务院可以授权国务院林业主管部门,对国务院确定的国家所有的重点林区的森林、林木和林地登记造册,发放证书,并通知有关地方人民政府。

《中华人民共和国渔业法》

第十一条 国家对水域利用进行统一规划,确定可以用于养殖业的水域和滩涂。单位和个人使用国家规划确定用于养殖业的全民所有的水域、滩涂的,使用者应当向县级以上地方人民政府渔业行政主管部门提出申请,由本级人民政府核发养殖证,许可其使用该水域、滩涂从事养殖生产。核发养殖证的具体办法由国务院规定。

集体所有的或者全民所有由农业集体经济组织使用的水域、滩涂,可以由个人或者集体承包,从事养殖生产。

《不动产登记暂行条例》

第五条 下列不动产权利,依照本条例的规定办理登记:

……

(四)耕地、林地、草地等土地承包经营权;

……

《不动产登记暂行条例实施细则》

第四十七条 承包农民集体所有的耕地、林地、草地、水域、滩涂以及荒山、荒沟、荒丘、荒滩等农用地,或者国家所有依法由农民集体使用的农用地从事种植业、林业、畜牧业、渔业等农业生产的,可以申请土地承包经营权登记;地上有森林、林木的,应当在申请土地承包经营权登记时一并申请登记。

第四十八条 依法以承包方式在土地上从事种植业或者养殖业生产活

动的,可以申请土地承包经营权的首次登记。

以家庭承包方式取得的土地承包经营权的首次登记,由发包方持土地承包经营合同等材料申请。

以招标、拍卖、公开协商等方式承包农村土地的,由承包方持土地承包经营合同申请土地承包经营权首次登记。

第一百二十八条　土地承包经营权人依照农村土地承包法的规定,有权将土地承包经营权采取转包、互换、转让等方式流转。流转的期限不得超过承包期的剩余期限。未经依法批准,不得将承包地用于非农建设。

【说明】

本条是关于家庭承包的土地承包经营权流转的规定。

1. 土地承包经营权流转的原则

根据《中华人民共和国农村土地承包法》的规定,土地承包经营权流转应当遵循以下原则:

(1) 平等协商、自愿、有偿,任何组织和个人不得强迫或者阻碍承包人进行土地承包经营权流转;

(2) 不得改变土地所有权的性质和土地的农业用途;

(3) 流转的期限不得超过承包期的剩余期限;

(4) 受让方须有农业经营能力;

(5) 在同等条件下,本集体经济组织成员享有优先权。

《中华人民共和国农村土地承包法》还规定,土地承包经营权流转的主体是承包人。承包人有权依法自主决定土地承包经营权是否流转和流转的方式。土地承包经营权流转的转包费、租金、转让费等,应当由当事人双方协商确定。流转的收益归承包人所有。

2. 土地承包经营权流转的方式和条件

根据本法和《中华人民共和国农村土地承包法》的规定,通过家庭承包取得的土地承包经营权可以依法采取转包、出租、互换、转让或者其他方式流转。

(1) 转包、出租。根据《中华人民共和国农村土地承包法》第39条第1款的规定:"承包方可以在一定期限内将部分或者全部土地承包经营权转包或者出租给第三方,承包方与发包方的承包关系不变。"

转包是指土地承包经营权人把自己承包期内承包的土地,在一定期限内全部或者部分转交给本集体经济组织内部的其他农户耕种。在通常情况下,受转包人要向转包人即土地承包经营权人支付转包费。

出租是指土地承包经营权人作为出租人,将自己承包期内承包的土地,在一定期限内全部或者部分租赁给本集体经济组织以外的单位或者个人耕种,并收取租金的行为。

转包和出租后,虽然土地不再由土地承包经营权人耕种,但土地承包经营权的主体并没有发生变化。承包关系并不是发包人与受转包人或者承租人之间的关系,而仍然是发包人与原承包人的关系。采取转包、出租方式流转承包经营权的,应当报发包人备案。

（2）互换。《中华人民共和国农村土地承包法》第40条规定:"承包方之间为方便耕种或者各自需要,可以对属于同一集体经济组织的土地承包经营权进行互换。"

土地承包经营权互换,是土地承包经营权人将自己的土地承包经营权交换给他人行使,自己行使从他人处换来的土地承包经营权。互换应当报发包人备案。

需要注意的是:第一,土地承包经营权互换只是土地承包经营权人改变,不是原地块承包义务的改变,互换后的土地承包经营权人要履行互换后地块原来负担的义务。第二,互换土地承包经营权,要避免因此而打乱不同农民集体的土地权属。所以,承包人不能与其他集体经济组织的农户互换土地承包经营权。

（3）转让。土地承包经营权的转让,是指土地承包经营权人将其拥有的未到期的土地承包经营权移转给他人的行为。土地承包经营权的受让对象可以是本集体经济组织的成员,也可以是本集体经济组织以外的农户。

土地承包经营权转让不同于转包、出租和互换。转让土地承包经营权,承包人与发包人的土地承包关系即行终止,转让人也不再享有该土地承包经营权。

根据《中华人民共和国农村土地承包法》第41条的规定,转让土地承包经营权应当符合以下条件:

① 承包人有稳定的非农职业或者有稳定的收入来源。土地承包经营权是农民最基本的生活保障,因此,有稳定的非农职业或者有稳定的收入来源的,才可以转让土地承包经营权。如何判断"有稳定的非农职业或者有稳定的收入来源",实践中可根据具体情况确定。比如已成为国家机关工作人员等。

② 经发包人同意。转让土地承包经营权要经发包人同意,而不像转包、

出租、互换只需向发包人备案。一是转让土地承包经营权,使得原有的承包关系终止,发包人与受让方要确定新的承包关系。尤其是将土地承包经营权向本集体经济组织以外的农户转让,发包人与受让方的关系也不再是集体经济组织与其成员的关系。同时,还关系到受让方是否符合法律规定的主体资格,是否具有承包经营的能力。二是转让土地承包经营权,将使承包人失去土地承包经营权,也即失去在农村的生活保障。如果由承包人随意转让,就可能出现某些人为了欠债还钱或者游手好闲将土地承包经营权转让。因此,转让土地承包经营权,经发包人同意是必要的。同时,对符合法律规定的条件转让的,发包人应当准许。

③ 受让方是从事农业生产经营的农户。一是受让方必须从事农业生产。从事工业、商业等生产经营的人不得成为土地承包经营权的受让方。二是受让方是农户。企业、城镇居民等非农户不能成为受让方。要求受让人是从事农业生产经营的农户,可以保证土地的农业生产用途,满足其他农户对土地这一生产资料的需求。

承包人转让的土地承包经营权,可以是全部也可以是部分。对于已经转让的,不论是全部转让还是部分转让,受让方都应与发包人确立新的承包关系。对于未转让的部分,原承包人与发包人应重新调整承包关系,变更原有的承包合同。

(4) 入股从事农业合作生产。《中华人民共和国农村土地承包法》第42条规定:"承包人之间为发展农业经济,可以自愿联合将土地承包经营权入股,从事农业合作生产。"

对土地承包经营权入股的问题,需要对人人有份的家庭承包和其他方式的承包区别对待。对于前者,以土地承包经营权入股,组成公司从事经营的,如果公司破产,农民会失去承包经营的土地,影响农民的生产生活和农村稳定。对农户之间自愿合作,将土地承包经营权入股,共同发展农业生产的,应当允许。以土地承包经营权入股应当把握以下界限:第一,入股应在承包人之间进行,不包括将土地承包经营权量化为股份,投入到从事农业生产的工商企业或者公司,也不包括将土地承包经营权作为投资成立农业经营公司。第二,土地承包经营权入股是农户以入股形式组织在一起,从事农业合作生产,收益按照股份分配,而不是将土地承包经营权入股作为赚取经营回报的投资。

3. 流转的期限

土地承包经营权是有期限的用益物权。本法第126条规定,耕地的承包期为30年。草地的承包期为30年至50年。林地的承包期为30年到70年；特殊林木的林地承包期，经国务院林业行政主管部门批准可以延长。根据本条规定，土地承包经营权流转的期限不能长于土地承包经营权的期限。比如耕地的承包期限为30年，承包人耕种了20年后将该土地转包，那么转包的期限不能长于10年。转包合同签订的转包年限长于土地承包经营权的剩余年限的，超过部分无效。

4. 未经依法批准，不得将承包地用于非农建设

土地承包经营权流转，应当按照土地的原用途使用土地，不得借流转而改变承包地的原有用途。承包地应当用于种植业等农业生产，不得改变农用土地的用途，将其用于非农业建设。比如不得在承包地上建窑、建坟或者擅自在承包地上建房、挖砂、采石、取土等。违法将承包地用于非农建设的，应当承担法律责任。

【立法理由】

土地承包经营权属于用益物权，具备流转的法律基础。在稳定家庭承包经营的基础上，允许土地承包经营权的合理流转，是农业发展的客观要求，是农村经济发展、农村劳动力转移的必然结果。同时，承包地是农民最基本的生活资料，是农民最基本的生活保障。只有第二、三产业发达、大多数农民实现非农就业并有稳定的工作岗位和收入来源的地方，才有可能出现较大范围的土地流转，发展适度规模经营。土地承包经营权的流转应当遵循一定的原则，具备一定的条件，限于一定的方式。

【相关规定】

《中华人民共和国农村土地承包法》

第十条　国家保护承包方依法、自愿、有偿地进行土地承包经营权流转。

第三十二条　通过家庭承包取得的土地承包经营权可以依法采取转包、出租、互换、转让或者其他方式流转。

第三十四条　土地承包经营权流转的主体是承包方。承包方有权依法自主决定土地承包经营权是否流转和流转的方式。

第三十七条第一款　土地承包经营权采取转包、出租、互换、转让或者其他方式流转，当事人双方应当签订书面合同。采取转让方式流转的，应当经发包方同意；采取转包、出租、互换或者其他方式流转的，应当报发包方备案。

第三十九条　承包方可以在一定期限内将部分或者全部土地承包经营权转包或者出租给第三方，承包方与发包方的承包关系不变。

承包方将土地交由他人代耕不超过一年的，可以不签订书面合同。

第四十条　承包方之间为方便耕种或者各自需要,可以对属于同一集体经济组织的土地的土地承包经营权进行互换。

第四十一条　承包方有稳定的非农职业或者有稳定的收入来源的,经发包方同意,可以将全部或者部分土地承包经营权转让给其他从事农业生产经营的农户,由该农户同发包方确立新的承包关系,原承包方与发包方在该土地上的承包关系即行终止。

第四十二条　承包方之间为发展农业经济,可以自愿联合将土地承包经营权入股,从事农业合作生产。

《中华人民共和国草原法》

第十五条　草原承包经营权受法律保护,可以按照自愿、有偿的原则依法转让。

草原承包经营权转让的受让方必须具有从事畜牧业生产的能力,并应当履行保护、建设和按照承包合同约定的用途合理利用草原的义务。

草原承包经营权转让应当经发包方同意。承包方与受让方在转让合同中约定的转让期限,不得超过原承包合同剩余的期限。

《中华人民共和国森林法》

第十五条　下列森林、林木、林地使用权可以依法转让,也可以依法作价入股或者作为合资、合作造林、经营林木的出资、合作条件,但不得将林地改为非林地:

(一)用材林、经济林、薪炭林;

(二)用材林、经济林、薪炭林的林地使用权;

(三)用材林、经济林、薪炭林的采伐迹地、火烧迹地的林地使用权;

(四)国务院规定的其他森林、林木和其他林地使用权。

依照前款规定转让、作价入股或者作为合资、合作造林、经营林木的出资、合作条件的,已经取得的林木采伐许可证可以同时转让,同时转让双方都必须遵守本法关于森林、林木采伐和更新造林的规定。

除本条第一款规定的情形外,其他森林、林木和其他林地使用权不得转让。

具体办法由国务院规定。

《全国人民代表大会常务委员会关于授权国务院在北京市大兴区等232个试点县(市、区)、天津市蓟县等59个试点县(市、区)行政区域分别暂时调整实施有关法律规定的决定》

为了落实农村土地的用益物权,赋予农民更多财产权利,深化农村金融改革创新,有效盘活农村资源、资金、资产,为稳步推进农村土地制度改革提供经验和模式,第十二届全国人民代表大会常务委员会第十八次会议决定:授权国务院在北京市大兴区等232个试点县(市、区)行政区域,暂时调整实施《中华人民共和国物权法》、《中华人民共和国担保法》关于集体所有的耕地使用权不得抵押的规定;在天津市蓟县等59个试点县(市、区)行政区域暂时调整实施《中华人民共和国物权法》、《中华人民共和国担保法》关于集体所有的宅基地使用权不得抵押的规定。上述调整在2017年12月31日前试行。暂时调整实施有关法律规定,必须坚守土地公有制性质不改变、耕地红线不突破、农民利益不受损的底线,坚持从实际出发,因地制宜。国务院及其有关部门要完善配套制度,加强对试点工作的整体指导和统筹协调、监督管理,按程序、分步骤审慎稳妥推进,防范各种风险,及时总结试点工作经验,并就暂时调整实施有关法律规定的情况向全国人民代表大会常务委员会作出报告。

第一百二十九条 土地承包经营权人将土地承包经营权互换、转让,当事人要求登记的,应当向县级以上地方人民政府申请土地承包经营权变更登记;未经登记,不得对抗善意第三人。

【说明】

本条是关于互换、转让土地承包经营权登记的规定。

土地承包经营权流转有转包、出租、互换、转让等方式,但本条规定的变更登记只列明了互换与转让两种形式。互换与转让,是将土地承包经营权换由或者转给他人行使,承包经营权的主体发生了变更;而转包和出租,原有的承包人与发包人的承包关系不变,承包人仍享有原来的承包经营权。由于变更登记的主要目的是向社会公示权利主体的变化,以保护善意第三人,而转包和出租不发生权利主体的变更,因此不要求对转包和出租进行变更登记。

根据本条规定,将土地承包经营权以互换、转让方式流转,当事人要求登记的,应当向县级以上地方人民政府申请土地承包经营权变更登记。登记部门对符合变更登记条件的,予以变更登记,换发或者更改土地承包经营权证书。

【立法理由】

对互换、转让土地承包经营权进行登记,目的在于将土地承包经营权变动的事实予以公示,使他人明确知晓土地承包经营权的权利人变动的情况。本条对于土地承包经营权的互换、转让,采用登记对抗主义,即不登记不得对抗善意第三人。也就是说,当事人签订土地承包经营权的互换、转让合同,并经发包人备案或者同意后,该流转行为在当事人双方之间即发生法律效力,而不强求当事人登记。这样规定,符合中国农村的实际。一是农民承包的是本集体的土地,聚集而居的农户对承包地的情况相互了解;二是互换限于本集体经济组织组织内部,农户向本集体经济组织以外的人转让的情况也比较少;三是变更土地承包经营权登记要履行一定的法律手续,并交纳相应的费用,会增加农民的负担。与此同时,考虑到土地承包经营权互换、转让后,如果未将权利变动的事实通过登记的方法予以公示,他人可能因不了解权利变动的情况而受到损害。因此,本法将登记与否的决定权交给了当事人。未经登记的,不能对抗善意第三人。也就是说,不登记将产生不利于土地承包经营权受让人的法律后果。比如承包户甲将土地承包经营权转让给乙,但没有办理变更登记。此后,甲又将同一块地的承包经营权转让给丙,同时办理了变更登记。如果乙与丙就该块土地的承包经营权的归属发生纠纷,由于丙取得的土地承包经营权进行了登记,他的权利将受到保护。乙将不能取得该地块的土地承包经营权。因此,土地承包经营权的受让人为了更好地维护自己的权益,要求办理土地承包经营权流转登记比较妥当。

【相关规定】

《中华人民共和国农村土地承包法》

第三十八条 土地承包经营权采取互换、转让方式流转,当事人要求登记的,应当向县级以上地方人民政府申请登记。未经登记,不得对抗善意第三人。

《不动产登记暂行条例》

第三条 不动产首次登记、变更登记、转移登记、注销登记、更正登记、异议登记、预告登记、查封登记等,适用本条例。

《不动产登记暂行条例实施细则》

第二十七条 因下列情形导致不动产权利转移的,当事人可以向不动产登记机构申请转移登记:

(一)买卖、互换、赠与不动产的;

(二)以不动产作价出资(入股)的;

(三)法人或者其他组织因合并、分立等原因致使不动产权利发生转移的;

(四)不动产分割、合并导致权利发生转移的;

(五)继承、受遗赠导致权利发生转移的;

（六）共有人增加或者减少以及共有不动产份额变化的；

（七）因人民法院、仲裁委员会的生效法律文书导致不动产权利发生转移的；

（八）因主债权转移引起不动产抵押权转移的；

（九）因需役地不动产权利转移引起地役权转移的；

（十）法律、行政法规规定的其他不动产权利转移情形。

第五十条　已经登记的土地承包经营权发生下列情形之一的，当事人双方应当持互换协议、转让合同等材料，申请土地承包经营权的转移登记：

（一）互换；

（二）转让；

（三）因家庭关系、婚姻关系变化等原因导致土地承包经营权分割或者合并的；

（四）依法导致土地承包经营权转移的其他情形。

以家庭承包方式取得的土地承包经营权，采取转让方式流转的，还应当提供发包方同意的材料。

第一百三十条　承包期内发包人不得调整承包地。

因自然灾害严重毁损承包地等特殊情形，需要适当调整承包的耕地和草地的，应当依照农村土地承包法等法律规定办理。

【说明】

本条是关于承包地能否调整的规定。

本条第 1 款及《中华人民共和国农村土地承包法》第 27 条第 1 款，对承包土地的调整问题作了明确的规定："承包期内发包人不得调整承包地。"在法律中明确规定发包人在承包期内不得随意调整承包地，维护了土地承包关系的长期稳定，给农民吃了定心丸。

考虑到实践中对个别农户之间承包的土地需要适当调整的特殊情形，本条第 2 款及《中华人民共和国农村土地承包法》第 27 条第 2 款对承包地的调整作出了严格限制的规定："承包期内，因自然灾害严重毁损承包地等特殊情形对个别农户之间承包的耕地和草地需要适当调整的，必须经本集体经济组织成员的村民会议三分之二以上成员或者三分之二以上村民代表的同意，并报乡（镇）人民政府和县级人民政府农业等行政主管部门批准。承包合同中约定不得调整的，按照其约定。"

关于在哪些情况下可以调整承包地，这一款的规定是"因自然灾害严重毁损承包地等特殊情形",即只有在特殊情形下,才可以适当调整承包地,而在一般情形下,不应当采取调整承包地的方法,而主要应当通过土地流转、发展第二、三产业等途径,用市场的办法解决。能否调整,也要看2/3以上的村民或者2/3以上村民代表是否同意调整,不同意的,也不能调整。

在此还有几点需要注意:

第一,调整指的是对个别农户之间承包的土地进行小范围适当调整,调整只限于个别农户,不能对所有农户进行普遍调整。

第二,在承包人发生了因自然灾害严重毁损承包地等特殊情形需要调整土地时,并不是必然发生对个别农户之间承包的耕地和草地进行调整,如果集体经济组织依法预留了机动地,或者有通过依法开垦等方式增加的土地,或者有承包人依法、自愿交回的土地,应当先用这些土地解决无地农民的承包地问题,只有在没有上述土地的情况下,才可以对个别农户之间承包的耕地和草地进行适当调整。

第三,允许进行个别调整的土地仅限于耕地和草地,对于林地,即使在上述特殊情形下,也不允许调整。因为林地的承包经营与耕地、草地的承包经营相比有其特殊性。林业生产经营周期长,收益慢,风险大,承包期也较长。稳定林地承包经营权,有利于调动承包人植树造林的积极性,鼓励对林地的长期投入,防止乱砍滥伐,保护生态环境。林地一般作为农民增收的手段,不像耕地那样,属于农民基本的生活保障。因此,对林地承包经营权不适用耕地和草地有关调整的规定。

第四,调整还应当经过法定程序,未经法定程序不得进行调整。《中华人民共和国农村土地承包法》第27条第2款规定的法定程序是"必须经本集体经济组织成员的村民会议三分之二以上成员或者三分之二以上村民代表的同意,并报乡(镇)人民政府和县级人民政府农业等行政主管部门批准"。这样规定是为了体现多数农民的意愿,防止随意调整承包地。

因特殊情形需要对个别农户之间的承包地进行调整,而承包合同中又约定不得调整的怎么办?对此,《中华人民共和国农村土地承包法》第27条第2款规定"承包合同中约定不得调整的,按照其约定"。即如果承包合同中约定不得调整的,也不得调整。这样规定既符合承包人的意愿,也有利于维护承包关系的长期稳定。当然,如果发包人和承包人尤其是承包人自愿协商变更的,可以按照变更后的承包合同办理。

【立法理由】

赋予农民长期而有保障的土地使用权,保持农村土地承包关系的长期稳定,是将承包经营权物权化的立法宗旨和指导思想。我国农村人多地少,在相当长的时期内,土地不仅是农民的基本生产资料,而且是农民最主要的生活保障。以家庭承包经营为基础、统分结合的双层经营体制,是我国农村经济的一项基本制度。稳定土地承包关系,是党和农村政策的核心内容。对承包土地的频繁调整,一是不利于土地承包关系的稳定,不符合承包经营权物权化的要求。二是不利于农民对土地的长期投入,容易造成短期效应,导致对土地生产力的破坏。

同时也应当看到,耕地的承包期为 30 年,草地的承包期为 30 年至 50 年,在这样长的承包期内,情况可能会发生很大的变化,完全不允许调整承包地也难以做到。如果出现个别农户因自然灾害严重毁损承包地等特殊情形,仍然不允许对承包地进行个别调整,将使一部分农民失去土地,在目前农村的社会保障制度尚不健全、实现非农就业尚有困难的情况下,将使这部分农民失去最基本的生活来源,既有悖社会公平,也不利于社会稳定。因此,在特殊情形下,应当允许按照法律规定的程序对个别农户之间的承包地进行必要的调整。

【相关规定】

《中华人民共和国农村土地承包法》

第二十七条　承包期内,发包方不得调整承包地。

承包期内,因自然灾害严重毁损承包地等特殊情形对个别农户之间承包的耕地和草地需要适当调整的,必须经本集体经济组织成员的村民会议三分之二以上成员或者三分之二以上村民代表的同意,并报乡(镇)人民政府和县级人民政府农业等行政主管部门批准。承包合同中约定不得调整的,按照其约定。

《中华人民共和国土地管理法》

第十四条第二款　在土地承包经营期限内,对个别承包经营者之间承包的土地进行适当调整的,必须经村民会议三分之二以上成员或者三分之二以上村民代表的同意,并报乡(镇)人民政府和县级人民政府农业行政主管部门批准。

《中华人民共和国草原法》

第十三条第二款　在草原承包经营期内,不得对承包经营者使用的草原进行调整;个别确需适当调整的,必须经本集体经济组织成员的村(牧)民会议三分之二以上成员或者三分之二以上村(牧)民代表的同意,并报乡(镇)人民政府和县级人民政府草原行政主管部门批准。

第一百三十一条 承包期内发包人不得收回承包地。农村土地承包法等法律另有规定的,依照其规定。

【说明】

本条是关于承包地能否收回的规定。

本条的规定对稳定土地承包关系具有重要意义,体现了用益物权的特征。根据这一规定,除法律对承包地的收回有特别规定外,在承包期内,无论承包人发生什么样的变化,只要作为承包人的家庭还存在,发包人都不得收回承包地。比如承包人家庭中的一人或者数人死亡的;子女升学、参军或者在城市就业的;妇女结婚,在新居住地未取得承包地的;承包人在农村从事各种非农产业的;承包人进城务工的;等等。只要作为承包人的农户家庭没有消亡,发包人都不得收回其承包地。但因承包人死亡,承包经营的家庭消亡的,为避免已有承包地的承包人的继承人因继承而获得两份承包地,允许发包人收回承包的耕地和草地。

随着我国城乡经济结构的调整和城镇化的发展,农村剩余劳动力向城镇的转移会不断增加,对于承包人全家离开农村,迁入小城镇或者设区的市,转为非农业户口的,其承包地能否收回的问题,农村土地承包法区别不同的情况分别作了规定,以避免发包人随意收回承包地。

对这一问题,应当考虑到农民迁入小城镇后的社会保障问题。目前,我国的社会保障制度还不够健全和完善,许多小城镇还没有建立健全社会保障体系。在这种情况下,进入小城镇落户的农民一旦失去非农职业或者生活来源,那么他在农村享有的土地承包经营权仍将是其基本的生活保障。根据我国目前小城镇的社会经济发展状况,《中华人民共和国农村土地承包法》第26条第2款规定:"承包期内,承包方全家迁入小城镇落户的,应当按照承包方的意愿,保留其土地承包经营权或者允许其依法进行土地承包经营权流转。"根据这一规定,承包人全家迁入小城镇落户的,应当按照承包人的意愿,保留其土地承包经营权,承包人可以按照农业生产季节回来耕作;也允许承包人依法将土地承包经营权采取转包、出租、互换、转让或者其他方式进行流转。当然,如果承包人自愿将承包地交回发包人,也是允许的。

随着城市化的进程,有一部分农村剩余劳动力向设区的城市转移。承包人全家迁入设区的市,转为非农业户口的,他们已经不属于农村集体经济组织的成员,不宜再享有在农村作为生产生活基本保障的土地承包经营权。同时,相对于小城镇而言,在设区的市,社会保障制度比较健全,承包人即使失去了稳定的职业或者收入来源,一般也可以享受到城市居民最低生活保障等社会保障。如果允许承包人保留其承包地,就会使其既享有土地承包经营权,又享有城市社会保障,有悖社会公平。此外,在设区的市,就业机会相对较多,承包人可以通过多种渠道实现非农就业,获得生活保障,其在农村享有的土地承包经营权所具有的基本生活保障的功能大大弱化。而在我国农村,由于人多地少,大部分地区存在人地矛盾。为缓解农村人地矛盾,发展农村经济,在这种情况下,承包人应当将其承包的土地交回发包人,使留在农村的农民有较多的土地耕种。因此,《中华人民共和国农村土地承包法》第26条第3款规定:"承包期内,承包方全家迁入设区的市,转为非农业户口的,应当将承包的耕地和草地交回发包方。承包方不交回的,发包方可以收回承包的耕地和草地。"

需要说明的是,承包人应当交回的承包地仅指耕地和草地,并不包括林地,这是因为林地的承包经营与耕地、草地的承包经营相比有其特殊性。因此,对林地承包经营权不适用耕地和草地有关收回的规定,即使承包人全家迁入设区的市,转为非农业户口的,其承包的林地也不应当收回,而应当按照承包人的意愿,保留其林地承包经营权或者允许其依法进行林地承包经营权流转。

【立法理由】

属于用益物权的土地承包经营权,赋予了农民长期而有保障的土地使用权,为维护农村土地承包关系的长期稳定提供了法律保障。我国农村人多地少,大部分地区经济还比较落后,二、三产业不够发达,大多数农民一时难以实现非农就业,仍然从事农业生产。农民对土地的依赖性较强,在相当长时期内,土地仍是农民的基本生产资料和最主要的生活保障。因此,必须保持土地承包关系的长期稳定,不得随意收回承包地。

【相关规定】

《中华人民共和国农村土地承包法》

第二十六条　承包期内,发包方不得收回承包地。

承包期内,承包方全家迁入小城镇落户的,应当按照承包方的意愿,保留其土地承包经营权或者允许其依法进行土地承包经营权流转。

承包期内,承包方全家迁入设区的市,转为非农业户口的,应当将承包的耕地和草地交回发包方。承包方不交回的,发包方可以收回承包的耕地和草地。

承包期内,承包方交回承包地或者发包方依法收回承包地时,承包方对其在承包地上投入而提高土地生产能力的,有权获得相应的补偿。

第一百三十二条 承包地被征收的,土地承包经营权人有权依照本法第四十二条第二款的规定获得相应补偿。

【说明】

本条是关于承包地被征收,土地承包经营权人有权获得补偿的规定。

根据《中华人民共和国土地管理法》第 47 条的规定,征地补偿应当按照被征用土地的原用途确定补偿标准和补偿数额。原来的土地是耕地的按耕地的标准补偿,原来是林地的按林地的标准补偿,原来是草地的按草地的标准补偿。对于补偿范围、补偿对象和补偿标准,本法规定,征收集体所有的土地,应当依法足额支付土地补偿费、安置补助费、地上附着物和青苗的补偿费等费用,安排被征地农民的社会保障费用,保障被征地农民的生活,维护被征地农民的合法权益。土地补偿费是给予土地所有人和用益物权人(承包人)的投入及造成损失的补偿,应当归土地所有人和用益物权人所有。安置补助费用于被征地的农户的生活安置,如果是农民自谋职业或自行安置的,应当为农民个人所有。地上附着物和青苗的补偿费归地上附着物、青苗的所有人(多为承包人)所有。对于补偿标准应当按照《中华人民共和国土地管理法》的规定办理。

【立法理由】

土地承包经营权是在集体所有的土地上派生出来的用益物权,土地承包经营权人是享有用益物权的权利人。

承包人对承包的土地依法享有在承包期内占有、使用、收益等权利,承包地被依法征收的,承包人有权依法获得相应的补偿。《中华人民共和国宪法》规定,国家为了公共利益的需要,可以依照法律规定对土地实行征收或者征用并给予补偿。《中华人民共和国土地管理法》也作了同样的规定。《中华人民共和国物权法》第 42 条第 1 款、第 2 款规定,为了公共利益的需要,依照法律规定的权限和程序可以征收集体所有的土地和单位、个人的房屋及其他不动产。征收集体所有的土地,应当依法足额支付土地补偿费、安置补助费、地上附着物补偿费等费用,安排被征地农民的社会保障费用,保障被征地农民的生活,维护被征地农民的合法权益。《中华人民共和国农村土地承包法》规定,承包地被依法征收的,承包人有权依法获得相应的补偿。根据宪法和法律的规定,在符合法律规定的条件下,农户承包的集体所有的土地可以被依法征收,同时也要按照法律的规定给予补偿。

【相关规定】

《中华人民共和国土地管理法》

第四十七条 征收土地的,按照被征收土地的原用途给予补偿。

征收耕地的补偿费用包括土地补偿费、安置补助费以及地上附着物和青苗的补偿费。征收耕地的土地补偿费,为该耕地被征收前三年平均年产值的六至十倍。征收耕地的安置补助费,按照需要安置的农业人口数计算。需要安置的农业人口数,按照被征收的耕地数量除以征地前被征收单位平均每人占有耕地的数量计算。每一个需要安置的农业人口的安置补助费标准,为该耕地被征收前三年平均年产值的四至六倍。但是,每公顷被征收耕地的安置补助费,最高不得超过被征收前三年平均年产值的十五倍。

征收其他土地的土地补偿费和安置补助费标准,由省、自治区、直辖市参照征收耕地的土地补偿费和安置补助费的标准规定。

被征收土地上的附着物和青苗的补偿标准,由省、自治区、直辖市规定。

征收城市郊区的菜地,用地单位应当按照国家有关规定缴纳新菜地开发建设基金。

依照本条第二款的规定支付土地补偿费和安置补助费,尚不能使需要安置的农民保持原有生活水平的,经省、自治区、直辖市人民政府批准,可以增加安置补助费。但是,土地补偿费和安置补助费的总和不得超过土地被征收前三年平均年产值的三十倍。

国务院根据社会、经济发展水平,在特殊情况下,可以提高征收耕地的土地补偿费和安置补助费的标准。

《中华人民共和国农村土地承包法》

第十六条 承包方享有下列权利:

(一)依法享有承包地使用、收益和土地承包经营权流转的权利,有权自主组织生产经营和处置产品;

(二)承包地被依法征收、征用、占用的,有权依法获得相应的补偿;

(三)法律、行政法规规定的其他权利。

《中华人民共和国草原法》

第三十九条第一款 因建设征收、征用集体所有的草原的,应当依照《中华人民共和国土地管理法》的规定给予补偿;因建设使用国家所有的草原的,应当依照国务院有关规定对草原承包经营者给予补偿。

《最高人民法院关于审理涉及农村集体土地行政案件若干问题的规定》

第十二条 征收农村集体土地时涉及被征收土地上的房屋及其他不动

产,土地权利人可以请求依照物权法第四十二条第二款的规定给予补偿的。

征收农村集体土地时未就被征收土地上的房屋及其他不动产进行安置补偿,补偿安置时房屋所在地已纳入城市规划区,土地权利人请求参照执行国有土地上房屋征收补偿标准的,人民法院一般应予支持,但应当扣除已经取得的土地补偿费。

第一百三十三条 通过招标、拍卖、公开协商等方式承包荒地等农村土地,依照农村土地承包法等法律和国务院的有关规定,其土地承包经营权可以转让、入股、抵押或者以其他方式流转。

【说明】

本条是关于以其他方式承包的土地承包经营权流转的规定。

取得"四荒地"等土地资源承包经营权的具体方式,主要有招标、拍卖、公开协商等。招标投标,是市场经济条件下促进效率、优化资源配置的一种交易方式。其基本原则是公开、公平、公正和诚实信用。农村"四荒地"等土地资源的承包可以采取招标投标的方式。招标方通过发布招标公告或者向有意投标承包的集体经济组织内部成员或外部农业生产者发出招标邀请等方式,发出招标信息,列出招标条件,由各有意承包的农业承包经营者作为投标方,向招标方书面提出自己响应招标要求的条件,参加投标竞争。经招标方对各投标者的条件进行审查比较后,从中择优选定中标者,并与其签订土地承包合同。采用招标投标方式发包"四荒地",具有明显的优越性。招标方通过对各投标竞争者的条件进行综合比较,从中选择资信情况良好和经营能力强的农业经营者作为中标方,与其签订土地承包合同,有利于调动农民和社会的资金和力量,将过去闲置的"四荒地"资源重新优化配置,形成新的生产力。招标投标活动要依照法定程序公开进行,有利于集体经济组织成员的监督。

拍卖是指以公开竞价的形式,将特定物或者财产权利转让给最高应价者的买卖方式。拍卖是一种公开的竞买活动,其最大的特点是公开性和竞争性。它由竞买人提出各种标价,通过公开竞争,由拍卖人通过落槌或者以其他公开表示买定的方式接受某项出价,而一经拍定,合同便告成立。拍卖取得是"四荒地"资源承包经营权形式中主要的形式。通过拍卖"四荒地",实现了土地资源的优化配置,农村集体经济组织也由此壮大了经济实力,促进了农业生产和农村经济的可持续发展。

公开协商的方式,也是取得"四荒地"承包经营权的方式之一。与一般的协商不同的是,公开协商要求发包"四荒地"公开进行。包括与谁协商公开,协商的内容公开,协商议定的结果如承包的期限、承包费的数额及支付方式等都要公开,以此接受集体经济组织成员的监督,避免"暗箱操作",保证公开、公平、公正地发包承包。

依照本法规定,通过招标、拍卖、公开协商等方式承包荒地等农村土地,依照《中华人民共和国农村土地承包法》等法律和国务院的有关规定,其土地承包经营权可以转让、出租、入股、抵押或者以其他方式流转。以其他方式承包的承包经营权的流转,主要有以下几个特点:

第一,流转的客体一般为"四荒地"等农村土地的承包经营权。

第二,流转方式有转让、入股、抵押等方式。这里所说的入股,主要是指承包人将土地承包经营权量化为股份,投入到从事农业生产的公司,或者作为投资成立农业经营公司,以股份作为赚取经营回报的投资。抵押主要是指承包人将承包经营权抵押给银行等金融机构,以作为偿还贷款的担保。

第三,以招标、拍卖、公开协商等方式取得的土地承包经营权,有的与发包人是债权关系,比如承包菜地,约定承包期3年,其间是一种合同关系。而承包"四荒地",由于期限较长,投入又大,双方需要建立一种物权关系,以便使权利更好地得到保护,因此应当依法登记,取得土地承包经营权证或者林权证等证书。在此前提下,承包经营权才具备流转的基础。

第四,其他方式的承包是通过市场化的行为并支付一定的对价获得的,其流转无需向发包人备案或经发包人同意。对受让方也没有特别限制,接受流转的一方可以是本集体经济组织以外的个人、农业公司等。

【立法理由】

依照本法第124条的规定,对农民集体所有和国家所有依法由农民集体使用的耕地、林地、草地,通常实行农村集体经济组织成员人人有份的家庭承包;对不宜采取家庭承包方式的荒山、荒沟、荒丘、荒滩等"四荒地",可以采取招标、拍卖、公开协商等方式承包。这种方式的承包,也称"其他方式的承包"。其他方式的承包并非集体经济组织成员人人有份的承包,承包人也不局限于农村集体经济组织内部成员。

家庭承包与其他方式的承包有所不同。家庭承包是集体经济组织人人有份的承包,主要是对耕地、林地和草地的承包,具有社会保障的功能;其他方式的承包,主要是对"四荒地"等农村土地的承包,是通过市场化的方式获得的承包经营权,是通过招标、拍卖、公开协商等方式有偿取得的,并且不涉及社会保障等因素。因此,在流转方式上与家庭承包有所不同。

【相关规定】

《中华人民共和国农村土地承包法》

第四十九条 通过招标、拍卖、公开协商等方式承包农村土地,经依法登记取得土地承包经营权证或者林权证等证书的,其土地承包经营权可以依法采取转让、出租、入股、抵押或者其他方式流转。

第一百三十四条 国家所有的农用地实行承包经营的,参照本法的有关规定。

【说明】

本条是关于国有农用地实行承包经营的法律适用的规定。

本条规定,国家所有的农用地实行承包经营的,参照本法的有关规定。对于国家所有用于农业的土地,有的由农民集体长期使用,实行农村土地承包经营制度;有的由单位(包括集体)或者个人承包经营;有的通过组建国有农场、林场等进行生产经营;有的还没有完全开发利用。对交由农民集体使用以外的国有农用地实行承包经营的,可以根据实际情况,在承包方式、承包期限、承包的权利义务等方面参照本法的有关规定执行,以促进国有农用地资源的合理开发利用,维护承包人的合法权益。

【立法理由】

《中华人民共和国宪法》和有关法律规定,森林、山岭、草原、荒地、滩涂等自然资源,属于国家所有,但法律规定属于集体所有的除外。法律规定属于国家所有的农村和城市郊区的土地,属于国家所有。《中华人民共和国土地管理法》第15条规定,国有土地可以由单位和个人承包经营,从事种植业、林业、畜牧业、渔业生产。《中华人民共和国农业法》规定,国有的宜林荒山荒地可以由个人或者集体承包造林。

【相关规定】

《中华人民共和国土地管理法》

第十五条第一款 国有土地可以由单位或者个人承包经营,从事种植业、林业、畜牧业、渔业生产。农民集体所有的土地,可以由本集体经济组织以外的单位或者个人承包经营,从事种植业、林业、畜牧业、渔业生产。发包方和承包方应当订立承包合同,约定双方的权利和义务。土地承包经营的期限由承包合同约定。承包经营土地的单位和个人,有保护和按照承包合同约定的用途合理利用土地的义务。

第四十条　开发未确定使用权的国有荒山、荒地、荒滩从事种植业、林业、畜牧业、渔业生产的,经县级以上人民政府依法批准,可以确定给开发单位或者个人长期使用。

《中华人民共和国草原法》

第十条第一款　国家所有的草原,可以依法确定给全民所有制单位、集体经济组织等使用。

第十二章　建设用地使用权

第一百三十五条　建设用地使用权人依法对国家所有的土地享有占有、使用和收益的权利，有权利用该土地建造建筑物、构筑物及其附属设施。

【说明】

建设用地使用权是用益物权中的一项重要权利。出让人通过设立建设用地使用权，使建设用地使用权人对国家所有的土地享有了占有、使用和收益的权利，建设用地使用权人可以利用该土地建造建筑物、构筑物及其附属设施。建设用地包括住宅用地、公共设施用地、工矿用地、交通水利设施用地、旅游用地、军事设施用地等。本条中的建筑物主要是指住宅、写字楼、厂房等。构筑物主要是指不具有居住或者生产经营功能的人工建造物，比如道路、桥梁、隧道、水池、水塔、纪念碑等；附属设施主要是指附属于建筑物、构筑物的一些设施。

【立法理由】

在物权法起草过程中，有人建议，用"土地使用权"代替"建设用地使用权"的概念。本章没有采用"土地使用权"的概念，是因为根据《中华人民共和国土地管理法》的规定，我国的土地分为农用地、建设用地和未利用地。"土地使用权"是一个广义的概念，包括农用地使用权、建设用地使用权等权利。如果采取"土地使用权"的概念，就需要把土地承包经营权、建设用地使用权和宅基地使用权放入一章规定，而土地承包经营权、建设用地使用权和宅基地使用权在权利的设立、利用等方面有着较大的区别，当事人的权利和义务也不尽相同，比如，建设用地使用权一般是有偿取得，宅基地使用权是无偿取得；建设用地使用权可以依法转让和抵押，宅基地使用权的转让和抵押有严格的限制。因此，《中华人民共和国物权法》根据土地的用途，将土地使用权分解为土地承包经营权、建设用地使用权和宅基地使用权，并分章对这些权利作出了规定。本章主要是规定当事人如何通过出让和划拨方式取得建设用地使用权，以及取得建设用地使用权后的权利和义务，同时也对集体土地作为建设用地的问题作出了原则性规定。

建设用地使用权类似于大陆法系国家和地区民法中的地上权制度，但也有所区别。地上权主要是指在他人土地上建造建筑物而取得使用该土地的权利。一些国家和地区的地上权还包括在他人土地上种植竹木的权利。我国的建设用地使用权仅包括在国家所有的土地上建造建筑物、筑构物和其他附属物的权利。另外，在土地私有的国家，土地所有权可以进行流转，设立地上权主要是以地上权人使用为目的，而我国土地所有权不允许流转，因此，建设用地使用权具有实现土地流转的功能。

【相关规定】

《中华人民共和国民法通则》

第八十条第一款　国家所有的土地，可以依法由全民所有制单位使用，也可以依法确定由集体所有制单位使用，国家保护它的使用、收益的权利；使用单位有管理、保护、合理利用的义务。

《中华人民共和国土地管理法》

第四条　国家实行土地用途管制制度。

国家编制土地利用总体规划，规定土地用途，将土地分为农用地、建设用地和未利用地。严格限制农用地转为建设用地，控制建设用地总量，对耕地实行特殊保护。

前款所称农用地是指直接用于农业生产的土地，包括耕地、林地、草地、农田水利用地、养殖水面等；建设用地是指建造建筑物、构筑物的土地，包括城乡住宅和公共设施用地、工矿用地、交通水利设施用地、旅游用地、军事设施用地等；未利用地是指农用地和建设用地以外的土地。

使用土地的单位和个人必须严格按照土地利用总体规划确定的用途使用土地。

第九条　国有土地和农民集体所有的土地，可以依法确定给单位或者个人使用。使用土地的单位和个人，有保护、管理和合理利用土地的义务。

《瑞士民法典》

第七百七十九条第一款　在土地上可设定役权，役权人有权在土地的地上或地下建造或维持建筑物。

《意大利民法典》

第九百五十二条　土地的所有人可以允许他人在自己的土地上建造、保留建筑物并且取得建筑物的所有权。同样，土地的所有人可以将建筑物的所有权与土地的所有权相分离，只转让土地上已经存在的建筑物的所有权。

《日本民法典》

第二百六十五条　地上权人,因于他人土地上有工作物或竹木,有使用该土地的权利。

第一百三十六条　建设用地使用权可以在土地的地表、地上或者地下分别设立。新设立的建设用地使用权,不得损害已设立的用益物权。

【说明】

随着经济与社会的发展,对土地的需求量越来越大,土地分层次利用的问题也日益突出。为了适应土地利用由平面趋向立体化发展的趋势,增加土地分层利用的效用,物权法有必要对分层利用土地作出规定。我国城市的土地属于国家所有,农村的土地属于集体所有。土地的性质决定了土地上下空间的所有权属于国家和集体,当事人只能通过设定建设用地使用权等用益物权的方式取得对土地以及上下空间的使用。目前,集体土地需要征收为国家所有后才能出让,国家在出让建设用地使用权时,只要对建筑物的四至、高度、建筑面积和深度作出明确的规定,那么该建筑物占用的空间范围就是可以确定的。根据本法第138条第2款第(三)项的规定,建设用地使用权出让时,应当在合同中明确规定建筑物、构筑物以及附属设施占用的空间范围,这样建设用地使用权人对其取得的建设用地的范围就能界定清楚。在土地分层出让的情况下,不同层次的建设用地使用权人之间应当适用相邻关系的规定。如果建设用地使用权人一方需要利用另一方的建设用地,同样可以通过设定地役权来解决。总之,物权法所有适用于"横向"不动产之间相邻关系和地役权等规定都适用于"纵向"不动产之间。新设立的建设用地使用权,不得损害已设立的用益物权。

【立法理由】

在物权法起草过程中有人提出使用"空间权"的概念。在分层出让建设用地使用权时,不同层次的权利人是按照同样的规定取得土地使用权的,在法律上他们的权利和义务是相同的,只不过其使用权所占用的空间范围有所区别。所以,建设用地使用权的概念完全可以解决对不同空间土地的利用问题,没有必要引入空间利用权的概念。

【相关规定】

《意大利民法典》

第九百五十五条　以上各条(第952条、第953条、第954条)的规定准用于被允许在他人土地的地下建造、保留建筑物的情况。

《日本民法典》

第二百六十九条之二　（一）地下或空间,因定上下范围及有工作物,可以之作为地上权的标的。于此情形,为行使地上权,可以以设定行为对土地的使用加以限制。

（二）前款的地上权,即使在第三人有土地使用或收益权利情形,在得到该权利者或者以该权利为标的权利者全体承诺后,仍可予以设定。于此情形,有土地收益、使用权利者,不得妨碍前款地上权的行使。

第一百三十七条　设立建设用地使用权,可以采取出让或者划拨等方式。

工业、商业、旅游、娱乐和商品住宅等经营性用地以及同一土地有两个以上意向用地者的,应当采取招标、拍卖等公开竞价的方式出让。

严格限制以划拨方式设立建设用地使用权。采取划拨方式的,应当遵守法律、行政法规关于土地用途的规定。

【说明】

建设用地使用权出让的方式主要有两种:有偿出让和无偿划拨。有偿出让是建设用地使用权出让的主要方式,是指出让人将一定期限的建设用地使用权出让给建设用地使用权人使用,建设用地使用权人向出让人支付一定的土地出让金。有偿出让的方式主要包括拍卖、招标和协议等。划拨是无偿取得建设用地使用权的一种方式,是指县级以上人民政府依法批准,在建设用地使用权人缴纳补偿、安置等费用后将该幅土地交付其使用,或者将建设用地使用权无偿交付给建设用地使用权人使用的行为。划拨土地没有期限的规定。

招标、拍卖等公开竞价的方式,具有公开、公平和公正的特点。我国土地资源的稀缺性,决定了采取公开竞价的方式能够最大限度体现土地的市场价值。从保护土地资源和国家土地收益的大局看,采取公开竞价的方式不仅是必要的,而且其适用范围应当不断扩大。《中华人民共和国城市房地产管理法》第13条第1、2款规定:"土地使用权出让,可以采取拍卖、招标或者双方协议的方式。商业、旅游、娱乐和豪华住宅用地,有条件的,必须采取拍卖、招标方式;没有条件,不能采取拍卖、招标方式的,可以采取双方协议的方式。"本条根据现行法律的规定,并结合现实中土地出让的新情况,进一步扩大了采取公开竞价出让建设用地的范围,从"豪华住宅"扩大到"商品住宅",另外考虑到近些年来,由于建设用地总量增长过快,工业用地出现的问题日益突出,低成本工业用地过度扩张,违法违规用地、滥占耕地现象屡禁不止,本条把"工业用地"纳入公开竞价出让方式的范围,同时明确对于同一土地有两个以上意向用地者的,一律采取公开竞价的方式。该规定已发展了现行城市房地产管理的规定,符合国家利用土地的政策。

《中华人民共和国土地管理法》和《中华人民共和国城市房地产管理法》对于采用划拨方式设立建设用地使用权的范围有着严格的限制。下列建设用地,确属必需的,可以由县级以上人民政府依法批准划拨:① 国家机关用地和军事用地;② 城市基础设施用地和公益事业用地;③ 国家重点扶持的能源、交通、水利等项目用地;④ 法律、行政法规规定的其他用地。由于国家机关用地和军事用地等情况会长期存在,完全取消以划拨方式设立建设用地使用权不现实,划拨方式还会在相当长的时期存在。但是,并不表明属于以上划拨范围的用地,就当然可以采取划拨的方式,划拨方式应当是"确属必需的"才能采取。通过划拨方式取得的建设用地使用权,没有期限的规定,但是该权利仍是一项独立的财产权利,其性质属于用益物权,应当适用"建设用地使用权"一章的规定。考虑到划拨建设用地的特殊性,有关法律对划拨建设用地的用途、转让条件和抵押等方面都有一些限制性规定。随着我国土地管理制度的改革和深化,划拨建设用地的范围和程序更趋严格和规范。为了切实加强土地调控,制止违法违规用地行为,作为民事基本法律的物权法也对划拨建设用地问题作出了明确规定:"严格限制以划拨方式设立建设用地使用权。采取划拨方式的,应当遵守法律、行政法规关于土地用途的规定。"

【立法理由】

建设用地使用权出让的方式包括拍卖、招标等公开竞价的方式和协议。协议是出让人和建设用地使用权人通过协商方式有偿出让土地使用权。协议的方式由于没有引入竞争机制,相对缺乏公开性,现实中一些地区和部门为了招商引资,将本来应当采取公开竞价方式改为协议方式,或者压低协议出让的价格,随意减免土地出让金,造成土地资源收益的流失,严重损害了国家的利益。物权法仍保留了协议出让的方式,主要是考虑到现实中一些需要扶持的行业和大型设施用地,采取协议的方式出让比较符合实际,协议的出让方式还是有其存在的必要。为了防止协议出让土地时可能滋生的腐败行为,严格土地出让秩序,《中华人民共和国土地管理法》规定,采取协议方式出让土地使用权的出让金不得低于按国家规定所确定的最低价。国务院、国土资源部也曾多次颁布相关文件,要求各级人民政府要依照基准地价制定并公布协议出让土地最低价标准。物权法虽然保留了协议出让方式,但是由于扩大了公开竞价出让方式的范围,因此,协议出让的适用范围已经越来越窄,程序则更趋严格。

【相关规定】

《中华人民共和国土地管理法》

第五十四条　建设单位使用国有土地,应当以出让等有偿使用方式取得;但是,下列建设用地,经县级以上人民政府依法批准,可以以划拨方式取得:

(一) 国家机关用地和军事用地;

(二) 城市基础设施用地和公益事业用地;

(三) 国家重点扶持的能源、交通、水利等基础设施用地;

(四) 法律、行政法规规定的其他用地。

《中华人民共和国城市房地产管理法》

第八条　土地使用权出让,是指国家将国有土地使用权(以下简称土地使用权)在一定年限内出让给土地使用者,由土地使用者向国家支付土地使用权出让金的行为。

第十三条第一、二款　土地使用权出让,可以采取拍卖、招标或者双方协议的方式。

商业、旅游、娱乐和豪华住宅用地,有条件的,必须采取拍卖、招标方式;没有条件,不能采取拍卖、招标方式的,可以采取双方协议的方式。

第二十三条第一款　土地使用权划拨,是指县级以上人民政府依法批准,在土地使用者缴纳补偿、安置等费用后将该幅土地交付其使用,或者将土地使用权无偿交付给土地使用者使用的行为。

第二十四条　下列建设用地的土地使用权,确属必需的,可以由县级以上人民政府依法批准划拨:

(一) 国家机关用地和军事用地;

(二) 城市基础设施用地和公益事业用地;

(三) 国家重点扶持的能源、交通、水利等项目用地;

(四) 法律、行政法规规定的其他用地。

第一百三十八条　采取招标、拍卖、协议等出让方式设立建设用地使用权的,当事人应当采取书面形式订立建设用地使用权出让合同。

建设用地使用权出让合同一般包括下列条款:

（一）当事人的名称和住所；
（二）土地界址、面积等；
（三）建筑物、构筑物及其附属设施占用的空间；
（四）土地用途；
（五）使用期限；
（六）出让金等费用及其支付方式；
（七）解决争议的方法。

【说明】

建设用地使用权出让合同的内容主要包括：

（1）当事人的名称和住所。当事人的名称和住所，是合同中最基本的要件。如果不写明当事人，合同由谁履行就不明确，当事人的权利和义务更无从谈起。

（2）土地界址、面积等。建设用地出让合同中应当明确标明出让建设用地的具体界址、面积等基本的用地状况。为了准确界定建设用地的基本数据，建设用地使用权合同一般会附"出让宗地界址图"，标明建设用地的位置、四至范围等，该附件需经双方当事人确认。

（3）建筑物、构筑物及其附属设施占用的空间。考虑到土地分层出让会成为发展的趋势，设立建设用地使用权必须界定每一建设用地使用权具体占用的空间，即标明建设用地占用的面积和四至，建筑物、构筑物以及附属设施的高度和深度，使建设用地使用权人行使权利的范围得以确定。

（4）土地用途。土地用途是建设用地使用权合同的重要内容。土地用途可以分为工业、商业、娱乐、住宅等用途。

（5）使用期限。以出让方式设立的建设用地使用权都有期限的规定。比如，居住用地 70 年；工业用地 50 年；教育、科技、文化、卫生、体育用地 50 年；商业、旅游、娱乐用地 40 年；综合或者其他用地 50 年。建设用地使用权出让的期限自出让人向建设用地使用权人实际交付土地之日起算，原划拨土地使用权补办出让手续的，出让年期自合同签订之日起算。

（6）出让金等费用及其支付方式。以出让方式取得建设用地使用权是有偿的，建设用地使用权人应当按照约定支付出让金等费用。关于出让金的支付方式，根据《中华人民共和国城镇国有土地使用权出让和转让暂行条例》的规定，土地使用者应当在签订出让合同后 60 日内，支付全部土地使用权出让金。不过，目前对于采取拍卖、招标等公开竞价方式设立的建设用地，其出让金的支付方式可以采取一次性支付或者分期支付的办法。逾期未全部支付的,出让人有权解除合同,并可请求违约赔偿。

(7) 解决争议的方法。因履行建设用地使用权合同发生争议的,出让人和建设用地使用权人可以双方协商解决,协商不成的,提交双方当事人指定的仲裁委员会仲裁,或者依法向人民法院起诉。

【立法理由】

以出让方式设立建设用地使用权的,不论是采取拍卖、招标等公开竞价方式,还是采取协议的方式,双方当事人应当签订建设用地使用权出让合同,以明确双方当事人的权利和义务。虽然出让的土地属于国家所有,但是在出让合同中,国家并不列为合同的出让人。目前一般是由市、县人民政府土地行政主管部门代表国家作为出让人。建设用地使用权合同属于民事合同。

【相关规定】

《中华人民共和国城市房地产管理法》

第十五条 土地使用权出让,应当签订书面出让合同。

土地使用权出让合同由市、县人民政府土地管理部门与土地使用者签订。

《德国民法典》

第八百七十三条第一款 转让土地所有权、对土地设定权利以及转让此种权利或者对此种权利设定其他权利,需有权利人与相对人关于权利变更的协议,并应将权利变更在土地登记簿中登记注册,但法律另有其他规定的除外。

《瑞士民法典》

第七百七十九条 a 关于设定独立且长久的建筑权的契约,须采用公证,始生效力。

第一百三十九条 设立建设用地使用权的,应当向登记机构申请建设用地使用权登记。建设用地使用权自登记时设立。登记机构应当向建设用地使用权人发放建设用地使用权证书。

【说明】

建设用地使用权登记是指县级以上人民政府将土地的权属、用途、面积等基本情况登记在登记簿上,并向建设用地使用权人颁发使用权证书。设立建设用地使用权,建设用地使用权人应当向登记机构申请建设用地使用权登记。登记机构应当向建设用地使用权人发放建设用地使用权证书。建设用地使用权适用登记生效的原则。根据《中华人民共和国土地管理法》的规定,我国目前的建设用地使用权是由县级以上人民政府登记造册,核发证书。

以划拨方式设立建设用地使用权的,根据目前的规定当事人不需要签订合同,而是通过"国有土地划拨决定书"的形式,使建设用地使用权人取得划拨土地的使用权。但是,划拨土地也应当依照法律规定办理登记手续。

【立法理由】

不动产物权的设立、变更、转让和消灭,依法应当登记的,记载于不动产登记簿时发生效力。建设用地使用权是一项重要的用益物权。其设立应当办理登记手续。

【相关规定】

《中华人民共和国土地管理法》

第十一条第三款 单位和个人依法使用的国有土地,由县级以上人民政府登记造册,核发证书,确认使用权;其中,中央国家机关使用的国有土地的具体登记发证机关,由国务院确定。

《中华人民共和国城镇国有土地使用权出让和转让暂行条例》

第十六条 土地使用者在支付全部土地使用权出让金后,应当依照规定办理登记,领取土地使用证,取得土地使用权。

《中华人民共和国城市房地产管理法》

第六十条 国家实行土地使用权和房屋所有权登记发证制度。

第六十一条第一款 以出让或者划拨方式取得土地使用权,应当向县级以上地方人民政府土地管理部门申请登记,经县级以上地方人民政府土地管理部门核实,由同级人民政府颁发土地使用权证书。

《不动产登记暂行条例》

第三条 不动产首次登记、变更登记、转移登记、注销登记、更正登记、异议登记、预告登记、查封登记等,适用本条例。

第五条 下列不动产权利,依照本条例的规定办理登记:

……

(五)建设用地使用权;

……

《不动产登记暂行条例实施细则》

第三十三条 依法取得国有建设用地使用权,可以单独申请国有建设用地使用权登记。

依法利用国有建设用地建造房屋的,可以申请国有建设用地使用权及房屋所有权登记。

《最高人民法院关于适用〈中华人民共和国物权法〉若干问题的解释（一）》

第四条　未经预告登记的权利人同意，转移不动产所有权，或者设定建设用地使用权、地役权、抵押权等其他物权的，应当依照物权法第二十条第一款的规定，认定其不发生物权效力。

《德国民法典》

第八百七十三条第一款　转让土地所有权、对土地设定权利以及转让此种权利或者对此种权利设定其他权利，需有权利人与相对人关于权利变更的协议，并应将权利变更在土地登记簿中登记注册，但法律另有其他规定的除外。

《日本民法典》

第一百七十七条　不动产物权的取得、丧失及变更，除非依登记法规定进行登记，不得以之对抗第三人。

第一百四十条　建设用地使用人应当合理利用土地，不得改变土地用途；需要改变土地用途的，应当依法经有关行政主管部门批准。

【说明】

我国法律对以划拨方式使用建设用地的用途有着明确的规定，建设用地使用权人应当严格依照其用途使用土地。以出让方式设立的建设用地使用权，不同的土地用途其出让金是不同的。建设用地使用权出让合同中对土地用途都需要作出明确的规定，擅自改变约定的土地用途不仅是一种违约行为，而且也是违法行为。

建设用地使用权人以无偿或者有偿方式取得建设用地使用权后，确需改变土地用途的，应当向土地行政主管部门提出申请。土地行政主管部门经过审查后，认为改变的土地用途仍符合规划，同意对土地用途作出调整的，根据目前的规定，还需要报市、县人民政府批准，然后出让人和建设用地使用权人应当重新签订建设用地使用权出让合同或者变更合同相应的条款，并按照规定补交不同用途和容积率的土地差价。如果是将划拨方式取得的建设用地使用权改为有偿使用方式的，在改变土地用途后，建设用地使用权人还应当补缴出让金。以变更合同条款的形式改变土地用途的，还要依法到登记机构办理变更登记，签订新的建设用地使用权合同的，并办理登记手续。

【立法理由】

土地资源的重要性和稀缺性要求建设用地使用权人必须合理地利用土地。加强对土地用途的管制,是我国土地管理的重要内容。现行有关土地管理的法律、法规以及规范性文件,都对土地用途有着相关的规定。加强对土地用途管制,一直是我国土地行政主管部门对土地市场进行整治的内容之一。作为民事基本法律的《中华人民共和国物权法》有必要对合理利用土地,加强土地用途管理作出规定。

【相关规定】

《中华人民共和国宪法》

第十条第五款 一切使用土地的组织和个人必须合理地利用土地。

《中华人民共和国土地管理法》

第四条第四款 使用土地的单位和个人必须严格按照土地利用总体规划确定的用途使用土地。

第五十六条 建设单位使用国有土地的,应当按照土地使用权出让等有偿使用合同的约定或者土地使用权划拨批准文件的规定使用土地;确需改变该幅土地建设用途的,应当经有关人民政府土地行政主管部门同意,报原批准用地的人民政府批准。其中,在城市规划区内改变土地用途的,在报批前,应当先经有关城市规划行政主管部门同意。

《中华人民共和国城市房地产管理法》

第十八条 土地使用者需要改变土地使用权出让合同约定的土地用途的,必须取得出让方和市、县人民政府城市规划行政主管部门的同意,签订土地使用权出让合同变更协议或者重新签订土地使用权出让合同,相应调整土地使用权出让金。

第四十四条 以出让方式取得土地使用权的,转让房地产后,受让人改变原土地使用权出让合同约定的土地用途的,必须取得原出让方和市、县人民政府城市规划行政主管部门的同意,签订土地使用权出让合同变更协议或者重新签订土地使用权出让合同,相应调整土地使用权出让金。

第一百四十一条 建设用地使用权人应当依照法律规定以及合同约定支付出让金等费用。

【说明】

本条是关于建设用地使用权人支付出让金等费用的义务的规定。

【立法理由】

我国实行土地公有制,建设用地使用权人使用国家所有的土地,国家收取土地出让金等费用,是国家土地有偿使用制度的重要内容,是国家所有权在经济上的体现,也是《中华人民共和国土地管理法》《中华人民共和国城市房地产管理法》等有关法律、行政法规中规定的法定义务和建设用地使用权出让合同的合同义务。出让金等费用的本质是应当归国家所有的土地收益,这一本质是由我国的土地有偿使用制度决定的。在过去很长一段时期内,国有土地是由国家以行政手段无偿交给用地单位使用的。这种土地使用制度有很多弊端:

(1)土地资源配置效益差,利用效率低下,土地资源浪费严重,国家却缺乏调节余缺的机制。

(2)国有土地收益大量流失,土地收益留在了少数用地者的手中,国家的土地所有权虚置。

(3)市场机制缺失,土地作为生产力要素的价值得不到正常体现,导致市场主体实际上的不平等地位。由于不同企业都从政府无偿得到不同位置和数量的土地,拥有较多土地且位置优越的企业,与缺乏土地且位置较差的企业,实际上处于不平等的竞争地位。

旧体制严重的弊端,使得实行国有土地有偿使用制度,收取出让金等费用具有了重要意义。

(1)土地公有制是社会主义公有制的重要组成部分,在市场经济条件下,实行国有土地有偿使用制度,通过收取出让金等费用取得土地收益,才能使国家对土地的所有权在经济上得到实现,才能真正保障社会主义公有制的主体地位。

(2)土地是巨大的社会财富,而且会随着经济和社会的发展不断增值。国家掌握了国有土地的收益,就有足够的财力组织社会化大生产,更好地实现社会主义国家的经济功能。

(3)土地是基本的生产要素,通过收取或者补交出让金使土地使用权进入市场,有助于形成包括消费品市场、生产资料市场和资金、劳动力、土地等生产要素市场的完整的社会主义市场体系。通过充分发挥市场调节的作用,合理配置土地资源,实现最大的土地利用效益,进而推进社会主义市场经济的健康发展。

【相关规定】

《中华人民共和国土地管理法》

第二条第五款　国家依法实行国有土地有偿使用制度。但是,国家在法律规定的范围内划拨国有土地使用权的除外。

第五十五条第一款　以出让等有偿使用方式取得国有土地使用权的建设单位,按照国务院规定的标准和办法,缴纳土地使用权出让金等土地有偿使用费和其他费用后,方可使用土地。

《中华人民共和国城市房地产管理法》

第十六条　土地使用者必须按照出让合同约定,支付土地使用权出让金;未按照出让合同约定支付土地使用权出让金的,土地管理部门有权解除合同,并可以请求违约赔偿。

第四十条　以划拨方式取得土地使用权的,转让房地产时,应当按照国务院规定,报有批准权的人民政府审批。有批准权的人民政府准予转让的,应当由受让方办理土地使用权出让手续,并依照国家有关规定缴纳土地使用权出让金。

以划拨方式取得土地使用权的,转让房地产报批时,有批准权的人民政府按照国务院规定决定可以不办理土地使用权出让手续的,转让方应当按照国务院规定将转让房地产所获收益中的土地收益上缴国家或者作其他处理。

第五十一条　设定房地产抵押权的土地使用权是以划拨方式取得的,依法拍卖该房地产后,应当从拍卖所得的价款中缴纳相当于应缴纳的土地使用权出让金的款额后,抵押权人方可优先受偿。

第六十七条　违反本法第四十条第一款的规定转让房地产的,由县级以上人民政府土地管理部门责令缴纳土地使用权出让金,没收违法所得,可以并处罚款。

《中华人民共和国城镇国有土地使用权出让和转让暂行条例》

第十四条　土地使用者应当在签订土地使用权出让合同后六十日内,支付全部土地使用权出让金。逾期未全部支付的,出让方有权解除合同,并可请求违约赔偿。

第一百四十二条　建设用地使用权人建造的建筑物、构筑物及其附属设施的所有权属于建设用地使用权人,但有相反证据证明的除外。

【说明】

本条是关于建设用地使用权人建造的建筑物、构筑物及其附属设施权属的规定。

【立法理由】

关于建筑物、构筑物及其附属设施的归属,奉行土地私有制的国家一般通过土地权利吸收地上物权利的原则来解决。例如,在德国,在地上权范围内建造的建筑物、构筑物及其附属设施被视为地上权的组成部分,在地上权消灭时,满足法定条件,建筑物、构筑物及其附属设施作为土地的添附,转归土地所有权人。我国是社会主义公有制国家,建筑物、构筑物及其附属设施的所有权具有相对独立性。建设用地使用权人依法取得国有土地的使用权后,就有权利用该土地建造建筑物、构筑物及其附属设施。根据《中华人民共和国物权法》第 30 条规定,合法建造房屋的,自事实行为成就时取得建筑物的所有权。在多数情况下,建设用地使用权人建造的建筑物、构筑物及其附属设施的所有权是属于建设用地使用权人的。

建设用地使用权人建造的建筑物、构筑物及其附属设施由建设用地使用权人所有作为通常情况,仍然存在这样的例外:在现在的城市房地产建设中,一部分市政公共设施,是通过开发商和有关部门约定,由开发商在房地产项目开发中配套建设,但是所有权归国家。这部分设施,其性质属于市政公用,其归属就应当按照有充分证据证明的事先约定来确定,而不是当然地归建设用地使用权人。后续通过房地产交易成为建设用地使用权人的权利人也应当尊重这种权属划分。

把握本条规定还应当注意,这里规定的建筑物、构筑物及其附属设施必须是合法建造产生的。对于非法占地、违规搭建的违法行为,《中华人民共和国土地管理法》第 73 条、第 76 条、第 83 条以及其他法律法规的有关规定都明确规定了制裁措施,这种违章建筑是要被没收和强制拆除的,更不会产生合法的所有权。因此,并不在本条的调整范围内。

【相关规定】

《中华人民共和国土地管理法》

第七十三条 买卖或者以其他形式非法转让土地的,由县级以上人民政府土地行政主管部门没收违法所得;对违反土地利用总体规划擅自将农用地改为建设用地的,限期拆除在非法转让的土地上新建的建筑物和其他设施,恢复土地原状,对符合土地利用总体规划的,没收在非法转让的土地上新建的建筑物和其他设施;可以并处罚款;对直接负责的主管人员和其他直接责任人员,依法给予行政处分;构成犯罪的,依法追究刑事责任。

第七十六条 未经批准或者采取欺骗手段骗取批准,非法占用土地的,由县级以上人民政府土地行政主管部门责令退还非法占用的土地,对违反土地利用总体规划擅自将农用地改为建设用地的,限期拆除在非法占用的土地上新建的建筑物和其他设施,恢复土地原状,对符合土地利用总体规划的,没收在非法占用的土地上新建的建筑物和其他设施,可以并处罚款;对非法占用土地单位的直接负责的主管人员和其他直接责任人员,依法给予行政处分;构成犯罪的,依法追究刑事责任。

超过批准的数量占用土地,多占的土地以非法占用土地论处。

第八十三条 依照本法规定,责令限期拆除在非法占用的土地上新建的建筑物和其他设施的,建设单位或者个人必须立即停止施工,自行拆除;对继续施工的,作出处罚决定的机关有权制止。建设单位或者个人对责令限期拆除的行政处罚决定不服的,可以在接到责令限期拆除决定之日起十五日内,向人民法院起诉;期满不起诉又不自行拆除的,由作出处罚决定的机关依法申请人民法院强制执行,费用由违法者承担。

《不动产登记暂行条例实施细则》

第二条第二款 房屋等建筑物、构筑物和森林、林木等定着物应当与其所依附的土地、海域一并登记,保持权利主体一致。

第一百四十三条 建设用地使用权人有权将建设用地使用权转让、互换、出资、赠与或者抵押,但法律另有规定的除外。

【说明】

本条是关于建设用地使用权流转方式的规定。

【立法理由】

同支付出让金等费用一样,建设用地使用权的依法流转,也是我国土地有偿使用制度的重要内容。建设用地使用权的流转方式及其限制,在有关法律、行政法规中也已经有了比较完备的规定。本条与已有规定相衔接,巩固了已有立法成果,使建设用地使用权的流转更为稳健有序。

【相关规定】

《中华人民共和国土地管理法》

第二条第三款 任何单位和个人不得侵占、买卖或者以其他形式非法转让土地。土地使用权可以依法转让。

《中华人民共和国城市房地产管理法》

第三十七条 房地产转让,是指房地产权利人通过买卖、赠与或者其他合法方式将其房地产转移给他人的行为。

第三十八条　下列房地产,不得转让:

(一)以出让方式取得土地使用权的,不符合本法第三十九条规定的条件的;

(二)司法机关和行政机关依法裁定、决定查封或者以其他形式限制房地产权利的;

(三)依法收回土地使用权的;

(四)共有房地产,未经其他共有人书面同意的;

(五)权属有争议的;

(六)未依法登记领取权属证书的;

(七)法律、行政法规规定禁止转让的其他情形。

第三十九条　以出让方式取得土地使用权的,转让房地产时,应当符合下列条件:

(一)按照出让合同约定已经支付全部土地使用权出让金,并取得土地使用权证书;

(二)按照出让合同约定进行投资开发,属于房屋建设工程的,完成开发投资总额的百分之二十五以上,属于成片开发土地的,形成工业用地或者其他建设用地条件。

转让房地产时房屋已经建成的,还应当持有房屋所有权证书。

第四十条　以划拨方式取得土地使用权的,转让房地产时,应当按照国务院规定,报有批准权的人民政府审批。有批准权的人民政府准予转让的,应当由受让方办理土地使用权出让手续,并依照国家有关规定缴纳土地使用权出让金。

以划拨方式取得土地使用权的,转让房地产报批时,有批准权的人民政府按照国务院规定决定可以不办理土地使用权出让手续的,转让方应当按照国务院规定将转让房地产所获收益中的土地收益上缴国家或者作其他处理。

第四十八条　依法取得的房屋所有权连同该房屋占用范围内的土地使用权,可以设定抵押权。

以出让方式取得的土地使用权,可以设定抵押权。

第五十一条　设定房地产抵押权的土地使用权是以划拨方式取得的,依法拍卖该房地产后,应当从拍卖所得的价款中缴纳相当于应缴纳的土地使用权出让金的款额后,抵押权人方可优先受偿。

《中华人民共和国城镇国有土地使用权出让和转让暂行条例》

第四条 依照本条例的规定取得土地使用权的土地使用者,其使用权在使用年限内可以转让、出租、抵押或者用于其他经济活动,合法权益受国家法律保护。

第十九条 土地使用权转让是指土地使用者将土地使用权再转移的行为,包括出售、交换和赠与。

未按土地使用权出让合同规定的期限和条件投资开发、利用土地的,土地使用权不得转让。

《中华人民共和国担保法》

第五十六条 拍卖划拨的国有土地使用权所得的价款,在依法缴纳相当于应缴纳的土地使用权出让金的款额后,抵押权人有优先受偿权。

《最高人民法院关于适用〈中华人民共和国公司法〉若干问题的规定(三)》

第八条 出资人以划拨土地使用权出资,或者以设定权利负担的土地使用权出资,公司、其他股东或者公司债权人主张认定出资人未履行出资义务的,人民法院应当责令当事人在指定的合理期间内办理土地变更手续或者解除权利负担;逾期未办理或者未解除的,人民法院应当认定出资人未依法全面履行出资义务。

第十条 出资人以房屋、土地使用权或者需要办理权属登记的知识产权等财产出资,已经交付公司使用但未办理权属变更手续,公司、其他股东或者公司债权人主张认定出资人未履行出资义务的,人民法院应当责令当事人在指定的合理期间内办理权属变更手续;在前述期间内办理了权属变更手续的,人民法院应当认定其已经履行了出资义务;出资人主张自其实际交付财产给公司使用时享有相应股东权利的,人民法院应予支持。

出资人以前款规定的财产出资,已经办理权属变更手续但未交付给公司使用,公司或者其他股东主张其向公司交付、并在实际交付之前不享有相应股东权利的,人民法院应予支持。

第一百四十四条 建设用地使用权转让、互换、出资、赠与或者抵押的,当事人应当采取书面形式订立相应的合同。使用期限由当事人约定,但不得超过建设用地使用权的剩余期限。

【说明】

本条是关于建设用地使用权人处分建设用地使用权的合同形式和期限的规定。

【立法理由】

第一,之所以规定建设用地使用权的流转应当采用书面形式,是因为:在合同法理论上,必须采取书面形式的合同属于一种要式合同,要式合同一般适用于交易复杂、涉及利益巨大的情形。建设用地使用权流转之所以是必须采用书面形式的要式合同,是因为建设用地使用权涉及对土地这一重要自然资源的利用,关系到国家、社会和用地个人的重大利益,要求采用书面形式可以有效地明确权利、义务,避免潜在争议。不仅我国现有法律作了这样的规定,其他国家和地区关于土地等不动产的交易也都要求采用书面形式。本条规定不但与我国的现有规定是一致的,也符合国际通行做法。

第二,之所以规定建设用地使用权流转后的使用期限不得超过建设用地使用权的剩余期限,是因为建设用地使用权本身就是一种有时限的权利,从理论上说,建设用地使用权人不可能超出自己的权利范围流转权利。在我国现实中也不允许用益物权人这样扩张权利,侵害作为所有权人的国家的利益。所以在建设用地使用权期限确定的情况下,建设用地使用权的流转也必须受到这一期限的限制。

【相关规定】

《中华人民共和国合同法》

第十条 当事人订立合同,有书面形式、口头形式和其他形式。

法律、行政法规规定采用书面形式的,应当采用书面形式。当事人约定采用书面形式的,应当采用书面形式。

《中华人民共和国城市房地产管理法》

第十五条第一款 土地使用权出让,应当签订书面出让合同。

第四十三条 以出让方式取得土地使用权的,转让房地产后,其土地使用权的使用年限为原土地使用权出让合同约定的使用年限减去原土地使用者已经使用年限后的剩余年限。

第一百四十五条 建设用地使用权转让、互换、出资或者赠与的,应当向登记机构申请变更登记。

【说明】

本条是关于建设用地使用权流转后变更登记的规定。

【立法理由】

本法第14条规定:"不动产物权的设立、变更、转让和消灭,依照法律规定应当登记的,自记载于不动产登记簿时发生效力。"建设用地使用权作为重要的用益物权,不但其取得需要登记,其流转也需要及时变更登记,否则该流转行为就无法发生法律效力,权利人的利益就得不到充分保障。

【相关规定】

《土地登记规则》

第三十四条 划拨土地使用权依法办理土地使用权出让手续的,土地使用者应当在缴纳土地使用权出让金后三十日内,持土地使用权出让合同、出让金缴纳凭证及原《国有土地使用证》申请变更登记。

第三十五条 企业将通过出让或者国家入股等形式取得的国有土地使用权,再以入股方式转让的,转让双方当事人应当在入股合同签订之日起三十日内,持以出让或者国家入股等方式取得土地使用权的合法凭证、入股合同和原企业的《国有土地使用证》申请变更登记。

第三十七条 有下列情形之一的,土地使用权转让双方当事人应当在转让合同或者协议签订后三十日内,涉及房产变更的,在房产变更登记发证后十五日内,持转让合同或者协议、土地税费缴纳证明文件和原土地证书等申请变更登记:

(一)依法转让土地使用权的;

(二)因买卖、转让地上建筑物、附着物等一并转移土地使用权的;

房屋所有权变更而使土地使用权变更的,在申请变更登记时,应当提交变更后的房屋所有权证书。

第三十八条 因单位合并、分立、企业兼并等原因引起土地使用权变更的,有关各方应当在合同签订后三十日内或者在接到上级主管部门的批准文件后三十日内,持合同或者上级主管部门的批准文件和原土地证书申请变更登记。

第三十九条 因交换、调整土地而发生土地使用权、所有权变更的,交换、调整土地的各方应当在接到交换、调整协议批准文件后三十日内,持协议、批准文件和原土地证书共同申请变更登记。

第四十条 因处分抵押财产而取得土地使用权的,取得土地使用权的权利人和原抵押人应当在抵押财产处分后三十日内,持有关证明文件申请变更登记。

第四十二条 出售公有住房,售房单位与购房职工应当在县级以上地方人民政府房产管理部门登记房屋所有权之日起三十日内,持公房出售批准文件、售房合同、房屋所有权证书和售房单位原土地证书申请变更登记。

第四十三条　土地使用权抵押期间,抵押合同发生变更的,抵押当事人应当在抵押合同发生变更后十五日内,持有关文件申请变更登记。

第四十六条　依法继承土地使用权和土地他项权利的,继承人应当在办理继承手续后三十日内,持有关证明文件申请变更登记。

第四十七条　其他形式的土地使用权、所有权和土地他项权利变更,当事人应当在发生变更之日起三十日内,持有关证明文件申请变更登记。

《不动产登记暂行条例实施细则》

第二十七条　因下列情形导致不动产权利转移的,当事人可以向不动产登记机构申请转移登记:

（一）买卖、互换、赠与不动产的;

（二）以不动产作价出资(入股)的;

（三）法人或者其他组织因合并、分立等原因致使不动产权利发生转移的;

（四）不动产分割、合并导致权利发生转移的;

（五）继承、受遗赠导致权利发生转移的;

（六）共有人增加或者减少以及共有不动产份额变化的;

（七）因人民法院、仲裁委员会的生效法律文书导致不动产权利发生转移的;

（八）因主债权转移引起不动产抵押权转移的;

（九）因需役地不动产权利转移引起地役权转移的;

（十）法律、行政法规规定的其他不动产权利转移情形。

第三十八条　申请国有建设用地使用权及房屋所有权转移登记的,应当根据不同情况,提交下列材料:

（一）不动产权属证书;

（二）买卖、互换、赠与合同;

（三）继承或者受遗赠的材料;

（四）分割、合并协议;

（五）人民法院或者仲裁委员会生效的法律文书;

（六）有批准权的人民政府或者主管部门的批准文件;

（七）相关税费缴纳凭证;

（八）其他必要材料。

不动产买卖合同依法应当备案的,申请人申请登记时须提交经备案的买卖合同。

第一百四十六条 建设用地使用权转让、互换、出资或者赠与的,附着于该土地上的建筑物、构筑物及其附属设施一并处分。

【说明】

本条是关于建筑物等随建设用地使用权流转而一并处分的规定。

【立法理由】

在我国,建筑物等的归属虽然具有相对独立性,但在转让中必须实行"房地一致"原则,以避免出现"空中楼阁"的尴尬局面。实行"房随地走",作为实现"房地一致"的方式之一,已经在法律实践和社会生活中被普遍接受。本条规定与已有法律制度是一致的,也符合社会生活实际。

【相关规定】

《中华人民共和国城市房地产管理法》

第三十二条 房地产转让、抵押时,房屋的所有权和该房屋占用范围内的土地使用权同时转让、抵押。

《中华人民共和国担保法》

第三十六条第二款 以出让方式取得的国有土地使用权抵押的,应当将抵押时该国有土地上的房屋同时抵押。

《中华人民共和国城镇国有土地使用权出让和转让暂行条例》

第二十三条 土地使用权转让时,其地上建筑物、其他附着物所有权随之转让。

第三十三条第一款 土地使用权抵押时,其地上建筑物、其他附着物随之抵押。

第一百四十七条 建筑物、构筑物及其附属设施转让、互换、出资或者赠与的,该建筑物、构筑物及其附属设施占用范围内的建设用地使用权一并处分。

【说明】

本条是关于建设用地使用权随建筑物、构筑物及其附属设施的流转而一并处分的规定。

【立法理由】

本条规定了实现"房地一致"的另一种方式"地随房走",这也是被法律实践和社会生活普遍接受了的。在理解和适用本条规定时,要特别注意和第146条的衔接,这两条实际上作为一个整体,只要建设用地使用权和地上建筑物等有一个发生了转让,另外一个就要相应转让。从法律后果上说,不可能也不允许把"房"和"地"分别转让给不同的主体。此外,本条中所讲的建筑物等占用范围内的建设用地使用权有可能是一宗单独的建设用地使用权,也有可能是共同享有的建设用地使用权中的份额,特别是在建筑物区分所有的情况下,转让占用范围内的建设用地使用权不可能也不应该导致对业主共同享有的建设用地使用权的分割。在这种情况下,除了本条外,还要依据业主的建筑物区分所有权的有关规定,才能全面确定当事人的权利义务。

【相关规定】

《中华人民共和国担保法》

第三十六条第一、三款 以依法取得的国有土地上的房屋抵押的,该房屋占用范围内的国有土地使用权同时抵押。

乡(镇)、村企业的土地使用权不得单独抵押。

以乡(镇)、村企业的厂房等建筑物抵押的,其占用范围内的土地使用权同时抵押。

《中华人民共和国城镇国有土地使用权出让和转让暂行条例》

第二十四条 地上建筑物、其他附着物的所有人或者共有人,享有该建筑物、附着物使用范围内的土地使用权。

土地使用者转让地上建筑物、其他附着物所有权时,其使用范围内的土地使用权随之转让,但地上建筑物、其他附着物作为动产转让的除外。

第三十三条第二款 地上建筑物、其他附着物抵押时,其使用范围内的土地使用权随之抵押。

第一百四十八条 建设用地使用权期间届满前,因公共利益需要提前收回该土地的,应当依照本法第四十二条的规定对该土地上的房屋及其他不动产给予补偿,并退还相应的出让金。

【说明】

以出让方式设立的建设用地使用权都有期限。根据《中华人民共和国土地管理法》第58条的规定,为了公共利益需要使用土地的,由有关政府土地行政主管部门报经原批准用地的人民政府或者有批准权的人民政府批准,可以收回国有土地使用权,并对土地使用权人应当给予适当补偿。本条对提前收回的补偿标准作了更为细化的规定。首先,对于建设用地上的房屋及其他不动产,应当依据征收的规定给予补偿。本法第42条规定,为了公共利益的需要,依照法律规定的权限和程序可以征收集体所有的土地和单位、个人的房屋及其他不动产。征收单位、个人的房屋及其他不动产,应当给予拆迁补偿,维护被征收人的合法权益;征收个人住宅的,还应当保障被征收人的居住条件。因此,有关征收的规定是补偿的依据。其次,对于房屋所占用的建设用地,不能适用征收的规定。征收是国家把集体所有的土地、单位和个人的不动产变为国有的财产,是一种改变所有权的法律行为。我国城市的土地属于国家所有,建设用地使用权人取得的是对土地使用的权利,国家收回本来就属于自己的建设用地,不适用有关征收的规定。但是,为了公共利益的需要,国家可以提前收回建设用地。由于建设用地使用权人是按照建设用地的使用期限交纳出让金的,因此,提前收回建设用地使用权的,出让人还应当向建设用地使用权人退还相应的出让金。比如,某饭店的建设用地使用权期限是40年,该饭店25年后被征收,那么对于该饭店,需要根据征收的规定给予补偿,同时,还应当退还饭店所有权人15年的出让金。

【立法理由】

虽然现行法律对提前收回建设用地使用权问题作出了规定,但是本条是从物权的角度,区分了在提前收回建设用地使用权时,土地和土地上的房屋等不动产不同的性质;因公共利益提前收回土地上的房屋以及其他不动产的适用征收的有关规定;对于建设用地而言,其性质不是征收,属于提前收回建设用地使用权。

【相关规定】

《国有土地上房屋征收与补偿条例》

第二条　为了公共利益的需要,征收国有土地上单位、个人的房屋,应当对被征收房屋所有权人(以下称被征收人)给予公平补偿。

第八条　为了保障国家安全、促进国民经济和社会发展等公共利益的需要,有下列情形之一,确需征收房屋的,由市、县级人民政府作出房屋征收决定:

（一）国防和外交的需要;

（二）由政府组织实施的能源、交通、水利等基础设施建设的需要;

（三）由政府组织实施的科技、教育、文化、卫生、体育、环境和资源保护、防灾减灾、文物保护、社会福利、市政公用等公共事业的需要;

（四）由政府组织实施的保障性安居工程建设的需要;

（五）由政府依照城乡规划法有关规定组织实施的对危房集中、基础设施落后等地段进行旧城区改建的需要;

（六）法律、行政法规规定的其他公共利益的需要。

第十七条　作出房屋征收决定的市、县级人民政府对被征收人给予的补偿包括：

(一)被征收房屋价值的补偿；

(二)因征收房屋造成的搬迁、临时安置的补偿；

(三)因征收房屋造成的停产停业损失的补偿。

市、县级人民政府应当制定补助和奖励办法，对被征收人给予补助和奖励。

第十八条　征收个人住宅，被征收人符合住房保障条件的，作出房屋征收决定的市、县级人民政府应当优先给予住房保障。具体办法由省、自治区、直辖市制定。

第十九条第一款　对被征收房屋价值的补偿，不得低于房屋征收决定公告之日被征收房屋类似房地产的市场价格。被征收房屋的价值，由具有相应资质的房地产价格评估机构按照房屋征收评估办法评估确定。

第二十一条　被征收人可以选择货币补偿，也可以选择房屋产权调换。

被征收人选择房屋产权调换的，市、县级人民政府应当提供用于产权调换的房屋，并与被征收人计算、结清被征收房屋价值与用于产权调换房屋价值的差价。

因旧城区改建征收个人住宅，被征收人选择在改建地段进行房屋产权调换的，作出房屋征收决定的市、县级人民政府应当提供改建地段或者就近地段的房屋。

第二十二条　因征收房屋造成搬迁的，房屋征收部门应当向被征收人支付搬迁费；选择房屋产权调换的，产权调换房屋交付前，房屋征收部门应当向被征收人支付临时安置费或者提供周转用房。

第二十三条　对因征收房屋造成停产停业损失的补偿，根据房屋被征收前的效益、停产停业期限等因素确定。具体办法由省、自治区、直辖市制定。

第二十五条　房屋征收部门与被征收人依照本条例的规定，就补偿方式、补偿金额和支付期限、用于产权调换房屋的地点和面积、搬迁费、临时安置费或者周转用房、停产停业损失、搬迁期限、过渡方式和过渡期限等事项，订立补偿协议。

补偿协议订立后，一方当事人不履行补偿协议约定的义务的，另一方当事人可以依法提起诉讼。

第二十六条　房屋征收部门与被征收人在征收补偿方案确定的签约期限内达不成补偿协议，或者被征收房屋所有权人不明确的，由房屋征收部门报请作出房屋征收决定的市、县级人民政府依照本条例的规定,按照征收补偿方案作出补偿决定,并在房屋征收范围内予以公告。

补偿决定应当公平,包括本条例第二十五条第一款规定的有关补偿协议的事项。

被征收人对补偿决定不服的,可以依法申请行政复议,也可以依法提起行政诉讼。

第二十七条 实施房屋征收应当先补偿、后搬迁。

作出房屋征收决定的市、县级人民政府对被征收人给予补偿后,被征收人应当在补偿协议约定或者补偿决定确定的搬迁期限内完成搬迁。

任何单位和个人不得采取暴力、威胁或者违反规定中断供水、供热、供气、供电和道路通行等非法方式迫使被征收人搬迁。禁止建设单位参与搬迁活动。

第一百四十九条 住宅建设用地使用权期间届满的,自动续期。

非住宅建设用地使用权期间届满后的续期,依照法律规定办理。该土地上的房屋及其他不动产的归属,有约定的,按照约定;没有约定或者约定不明确的,依照法律、行政法规的规定办理。

【说明】

国家通过出让的方式,使建设用地使用权人获得一定期间内利用土地的权利。根据《中华人民共和国城镇国有土地使用权出让和转让暂行条例》的规定,建设用地使用权出让的最高年限为:居住用地70年;工业用地50年;教育、科技、文化、卫生、体育用地50年;商业、旅游、娱乐用地40年;综合或者其他用地50年。因此,建设用地使用权期间届满后,就面临建设用地使用权如何续期的问题。《中华人民共和国城市房地产管理法》第22条规定:"土地使用权出让合同约定的使用年限届满,土地使用者需要继续使用土地的,应当至迟于届满前一年申请续期,除根据社会公共利益需要收回该幅土地的,应当予以批准。经批准准予续期的,应当重新签订土地使用权出让合同,依照规定支付土地使用权出让金。土地使用权出让合同约定的使用年限届满,土地使用者未申请续期或者虽申请续期但依照前款规定未获批准的,土地使用权由国家无偿收回。"物权法草案曾经根据现行法律的规定,对建设用地使用权的续期作出了规定。但是,有人提出,一幢公寓多户居住,建设用地使用权期间届满,是由住户个人申请续期还是业主委员会统一申请续期,意见不一致时怎么办,需要明确。建设用地使用权续期的问题,确实和老百姓的利益息息相关,应当保障老百姓安居乐业,使有恒产者有恒心。如果规定住宅建设用地需要申请续期,要求成千上万的住户办理续期手续,不仅难以操作,加重了老百姓的负担,也增加了行政管理的成本,不利于社会的安定。在听取各方面的意见后,物权法草案对住宅建设用地使用权和非住宅建设用地使用权的续期分别作出了规定,明确规定住宅建设用地使用权期间届满的,自动续期。考虑到住宅建设用地使用权续期后是否支付土地使用费,是关系到广大群众切身利益的问题。绝大多数住宅建设用地使用权的期限为 70 年,如何科学地规定建设用地使用权人届时应当承担的义务,目前还缺少足够的科学依据,几十年后,国家富裕了,是否还要收土地使用金,应当慎重研究,物权法以不作规定为宜。而且物权法不作规定,也不影响国务院根据实际情况作出相关的规定。因此,本条对建设用地使用权期间届满后是否支付土地使用费的问题未作规定。

关于建设用地使用权期限届满后建筑物归属的问题,《中华人民共和国城镇国有土地使用权出让和转让暂行条例》规定,土地使用权期间届满,土地使用权及其地上建筑物、其他附着物所有权由国家无偿取得。有人提出,建设用地使用权期间届满,应当根据公平的原则来确定建筑物等归属,而不宜一律规定归国家所有。现实中也有法律对于非住宅建设用地使用权期间届满后该土地上的厂房等不动产归属问题已作出了规定。比如,《中华人民共和国中外合作经营企业法》规定,中外合作者举办合作企业,应当在合作企业合同中约定"合作企业终止时财产的归属"。因此,对于非住宅建设用地到期后地上物归属的问题,解决的办法是:有约定的,应当按照约定,比如按照 BOT 合同的约定处理等;没有约定或者约定不明确的,应当按照有关法律规定办理。

【立法理由】

本条仅对住宅规定了自动续期的原则,对于非住宅建设用地使用权没有采取自动续期的原则,这是因为非住宅建设用地和住宅建设用地有较大的区别。非住宅建设用地的使用期限相对比较短,使用用途也各不相同。有的建设用地使用权人仅需要在特定的期限内使用建设用地,过了该期限,就没有使用该土地的必要。因此,不宜将自动续期作为非住宅建设用地使用权适用的一般原则,是否续期应当由建设用地使用权人自己决定。根据本条的规定,非住宅建设用地使用权的续期,按照法律规定办理,即建设用地使用权可以在建设用地使用权期间届满前 1 年申请续期。只要建设用地使用权人提出续期的要求,出让人就应当同意,只有在公共利益需要使用该建设用地的情况下,出让人才有权拒绝建设用地使用权人续期的要求,收回该土地。

【相关规定】

《中华人民共和国城市房地产管理法》

第二十二条　土地使用权出让合同约定的使用年限届满,土地使用者需要继续使用土地的,应当至迟于届满前一年申请续期,除根据社会公共利益需要收回该幅土地的,应当予以批准。经批准准予续期的,应当重新签订土地使用权出让合同,依照规定支付土地使用权出让金。

土地使用权出让合同约定的使用年限届满,土地使用者未申请续期或者虽申请续期但依照前款规定未获批准的,土地使用权由国家无偿收回。

第一百五十条　建设用地使用权消灭的,出让人应当及时办理注销登记。登记机构应当收回建设用地使用权证书。

【说明】

建设用地使用权消灭的情况主要包括:建设用地使用权期间届满、建设用地使用权提前收回以及因自然灾害等原因造成建设用地使用权灭失等情形。建设用地使用权消灭后,出让人应当及时办理注销登记。根据国土资源部颁布的《土地登记规则》第54条的规定:"县级以上人民政府依法收回国有土地使用权的,土地管理部门在收回土地使用权的同时,办理国有土地使用权注销登记,注销土地证书。"第55条规定:"国有土地使用权出让或者租赁期满,未申请续期或者续期申请未获批准的,原土地使用者应当在期满之日前十五日内,持原土地证书申请国有土地使用权注销登记。"第56条规定:"因自然灾害等造成土地权利灭失的,原土地使用者或者土地所有者应当持原土地证书及有关证明材料,申请土地使用权或者土地所有权注销登记。"

【立法理由】

考虑到出让人全面掌握建设用地使用权消灭的情形,所以,本条规定注销登记由出让人及时办理。建设用地使用权注销后,登记机构应当收回建设用地使用权证书。

【相关规定】

《不动产登记暂行条例实施细则》

第二十八条第一款　有下列情形之一的,当事人可以申请办理注销登记:

（一）不动产灭失的；
（二）权利人放弃不动产权利的；
（三）不动产被依法没收、征收或者收回的；
（四）人民法院、仲裁委员会的生效法律文书导致不动产权利消灭的；
（五）法律、行政法规规定的其他情形。

第一百五十一条　集体所有的土地作为建设用地的,应当依照土地管理法等法律规定办理。

【说明】

《中华人民共和国土地管理法》规定,农民集体所有土地的使用权不得出让、转让或者出租用于非农业建设。除耕地外,农民集体所有的土地只能用于乡镇村企业、乡镇村公共设施和公益事业以及农民住宅建设。因此,目前农民集体还不能直接出让自己的土地使用权,使集体所有的土地使用权直接进入土地一级市场。农民集体所有的土地必须经过征收才能变为建设用地。近些年来,我国土地制度改革不断深化,国务院先后出台了一系列涉及农村集体建设用地的规定。《国务院关于2005年深化经济体制改革的意见》中明确指出,进一步研究探索农村集体建设用地使用权进入市场。土地行政主管部门一直将加快集体建设用地使用制度改革作为工作的重点,在对集体建设用地进行严格管理的同时,也允许一些地区可以开展集体建设用地流转方面的试点。但是,目前物权法对此作出规定的时机还不成熟。不过作为民事基本法律的物权法,还是有必要作出原则且灵活的规定,为今后土地制度改革留下空间。

【立法理由】

考虑到我国土地制度改革正在深化,各地的情况差异较大,土地行政主管部门正在进行土地制度试点和研究,尚待总结实践经验,并在此基础上规范和完善。而且,集体建设用地制度如何改革,还是需要通过修改《中华人民共和国土地管理法》等法律,从根本上解决这个问题,因此,物权法对建设用地使用集体所有的土地的情况仅作了原则性规定,明确集体所有的土地作为建设用地的,应当按照《中华人民共和国土地管理法》等法律规定办理。

【相关规定】

《中华人民共和国土地管理法》

第十一条第二款　农民集体所有的土地依法用于非农业建设的,由县级人民政府登记造册,核发证书,确认建设用地使用权。

第六十条第一款　农村集体经济组织使用乡(镇)土地利用总体规划确定的建设用地兴办企业或者与其他单位、个人以土地使用权入股、联营等形式共同举办企业的,应当持有关批准文件,向县级以上地方人民政府土地行政主管部门提出申请,按照省、自治区、直辖市规定的批准权限,由县级以上地方人民政府批准;其中,涉及占用农用地的,依照本法第四十四条的规定办理审批手续。

第六十一条　乡(镇)村公共设施、公益事业建设,需要使用土地的,经乡(镇)人民政府审核,向县级以上地方人民政府土地行政主管部门提出申请,按照省、自治区、直辖市规定的批准权限,由县级以上地方人民政府批准;其中,涉及占用农用地的,依照本法第四十四条的规定办理审批手续。

《中华人民共和国乡镇企业法》

第二十八条第二款　举办乡镇企业使用农村集体所有的土地的,应当依照法律、法规的规定,办理有关用地批准手续和土地登记手续。

《不动产登记暂行条例实施细则》

第四十四条　依法取得集体建设用地使用权,可以单独申请集体建设用地使用权登记。

依法利用集体建设用地兴办企业,建设公共设施,从事公益事业等的,可以申请集体建设用地使用权及地上建筑物、构筑物所有权登记。

第四十五条　申请集体建设用地使用权及建筑物、构筑物所有权首次登记的,申请人应当根据不同情况,提交下列材料:

(一)有批准权的人民政府批准用地的文件等土地权属来源材料;

(二)建设工程符合规划的材料;

(三)权籍调查表、宗地图、房屋平面图以及宗地界址点坐标等有关不动产界址、面积等材料;

(四)建设工程已竣工的材料;

(五)其他必要材料。

集体建设用地使用权首次登记完成后,申请人申请建筑物、构筑物所有权首次登记的,应当提交享有集体建设用地使用权的不动产权属证书。

第四十六条　申请集体建设用地使用权及建筑物、构筑物所有权变更登记、转移登记、注销登记的,申请人应当根据不同情况,提交下列材料:

(一)不动产权属证书;

(二)集体建设用地使用权及建筑物、构筑物所有权变更、转移、消灭的

材料;

(三)其他必要材料。

因企业兼并、破产等原因致使集体建设用地使用权及建筑物、构筑物所有权发生转移的,申请人应当持相关协议及有关部门的批准文件等相关材料,申请不动产转移登记。

第十三章　宅基地使用权

第一百五十二条　宅基地使用权人依法对集体所有的土地享有占有和使用的权利,有权依法利用该土地建造住宅及其附属设施。

【说明】

本条是关于宅基地使用权权利内容的规定。

【立法理由】

本条规定的主要理由有三:

1. 宅基地归集体所有

这是宅基地使用权能够成为用益物权的前提。根据《中华人民共和国宪法》第 10 条的规定,宅基地和自留地、自留山一样,属于集体所有。因此,农民使用宅基地是对集体所有的土地的使用。

2. 宅基地的用途是建造住宅及其附属设施

根据《中华人民共和国土地管理法》和国家的有关规定,土地的利用必须符合国家对土地的用途管制。我国人多地少,只有严格地管制土地用途,控制建设用地总量,保护耕地,才能有效地保护资源,实现优化配置。所以农民取得宅基地,必须依法办理有关手续,不得超量多占,也不得违反有关规划,改变土地用途。对有的地方存在的多占宅基地,造成土地浪费的情况应当予以纠正。

3. 宅基地使用权是一种带有社会福利性质的权利,是农民的安身之本

宅基地使用权和土地承包经营权一样,由集体成员无偿取得,无偿使用。宅基地使用权是农民基于集体成员身份而享有的福利保障。在我国社会保障体系尚无法覆盖广大农村的现实下,土地承包经营权解决了农民的基本衣食来源,宅基地使用权解决了农民的基本居住问题。这两项制度以其鲜明的福利色彩成为了维护农业、农村稳定的重要制度。正是因为保障功能依然是宅基地使用权制度的首要功能,关于宅基地使用权取得、行使和转让的问题,必须尊重这一现实,以利于保护农民利益,构建和谐社会。

【相关规定】

《中华人民共和国土地管理法》

第四条第一、二、四款 国家实行土地用途管制制度。

国家编制土地利用总体规划,规定土地用途,将土地分为农用地、建设用地和未利用地。严格限制农用地转为建设用地,控制建设用地总量,对耕地实行特殊保护。

使用土地的单位和个人必须严格按照土地利用总体规划确定的用途使用土地。

第六十二条第二款 农村村民建住宅,应当符合乡(镇)土地利用总体规划,并尽量使用原有的宅基地和村内空闲地。

第一百五十三条 宅基地使用权的取得、行使和转让,适用土地管理法等法律和国家有关规定。

【说明】

本条是关于宅基地使用权的取得、行使和转让的适用法律的衔接性规定。

【立法理由】

我国的土地管理制度正在改革,有关法律法规也在完善。对于宅基地使用权的转让和抵押问题,为适应未来发展的需要,给进一步深化改革留有空间,《中华人民共和国物权法》对宅基地使用权的转让和抵押问题作出衔接性的规定是必要的。

1. 关于宅基地使用权的取得

宅基地使用权的取得主要涉及国家土地管理制度。《中华人民共和国土地管理法》以及有关法规已经对宅基地使用权的取得以及必要限制作出了明确规定,实际中遇到的问题应当依照这些规定处理。有关法律法规实施中出现的问题,可以通过国家土地管理制度的进一步发展完善,逐步解决。《中华人民共和国物权法》作为调整平等主体间财产关系的民事法律,对国家土地管理制度的具体内容可以不作重复规定,只作出必要的衔接性规定即可。

2. 关于宅基地使用权的转让和抵押

我国地少人多,必须实行最严格的土地管理制度。目前,我国农村社会保障体系尚未全面建立,宅基地使用权是农民基本生活保障和安身立命之本。从全国范围看,放开宅基地使用权转让和抵押的条件尚不成熟。特别是农民一户只有一处宅基地,这一点与城市居民是不同的。农民一旦失去住房及其宅基地,将会丧失基本生存条件,影响社会稳定。为了维护现行法律和现阶段国家有关农村土地政策,也为今后修改有关法律或者调整有关政策留有余地,《中华人民共和国物权法》的规定应当与《中华人民共和国土地管理法》等法律的规定保持一致。

《中华人民共和国土地管理法》和《中华人民共和国担保法》对宅基地使用权作了规定。根据《中华人民共和国土地管理法》的规定,农村村民一户只能拥有一处宅基地,其宅基地的面积不得超过省、自治区、直辖市规定的标准。农村村民建住宅,应当符合乡(镇)土地利用总体规划,并尽量使用原有的宅基地和村内空闲地。农村村民住宅用地,经乡(镇)人民政府审核,由县级人民政府批准;其中,涉及占用农用地的,依照《中华人民共和国土地管理法》第44条的规定办理审批手续。农村村民出卖、出租住房后,再申请宅基地的,不予批准。《中华人民共和国担保法》规定,宅基地使用权不得抵押。

此外,中共中央、国务院通过有关文件,多次强调农村居民建住宅要严格按照所在的省、自治区、直辖市规定的标准,依法取得宅基地。农村居民每户只能有一处不超过标准的宅基地,多出的宅基地,要依法收归集体所有。同时禁止城镇居民在农村购置宅基地。

【相关规定】

《不动产登记暂行条例实施细则》

第四十条 依法取得宅基地使用权,可以单独申请宅基地使用权登记。

依法利用宅基地建造住房及其附属设施的,可以申请宅基地使用权及房屋所有权登记。

第四十一条 申请宅基地使用权及房屋所有权首次登记的,应当根据不同情况,提交下列材料:

(一)申请人身份证和户口簿;

(二)不动产权属证书或者有批准权的人民政府批准用地的文件等权属来源材料;

(三)房屋符合规划或者建设的相关材料;

(四)权籍调查表、宗地图、房屋平面图以及宗地界址点坐标等有关不动产界址、面积等材料;

(五)其他必要材料。

《全国人民代表大会常务委员会关于授权国务院在北京市大兴区等232个试点县(市、区)、天津市蓟县等59个试点县(市、区)行政区域分别暂时调整实施有关法律规定的决定》

为了落实农村土地的用益物权,赋予农民更多财产权利,深化农村金融改革创新,有效盘活农村资源、资金、资产,为稳步推进农村土地制度改革提供经验和模式,第十二届全国人民代表大会常务委员会第十八次会议决定:授权国务院在北京市大兴区等232个试点县(市、区)行政区域,暂时调整实施《中华人民共和国物权法》、《中华人民共和国担保法》关于集体所有的耕地使用权不得抵押的规定;在天津市蓟县等59个试点县(市、区)行政区域暂时调整实施《中华人民共和国物权法》、《中华人民共和国担保法》关于集体所有的宅基地使用权不得抵押的规定。上述调整在2017年12月31日前试行。暂时调整实施有关法律规定,必须坚守土地公有制性质不改变、耕地红线不突破、农民利益不受损的底线,坚持从实际出发,因地制宜。国务院及其有关部门要完善配套制度,加强对试点工作的整体指导和统筹协调、监督管理,按程序、分步骤审慎稳妥推进,防范各种风险,及时总结试点工作经验,并就暂时调整实施有关法律规定的情况向全国人民代表大会常务委员会作出报告。

第一百五十四条 宅基地因自然灾害等原因灭失的,宅基地使用权消灭。对失去宅基地的村民,应当重新分配宅基地。

【说明】

本条是关于宅基地灭失后重新分配问题的规定。

【立法理由】

(1)重新分配宅基地的客观原因是自然灾害导致宅基地的灭失。虽然从物理属性上讲,土地是不可能消灭的。但是从用途角度上说,自然灾害等原因可能使土地不可能再适用某种用途,例如,由于河流改道,原来的住宅和宅基地有可能完全被淹没;又如,由于山体滑坡,原来的宅基地可能再也不能用来建房居住。在发生这类天灾人祸,原有宅基地不可能再用于建设住宅的情况下,就必须对丧失居住条件的集体成员提供新的宅基地以维持生计。

(2)可以享受重新分配宅基地的权利人应当是因自然灾害等原因而丧失宅基地的集体成员。宅基地使用权是基于集体成员身份享有的一种保障性的权利。作为基本保障,宅基地使用权不应当流转到集体之外,也不应当无限扩大,变相侵占集体土地,特别是耕地。所以因自然灾害等原因重新分配宅基地时,应当按照规定的标准给予仍然属于本集体且丧失基本居住条件的村民。对于多占宅基地的情况,要予以纠正,即使因自然灾害等原因灭失,多占部分的宅基地也不应当重新分配。

第一百五十五条 已经登记的宅基地使用权转让或者消灭的,应当及时办理变更登记或者注销登记。

【说明】

本条是关于宅基地使用权的变更登记和注销登记的规定。

【立法理由】

宅基地使用权涉及国家对土地资源的管理,更是一种重要的用益物权。从长远发展上看,对宅基地使用权的设立、变更和消灭进行登记,既有利于加强土地管理,又有利于表彰物权的状态,从而减少争端。目前有的地方的宅基地使用权的登记制度不够完善,有的宅基地还没有登记。这一现状尽管还没有引发大的矛盾和纠纷,然而在宅基地使用权发生变动时就有可能带来潜在的风险。本条考虑到我国广大农村的实际情况以及登记制度的现状,虽然没有明确要求所有宅基地使用权一旦发生变更一律登记,但是对于已经登记的宅基地使用权转让或者消灭的,则明确规定了应当及时办理变更登记或者注销登记。本条规定既切合了我国物权制度发展的大方向,也有利于从实际出发,未雨绸缪,防患于未然。

【相关规定】

《土地登记规则》

第三十七条 有下列情形之一的,土地使用权转让双方当事人应当在转让合同或者协议签订后三十日内,涉及房产变更的,在房产变更登记发证后十五日内,持转让合同或者协议、土地税费缴纳证明文件和原土地证书等申请变更登记:

(一)依法转让土地使用权的;

(二)因买卖、转让地上建筑物、附着物等一并转移土地使用权的;

房屋所有权变更而使土地使用权变更的,在申请变更登记时,应当提交变更后的房屋所有权证书。

第三十九条 因交换、调整土地而发生土地使用权、所有权变更的,交换、调整土地的各方应当在接到交换、调整协议批准文件后三十日内,持协议、批准文件和原土地证书共同申请变更登记。

第五十六条 因自然灾害等造成土地权利灭失的,原土地使用者或者土地所有者应当持原土地证书及有关证明材料,申请土地使用权或者土地所有权注销登记。

第五十八条 土地使用者、所有者和土地他项权利者未按照本规则规定申请注销登记的,土地管理部门可以依照规定直接办理注销土地登记,注销土地证书。

《不动产登记暂行条例》

第五条　下列不动产权利,依照本条例的规定办理登记:

……

(六)宅基地使用权;

……

《不动产登记暂行条例实施细则》

第二十七条　因下列情形导致不动产权利转移的,当事人可以向不动产登记机构申请转移登记:

(一)买卖、互换、赠与不动产的;

(二)以不动产作价出资(入股)的;

(三)法人或者其他组织因合并、分立等原因致使不动产权利发生转移的;

(四)不动产分割、合并导致权利发生转移的;

(五)继承、受遗赠导致权利发生转移的;

(六)共有人增加或者减少以及共有不动产份额变化的;

(七)因人民法院、仲裁委员会的生效法律文书导致不动产权利发生转移的;

(八)因主债权转移引起不动产抵押权转移的;

(九)因需役地不动产权利转移引起地役权转移的;

(十)法律、行政法规规定的其他不动产权利转移情形。

第二十八条第一款　有下列情形之一的,当事人可以申请办理注销登记:

(一)不动产灭失的;

(二)权利人放弃不动产权利的;

(三)不动产被依法没收、征收或者收回的;

(四)人民法院、仲裁委员会的生效法律文书导致不动产权利消灭的;

(五)法律、行政法规规定的其他情形。

第四十二条　因依法继承、分家析产、集体经济组织内部互换房屋等导致宅基地使用权及房屋所有权发生转移申请登记的,申请人应当根据不同情况,提交下列材料:

(一)不动产权属证书或者其他权属来源材料;

(二)依法继承的材料;
(三)分家析产的协议或者材料:
(四)集体经济组织内部互换房屋的协议;
(五)其他必要材料。

第十四章 地 役 权

第一百五十六条 地役权人有权按照合同约定,利用他人的不动产,以提高自己的不动产的效益。

前款所称他人的不动产为供役地,自己的不动产为需役地。

【说明】

本条是关于地役权的规定。地役权是指因通行、取水、排水、铺设管线等需要,通过订立合同,利用他人的不动产,以提高自己不动产效益的权利。它是用益物权中的一项重要权利。例如,甲、乙两块承包地相邻,甲为了节省时间抄小道,使自己通行方便,想借用乙的承包地通行。于是,甲、乙约定,甲向乙支付使用费,乙允许甲通行,为此双方达成书面协议,在乙的承包地上设立了通行地役权。此时,乙地称为供役地,甲地称为需役地。地役权具有如下特点:

(1)地役权是利用他人的不动产。在地役权关系中,需役地和供役地属于不同的土地所有权人或者土地使用权人。利用他人的不动产来提高自己不动产的效益,是地役权设立的主要目的。所谓利用他人的不动产并不以实际占有他人不动产为要件,而是对他人的不动产设置一定的负担。这种负担主要表现在:一是容忍义务;二是不妨害地役权人行使权利的义务。

(2)地役权是为了提高自己不动产的效益。地役权的设立,必须是以增加需役地的利用价值和提高其效益为前提。此种"效益"既包括生活上得到的便利,也包括经营上获得的效益,如为需役地的便利而在供役地上设立的排水、通行、铺设管线等,也包括非财产的利益,即具有精神上或者感情上的效益,如为需役地上的视野宽广而设定的眺望地役权等。

(3)地役权是按照合同设立的。地役权是地役权人和供役地权利人之间达成的以设立地役权为目的和内容的合同。设立地役权,当事人应当采取书面形式订立地役权合同。

【立法理由】

地役权概念源于罗马法,是最早的他物权制度。法国、意大利、德国、瑞士、日本等国的民法典以及我国台湾地区民法中均规定了地役权。

在《中华人民共和国物权法》立法过程中,对《中华人民共和国物权法》是否要规定地役权,有不同意见:一种意见认为,《中华人民共和国物权法》不应当规定地役权,地役权可以被相邻关系所包括。多年来我国没有地役权制度,有关地役权纠纷大多是按相邻关系处理的,这已表明地役权没有独立存在的必要。一种意见认为,相邻关系不能替代地役权,《中华人民共和国物权法》应当规定地役权。相邻关系是对不动产的利用作最低限度的调节;而地役权则必须通过双方当事人约定,对他人不动产的利用来提高自己不动产的价值。

考虑到地役权与相邻关系,作为彼此独立的法律制度,各具其内涵,二者主要区别在于:第一,产生的原则不同。相邻关系是基于法律直接规定而产生,是法律要求一方必须要为另一方提供便利,是维护正常生活和生产的最低需要。地役权是根据地役权人与供役地权利人自愿达成协议而产生的,是地役权人通过利用他人的不动产而使自己的不动产获得更大的效益。第二,性质不同。相邻关系是法律上对土地间利用关系的一种最小限度的调节。它不是一项独立的民事权利,更不是独立的他物权,属于所有权的内容。而地役权的主要功能在于弥补相邻关系的不足,在根据相邻关系得不到调节时,可通过约定加以弥补。地役权不仅是一项独立的民事权利,而且还是一种独立物权形式,为用益物权的一种。这一制度有存在的必要性。因此,《中华人民共和国物权法》设专章规定了地役权。

【相关规定】

《德国民法典》

第一千零一十八条　一块土地为了另一块土地的现时所有人的利益,得设定权利,使需役地的所有人得以某种方式使用该土地,或使该土地上不得实施某种行为,或排除由供役地的所有权对需役地行使权利。

《日本民法典》

第二百八十条　地役权人,依设定行为所定的目的,有以他人土地供自己土地便宜之用的权利,但不得违反第三章第一节中关于公共秩序的规定。

第一百五十七条　设立地役权,当事人应当采取书面形式订立地役权合同。

地役权合同一般包括下列条款:

(一)当事人的姓名或者名称和住所;

（二）供役地和需役地的位置；
（三）利用目的和方法；
（四）利用期限；
（五）费用及其支付方式；
（六）解决争议的方法。

【说明】

本条是关于设立地役权的规定。

地役权是用益物权，设立地役权应当采取书面形式订立。地役权合同一般包括以下条款：

(1)当事人的姓名或者名称和住所。当事人是合同的主体，如果不写明当事人，就无法确定权利的享有者和义务的承担者，发生纠纷也难以解决。按照我国土地制度，地役权合同的双方当事人可以是土地所有人、建设用地使用权人、宅基地使用权人和土地承包经营权人等权利人。因此，要将上述权利人或者使用人的姓名或者名称和住所写清楚。

(2)供役地和需役地的位置。签订地役权合同，应当标明供役地和需役地两块土地的方位、四至以及面积，尤其对供役地的位置更应记录细致，并尽可能绘图表示。

(3)利用目的和方法。其利用目的，即设立地役权是为了通行、取水、排水、铺设管线等。如何使用供役地，比如设立了排水地役权后，是用挖排水渠的方法，还是铺设排水管道的方法。

(4)利用期限。即利用供役地的具体起止时间。地役权的期限是地役权存续的依据，应有明确的约定。没有约定或者约定不明确的，地役权人可以随时终止合同。

(5)费用及其支付方式。地役权亦可有偿亦可无偿，主要取决于当事人的约定。如果是有偿的，地役权人与供役地权利人在合同中，应当明确约定费用的数额以及支付的方式，是分期支付，还是一次性付清等。

(6)解决争议的方法。解决争议的方法指合同争议的解决途径和方式。双方当事人可以通过和解、调解、仲裁、诉讼等途径解决争议。

地役权是由双方当事人通过约定设立的。对于地役权的内容法律不作严格限制，只要双方约定的内容不违反法律的强制性规定，就尊重当事人的约定。

【立法理由】

由于地役权范围宽泛，内容复杂，一般说来期限又比较长。因此，为了有效防止当事人将来发生纠纷,《中华人民共和国物权法》规定了地役权设立合同要采取书面形式,设立合同一般要包括的主要条款。

第一百五十八条 地役权自地役权合同生效时设立。当事人要求登记的,可以向登记机构申请地役权登记;未经登记,不得对抗善意第三人。

【说明】

本条是关于地役权效力的规定。

地役权设立以地役权合同生效为要件,如果地役权人或者供役地权利人要求登记的,可以向登记机构申请,办理地役权登记;未经登记,不得对抗善意第三人。

物权法实行登记对抗主义。所谓登记对抗主义,主要指不登记不得对抗不知道也不应知道土地设有地役权,而受让了该土地使用权的第三人。例如,甲公司与乙学校相邻,为了防止乙今后建造高楼挡住自己的观景视野,甲公司以每年向乙支付5万元补偿费为对价,与乙约定:乙在20年内不得在校址兴建高层建筑。合同签订后,双方没有办理地役权登记。一年后学校乙迁址,将房屋全部转让给房地产商丙,但乙未向丙提及自己与甲之间的约定。丙取得该学校后就建起了高层住宅。甲要求丙立即停止兴建,遭到丙的拒绝后,甲便向法院提起诉讼。按照本条规定,法院不能支持甲的主张,因为本案中甲、乙双方虽然订立了地役权合同,但没有登记,乙转让土地又没有告知丙该土地上设有地役权,因此,丙的合法权益应受保护,甲只能基于合同,要求乙承担违约责任,而无权要求丙停止兴建高楼和承担侵权责任。因此,为了更好地维护自己的地役权,最好进行登记。

【立法理由】

设立地役权是否必须登记,有不同意见:一种意见认为,地役权应当登记,如果该权利不通过登记予以公示,必然会损害第三人的利益。另一种意见认为,应将地役权登记生效作为基本原则,登记对抗作为例外。考虑到我国农村,地役权80%~90%都是不登记的。为了方便群众,减少成本,物权法对地役权实行登记对抗主义。

【相关规定】

《不动产登记暂行条例》

第五条 下列不动产权利,依照本条例的规定办理登记:

……

（八）地役权；

……

《不动产登记暂行条例实施细则》

第二十条第二款　除办理抵押权登记、地役权登记和预告登记、异议登记，向申请人核发不动产登记证明外，不动产登记机构应当依法向权利人核发不动产权属证书。

第六十条　按照约定设定地役权，当事人可以持需役地和供役地的不动产权属证书、地役权合同以及其他必要文件，申请地役权首次登记。

《最高人民法院关于适用〈中华人民共和国物权法〉若干问题的解释（一）》

第四条　未经预告登记的权利人同意，转移不动产所有权，或者设定建设用地使用权、地役权、抵押权等其他物权的，应当依照物权法第二十条第一款的规定，认定其不发生物权效力。

《瑞士民法典》

第七百三十一条　地役权的设定，应在土地登记簿登记。

第一百五十九条　供役地权利人应当按照合同约定，允许地役权人利用其土地，不得妨害地役权人行使权利。

【说明】

本条是关于供役地权利人义务的规定。

地役权设立后，供役地权利人应当按照合同的约定履行自己的义务。

第一，允许地役权人利用其土地。在地役权人利用供役地时，多多少少会给供役地权利人带来诸多不便。对于供役地权利人来说，必须要按照合同的约定，向地役权人提供土地，并要容忍供役地上的负担。

第二，不得妨害地役权人行使权利。地役权人为使用供役地，实现地役权的内容，在权利行使的必要范围内，有权在供役地上修建必要的附属设施或者从事某项必要的附属行为。

【立法理由】

由于土地具有不可再生性，所以发挥土地的最大价值应该是市场经济发展的客观要求。因此，具有协调土地所有人之间、土地使用人之间以及土地所有人与使用人之间利益关系的地役权制度，在土地利用关系日趋多样化、复杂化的社会环境下，衡平各方权利人的利益冲突，就显出其重要性了。

【相关规定】

《瑞士民法典》

第七百三十七条第三款　供役地人不得进行妨碍他人行使或者使他人难以行使地役权的任何行为。

第一百六十条　地役权人应当按照合同约定的利用目的和方法利用供役地,尽量减少对供役地权利人物权的限制。

【说明】

本条是关于地役权人权利义务的规定。

地役权人在享有利用地役权的同时,也应当履行必要的义务:

1. 按照合同约定的利用目的和方法利用供役地

地役权所说的利用不以实际占有他人的土地为要件,而只是对他人的土地设置一定的负担。例如,约定的是通行权,地役权人就只能从供役地通行而不能从事其他的行为,如果合同约定的通行方法只能是步行通过供役地,那机动车就不得穿行。地役权人通过利用供役地达到了自己通行的目的,也就提高了自己土地的效益。

2. 尽量减少对供役地权利人物权的限制

地役权的实现,是供役地权利人为了需役地的便利而承受的负担。因此,地役权人按照合同约定的利用目的和方法利用供役地时,应当采取对供役地损害最小的方法为之,在利用供役地的同时,不要过分损害其利益。在某些情况下,为了实现地役权设定的目的,地役权人在供役地上需要修筑一些必要的附属设施,比如为了取水权的实现,要在供役地上修建水泵;或者为了通行权的实现,要在供役地上设置路灯而修筑电线杆等。地役权人从事这些行为必须是必要的,不得已的,不修建附属设施,地役权就不能有效实现。尽管必要,但也要求地役权人要采取适当的方法,尽量选择对供役地损害最小的方法行之,尽可能减少对供役地权利人物权的限制。另外,如果地役权人因其行使地役权,对供役地造成损害的,还应当在事后恢复原状并补偿损害。

【立法理由】

地役权的实现是供役地权利人为了需役地的方便与利益而对自己的供役地施加负担。因此,地役权人在行使利用供役地的同时,还应当尽可能地减少对供役地的损害,以维护利益平衡。

【相关规定】

《瑞士民法典》

第七百三十七条 权利人应承担以损害最少的方式行使其地役权的义务。

第一百六十一条 地役权的期限由当事人约定,但不得超过土地承包经营权、建设用地使用权等用益物权的剩余期限。

【说明】

本条是关于地役权期限的规定。

设定地役权,双方当事人要协商确定其期限,当事人对地役权的期限没有约定或者约定不明确的,可以事后作出补充协议。

设立地役权的双方当事人,如果是建设用地使用权人或者是土地承包经营权人,他们之间设立的地役权的期限,不得超过他们各自用益物权的剩余期限。土地承包经营权人、建设用地使用权人无论是作为地役权人还是供役地权利人,他们设立地役权的期限都是受限制的,因地役权是依附于土地所有权和土地使用权而存在的用益物权,土地所有权或者土地使用权不存在了,地役权也就失去了存在的依据。实践中可能发生需役地的土地使用权与供役地的土地使用权期限不一致的情况,比如供役地的土地使用权的剩余年限为20年,而需役地的土地使用权有30年了,此种情况下地役权的期限最长为20年。

【立法理由】

我国实行土地公有制,土地所有权的主体是国家和集体。土地承包经营权人、建设用地使用权人等用益物权人都是独立的利益主体,在不违反其土地承包经营权、建设用地使用权性质与内容的前提下,上述用益物权人是可以设定地役权的。因此,法律也就应当对地役权的期限作限制性的规定,不得超过土地承包经营权、建设用地使用权等用益物权的剩余期限。

【相关规定】

《中华人民共和国农村土地承包法》

第二十条 耕地的承包期为三十年。草地的承包期为三十年至五十年。林地的承包期为三十年至七十年;特殊林木的林地承包期,经国务院林业行政主管部门批准可以延长。

《中华人民共和国城镇国有土地使用权出让和转让暂行条例》

第十二条　土地使用权出让最高年限按下列用途确定：
（一）居住用地七十年；
（二）工业用地五十年；
（三）教育、科技、文化、卫生、体育用地五十年；
（四）商业、旅游、娱乐用地四十年；
（五）综合或者其他用地五十年。

第一百六十二条　土地所有权人享有地役权或者负担地役权的，设立土地承包经营权、宅基地使用权时，该土地承包经营权人、宅基地使用权人继续享有或者负担已设立的地役权。

【说明】

本条是关于在享有和负担地役权的土地上设立承包经营权、宅基地使用权的规定。

国家以国有土地所有人的身份将土地使用权通过拍卖、招标、划拨等方式让与土地使用权人。国有土地的使用权人根据自身需要可以设立地役权。本条规定的享有地役权或者负担地役权的主体是集体土地的所有权人。包括两种情况：

（1）享有地役权的土地涉及承包经营权或者宅基地使用权的。例如，甲地和乙地分别属于两个不同的农村集体经济组织所有，且两地相邻，因地理位置不同，甲地缺水干涸，乙地上因有一片湖泽而地质肥沃。甲为了给自己的土地浇灌，早在10年前，便与乙在乙的土地上设立10年的取水地役权，并进行了登记，约定在乙地上挖较宽的河道引水，并每年支付一定的费用。5年后的今天，甲将自己的承包地转包给了丙，那么，这时的丙不仅是新的土地承包经营权人，还应当是享有通过乙地取水的地役权人，因此，作为新的土地承包经营权人丙仍然可以继续享有5年期限的取水地役权。

（2）负担地役权的土地涉及承包经营权或者宅基地使用权的。例如，上例中，如果供役地权利人乙将自己的承包地转让给丁，那么，这时的丁不仅是土地承包经营权人，还应当是提供给甲取水的供役地权利人，因此，丁要继续为甲地负担剩余5年期限的取水地役权。

【立法理由】

本条规定用益物权人直接取得地役权，以此可以促进承包地、建设用地的充分利用。

第一百六十三条 土地上已设立土地承包经营权、建设用地使用权、宅基地使用权等权利的,未经用益物权人同意,土地所有权人不得设立地役权。

【说明】

本条是关于在已设立用益物权的土地上,土地所有权人设立地役权的规定。

物权法规定,用益物权人对他人所有的不动产或者动产,依照法律享有占有、使用和收益的权利。由此规定可以看出,用益物权是一种独立的物权,用益物权一旦设立,用益物权人便独立地对标的物享有占有、使用和收益的权利。用益物权人不仅对所用益的标的物享有支配的权利,而且可以排除包括土地所有权人在内的一切人的干涉,这是用益物权的本质特征之一。土地所有权人未经用益物权人同意,不得在已设立土地承包经营权、建设用地使用权、宅基地使用权的土地上设立地役权。

【立法理由】

实践中时有发生这样的纠纷,例如,某企业的输油管线需要通过某集体所有的土地,而该土地已发包给甲,这时,该集体在没有征得土地承包经营权人甲同意的情况下,擅自与该企业签订地役权合同,这样,就侵犯了承包人甲的合法权益。因此,物权法规定,土地上已设立土地承包经营权、建设用地使用权、宅基地使用权等权利的,未经用益物权人同意,土地所有权人不得设立地役权。

第一百六十四条 地役权不得单独转让。土地承包经营权、建设用地使用权等转让的,地役权一并转让,但合同另有约定的除外。

【说明】

本条是关于地役权从属性有关地役权不得与需役地分离而单独转让的规定。

地役权的成立必须是有需役地与供役地同时存在,因此在法律属性上地役权与其他物权不同。地役权的从属性,主要表现在三种情形:第一,地役权人不得自己保留需役地的使用权,而单独将地役权转让;第二,地役权人不得自己保留地役权,而单独将需役地的使用权转让;第三,地役权人也不得将需役地的使用权与地役权分别让与不同的人。总之,地役权只能随需役地使用权的转让而转让,如果违反了地役权的从属性就被认为行为无效。例如,甲为了自己房屋采光方便,于乙房屋设定了采光地役权,约定乙的房屋不得修建二层以上建筑,并办理了登记。后来,甲将自己的房屋转让给了丙,乙就在自己的房屋上修建了三层小楼,丙请求乙去除一层,遭到乙的拒绝。乙认为地役权乃是他与甲设定,旁人不得享有。本案分析认为,地役权与需役地共存亡,需役地既已转移至丙,为需役地所设定的地役权也当然转移至丙,除非当事人双方在设立地役权合同时另行约定。所以丙的主张应予支持,乙的主张不成立。

【立法理由】

地役权虽然是一种独立的用益物权,但它仍然应当与需役地的所有权或者使用权共命运,必须与需役地所有权或者使用权一同移转,不得与需役地分离而单独让与。

第一百六十五条 地役权不得单独抵押。土地承包经营权、建设用地使用权等抵押的,在实现抵押权时,地役权一并转让。

【说明】

本条是关于地役权不得单独抵押的规定。

地役权是为了提高土地利用的便利设立的,脱离建设用地使用权、土地承包经营权等用益物权,地役权也就失去了存在的意义。对于受让地役权的主体来说,没有取得土地承包经营权和建设用地使用权,地役权也就无从发挥作用。地役权作为土地使用权的物上权利或者物上负担,与土地使用权紧紧联系在一起,因此应一并转让,否则受让的土地价值就会降低或者丧失。

【立法理由】

地役权的从属性是其固有属性。地役权不得与土地承包经营权、建设用地使用权等用益物权分离而单独存在。

【相关规定】

《日本民法典》

第二百八十一条 地役权作为需役地所有权的从权利,与之一起移转,或成为需役地上存在的其他权利的标的。但设定行为另有约定时,不在此限。地役权,不得与需役地分离而让与或者成为其他权利的标的。

第一百六十六条 需役地以及需役地上的土地承包经营权、建设用地使用权部分转让时,转让部分涉及地役权的,受让人同时享有地役权。

【说明】

本条是关于需役地上的土地承包经营权、建设用地使用权、宅基地使用权转让的规定。

需役地以及需役地上的土地承包经营权、建设用地使用权部分转让，产生了分属不同权利人的两个或者多个用益物权时，地役权在部分转让后的需役地的各个部分上依然存续。例如，甲为取水方便，在乙地设定了取水地役权并进行了登记后，甲将自己的需役地一分为二，分别转让给了丙、丁，并办理了登记；乙因欠债不还，他所有拥有的乙地被分割并分别拍卖给戊、己，并办妥登记。丙、丁到乙地取水，遭到戊、己的阻拦。本案中，需役地虽被分割为不同部分，但因地役权的不可分性，新的权利人丙、丁仍然可以在乙地上行使取水地役权；乙不得阻止丙、丁行使取水地役权。

但是，如果需役地以及需役地上的土地承包经营权、建设用地使用权被部分转让后，地役权在其性质上只与部分转让后的地块有关系时，那么，地役权就只在其有关部分继续存在。例如，甲地的东部住宅与乙地相邻，甲为了观海就与乙签订了眺望地役权，要求乙地不得修建高层建筑。后来，甲地东部分割给了丙，西部分割给丁，但甲的眺望权只与丙有关而与丁无关，此时，受让人丙继续享有地役权。

【立法理由】

地役权是为整个需役地提供便利，如果土地的用益物权已经部分转让，这种为需役地的便利而使用供役地的需要与权利，也应当继续存在于已经被部分转让的需役地上。

【相关规定】

《德国民法典》

第一千零二十五条　地役权人的土地被分割的，其地役权在各个部分继续存在；但在发生疑问时，仅在地役权的行使未对供役地所有权人造成困难时，始得准许。地役权仅对需役地的一部分有利的，地役权在其余部分消灭。

《法国民法典》

第七百条　如为其设定地役权的土地后来被分割，对该土地的每一部分地役权仍然存在，但是，不能因此而加重原设有地役权的土地的负担。

第一百六十七条　供役地以及供役地上的土地承包经营权、建设用地使用权部分转让时，转让部分涉及地役权的，地役权对受让人具有约束力。

【说明】

本条是关于地役权上的土地承包经营权、建设用地使用权转让的规定。

供役地以及供役地上的土地承包经营权、建设用地使用权的转让,会产生分属不同权利人的两个或者多个用益物权,地役权在转让后的供役地的各个部分上继续存在。但是,如果供役地以及供役地上的土地承包经营权、建设用地使用权转让后,地役权在其性质上只对某部分转让后的供役地有关时,那么,地役权仅对被转让土地的受让人具有约束力。例如,甲和乙约定,在乙的土地上设立通行地役权。此后,作为供役地权利人的乙将自己土地的使用权转让给了丙和丁。如果只有受让人丙涉及甲的通行地役权,而与受让人丁无关时,那么丙仍然要继续向甲提供通行地役权的义务,地役权只对受让人丙有约束力。

【立法理由】

地役权为整个供役地的负担,而不仅仅只是为部分供役地的负担。也就是说,应有部分的变化不应影响地役权的存在。

【相关规定】

《德国民法典》

第一千零二十六条 供役地被分割的,如果地役权的行使仅限于供役地的一部分,对行使范围以外的其他部分,地役权不再存在。

第一百六十八条 地役权人有下列情形之一的,供役地权利人有权解除地役权合同,地役权消灭:

(一)违反法律规定或者合同约定,滥用地役权;

(二)有偿利用供役地,约定的付款期间届满后在合理期限内经两次催告未支付费用。

【说明】

本条是关于地役权消灭的规定。

本条规定,当地役权人有下列情形之一的,供役地权利人有权解除地役权合同,地役权消灭:

(1)违反法律规定或者合同约定,滥用地役权。地役权设定后,地役权人与供役地权利人的任何一方都不得擅自解除地役权合同,但如果地役权人违反法律规定或者合同约定,法律赋予供役地权利人解除地役权合同的权利。如地役权人超越土地利用的范围,不按约定的方法利用供役地等,就属于滥用地役权。

(2)有偿利用供役地,约定的付款期间届满后在合理期限内经两次催告未支付费用。地役权合同是否有偿,由地役权人和供役地权利人约定。如果地役权为有偿,那么,地役权人必须按照合同的约定履行付款义务。如果地役权人无正当理由,在合同约定的履行期间届满后,仍没有按照合同约定支付供役地人租金的,而且在供役地人确定的一个合理期限内经两次催告,地役权人仍不履行付款义务的,表明地役权人没有履行合同的诚意,或者根本不可能再履行合同,供役地权利人可以解除地役权关系。否则,不仅对供役地权利人不公平,而且还会给其造成更大的损失。供役地权利人解除地役权合同的,地役权消灭。

【立法理由】

本条规定的地役权消灭的两项法定事由,是专门为供役地权利人设立的权利。

第一百六十九条　已经登记的地役权变更、转让或者消灭的,应当及时办理变更登记或者注销登记。

【说明】

本条是关于地役权变动后的登记的规定。

地役权变更、转让或者消灭都是物权变动的内容。如果地役权虽然已经发生了变动,但没有办理变更登记或者注销登记,则在法律上并没有真正完成物权的变动。从法律效果上来看,只要作为公示内容的物权现状没有变动,便可以视为物权变动没有发生过。例如,当地役权人取得供役地的用益物权时,因混同而导致地役权消灭时,就应当及时办理地役权的注销登记,使供役地负担的变化情况及时向公众公示。之所以要求当事人及时办理变更登记或者注销登记,是因为该供役地的用益物权很有可能会转让给第三人,一旦进入交易市场,有负担的不动产和没有负担的不动产在价值上是完全不同的,对受让人而言,购买了具有负担的不动产之后,将会使受让人的权利行使受到一定的限制,这样对受让人是不公平的。

【立法理由】

为了维护登记簿的公示、公信力,本法规定已经登记的地役权变更、转让或者消灭的,应当及时办理变更登记或者注销登记。只有在地役权人变更、转让或者注销该地役权后,地役权变动才能生效。这样规定,对保护受让人的利益,防止纠纷以及各种欺诈行为都具有十分重要的作用。

【相关规定】

《不动产登记暂行条例实施细则》

第六十一条　经依法登记的地役权发生下列情形之一的,当事人应当持地役权合同、不动产登记证明和证实变更的材料等必要材料,申请地役权变更登记:

(一)地役权当事人的姓名或者名称等发生变化;
(二)共有性质变更的;
(三)需役地或者供役地自然状况发生变化;
(四)地役权内容变更的;
(五)法律、行政法规规定的其他情形。

供役地分割转让办理登记,转让部分涉及地役权的,应当由受让人与地役权人一并申请地役权变更登记。

第六十二条　已经登记的地役权因土地承包经营权、建设用地使用权转让发生转移的,当事人应当持不动产登记证明、地役权转移合同等必要材料,申请地役权转移登记。

申请需役地转移登记的,或者需役地分割转让,转让部分涉及已登记的地役权的,当事人应当一并申请地役权转移登记,但当事人另有约定的除外。当事人拒绝一并申请地役权转移登记的,应当出具书面材料。不动产登记机构办理转移登记时,应当同时办理地役权注销登记。

第六十三条　已经登记的地役权,有下列情形之一的,当事人可以持不动产登记证明、证实地役权发生消灭的材料等必要材料,申请地役权注销登记:

(一)地役权期限届满;
(二)供役地、需役地归于同一人;
(三)供役地或者需役地灭失;
(四)人民法院、仲裁委员会的生效法律文书导致地役权消灭;
(五)依法解除地役权合同;
(六)其他导致地役权消灭的事由。

第四编 担保物权

第十五章 一般规定

第一百七十条 担保物权人在债务人不履行到期债务或者发生当事人约定的实现担保物权的情形，依法享有就担保财产优先受偿的权利，但法律另有规定的除外。

【说明】

本条是关于担保物权含义的规定。根据本条的规定，担保物权具有以下特征：

第一，担保物权是以确保债权人的债权得到完全清偿为目的。这是担保物权与其他物权的最大区别。本法所规定的物权包括所有权、用益物权和担保物权。在法理上，所有权又叫自物权，强调的是权利人对特定财产的全面支配，即对该特定财产享有占有、使用、收益和处分的权利。但是担保物权的权利人对特定财产一般没有直接的使用、收益和处分的权利，而是对特定财产交换价值的支配权。担保物权与用益物权都为他物权，但用益物权和担保物权在内容、功能上不完全相同，用益物权强调的是对特定财产的直接使用和收益，权利人所享有的是对特定财产使用价值的支配权；而担保物权不强调对特定财产的使用和收益，而是强调对特定财产交换价值的支配权。之所以有这些不同，最根本原因是担保物权旨在确保债务的清偿，是为确保债务的清偿而设立的，因此在担保物权设立时，需被担保债权事先存在，这是担保物权的一个重要属性：从属性，从属于所担保的债权。担保物权的从属性不但体现在担保物权的设立上，还体现在担保物权的转让、消灭等方面，本编的多个条文体现了担保物权的从属性，例如，本法第 172 条第 1 款规定，设立担保物权，应当依照本法和其他法律的规定订立担保合同。担保合同是主债权债务合同的从合同。主债权债务合同无效，担保合同无效，但法律另有规定的除外。第 192 条规定，抵押权不得与债权分离而单独转让或者作为其他债权的担保。债权转让的,担保该债权的抵押权一并转让,但法律另有规定或者当事人另有约定的除外。第177条第(一)项规定,主债权消灭的,担保物权消灭。

第二,担保物权具有优先受偿的效力。优先受偿性是担保物权的最主要效力。优先受偿是指在债务人到期不履行债务或者出现当事人约定的实现担保物权的情形时,债权人可以对担保财产进行折价或者拍卖、变卖担保财产,以所得的价款优先实现自己的债权。担保物权的优先受偿性主要体现在两方面:一是优先于其他不享有担保物权的普通债权;二是有可能优先于其他物权,如后顺位的担保物权。但需要注意的是,担保物权的优先受偿性并不是绝对的,如果本法或者其他法律有特别的规定,担保物权的优先受偿效力会受到影响,如《中华人民共和国海商法》规定,船舶优先权人优先于担保物权人受偿;新修订的《中华人民共和国企业破产法》规定,一定比例的职工工资优先于担保物权受偿。基于此,本法规定,担保物权人在债务人不履行到期债务或者发生当事人约定的实现担保物权的情形,依法享有就担保财产优先受偿的权利,但法律另有规定的除外。这里的"但法律另有规定的除外"就是指这些特殊情形。

第三,担保物权是在债务人或者第三人的财产上成立的权利。债务人既可以以自己的财产,也可以第三人的财产为债权设立担保物权。根据本法的规定,可以用于担保的财产范围比较广,既包括现在的财产,也包括将来的财产;既包括不动产,也包括动产,在特定情形下还可用权利进行担保,如本法规定的权利质权。

第四,担保物权具有物上代位性。债权人设立担保物权并不以使用担保财产为目的,而是以取得该财产的交换价值为目的,因此,担保财产即使灭失、毁损,但代替该财产的交换价值还是存在的,担保物权的效力仍存在,但此时担保物权的效力转移到了该代替物上。这就是担保物权的物上代位性。对此,本法第174条明确规定,担保期间,担保财产毁损、灭失或者被征收等,担保物权人可以就获得的保险金、赔偿金或者补偿金等优先受偿。被担保债权的履行期未届满的,也可以提存该保险金、赔偿金或者补偿金等。

为保护担保物权人的利益,同时也为了充分尊重当事人对实现担保物权的条件的安排,本条增加了担保物权的实现条件。本法规定,在两种情况下可以实现担保物权:一是债务履行期届满时,债务人不履行债务的;二是当事人约定的可以实现担保物权的情形出现的。后者是新增加的情形,这与担保法的规定有所不同。

【立法理由】

担保物权是以直接支配特定财产的交换价值为内容,以确保债权实现为目的而设定的物权。担保物权制度是现代民法的一项重要制度,现代各国的民法典多规定了此制度,有的国家甚至对其进行单独立法。联合国国际贸易法委员会、欧盟委员会、美洲国家经济组织等国际性组织还在酝酿将担保立法国际化、区域化。担保物权之所以受到各国及国际社会的普遍重视,是因为其在社会经济生活中发挥着以下重要作用:

(1)确保债权的实现。债权是债权人请求债务人履行一定给付行为的请求权,而债务人是否履行给付行为,完全取决于债务人的信用。如果债务人的信用较差,债权人实现债权就会面临较大的风险;如果债权人没有足够的手段规避这种风险,债权人就只有放弃某种民事活动,放弃民事活动的后果是整个社会经济生活的萧条和停滞。因此,如何规避交易风险,强化债权效力,确保债权实现是现代民商事立法的重要任务。现代立法为此设计了两种制度:一种是债的担保方式(如保证),另一种是物的担保方式(即担保物权)。这两种担保方式各有优点。担保物权制度的出现极大地强化了债权效力,减少了交易风险,可以有效确保债权实现。

(2)有利于促进社会的融资。在现代商业社会,由于商业风险的存在,往往使贷款者由于担心贷款不能得到偿还而拒绝贷款或者少贷款,这有可能导致融资活动的减少,反过来也会降低经营者发展生产的能力。对贷款者来说,担保物权制度可以减少其担心,放心贷款;对借款者来说,在其信用建立之前,通过提供担保物权可以补充其信用状况,增强融资的能力。所以,担保物权制度有利于社会融资活动的进行。我国商业银行法明确规定,商业银行贷款,借款人应当提供担保。商业银行应当对保证人的偿还能力,抵押物、质物的权属和价值以及实现抵押权、质权的可行性进行严格审查。这里的"抵押权和质权"就属于担保物权。

在立法中,对担保物权的性质曾有不同意见,对是否在物权法中规定担保物权制度也有不同看法。一种观点认为,担保物权的本质是一种债权,不是物权,不应当放入物权法中。本法规定担保物权,主要基于以下考虑:①担保物权具有物权的特点。物权的本质特点是支配性,支配性不仅体现在对物的占有和处分上,还体现为对物的交换价值的支配和对物的处分行为的控制。担保物权人对担保财产的交换价值具有支配性,他可以在没有义务人配合的情况下,拍卖、变卖担保财产。而且,未经担保物权人同意,担保人不能擅自处分担保财产,本法对此作了明确规定,例如,第191条第2款规定,抵押期间，抵押人未经抵押权人同意，不得转让抵押财产，但受让人代为清偿债务消灭抵押权的除外。也就是说，担保财产仍在担保物权人的控制之下。这就如同在所有权与使用权分离的情况下，并不因为分离而否认所有权人对物的权利是物权。这恰恰体现了物权的重要特点。此外，将担保物权作为一种物权对待，是对其功能和作用的认可，是对债权保护的加强。② 担保物权依附于主债权，但从功能上讲，又独立于主债权。最能体现这一点的就是担保物权具有优先受偿性，优先于一般债权或者其他权利受偿，反映了物权对于债权的优先效力。③ 基于现实的考虑。理论是为实践服务的，任何理论不能脱离现实。国内民法学说通说及司法实践均认可了担保物权是物权。立法如不认识到这一点，而是另起炉灶，推倒大多数人的共识，将浪费立法资源，降低立法效率，对于《中华人民共和国物权法》通过后的普法和执法都是不利的。④ 从国外的立法例看，确实有的国家没有将担保物权放于物权编，例如，法国将担保物权放在保护权利的各种方法中，但需注意的是，法国民法典立法时，并没有严格意义上地区分物权和债权。之后的其他国家进行民法典立法时，基本上都将担保物权放于物权编中。

我国于1995年颁布实施的《中华人民共和国担保法》对抵押权、质权和留置权三种担保物权作了较为全面的规定。物权法是规范财产关系的基本民事法律制度，担保物权是物权的重要组成部分。本法在担保法的基础上，根据实践中出现的一些新情况、新问题，充分吸收国外担保物权立法的先进经验，对担保物权制度作了补充、修改和完善。

【相关规定】

《加拿大魁北克民法典》

第二千六百六十条　担保物权是在动产或不动产之上所设定的用以担保债务履行的物权。它赋予债权人以追及权，不管该财产落入谁之手，债权人均可占有之，或以之折价抵债，或出卖之或使之被出卖，并就其变价款按本法规定的顺位优先受偿。

第一百七十一条　债权人在借贷、买卖等民事活动中，为保障实现其债权，需要担保的，可以依照本法和其他法律的规定设立担保物权。

第三人为债务人向债权人提供担保的，可以要求债务人提供反担保。反担保适用本法和其他法律的规定。

【说明】

本条是关于担保物权适用范围及反担保的规定。本条第1款规定，债权人在借贷、买卖等民事活动中,为保障实现其债权,需要担保的,可以依照本法和其他法律的规定设立担保物权。本款明确了担保物权的适用范围。担保物权的适用范围是指本法所规定的担保物权可以适用的领域。本款将担保物权的适用范围限定在借贷、买卖等民事活动中发生的债权债务关系。

正确理解本条第1款对适用范围的规定,应当注意以下几点:第一,担保物权适用于民事活动,不适用因国家行政行为(如税款)、司法行为(如扣押产生的费用)等不平等主体之间产生的关系。这是由担保物权本身的性质所决定的,担保物权是平等主体之间为确保债权的实现而设定的。第二,为了引导当事人设定担保物权,本法列举了借贷、买卖两种典型的可以设定担保物权的民事活动,但可以设定担保物权的民事活动很广泛,并不仅限于这两种民事活动。在其他民事活动中,如货物运输、加工承揽、无因管理、补偿贸易等都可以设定担保物权。第三,在立法中,对是否允许设定担保物权担保因侵权行为产生的债权有不同意见。笔者认为,因侵权行为产生的债权不能用事先设定担保物权的方式加以保障,但因侵权行为已经产生的债权,属于普通债权的范围,可以用设定担保物权的方式确保债权的实现。第四,本条第1款规定,可以依照本法和其他法律设立担保物权。这里的"其他法律"主要指担保法、海商法、民用航空法等法律,担保法对担保物权作了较为全面的规定,海商法、民用航空法也对船舶抵押权、航空器抵押权等作了规定。因此,设立担保物权还应当依据这些特别法。为妥善处理担保法与物权法的关系,本法第178条明确规定,担保法与本法的规定不一致的,适用本法。

本条第2款对反担保作了规定。反担保是指替债务人提供担保的第三人,为了保证自己的追偿权得到实现,可以要求债务人为自己追偿权的实现提供担保。反担保是第三人保护自己合法权益的必要手段,是担保活动中普遍使用的方法。在由第三人提供担保物权的债权债务关系中,在债务人未清偿到期债务或者出现当事人约定的可以实现担保物权的情形时,提供担保财产的第三人应当承担担保责任,债权人可以就第三人提供的担保财产实现自己的债权。第三人则成为债务人的新债权人,其有权向债务人追偿。第三人为保障自己追偿权的实现,可以要求债务人向自己提供担保,这里的担保可以是债务人或者其他人提供的担保物权,也可以是其他人提供的保证。比如,甲为债务人乙向债权人丙提供担保物权,同时要求乙提供反担保,以确保自己追偿权的实现。需要强调一点,第三人替债务人向债权人提供的担保物权是为了实现债权而设立,反担保也是为了实现债权而设立,只不过在同一法律关系中,第三人承担担保责任后,成为债务人的新债权人而已。反担保的设立程序实质上与设立担保物权一样,因此,本款规定,反担保适用本法和其他法律的规定。

【立法理由】

本条基本继承了《中华人民共和国担保法》第2、4条的规定。《中华人民共和国担保法》第2条第1款规定,在借款、买卖、货物运输、加工承揽等"经济活动"中,可以设定担保。为了适应现实的需要,有利于融资活动更广泛地进行,本法对担保物权适用范围作了扩展。根据本条的规定,本法规定的担保物权的适用范围不限于经济活动,还可以扩展到产生债权债务关系的其他民事活动中。

【相关规定】

《中华人民共和国担保法》

第二条　在借贷、买卖、货物运输、加工承揽等经济活动中,债权人需要以担保方式保障其债权实现的,可以依照本法规定设定担保。

本法规定的担保方式为保证、抵押、质押、留置和定金。

第四条　第三人为债务人向债权人提供担保时,可以要求债务人提供反担保。

反担保适用本法担保的规定。

《加拿大魁北克民法典》

第二千六百四十五条　债务人为确保其债务的履行,可以在其所有财产之上设定担保。这些财产既包括动产,也包括不动产;既包括现实存在的,也包括嗣后取得的,但依法不能扣押的财产或作为法律所认可的世袭财产的一部分的客体的财产除外。但是,债务人也可以与债权人约定仅以双方指定的特定财产来担保债务的履行。

《美洲国家动产担保交易示范法》

第五条　担保权由担保债权人和担保债务人依合同而创设。

第一百七十二条　设立担保物权,应当依照本法和其他法律的规定订立担保合同。担保合同是主债权债务合同的从合同。主债权债务合同无效,担保合同无效,但法律另有规定的除外。

担保合同被确认无效后,债务人、担保人、债权人有过错的,应当根据其过错各自承担相应的民事责任。

【说明】

本条是关于担保合同从属性以及担保合同无效后法律责任的规定。根据《中华人民共和国民法通则》第58条、《中华人民共和国合同法》第56条的规定，无效的合同从订立时就失去法律效力，当事人在合同中约定的权利义务关系自然就归于无效。同样的道理，在担保物权中，主债权债务关系无效后，其约定的权利义务关系就不存在了。根据担保关系的附随性，作为从合同的担保合同自然也归于无效。《中华人民共和国担保法》第5条对此明确规定，担保合同是主合同的从合同，主合同无效，担保合同无效。本条第1款在《中华人民共和国担保法》的基础上规定，设立担保物权，应当依照本法和其他法律的规定订立担保合同。担保合同是主债权债务合同的从合同。主债权债务合同无效，担保合同无效，但法律另有规定的除外。需要指出的是，担保合同随主债权债务合同无效而无效只是一般规则，但并不是绝对的，在法律另有规定的情况下，担保合同可以作为独立合同存在，不受主债权债务合同效力的影响。例如，在本法规定的最高额抵押权中，最高额抵押合同就具有相对的独立性。在连续的交易关系中，其中一笔债权债务无效，并不影响整个最高额抵押合同的效力。主债权债务合同无效后，担保人仍应对无效后债务人所应承担的法律后果承担担保责任。基于此，本条第1款专门规定"但法律另有规定的除外"。这样规定既是为了适应现实的需要，也为以后担保物权制度的发展留下一定的空间。

在立法中，对是否允许当事人约定主债权债务合同无效，担保合同仍有效的问题，有不同意见。有人认为，应当允许。主要理由是：一是尊重当事人意思自治，尊重合同自由的需要；二是根据《中华人民共和国担保法》第5条的规定，当事人可以约定，主债权债务合同无效的，担保合同有效。在没有特别理由的情况下，物权法应当尽量与担保法的规定一致。有人认为，担保合同严格附随于主债权债务合同，允许当事人作这样的约定就破坏了这一原则。建议禁止当事人作这样的约定。笔者认为，担保物权依附于主债权债务而存在，没有主债权债务，就没有担保物权。法律如果允许当事人作出主债权债务合同无效，担保合同仍有效的约定，那么，即使不存在主债权债务，担保人也要承担担保责任。这不但对担保人不公平，而且可能导致欺诈和权利的滥用，还可能损害其他债权人的利益。我国担保法调整的范围除了包括抵押权等物权性担保方式外，还包括保证、定金等非物权性担保方式，担保法允许约定的情形是针对国际贸易中通行的见索即付、见单即付的保证合同。物权法只调整抵押权等物权性担保，因此，不在物权法中作这样的规定是合适的。

在主债权债务合同无效导致担保合同无效的情形下,虽然不存在履行担保义务的问题,但债务人、担保人或者债权人并非不承担任何法律后果。根据《中华人民共和国民法通则》第61条、《中华人民共和国合同法》第58条的规定,合同无效或者被撤销后,因该合同取得的财产,应当予以返还;不能返还或者没有必要返还的,应当折价补偿。有过错的一方应当赔偿对方因此受到的损失,双方都有过错的,应当各自承担相应的责任。同样的道理,在主债权债务合同无效,担保合同被确认无效的情况下,如果债务人、担保人或者债权人对合同的无效有过错,应当根据其过错各自承担相应的民事责任。这里的"相应的民事责任"指当事人只承担与其过错程度相当的民事责任。例如,担保合同无效完全是由于债务人的欺诈行为导致主债权债务合同无效造成的,则过错完全在债务人,责任应完全由债务人自己承担。

需特别强调的是,导致担保合同无效的原因很多,主债权债务合同无效导致担保合同无效只是原因之一。在主债权债务合同有效的情况下,担保合同也有可能无效。例如,担保合同违反社会公共利益或者国家利益无效,担保合同因债权人与债务人的恶意串通而无效,等等。也就是说,判断担保合同是否有效,不能仅以主债权债务合同是否有效为标准,还要看担保合同本身是否有《中华人民共和国合同法》第52条规定的情形。在主债权债务合同有效,担保合同无效的情形下,债务人、担保人或者债权人对担保合同无效有过错的,也应当各自承担相应的民事责任。在这种情况下,如果是债务人为担保人的,不发生问题,只是主债权失去担保,其对担保合同无效有过错的,应当对债权人承担过错责任;如果第三人为担保人的,担保人不再承担责任,但担保人对担保合同无效有过错的,其对债务未能履行的部分,承担相应的过错责任。《最高人民法院关于适用〈中华人民共和国担保法〉若干问题的解释》中就规定,主合同有效而担保合同无效,债权人无过错的,担保人与债务人对主合同债权人的经济损失承担连带赔偿责任;债权人、担保人有过错的,担保人承担民事责任的部分,不应超过债务人不能清偿部分的1/2。

【立法理由】

担保物权的一个重要特点就是其附随于主债权债务关系,没有主债权债务关系的存在,担保关系也就没有了存在以及实现的可能和价值。这种附随性不仅体现在担保物权的转让和消灭上,还体现在担保物权的产生上。体现主债权债务关系的主要是主债权债务合同,体现担保关系的主要是担保合同。担保合同关系必须以主债权债务合同关系的存在为前提。从这个意义上讲,担保合同是主债权债务合同的从合同。对于担保物权的附随性,许多国家都作了规定。《中华人民共和国担保法》第5条也明确规定,担保合同是主合同的从合同。物权法的规定基本继承了担保法的规定。

【相关规定】

《中华人民共和国担保法》

第五条　担保合同是主合同的从合同,主合同无效,担保合同无效。担保合同另有约定的,按照约定。

担保合同被确认无效后,债务人、担保人、债权人有过错的,应当根据其过错各自承担相应的民事责任。

《不动产登记暂行条例实施细则》

第六十九条　因主债权转让导致抵押权转让的,当事人可以持不动产权属证书、不动产登记证明、被担保主债权的转让协议、债权人已经通知债务人的材料等相关材料,申请抵押权的转移登记。

第七十条　有下列情形之一的,当事人可以持不动产登记证明、抵押权消灭的材料等必要材料,申请抵押权注销登记:

(一)主债权消灭;

(二)抵押权已经实现;

(三)抵押权人放弃抵押权;

(四)法律、行政法规规定抵押权消灭的其他情形。

《俄罗斯联邦民法典》

第三百二十九条第二款、第三款　担保债务履行的协议无效并不引起其赖以产生的主债务的无效。

债务本身无效导致担保无效,但法律另有规定的除外。

《加拿大魁北克民法典》

第二千六百六十一条　担保物权具有附从性,随其所担保履行的债务的存在而存在。

第一百七十三条　担保物权的担保范围包括主债权及其利息、违约金、损害赔偿金、保管担保财产和实现担保物权的费用。当事人另有约定的,按照约定。

【说明】

本条是关于担保物权的担保范围的规定。根据本条规定,担保物权的担保范围包括:

（1）主债权。主债权指债权人与债务人之间因债的法律关系所发生的原本债权，如金钱债权、交付货物的债权或者提供劳务的债权。主债权是相对于利息和其他附随债权而言，不包括利息以及其他因主债权而产生的附随债权。

（2）利息。利息指实现担保物权时主债权所应产生的一切收益。一般来说，金钱债权都有利息，因此其当然也在担保范围内。利息可以按照法律规定确定，也可以由当事人自己约定，但当事人不能违反法律规定约定过高的利息，否则超过部分的利息无效。

（3）违约金。违约金指按照当事人的约定，一方当事人违约的，应向另一方支付的金钱。在担保行为中，只有因债务人的违约行为导致不能履行债务时，违约金才可以纳入担保物权的担保范围。此外，当事人约定了违约金，一方违约时，应当按照该约定支付违约金。如果约定的违约金低于造成的损失时，当事人可以请求人民法院或者仲裁机构予以增加；约定的违约金过分高于造成的损失的，当事人可以请求人民法院或者仲裁机构予以适当减少。所以在计算担保范围时，违约金应当以人民法院或者仲裁机构最终确定的数额为准。

（4）损害赔偿金。损害赔偿金指一方当事人因违反合同或者因其他行为给债权人造成的财产、人身损害而给付的赔偿额。损害赔偿金的范围可以由法律直接规定，或由双方约定，在法律没有特别规定或者当事人没有约定的情况下，应按照完全赔偿原则确定具体赔偿数额。赔偿全部损失，既包括赔偿现实损失，也包括赔偿可得利益损失。现实损失指财产上的直接减少；可得利益损失指失去的可以预期取得的利益。可得利益范围的确定需要坚持客观的原则，根据《中华人民共和国合同法》第113条第1款的规定，当事人一方不履行合同义务或者履行合同义务不符合约定，给对方造成损失的，损失赔偿额应当相当于因违约所造成的损失，包括合同履行后可以获得的利益，但不得超过违反合同一方订立合同时预见到或者应当预见到的因违反合同可能造成的损失。在确定担保范围中"损害赔偿金"的数额时，也应当遵守这个原则。违约金与损害赔偿金都具有代替给付的性质。如果不将它们纳入担保物权的担保范围，就有可能纵容债务人不履行债务，对债权人的保护是不够的。

（5）保管担保财产的费用。保管担保财产的费用指债权人在占有担保财产期间因履行善良保管义务而支付的各种费用。根据本法第215条、第234条的规定，在担保期间，质权人和留置权人有妥善保管担保财产的义务。

但这并不意味着保管的费用由质权人或者留置权人负担,相反,债务人或者第三人将担保财产交由债权人占有的目的是为了向债权人担保自己履行债务,保管费用应当由债务人或者提供担保的第三人承担,否则不利于担保活动的进行,也不利于确保债权的实现。需要特别指出的是,只有在质押和留置中,"保管担保财产的费用"才被纳入担保物权的担保范围;在抵押中,抵押财产由抵押人自己保管,所以保管抵押财产的费用已由抵押人自己承担,自然也就不应纳入担保范围。

(6)实现担保物权的费用。实现担保物权的费用指担保物权人在实现担保物权过程中所花费的各种实际费用,如对担保财产的评估费用、拍卖或者变卖担保财产的费用、向人民法院申请强制变卖或者拍卖的费用等。之所以将实现担保物权的费用纳入法定担保债权的范围,主要基于以下考虑:实现担保物权的费用是由于债务人不及时履行债务导致的,这些费用理应由债务人承担,否则不利于保护担保物权人的利益。当然,担保物权人应本着诚实信用的原则实现担保物权,所花的费用也应当合理,对不合理的费用不应当纳入担保的范围。

对担保物权所担保的债权范围,当事人可以依照自己的意思进行约定。本条规定的"担保物权的担保范围包括主债权及其利息、违约金、损害赔偿金、保管担保财产和实现担保物权的费用"属于法定担保债权范围,当事人约定的效力优先于本条关于法定担保债权范围的规定,也就是说,当事人约定的担保物权的担保范围可以与第1款规定的范围不同,例如,当事人可以约定抵押权的担保范围只限于主债权、损害赔偿金、实现担保物权的费用,不包括利息。这是合同法的意思自治原则在担保物权中的一定体现。所以,本条还规定"当事人另有约定的,按照约定"。

【立法理由】

担保物权的担保范围是指担保人所承担的担保责任范围。《中华人民共和国担保法》分别在第46条、第67条、第83条对抵押权、质权和留置权的担保范围作了规定。第46条规定,抵押担保的范围包括主债权及利息、违约金、损害赔偿金和实现抵押权的费用。抵押合同另有约定的,按照约定。第67条规定,质押担保的范围包括主债权及利息、违约金、损害赔偿金、质物保管费用和实现质权的费用。质押合同另有约定的,按照约定。第83条规定,留置担保的范围包括主债权及利息、违约金、损害赔偿金、留置物保管费用和实现留置权的费用。本法在这三条规定的基础上对担保物权的担保范围作了统一规定,使条文的内容更全面,文字更简洁,概括性更强。

【相关规定】

《中华人民共和国担保法》

第四十六条 抵押担保的范围包括主债权及利息、违约金、损害赔偿金和实现抵押权的费用。抵押合同另有约定的,按照约定。

第六十七条 质押担保的范围包括主债权及利息、违约金、损害赔偿金、质物保管费用和实现质权的费用。质押合同另有约定的,按照约定。

第八十三条 留置担保的范围包括主债权及利息、违约金、损害赔偿金、留置物保管费用和实现留置权的费用。

《德国民法典》

第一千一百一十五条 登记抵押权时,应在土地登记簿册中载明债权人、债权的金额,对债权附利息者,应载明其利息,应支付其他从给付的,还应当载明其金额;此外,为说明债权,可以引用登记许可证书。

第一千一百一十八条 根据设定的抵押权,土地也对债权的法定利息、先期通知费和以就土地取得清偿为目的的权利追诉费用,负其责任。

第一千一百一十九条第一款 债权附利息或利率低于百分之五者,得不经同顺位或后顺位权利人的同意,将抵押权扩展,使土地担保最高利率为百分之五的利息程度。

《日本民法典》

第三百七十五条 (1) 抵押权人有请求利息及其他定期金的权利时,只能就到期前的最后二年分者,行使其抵押权。但是,对以前的定期金,于到期后已进行特别登记者,不妨自其登记时起,行使抵押权。

(2) 抵押权人,有请求因债务不履行而产生损害赔偿的权利时,就其最后二年分者,亦适用前款规定。但是,利息及其他定期金,均不得超过二年分。

《俄罗斯联邦民法典》

第三百三十七条 如果合同没有另外规定,抵押所担保的债权的数额为在他得到清偿时所具有的数额,包括利息、违约金、因逾期履行而引起的损失的赔偿以及抵押权人因保管抵押物而支出的费用和追偿的费用。

《荷兰民法典》

第二百六十三条 担保一个或者多个特定债权的抵押,也担保因这些债权产生的三年内的法定利息,但抵押合同另有约定的除外。

约定担保一个或多个特定债权的抵押也对债权超过三年的利息之债提供担保,而没有指明利息最大数额的,无效。

《加拿大魁北克民法典》

第二千六百六十七条　担保物权用以担保本金及其利息以及取得和保管担保物的法定费用,但超过合法的费用者,除外。

我国台湾地区"民法"

第八百六十一条　抵押权所担保者为原债权、利息、迟延利息,及实行抵押权的费用,但契约另有订定者,不在此限。

第一百七十四条　担保期间,担保财产毁损、灭失或者被征收等,担保物权人可以就获得的保险金、赔偿金或者补偿金等优先受偿。被担保债权的履行期未届满的,也可以提存该保险金、赔偿金或者补偿金等。

【说明】

本条是关于担保物权物上代位性的规定。根据本条的规定,担保财产的代位物包括:

第一,担保财产因第三人的侵权行为或者其他原因毁损、灭失时,担保人所获得的损害赔偿金。但是,如果担保财产是由于债权人的原因导致担保财产毁损、灭失的,根据本法第215条、第234条的规定,质权人、留置权人负有妥善保管质押或留置财产的义务;因保管不善致使质押或者留置财产毁损、灭失的,应当承担赔偿责任,质权人、留置权人向出质人或者债务人支付的损害赔偿金不能作为担保财产的代位物。

第二,保险金。担保人对担保财产保险的,因保险事故发生而致使担保财产毁损、灭失时,担保人可以请求保险人支付保险金。该保险金可以作为代位物。

第三,补偿金。这里的补偿金主要指担保财产被国家征收时,担保人从国家得到的补偿金。本法第42条第3款明确规定,征收单位、个人的房屋及其他不动产,应当依法给予拆迁补偿,维护被征收人的合法权益;征收个人住宅的,还应当保障被征收人的居住条件。例如城市居民将自己的房屋向银行作了抵押贷款,如果房屋被国家征收的,其所得的补偿金应当作为抵押物的代位物。

担保期间,担保财产毁损、灭失或者被征收等产生的法律后果就是担保物权人可以就担保人所得的损害赔偿金、保险金或者补偿金等优先受偿。在因担保财产毁损、灭失或者被征收产生代位物的时候,可能会出现两种情况:一种情况是担保物权人的债权已经到期或者出现当事人约定的可以实现担保物权的情形。在这种情况下,担保物权人当然可以立即在代位物上实现自己的优先受偿权;另一种情况是担保物权人的债权还没有到期。在这种情况下,代位物虽说是特定的,但毕竟已经货币化,担保物权人对其进行控制的可能性降低,其到期实现债权的可能性也会降低,为保障担保物权人的债权得以实现,担保物权人可以提前在代位物上实现自己的债权;如果担保物权人还希望保留自己的期限利益,也可以不立即在代位物上实现担保物权,而等到债权履行期届满,债务人不履行债务时再在代位物上优先受偿。担保人可以自己或者应担保物权人的要求向提存机构提存该保险金、赔偿金或者补偿金等。

【立法理由】

物上代位性指担保物权的效力及于担保财产因毁损、灭失所得的赔偿金等代位物上,其是担保物权的重要特征。由于担保物权人设立担保物权并不以占有和利用担保财产为目的,而是以支配担保财产的交换价值为目的。所以,即使担保财产本身已经毁损、灭失,只要该担保财产交换价值的替代物还存在,该担保物权的效力就移转到了该替代物上。这种效力不但在抵押权上存在,在质权、留置权上也存在。我国担保法对担保物权的物上代位性作了明确规定,例如,《中华人民共和国担保法》第58条规定,抵押权因抵押物灭失而消灭。因灭失所得的赔偿金,应当作为抵押财产。第73条规定,质权因质物灭失而消灭。因灭失所得的赔偿金,应当作为出质财产。《最高人民法院关于适用〈中华人民共和国担保法〉若干问题的解释》中也规定,在抵押物灭失、毁损或者被征用的情况下,抵押权人可以就该抵押物的保险金、赔偿金或者补偿金优先受偿。许多国家的民法典或者担保交易法也作了类似规定,例如,《日本民法典》规定,抵押权对债务人因其标的物变卖、租赁、灭失或者毁损而应受的金钱或其他物,也可行使。《德国民法典》规定,属于抵押权的标的物为土地所有人或自主占有人的利益提交保险时,抵押权扩及于对保险人的债权。本法在《中华人民共和国担保法》和最高人民法院的司法解释的基础上,借鉴国外的立法经验,对此作了更明确、更全面的规定。与《中华人民共和国担保法》的规定相比,本条增加规定了两方面的内容:一是扩大了代位物的范围。担保法只规定了赔偿金,本条不但规定了"赔偿金",还规定了"保险金或者补偿金等";二是本条规定了"被担保债权的履行期未届满的,也可以提存该保险金、赔偿金或者补偿金等",担保法对此未作规定。

【相关规定】

《中华人民共和国担保法》

第五十八条　抵押权因抵押物灭失而消灭。因灭失所得的赔偿金,应当作为抵押财产。

第七十三条　质权因质物灭失而消灭。因灭失所得的赔偿金,应当作为出质财产。

《德国民法典》

第一千一百二十三条第一款　土地为使用租赁或用益租赁的标的物者,抵押权扩及于使用租赁债权或用益租赁债权。

第一千一百二十七条第一款　属于抵押权的标的物为土地所有人或自主占有人的利益提交保险时,抵押权扩及于对保险人的债权。

《日本民法典》

第三百零四条　(1)先取特权,对债务人因其标的物变卖、租赁、灭失或毁损而应受的金钱或其他物,也可行使。但是,先取特权人于支付或交付前,应实行扣押。

(2)关于债务人于先取特权标的物上设定物权的对价,亦同。

第三百七十二条　抵押权准用民法典第304条的规定,因抵押物变卖、租赁、灭失或毁损而应受的金钱或其他物,也可行使。

《荷兰民法典》

第二百二十九条第一款　按照法律,质押权或者抵押权可转化为在替代质押财产或者抵押财产的赔偿请求权上的质押权,该请求权包括因质押财产或者抵押财产减损而产生的请求权。

第一百七十五条　第三人提供担保,未经其书面同意,债权人允许债务人转移全部或者部分债务的,担保人不再承担相应的担保责任。

【说明】

本条是关于债权人未经担保人同意允许债务人转移债务的法律后果的规定。正确理解本条应当注意以下几点:一是本条只适用于第三人提供担保财产的情况,如果担保财产是由债务人自己提供的,除非债权人明确放弃担保物权或者债务的受让人明确表示愿意代为提供新的担保,否则债权人同意债务人转移债务的行为并不意味着债务人担保责任的免除。二是债权人允许债务人转移债务必须要经提供担保财产的第三人的书面同意,如果不是书面形式,而是其他形式,视为不存在担保人的同意。根据《中华人民共和国合同法》第11条的规定,书面形式是指合同书、信件和数据电文(包括电传、电报、传真、电子数据交换和电子邮件)等可以有形地表现所载内容的形式。三是本条规定的债务转移不但包括债务人将债务全部转移给他人,也包括将部分债务转移给他人。债权人许可债务人部分转移的,原债务人并不退出债务关系,只是其所应承担的债务额发生减少,新债务人与原债务人共同向债权人承担债务。部分转移债务的也必须经担保人同意,否则担保人对转移出去的部分债务不承担担保责任。四是未经担保人书面同意,债权人许可债务人转移全部债务的,可以免除担保人全部担保责任;债权人许可债务人转移部分债务的,可以免除担保人部分的担保责任,担保人不得要求免除全部担保责任。这就是本条中"不承担相应担保责任"的正确内涵。

【立法理由】

第三人提供担保财产一般是基于其与债务人之间的特殊信任关系或者对债务人的资产、信誉有所了解。所以,在担保关系中,一旦未经担保人同意,债务人擅自转移债务的,将给担保人带来较大风险,因为提供担保财产的第三人对新的债务人可能一无所知。设立担保物权虽主要是为保障债权的实现,但也要照顾到担保人的利益,特别是当担保人是债务人以外的第三人时,如何平衡担保人、担保物权人和债务人三者的利益就尤为重要。本条对债权人的权利行使进行了限制,明确规定,第三人提供担保,未经其书面同意,债权人允许债务人转移全部或者部分债的,担保人不再承担相应的担保责任。这种限制不但是对担保人利益的保护,同时也是对债权人利益的保护。本规定较好地平衡了担保人、债务人和债权人的利益。

【相关规定】

《中华人民共和国担保法》

第二十三条 保证期间,债权人许可债务人转让债务的,应当取得保证人书面同意,保证人对未经其同意转让的债务,不再承担保证责任。

第一百七十六条 被担保的债权既有物的担保又有人的担保的,债务人不履行到期债务或者发生当事人约定的实现担保物权的情形,债权人应当按照约定实现债权;没有约定或者约定不明确,债务人自己提供物的担保的,债权人应当先就该物的担保实现债权;第三人提供物的担保的,债权人可以就物的担保实现债权,也可以要求保证人承担保证责任。提供担保的第三人承担担保责任后,有权向债务人追偿。

【说明】

本条是关于物的担保与人的担保关系的规定。针对现实中出现的问题,本条区分三种情况对同一债权上既有物的担保又有人的担保的情况作了规定：

(1) 在当事人对物的担保和人的担保的关系有约定的情况下，应当尊重当事人的意思，按约定实现。这充分尊重了当事人的意愿。

(2) 在没有约定或者约定不明确，债务人自己提供物的担保的情况下，应当先就物的担保实现担保权。因为，如果债权人先行使人的担保，保证人在履行保证责任后，还需要向最终的还债义务人——债务人进行追索。如果担保权人先行使物的担保，就可以避免保证人日后再向债务人行使追索权的繁琐，减少实现的成本和费用。而且，在债务人自己提供物的担保的情况下，要求保证人先承担保证责任，对保证人也是不公平的。

(3) 在没有约定或者约定不明确，第三人提供物的担保，又有人的担保的情况下，应当允许当事人进行选择。这样规定主要是基于以下考虑：在没有约定或者约定不明确，第三人提供物的担保，又有人的担保的情况下，第三人与保证人处于担保人的平等地位，都不是还债的最终义务人，债务人才是最终义务人。因此，债权人无论是先实现物的担保还是先实现人的担保，物的担保人或者保证人都存在向债务人追索的问题。为保障债权人的债权得以充分实现，法律应当尊重债权人的意愿，允许担保权人在这种情况下享有选择权。

实践中，对同一债权，还可能出现债务人和第三人均提供了物的担保，还有第三人提供人的担保的情形。在这种情况下，是否要求债权人先行使债务人的物的担保？经研究，笔者认为，无论是从公平的角度，还是从防止日后追索权的繁琐、节约成本的角度，债权人应当先行使债务人提供的物的担保，再行使第三人提供的物的担保，否则保证人可以有抗辩权。

【立法理由】

物的担保是以物担保债务的履行，包括本法规定的抵押权、质权和留置权；人的担保是以人的信誉担保债务的履行，指担保法规定的保证。对于被担保的债权上既有物的担保又有人的担保的情况下，应如何处理物的担保与人的担保的关系问题，有不同意见。有人认为，根据"物的担保优于人的担保"的理论，担保权人应当先行使担保物权，保证人只有在物的担保不足以清偿债务时，才承担补充责任。我国担保法体现了这一观点，《中华人民共和国担保法》第28条第1款规定，同一债权既有保证又有物的担保的，保证人对物的担保以外的债权承担保证责任。也就是说，担保物权人没有权利选择优先行使物的担保或者人的担保，而必须先行使物的担保。还有人认为，物的担保与人的担保没有先后之分，在债务人不履行债务时，是先行使物的担保还是人的担保应由担保权人自己决定,法律不应当限制。这既有利于保护债权的实现,也尊重了债权人的意愿。本法在考虑多种因素的基础上区分三种情况对物保与人保的关系作了规定。

【相关规定】

《中华人民共和国担保法》

第二十八条 同一债权既有保证又有物的担保的,保证人对物的担保以外的债权承担保证责任。

债权人放弃物的担保的,保证人在债权人放弃权利的范围内免除保证责任。

第五十七条 为债务人抵押担保的第三人,在抵押权人实现抵押权后,有权向债务人追偿。

第七十二条 为债务人质押担保的第三人,在质权人实现质权后,有权向债务人追偿。

《最高人民法院关于适用〈中华人民共和国担保法〉若干问题的解释》

第三十八条 同一债权既有保证又有第三人提供物的担保的,债权人可以请求保证人或者物的担保人承担担保责任。当事人对保证担保的范围或者物的担保的范围没有约定或者约定不明的,承担了担保责任的担保人,可以向债务人追偿,也可以要求其他担保人清偿其应当分担的份额。

同一债权既有保证又有物的担保的,物的担保合同被确认无效或者被撤销,或者担保物因不可抗力的原因灭失而没有代位物的,保证人仍应当按合同的约定或者法律的规定承担保证责任。

债权人在主合同履行期届满后怠于行使担保物权,致使担保物的价值减少或者毁损、灭失的,视为债权人放弃部分或者全部物的担保。保证人在债权人放弃权利的范围内减轻或者免除保证责任。

《日本民法典》

第三百五十一条 为担保他人债务而设定质权者,于清偿债务或因质权实行而失其质物所有权时,依有关保证债务的规定,对债务人有求偿权。

《荷兰民法典》

第二百三十四条 如果债务人和第三人的财产同时被用来质押或者抵押以担保同一债务,第三人可以请求一并变卖并且先行变卖债务人的财产。

两个或者两个以上的财产为同一债务提供质押或者抵押,其中一个财产上设有债权人无须在执行中尊重的分项权利的,该分项权利人准用第一款的相同权利。

如果债权人拒绝遵守根据第一款或第二款提出的请求,临时裁判法官根据任何利害关系人的请求或者,在抵押的情形下根据对将要实施的变卖进行公证人的请求,可以对此拒绝行为作出裁决。该请求中止执行,根据此款作出的裁决不得上诉。

第一百七十七条 有下列情形之一的,担保物权消灭:
(一) 主债权消灭;
(二) 担保物权实现;
(三) 债权人放弃担保物权;
(四) 法律规定担保物权消灭的其他情形。

【说明】

本条是关于担保物权消灭原因的规定。根据本条规定,担保物权因下列原因消灭:

第一,因主债权的消灭而消灭。担保物权是从属于主债权的权利,主债权消灭的,担保物权也随之消灭。这里的"主债权消灭"是指主债权的全部消灭,根据担保物权的不可分性,主债权的部分消灭,担保物权仍然存在,担保财产仍然担保剩余的债权,直到债务人履行全部债务时为止。此外,这里的"主债权消灭"指客观效果,与因谁的清偿而导致"主债权消灭"无关。也就是说,债务人自己清偿债务的,担保物权消灭;第三人代债务人清偿债务导致主债权消灭的,担保物权也消灭。

第二,担保物权实现导致担保物权消灭。"担保物权实现"指债务人到期不履行债务时,债权人与担保人约定折价实现自己的债权或者拍卖、变卖担保财产,以拍卖、变卖担保财产所得的价款优先受偿。担保物权是为担保债权而设定的,担保物权实现就意味着担保物权人权利的实现,担保物权自然就归于消灭。但是需要强调的是,担保物权一旦实现,无论其所担保的债权是否全部清偿,担保物权都消灭。根据本法第198条、第221条、第238条的规定,担保物权实现后,未受清偿的债权部分可以要求债务人清偿,但这部分债权已无担保物权。

第三,债权人放弃担保物权导致担保物权消灭。这里的"放弃"是指债权人的明示放弃,明示放弃主要包括两种情形:一是债权人用书面形式明确表示放弃担保物权。例如,债权人与债务人或者提供担保的第三人以签订协议的方式同意放弃担保物权。二是债权人以行为放弃。例如,因债权人自己的行为导致担保财产毁损、灭失的,视为债权人放弃了担保物权。在立法中,对是否规定债权人放弃担保物权导致担保物权消灭曾有不同意见。从境外的立法例看,对这一问题的处理确实有两种不同的做法,有的国家或地区承认所有人抵押,如德国规定,放弃抵押权的,抵押权不消灭,抵押权归所有人享有;也有的规定,放弃担保物权导致担保物权消灭。笔者认为,承认所有人抵押实际承认了抵押权的独立性,这与本法规定的担保物权的从属性相违背,所以本法采纳了后一种做法。

第四,法律规定的其他导致担保物权消灭的情形。这是一个兜底性条款,主要是指本法的其他条款或者其他法律规定的担保物权消灭的特殊情形或者专属于某一类担保物权的消灭原因,例如,本法第240条规定,留置权人对留置财产丧失占有或者留置权人接受债务人另行提供担保的,留置权消灭。这就是留置权消灭的特殊原因。

【立法理由】

《中华人民共和国担保法》对抵押权、质权和留置权的消灭原因分别作了规定。《中华人民共和国担保法》第52条规定,抵押权与其担保的债权同时存在,债权消灭的,抵押权也消灭。第58条规定,抵押权因抵押物灭失而消灭。因灭失所得的赔偿金,应当作为抵押财产。第73条规定,质权因质物灭失而消灭。因灭失所得的赔偿金,应当作为出质财产。第74条规定,质权与其担保的债权同时存在,债权消灭的,质权消灭。第88条规定:"留置权因下列原因消灭:(一)债权消灭的;(二)债务人另行提供担保并被债权人接受的。"本法在担保法的基础上,对担保物权消灭的共同原因作了归纳。

【相关规定】

《中华人民共和国担保法》

第五十二条　抵押权与其担保的债权同时存在,债权消灭的,抵押权也消灭。

第五十八条　抵押权因抵押物灭失而消灭。因灭失所得的赔偿金,应当作为抵押财产。

第七十三条　质权因质物灭失而消灭。因灭失所得的赔偿金,应当作为出质财产。

第七十四条　质权因其担保的债权同时存在,债权消灭的,质权消灭。

第八十八条　留置权因下列原因消灭:

(一)债权消灭的;

(二)债务人另行提供担保并被债权人接受的。

《德国民法典》

第一千一百八十一条　（1）债权人就土地取得清偿时,其抵押权消灭。

（2）债权人就设定聚合抵押权的土地之一取得清偿时,其他土地也免除其抵押权。

（3）就抵押权所及的标的物取得清偿者,与就土地取得清偿者具有同等效力。

《法国民法典》

第二千一百八十条　优先权及抵押权,因下列情形而消灭：1. 主债务消灭；2. 债权人放弃抵押权；3. 占有不动产的第三人,为消除其所取得不动产上的负担而履行规定的手续及条件时；4. 时效完成。

《意大利民法典》

第二千八百七十八条　抵押权基于下列原因发生消灭：（1）取消登记；（2）在第2847条规定的期间内未续展；（3）履行了债务；（4）抵押物灭失,但是第2742条规定的情况除外；（5）债权人放弃；（6）抵押权限定的期间届满或者所附的解除条件成就；（7）因强制转移权转让给受让人的决定被公布而下令取消登记。

我国台湾地区"民法"

第七百六十二条　同一物之所有权及其他物权,归属于一人者,其他物权因混同而消灭。但其他物权之存续,于所有人或第三人有法律上之利益者,不在此限。

第八百九十九条　动产质权因质物灭失而消灭。如因灭失而受赔偿金者,质权人得就赔偿金取偿。

第一百七十八条　担保法与本法的规定不一致的,适用本法。

【说明】

本条是关于担保法与本法效力衔接问题的规定。物权法对抵押权、质权、留置权这三种担保物权都作了规定。1995年实施的《中华人民共和国担保法》中也包括对这三种权利的规定,其中有的规定与本法的规定不一致。本法第四编"担保物权"是在担保法的基础上拟订的,为进一步完善我国担保物权制度,增加的规定主要有：

（1）经当事人书面协议,企业、个体工商户、农业生产经营者可以将现有的以及将有的生产设备、原材料、半成品和产品抵押。

（2）正在建造的建筑物、船舶、飞行器可以抵押。

（3）基金份额可以质押。

(4)应收账款可以质押。

增加这些规定,有利于促进融资,发展经济。

此外,物权法根据我国担保实践的发展,并借鉴境外的有益经验,还对《中华人民共和国担保法》的有些条款作了删改,例如《中华人民共和国物权法》第176条就规定,被担保的债权既有物的担保又有人的担保,债务人不履行到期债务或者发生当事人约定的实现担保物权的情形的,债权人应当按照约定实现债权;没有约定或者约定不明确,债务人自己提供物的担保的,债权人应当先就该物的担保实现债权;第三人提供物的担保的,债权人可以就物的担保实现债权,也可以要求保证人承担保证责任。这是对《中华人民共和国担保法》第28条规定作的修改。

【立法理由】

《中华人民共和国担保法》实施已经超过了10年,其中有些规定已经不合时宜。《中华人民共和国物权法》有关担保的规定根据实践经验对这些规定作出了修改,在与《中华人民共和国担保法》的规定不一致时,应当适用《中华人民共和国物权法》的规定。

【相关规定】

《中华人民共和国担保法》

第二十八条 同一债权既有保证又有物的担保的,保证人对物的担保以外的债权承担保证责任。

债权人放弃物的担保的,保证人在债权人放弃权利的范围内免除保证责任。

第四十一条 当事人以本法第四十二条规定的财产抵押的,应当办理抵押物登记,抵押合同自登记之日起生效。

第四十三条 当事人以其他财产抵押的,可以自愿办理抵押物登记,抵押合同自签订之日起生效。

当事人未办理抵押物登记的,不得对抗第三人。当事人办理抵押物登记的,登记部门为抵押人所在地的公证部门。

第五十三条 债务履行期届满抵押权人未受清偿的,可以与抵押人协议以抵押物折价或者以拍卖、变卖该抵押物所得的价款受偿;协议不成的,抵押权人可以向人民法院提起诉讼。

抵押物折价或者拍卖、变卖后,其价款超过债权数额的部分归抵押人所有,不足部分由债务人清偿。

第五十四条 同一财产向两个以上债权人抵押的,拍卖、变卖抵押物所得的价款按照以下规定清偿：

（一）抵押合同以登记生效的,按照抵押物登记的先后顺序清偿;顺序相同的,按照债权比例清偿;

（二）抵押合同自签订之日起生效的,该抵押物已登记的,按照本条第（一）项规定清偿;未登记的,按照合同生效时间的先后顺序清偿,顺序相同的,按照债权比例清偿。抵押物已登记的先于未登记的受偿。

第六十一条　最高额抵押的主合同债权不得转让。

第十六章 抵 押 权

第一节 一般抵押权

第一百七十九条 为担保债务的履行,债务人或者第三人不转移财产的占有,将该财产抵押给债权人的,债务人不履行到期债务或者发生当事人约定的实现抵押权的情形,债权人有权就该财产优先受偿。

前款规定的债务人或者第三人为抵押人,债权人为抵押权人,提供担保的财产为抵押财产。

【说明】

本条是关于抵押权基本权利的规定。

抵押权是指为担保债务的履行,债务人或者第三人不转移财产的占有,将该财产抵押给债权人,债务人不履行到期债务或者发生当事人约定的实现抵押权的情形,债权人有权就该财产优先受偿。

抵押法律关系的当事人为抵押人和抵押权人,客体为抵押财产。抵押人指为担保债的履行而提供抵押财产的债务人或者第三人。抵押权人指接受抵押担保的债权人。抵押财产指抵押人提供的,用于担保债务履行的特定的物。比如,甲向乙借款200万元人民币,为保证按时偿还借款,将自己的房屋抵押给乙。在这个法律关系中,甲既是债务人,又是抵押人;乙既是债权人,又是抵押权人;房屋是抵押财产。有时,提供抵押财产的人并非债务人,而是主合同之外的第三人,该第三人就是抵押人。比如,甲向乙借款,丙将自己的汽车抵押给乙,作为甲向乙履行债务的担保。该种情况,丙为抵押人,乙为抵押权人。

抵押权具有以下几个特征:

(1)抵押权是担保物权。抵押权以抵押财产作为债权的担保,抵押权人对抵押财产有控制、支配的权利。所谓控制权,表现在抵押权设定后,抵押人未经抵押权人同意,不得处分抵押财产。所谓支配权,表现在抵押权人在抵押财产担保的债权已届清偿期而未受清偿,或者发生当事人约定的实现抵押权的情形时,有权依照法律规定,以抵押财产折价或者以拍卖、变卖抵押财产的价款优先受偿。

（2）抵押权是债务人或者第三人以其所有的或者有权处分的特定的财产设定的物权。作为抵押权客体的财产,必须是债务人或者第三人所有的或者依法有权处分的,对自己无所有权或者无处分权的财产不得设定抵押权。用于抵押的财产还应当是特定的。所谓特定的财产,可以是不动产,也可以是动产,不动产指不能移动或者移动后就会改变性质或者降低价值的物,如房屋、土地、林木。动产指不动产以外的物,如飞机、车辆、机器设备。抵押的财产不论是不动产还是动产,都必须是确定的、有具体指向的,比如,某栋房屋、某宗土地。财产不特定,无法登记和支配。

（3）抵押权是不转移标的物占有的物权。抵押权设定后,抵押人不必将抵押财产转移于抵押权人,抵押人仍享有对抵押财产的占有、使用和收益的权利。比如,债务人甲将自己所有的房屋作为担保财产抵押给乙,在抵押期间,甲仍可在该房屋内居住;或者将该房屋出租给他人,收取租金。

（4）抵押权人有权就抵押财产卖得价金优先受偿。优先受偿,指当债务人有多个债权人,其财产不足以清偿全部债权时,有抵押权的债权人,可以优先于其他债权人优先受到清偿。比如,甲各欠乙、丙、丁100万元贷款,但向乙借款时将自己的房屋抵押,作为还款的担保。当甲破产,破产财产不足以清偿所欠的乙、丙、丁的债务时,乙可以要求就拍卖抵押房屋所得的价款优先受偿,而丙、丁只能在乙受偿后,就剩余财产按比例受偿。

实现抵押权应当具备以下条件之一：一是债务清偿期满,债务人不履行义务；二是发生当事人约定的实现抵押权的情形。比如债权人与债务人约定,贷款只能用于教学大楼的建设,改变贷款用途的,双方的借贷法律关系终止,债务人即刻归还已贷出款项,不能归还的,债权人可以拍卖债务人的抵押财产,就卖得的价款优先受偿。当双方约定的实现抵押权的条件成就,即使债权清偿期没有届满,抵押权人也有权拍卖债务人的抵押财产优先受偿。后一个条件《中华人民共和国担保法》没有规定,是《中华人民共和国物权法》针对实践的需要所作的补充规定。这一规定对于保护债权人的利益更为有利。

【立法理由】

抵押权是担保物权的一种,是随着商品交易的发展而建立和完善的一项重要法律制度。1986年,《中华人民共和国民法通则》第89条对抵押担保作了基本规定,即"债务人或者第三人可以提供一定的财产作为抵押物,债务人不履行债务的,债权人有权依照法律的规定以抵押物折价或者以变卖抵押物的价款优先得到偿还"。1995年的《中华人民共和国担保法》在《中华人民共和国民法通则》规定的基础上,明确规定了抵押的概念。该法第33条规定:"本法所称抵押,是指债务人或者第三人不转移本法第三十四条所列财产的占有,将该财产作为债权的担保,债务人不履行债务时,债权人有权依照本法规定以该财产折价或者以拍卖、变卖该财产的价款优先受偿。前款规定的债务人或者第三人为抵押人,债权人为抵押权人,提供担保的财产为抵押物。"有些学者提出,担保法采用的是对"抵押"下定义的方法,强调的是设定抵押权的行为,而物权法规范的是主体的权利,因此,从"抵押权"的角度作规定更为合理。有些实践部门的同志提出,实现担保物权的情形主要是债务人到期不履行债务,但实践中还有一些债务人在债务履行期届满前违约需要实现抵押权的情形,既然合同法允许当事人对合同解除作出约定,物权法也应当允许当事人约定实现抵押权的情形。考虑上述意见,物权法进一步完善了担保法,对抵押权的基本权利作了规定。

【相关规定】

《中华人民共和国民法通则》

第八十九条第(二)项 (二)债务人或者第三人可以提供一定的财产作为抵押物。债务人不履行债务的,债权人有权依照法律的规定以抵押物折价或者以变卖抵押物的价款优先得到偿还。

《中华人民共和国担保法》

第三十三条 本法所称抵押,是指债务人或者第三人不移转对本法第三十四条所列财产的占有,将该财产作为债权的担保。债务人不履行债务时,债权人有权依照本法规定以该财产折价或者以拍卖、变卖该财产的价款优先受偿。

前款规定的债务人或者第三人为抵押人,债权人为抵押权人,提供担保的财产为抵押物。

《法国民法典》

第二千一百一十四条 抵押权,为用于清偿债务而对不动产设立的物权。

《意大利民法典》

第二千八百零八条第一款 抵押权是债权人通过变卖对其债权人进行担保的财产,即向第三人(受让人)行使变卖权并优先以变卖的价款实现债权的权利。

《日本民法典》

第三百六十九条　抵押权人,就债务人或者第三人不移转占有而供作债务担保的不动产,有先于其他债权人受自己债权清偿的权利。

地上权及永佃权也可为抵押权的标的。于此情形,准用本章的规定。

《俄罗斯联邦民法典》

第三百三十四条第一款　根据抵押,享有债权担保的债权人(抵押权人)在债务人没有履行债务时,有权在抵押财产所有人(抵押人)提供的抵押财产的价值中优先于其他债权人得到满足,但法律另有规定的除外。

第三百三十五条　1. 抵押人可以是债务人本人,也可以是第三人。

2. 抵押人可以是物的所有人,也可以是对物享有经营权的人。

对物享有经营权的人,在本法典第295条第2款规定的场合,有权不经所有权人的同意而设定抵押。

3. 权利抵押人可以是被抵押权利的持有人。

在其他人财产上的租赁权或者其他权利非经其所有人或经营权人的同意,不得以此设定抵押。

我国台湾地区"民法"

第八百六十条　称抵押权,谓对于债务人或者第三人不移转占有而供担保之不动产,得就其卖得价金受清偿之权。

第一百八十条　债务人或者第三人有权处分的下列财产可以抵押:

(一) 建筑物和其他土地附着物;

(二) 建设用地使用权;

(三) 以招标、拍卖、公开协商等方式取得的荒地等土地承包经营权;

(四) 生产设备、原材料、半成品、产品;

(五) 正在建造的建筑物、船舶、航空器;

(六) 交通运输工具;

(七) 法律、行政法规未禁止抵押的其他财产。

抵押人可以将前款所列财产一并抵押。

【说明】

本条是关于抵押财产范围的规定。

根据本条规定,抵押财产必须符合两个条件:第一,债务人或者第三人对抵押财产有处分权;第二,是本条规定的能够抵押的财产。

债务人或者第三人对抵押财产有处分权包括:① 债务人或者第三人是

抵押财产的所有权人。② 债务人或者第三人对抵押财产享有用益物权,法律规定该用益物权可以抵押。比如,《中华人民共和国城市房地产管理法》第32条规定,房地产转让、抵押时,该房屋占用范围内的土地使用权同时转让、抵押。第48条规定:"依法取得的房屋所有权连同该房屋占用范围内的土地使用权,可以设定抵押权。以出让方式取得的土地使用权,可以设定抵押权。"③ 债务人或者第三人根据法律、行政法规规定,或者经过政府主管部门批准,可以将其占有、使用的财产抵押。比如,《全民所有制工业企业转换经营机制条例》第15条规定,国有企业根据生产经营的需要,对一般固定资产,可以自主决定出租、抵押或者有偿转让。对关键设备、成套设备或者重要建筑物,经政府主管部门批准,也可以抵押、有偿转让。

本条规定的可以抵押的财产包括:

(1)建筑物和其他土地附着物。建筑物包括住宅、体育馆等。其他土地附着物指附着于土地之上的除房屋以外的不动产,包括桥梁、隧道、大坝、道路等构筑物,以及林木、庄稼等。

(2)建设用地使用权。建设用地使用权是权利主体依法对国家所有的土地享有的占有、使用和收益的权利。

(3)以招标、拍卖、公开协商等方式取得的荒地等土地承包经营权。通过招标、拍卖、公开协商方式承包荒地,不论承包人是本集体经济组织成员,还是本集体经济组织之外的单位和个人,都可以依法将荒地抵押。

(4)生产设备、原材料、半成品、产品。生产设备包括:工业企业的各种机床、计算机、化学实验设备、仪器仪表设备、通讯设备,海港、码头、车站的装卸机械,拖拉机、收割机、脱粒机等农用机械,等等。原材料指用于制造产品的原料和材料,比如,用于炼钢的铁矿石,用于造纸的纸浆,用于生产家具的木料,用于制作面粉的小麦,用于建设工程的砖、瓦、沙、石等。半成品指尚未全部生产完成的产品,比如,尚未组装完成的汽车,尚未缝制纽扣的服装,尚未成熟的农作物等。产品指生产出来的物,比如,汽车、轮船等交通工具,仪表、仪器、机床等生产设备,电视机、电冰箱、大米、白面等生活用品。

(5)正在建造的建筑物、船舶、航空器。担保法没有明确规定在建的建筑物、船舶、航空器可以抵押。实践中,建设工程往往周期长、资金缺口大,以正在建造的建筑物、船舶、航空器作为担保,对于解决建设者融资难,保证在建工程顺利完工具有重要作用。

(6)交通运输工具。交通运输工具包括飞机、船舶、火车、各种机动车辆等。

（7）法律、行政法规未禁止抵押的其他财产。这是一项兜底性规定，以适应不断变化的经济生活需要。这项规定表明，以前六项规定以外的其他财产抵押，必须同时具备两个条件：① 不是法律、行政法规规定禁止抵押的财产；② 债务人或者第三人对该财产有处分权。

企业可以将企业的动产、不动产及其某些权利作为一个整体进行担保，比如，将厂房、机器设备、库存成品、工业产权等财产作为总资产向银行抵押贷款。但是，企业将财产一并抵押时，各项财产的数量、质量、状况和价值都应当是明确的。

【立法理由】

《中华人民共和国民法通则》第89条对抵押作了规定，但对哪些财产可以抵押没有具体规定，实践中出现了以无权处分的财产或者以权属有争议的财产抵押的情况，从而导致抵押权难以实现。《中华人民共和国担保法》总结实践经验，依照有关法律，明确规定了可以抵押的财产。该法第34条规定："下列财产可以抵押：（一）抵押人所有的房屋和其他地上定着物；（二）抵押人所有的机器、交通运输工具和其他财产；（三）抵押人依法有权处分的国有的土地使用权、房屋和其他地上定着物；（四）抵押人依法有权处分的国有的机器、交通运输工具和其他财产；（五）抵押人依法承包并经发包方同意抵押的荒山、荒沟、荒丘、荒滩等荒地的土地使用权；（六）依法可以抵押的其他财产。抵押人可以将前款所列财产一并抵押。"担保法规定的可以抵押的财产主要是不动产，虽然在第（二）项规定了"其他财产"可以抵押，但没有明确可以抵押的动产的范围。物权立法过程中，对于是否限定动产抵押的范围曾有不同意见，一种意见认为，动产抵押的范围不宜过宽；另一种意见认为，对动产抵押的范围不宜作限制。经研究，物权法从解决生产者，特别是农业生产者贷款难的需要以及保障债权安全的需要出发，一是明确规定"生产设备、原材料、半成品、产品"可以抵押。二是规定"法律、行政法规未禁止抵押的财产"可以抵押。同时按照不动产、动产的逻辑顺序，对担保法关于可以抵押的财产的规定，作了一些调整。

【相关规定】

《中华人民共和国担保法》

第三十四条　下列财产可以抵押：

（一）抵押人所有的房屋和其他地上定着物；

（二）抵押人所有的机器、交通运输工具和其他财产；

（三）抵押人依法有权处分的国有的土地使用权、房屋和其他地上定着物；

（四）抵押人依法有权处分的国有的机器、交通运输工具和其他财产；

（五）抵押人依法承包并经发包方同意抵押的荒山、荒沟、荒丘、荒滩等荒地的土地使用权；

（六）依法可以抵押的其他财产。

抵押人可以将前款所列财产一并抵押。

《中华人民共和国城市房地产管理法》

第四十八条　依法取得的房屋所有权连同该房屋占用范围内的土地使用权，可以设定抵押权。

以出让方式取得的土地使用权，可以设定抵押权。

《全民所有制工业企业转换经营机制条例》

第十五条第二款　企业根据生产经营的需要，对一般固定资产，可以自主决定出租、抵押或者有偿转让；对关键设备、成套设备或者重要建筑物可以出租，经政府主管部门批准也可以抵押、有偿转让。法律和行政法规另有规定的除外。

《法国民法典》

第二千一百一十八条　抵押权仅以下列财产为限：

（一）得进行买卖的不动产及不动产附属物；

（二）收益期内上述财产及附属物的收益。

第二千一百一十九条　动产不得设定抵押权。

第二千一百三十条　就将来的财产不得设定抵押权。

但如债务人现有的并可自由处分的财产不足以担保债权的清偿的，债务人得在承认此种不足时，同意将以后取得的财产陆续供抵押之用。

《意大利民法典》

第二千八百一十条　抵押权得设定于：

（一）可流通的不动产及其附属物；

（二）该不动产及其附属物的用益权；

（三）地上权；

（四）永佃权及对永佃土地所有权人的权利。

根据法律关于公债方式的规定，对国家定期支付的社会保险费也可设定抵押权，此外，根据有关法律的规定，对船舶、航空器和机动车均可设定抵押权。

《日本民法典》

第三百六十九条　抵押权人,就债务人或者第三人不移转占有而供作债务担保的不动产,有先于其他债权人受自己债权清偿的权利。

地上权及永佃权也可为抵押权的标的。于此情形,准用本章的规定。

《俄罗斯联邦民法典》

第三百三十五条　1. 抵押的标的可以是任何财产,其中包括物和财产权利(请求权),但禁止流通的财产和与债权人的人身不能分离的请求权,包括赡养费请求权、关于生命或者健康损害的赔偿请求权以及根据法律不得转让给他人的其他财产权利除外。

2. 对某些种类的财产,其中包括对其不得追偿的公民财产,法律可以禁止或者限制其抵押。

《荷兰民法典》

第二百二十八条　质押权或者抵押权可设立于所有可转让的财产上。

《加拿大魁北克民法典》

第二千六百六十六条　担保物权可以在一个或几个特定的有形财产或无形财产上设定,也可以在所有财产构成的集合体上设定。

我国台湾地区"民法"

第八百六十条　称抵押权,谓对于债务人或者第三人不移转占有而供担保之不动产,得就其卖得价金受清偿之权。

我国台湾地区"动产担保交易法"

第四条　机器、设备、工具、原料、半制品、成品、产量、农林渔牧产品、牲畜及总吨位未满20吨之动产船舶或未满50吨之非动力船舶,均得为动产担保交易之标的物。

第一百八十一条　经当事人书面协议,企业、个体工商户、农业生产经营者可以将现有的以及将有的生产设备、原材料、半成品、产品抵押,债务人不履行到期债务或者发生当事人约定的实现抵押权的情形,债权人有权就实现抵押权时的动产优先受偿。

【说明】

本条是关于浮动抵押的规定。

浮动抵押指权利人以现有的和将有的全部财产或者部分财产为其债务提供担保。债务人不履行到期债务或者发生当事人约定的实现抵押权的情形,债权人有权就约定实现抵押权时的动产优先受偿。比如企业以现有的以及未来可能买进的机器设备、库存产成品、生产原材料等动产担保债务的履行。抵押权设定后,抵押人可以将抵押的原材料投入成品生产,也可以卖出抵押的财产。当发生债务履行期届满债务未受清偿、抵押人被宣告破产或者被撤销、当事人约定的实现抵押权的情形成就或者严重影响债权实现的情形时,抵押财产确定,也就是说此时企业有什么财产,这些财产就是抵押财产。抵押财产确定前企业卖出的财产不追回,买进的财产算做抵押财产。抵押人以其全部财产设定浮动抵押的,只需要在登记时注明以全部财产抵押,即对抵押财产作概括性描述,不必详列抵押财产清单。以部分财产抵押的,则需要列明抵押财产的类别。浮动抵押具有不同于固定抵押的两个特征:一是浮动抵押设定后,抵押的财产不断发生变化,直到约定或者法定的事由发生,抵押财产才确定。二是浮动抵押期间,抵押人处分抵押财产不必经抵押权人同意,抵押权人对抵押财产无追及的权利,只能就约定或者法定事由发生后确定的财产优先受偿。

设立浮动抵押权应当具备以下条件:

第一,设立浮动抵押的主体限于企业、个体工商户、农业生产经营者。立法过程中,有人认为,设立浮动抵押的主体应当限定为股份有限公司,理由是,浮动抵押最大的风险是抵押人恶意处分抵押财产,而抵押权人无法进行有效监控。股份有限公司的规模比较大,信誉比较好,而且有强制信息披露制度,将浮动抵押的主体限于股份有限公司可以减少风险,保护交易安全。有人认为,在市场经济条件下,哪些主体能够设立浮动抵押,应当由当事人自己选择,不宜由法律作出限制。考虑到我国设立浮动抵押,主要是为了解决中小企业和农民贷款难的问题,促进经济发展,因此,将设定浮动抵押的主体规定为企业、个体工商户和农业生产经营者。企业可以是国有独资企业、合伙企业、个人独资企业、公司制企业,只要注册登记为企业的组织都可以设定浮动抵押。个体工商户是以个人或者家庭经营为主的经济单位,注册登记为个体工商户的,也都可以设立浮动抵押。农业生产经营者,主要指农村承包经营户,也可以是其他从事农业生产的人。除了上述三项主体,国家机关、社会团体、事业单位、非农业生产者的自然人不可以设立浮动抵押。

第二,设立浮动抵押的财产限于生产设备、原材料、半成品、产品。除此以外的动产不得设立浮动抵押,不动产也不得设立浮动抵押。

第三,设立浮动抵押要有书面协议,该协议一般包括担保债权的种类和数额、债务履行期间、抵押财产的范围、实现抵押权的条件等。这里所说的抵押财产的范围并不要求详细列明,比如以全部财产抵押的,可以写"以现有的或者将有的全部动产抵押";以部分财产抵押的,可以写"以现有的和将有的鱼产品、蔬菜、水果抵押"。本法不承认以口头形式订立的浮动抵押协议。

第四,实现抵押权的条件是不履行到期债务或者发生当事人约定的实现抵押权的事由。不履行到期债务,比如,债权人与债务人约定,债务人于2006年12月31日前归还债权人的贷款,但2006年12月31日24时前,债务人没有偿还债权人的贷款。发生当事人约定的实现抵押权的条件,比如债权人在贷款时与债务人约定,该贷款用于污水治理工程,不得挪作他用,挪作他用的,债权人有权收回贷款,不能收回的,拍卖抵押的财产。如果发生了债务人改变贷款用途,又不能偿还贷款的情形,就可以实现抵押权。

第五,债权人有权就约定实现抵押权时的动产优先受偿。这一规定表达了三层意思:其一,抵押期间,抵押财产处于不确定状态。抵押人可以自由处分抵押财产,只有约定或者法定的实现抵押权的条件成就时,抵押财产才确定。其二,实现抵押权时确定的抵押财产与设立抵押权时的财产不必相同,通常也不会相同,对于抵押期间处分的财产不能追及,新增的财产要作为抵押财产,债权人就实现抵押权时确定的抵押财产享有优先受偿的权利。其三,同一财产既有浮动抵押,又有固定抵押的,实现抵押权所得价款,按照本法第199条的规定清偿。

【立法理由】

浮动抵押源于英国,此后,该制度在印度、巴基斯坦、澳大利亚、新西兰、马来西亚、新加坡等国家得到承认。大陆法系国家如芬兰、挪威、瑞典、日本和俄罗斯也借鉴英国浮动抵押制度,在民法或者商法上作出了相应的规定。美国、加拿大也建立了类似英国的浮动抵押制度的动产统一权益担保制度。

我国物权法应否规定浮动抵押,立法过程中有不同意见,有人反对规定浮动抵押,理由是:浮动抵押期间,抵押人可以自由处分抵押财产,由于抵押财产处于不确定状态,实现债权的风险很大。浮动抵押制度有赖于良好的市场环境和社会信誉,我国正由计划经济向市场经济转型,变动较大,在这样的背景下规定浮动抵押不利于保护债权人的利益。有人认为应当规定浮动抵押,理由是:

(1)有利于企业融资,促进经济发展。企业可以用现有的和将有的财产抵押,大大拓展了企业的融资能力,特别是对于一些发展前景较好的中小企业,用作融资担保的不动产有限,浮动抵押制度可以为他们创造有利的发展条件。

(2)有利于简化抵押手续,降低抵押成本。设定浮动抵押时,不需要对抵押财产的名称、数量、质量、状况、所在地制作详细目录表,只需要对抵押的财产进行概括性描述；抵押期间，企业处分财产不必经抵押权人同意，新增财产不需要办理任何手续即成为抵押财产。

（3）有利于企业正常经营。浮动抵押设定后，如果没有约定或者法定事由，抵押人可以对抵押财产行使占有、使用、收益和处分的权利，抵押权人不得对企业正常的经营活动进行干涉。

（4）可以弥补传统抵押的不足。传统抵押强调担保财产的特定性、担保财产的价值可预测性和保全性，但灵活性和融资性功能不足，而浮动抵押解决了这一问题。

（5）符合国际通行做法。现在有相当多的国家实行了浮动抵押，经济全球化的大趋势，要求在法律制度上与国际作法相一致。

（6）实践的需要。近些年一些公司已开始运用浮动抵押制度融资，特别是在国际项目融资中，浮动抵押制度得到了广泛应用，许多商业银行也强烈呼吁尽早建立浮动抵押制度。经对上述意见和国内外做法反复研究，物权法规定了浮动抵押制度。

【相关规定】

《日本企业担保法》

第一条 股份有限公司的总财产，为担保其公司发行的公司债，得作为一体，为企业担保的标的。

《俄罗斯联邦民法典》

第三百四十条 在以企业或者其他的财产性综合体整体作不动产抵押时，抵押权的范围及于其中的所有财产、动产和不动产，包括请求权和专属权、在抵押期间所获得的权利，但法律和合同另有其他规定的除外。

抵押合同可以规定抵押标的是抵押人将来取得的物或权利，而对依法产生的抵押，则法律可以规定。

第三百五十七条 1. 流转商品抵押是指由抵押人占有，享有改变抵押财产（储备商品、原料、材料、半成品、成品等）的组成和自然形态的权利，并且财产的总价值不少于抵押合同中规定数额的商品抵押。

如果合同没有不同规定，被抵押的流转商品的价值的减少应与抵押所担保的债务已履行部分相当时才得允许。

2. 由抵押人让渡的流通商品自其所有权、经营权或者业务管理权移转于取得人之时起便不再是抵押标的，而按合同规定，由抵押人取得的商品自其所有权或者经营权出现之时起，成为抵押标的。

3. 流通商品的抵押人必须备制抵押记录簿，在记录簿上应当记载商品抵押的条件以及截止最后业务之日的可能引起抵押标的组成或者自然形态发生,包括加工在内的一切业务。

4. 如果抵押人违反流通商品抵押的规定,抵押权人有权通过对抵押商品标志并加盖印章以停止一切业务,直至除去违反。

《加拿大魁北克民法典》

第二千六百八十四条　企业或者受信托人才能在财产集合体上设定担保物权,该财产集合体由动产和不动产、现存的和嗣后取得的财产、有形的和无形的财产所组成。

企业或者受信托人可以在以下财产上设定担保物权:动物,企业的工具或设备,债权和对消费者的应收账款,专利和商标,其企业财产中用作出卖、出租或制造中的有形动产,或者在提供服务时意欲出卖、出租或使用的财产的转换物。

第二千七百一十五条　如果债务人或担保人违约,债权人可以通过向其发出违约和将担保物权具体化的通知而使担保物固定,在担保物固定之前,担保物权的许多效力都是不确定的,这种担保物权即为浮动担保物权。

担保物权的浮动特征应在设定行为中明确规定。

《美洲国家组织动产担保交易示范法》

第二条第一款　本法所称的担保物权可在下列财产上依合同而创设:一件或多件特定的财产,任何不特定的一类动产,或担保债务人所拥有的全部动产,不管是现存的还是未取得的,有形的还是无形的,无论在创设之时还是在之后是否易于进行价值衡量。担保物权的设定旨在担保一个或多个现存的或未来的债务的履行,交易的形式若何,财产的所有权是否由担保债权人或担保债务人享有,均非所问。

第一百八十二条　以建筑物抵押的,该建筑物占用范围内的建设用地使用权一并抵押。以建设用地使用权抵押的,该土地上的建筑物一并抵押。

抵押人未依照前款规定一并抵押的,未抵押的财产视为一并抵押。

【说明】

本条是关于房地产抵押关系的规定。

由于房屋具有依附土地存在的特性,房屋所有权依法转让,必然产生建设用地使用权是否一并转让的问题;同样,建设用地使用权依法转让,也会产生该土地上的建筑物是否一并转让的问题。由于房地产的不可分性,我国在处理房地产关系时的一个重要原则就是"地随房走或者房随地走"。所谓"地随房走"就是转让房屋时,建设用地使用权同时转让。所谓"房随地走",就是转让建设用地使用权时,该土地上的房屋也应一并转让。实现抵押权,往往导致抵押财产的转让,因此在设定抵押权时,房屋的所有权和建设用地使用权应当一并抵押,只有这样,才能保证实现抵押权时,房屋所有权和建设用地使用权同时转让。比如,甲将自己购买的商品房抵押给乙,与此同时,其房屋占用范围内的建设用地使用权也应一并抵押。又比如,某单位以出让方式取得了对某片土地的建设用地使用权,在建设用地的使用年限内,如果将该土地抵押,在设定抵押权时,该土地上的房屋也应一并抵押。如果抵押人只办理了房屋所有权抵押登记,没有办理建设用地使用权抵押登记,实现房屋抵押权时,建设用地使用权也一并作为抵押财产。同样,只办理了建设用地使用权抵押登记,没有办理房屋所有权抵押登记,实现建设用地使用权的抵押权时,房屋所有权也一并作为抵押财产。

需要指出的是,本条规定的建筑物,主要指国有土地上的建筑物和乡(镇)、村企业的厂房等建筑物。本条规定的建设用地使用权,包括城市住宅和公共设施用地、工矿用地、交通水利设施用地、旅游用地、军事设施用地的使用权。

【立法理由】

《中华人民共和国城市房地产管理法》第 32 条规定:"房地产转让、抵押时,房屋的所有权和该房屋占用范围内的土地使用权同时转让、抵押。"《中华人民共和国担保法》第 36 条第 1 款、第 2 款规定:"以依法取得的国有土地上的房屋抵押的,该房屋占用范围内的国有土地使用权同时抵押。以出让方式取得的国有土地使用权抵押的,应当将抵押时该国有土地上的房屋同时抵押。"《中华人民共和国物权法》关于抵押的规定应当与上述规定相一致。立法过程中有人提出,实践中有时会出现一些人将房屋抵押,但不抵押土地使用权,或者抵押土地使用权,但不抵押房屋所有权,甚至有的人将房屋所有权与土地使用权分别抵押给不同的人,从而引发抵押权实现的困境,使债权人的利益受到损害的情况,对此,物权法应有防范措施。经研究,物权法在本条中增加一款规定"抵押人未依照前款规定一并抵押的,未抵押的财产视为一并抵押"。

【相关规定】

《中华人民共和国担保法》

第三十六条 以依法取得的国有土地上的房屋抵押的,该房屋占用范围内的国有土地使用权同时抵押。

以出让方式取得的国有土地使用权抵押的,应当将抵押时该国有土地上的房屋同时抵押。

乡(镇)、村企业的土地使用权不得单独抵押。以乡(镇)、村企业的厂房等建筑物抵押的,其占用范围内的土地使用权同时抵押。

《中华人民共和国城市房地产管理法》

第三十二条　房地产转让、抵押时,房屋的所有权和该房屋占用范围内的土地使用权同时转让、抵押。

《不动产登记暂行条例实施细则》

第六十五条第二款　以建设用地使用权、海域使用权抵押的,该土地、海域上的建筑物、构筑物一并抵押;以建筑物、构筑物抵押的,该建筑物、构筑物占用范围内的建设用地使用权、海域使用权一并抵押。

《俄罗斯联邦民法典》

第三百四十条　建筑物或构筑物的抵押,只有在该建筑物或构筑物所在的土地,或专门保障抵押客体的那部分土地,或其租赁权属抵押人的该土地或其相应部分根据同一合同同时进行不动产抵押时,方得为之。

以土地不动产抵押,抵押权不及于抵押人在该土地上已有的或正在建于其上建筑物或构筑物,但合同规定了不同条件的除外。

如果合同缺乏这样的条件,在对抵押土地被追偿时,抵押权人对使用建筑物或构筑物所必须的那部分土地,仍保留按其用途的有限使用权(地役权)。使用这部分土地的条件由抵押人与抵押权人协议解决,发生争议时由法院解决。

如果在作为不动产抵押标的的土地上有不属于抵押人而属于他人的建筑物或构筑物时,在抵押权人对该土地追偿并拍卖时,抵押人对该他人的权利和义务一并移转于土地的购买者。

第一百八十三条　乡镇、村企业的建设用地使用权不得单独抵押。以乡镇、村企业的厂房等建筑物抵押的,其占用范围内的建设用地使用权一并抵押。

【说明】

本条是关于乡镇、村企业建筑物和建设用地使用权抵押的规定。

根据本条规定,乡镇、村企业不能仅以集体所有的建设用地抵押,但可以将乡镇、村企业的厂房等建筑物抵押,以厂房等建筑物抵押的,其占用范围内的建设用地使用权一并抵押。法律虽然允许乡镇、村企业的建设用地使用权随厂房等建筑物一并抵押，但对实现抵押权后土地的性质和用途作了限制性规定。本法第201条规定：以乡镇、村企业的厂房等建筑物占用范围内的建设用地使用权抵押的，实现抵押权后，未经法定程序不得改变土地所有权的性质和土地用途。也就是说，即使乡镇、村企业的建设用地使用权随其厂房等建筑物被拍卖了，受让的土地仍然属于农村集体所有。如果该土地原为工业用途，未经有关部门批准，买受人不能将该土地用于商业、旅游和住宅建设。

【立法理由】

我国对耕地实行特殊保护，严格限制农用地转为建设用地。除兴办乡镇企业和村民建设住宅经依法批准使用农民集体所有的土地，或者乡镇、村公共设施和公益事业建设经依法批准使用农民集体所有的土地的外。任何单位和个人进行建设，需要使用土地的，必须依法申请使用国有土地。由于抵押权的实现会带来建设用地使用权转让的后果，对农村建设用地的抵押不作任何限制，可能出现规避法律，以抵押为名，目的在于将农村集体所有的土地直接转为城市建设用地的情况。为了从严控制农村集体所有土地的转让，同时为农村工业化发展创造必要的条件，《中华人民共和国物权法》有必要对乡（镇）、村企业的建筑物和建设用地使用权抵押作出规定。

【相关规定】

《中华人民共和国担保法》

第三十六条第三款　乡（镇）、村企业的土地使用权不得单独抵押。以乡（镇）、村企业的厂房等建筑物抵押的，其占用范围内的土地使用权同时抵押。

第一百八十四条　下列财产不得抵押：

（一）土地所有权；

（二）耕地、宅基地、自留地、自留山等集体所有的土地使用权，但法律规定可以抵押的除外；

（三）学校、幼儿园、医院等以公益为目的的事业单位、社会团体的教育设施、医疗卫生设施和其他社会公益设施；

（四）所有权、使用权不明或者有争议的财产；

（五）依法被查封、扣押、监管的财产；

（六）法律、行政法规规定不得抵押的其他财产。

【说明】

本条是关于禁止抵押的规定。

根据本条规定,下列财产不得抵押:

(1) 土地所有权。土地所有权包括国有土地的所有权,也包括集体所有土地的所有权。目前,我国法律没有规定对国有土地所有权可以抵押。集体所有土地分为农用地和建设用地,农用地除四荒地外,一般不允许抵押。

(2) 耕地、宅基地、自留地、自留山等集体所有的土地使用权。我国是农业大国,农业是国民经济的基础,而用于种植粮、棉、油、菜等农作物的耕地则是基础的基础。目前,由于国家发展建设征收耕地和一些单位违法乱占耕地,使我国的耕地数量逐年减少。为了贯彻落实科学发展观,保证经济社会可持续发展,必须采取更严格的管理措施保护耕地,保障农业持续、稳定、协调发展。

宅基地是农民生活的必需和赖以生存的所在。立法过程中,关于宅基地使用权可否抵押一直存在不同意见。考虑到目前我国农村社会保障体系尚未全面建立,宅基地使用权是农民安身立命之本,从全国范围看,现在宅基地使用权的转让和抵押的条件尚不成熟。特别是农民一户只有一处宅基地,农村居民出卖、出租住房后再申请宅基地的不予批准,这一点与城市居民是不同的。农民一旦失去住房及其宅基地,将会丧失基本生存条件,影响社会稳定。为了维护现行法律和现阶段国家有关农村土地政策,本条禁止以宅基地占用范围内的土地使用权抵押。

自留地、自留山是农民作为生活保障的基本生产资料,带有社会保障性质,从保护广大农民根本利益出发,禁止以自留地、自留山的使用权抵押。

(3) 学校、幼儿园、医院等以公益为目的的事业单位、社会团体的教育设施、医疗卫生设施和其他社会公益设施。学校、幼儿园的教育设施是用来教书育人的,不论是公办的,还是民办的,都是为社会公益目的而设立的。如果允许以学校的教育设施抵押,一旦实现抵押权,不仅办学目的难以达到,严重的可能造成学生失学,影响社会安定。从国家、民族的未来考虑,从维护社会安定出发,从教育的目的着眼,应当禁止以教育设施抵押。医院是为了保证公众健康而设立的,也是一种公益事业,如果允许以医疗设施抵押,一旦实现抵押权,就会影响公众看病、治病,不利于保障人民健康。

除学校、幼儿园、医院外,其他社会公益设施也不得抵押,比如,不得将公共图书馆、科学技术馆、博物馆、国家美术馆、少年宫、工人文化宫、敬老院、残疾人福利基金会等用于社会公益目的的设施抵押。

（4）所有权、使用权不明或者有争议的财产。财产所有权是权利主体依法对自己的财产占有、使用、收益和处分的权利。财产使用权是依法对财产使用、收益的权利。如果一项财产的所有权或者使用权不明确，甚至是有争议的，将其抵押不仅可能侵犯所有权人或者使用权人的合法权利，而且可能引起矛盾和争议，使得社会关系更加紊乱。因此，所有权、使用权不明或者有争议的财产不得抵押。

（5）依法被查封、扣押、监管的财产。依法查封、扣押财产，指人民法院或者行政机关采取强制措施将财产就地贴上封条或者运到另外的处所，不准任何人占有、使用或者处分。依法监管的财产，指行政机关依照法律规定监督、管理的财产。比如海关依照有关法律、法规，监管进出境的运输工具、货物、行李物品、邮递物品和其他物品。对违反《中华人民共和国海关法》和其他有关法律法规规定的进出境货物、物品予以扣留。依法被查封、扣押、监管的财产，其合法性处于不确定状态，国家法律不能予以确认和保护。因此禁止以依法被查封、扣押、监管的财产抵押。

（6）法律、行政法规规定不得抵押的其他财产。这是一项兜底性规定。除本条前五项所列不得抵押的财产外，在设定抵押权时，还要看其他法律、行政法规有无禁止抵押的规定。

【立法理由】

《中华人民共和国民法通则》对于哪些财产不得抵押没有规定。但我国宪法和法律规定了禁止转让和抵押的财产，如《中华人民共和国宪法》第10条第4款规定："任何组织或者个人不得侵占、买卖或者以其他形式非法转让土地。"《中华人民共和国土地管理法》第2条中规定"任何单位和个人不得侵占、买卖或者以其他形式非法转让土地"。第43条规定："任何单位和个人进行建设，需要使用土地的，必须依法申请使用国有土地；但是，兴办乡镇企业和村民建设住宅经依法批准使用本集体经济组织农民集体所有的土地的，或者乡（镇）村公共设施和公益事业建设经依法批准使用农民集体所有的土地的除外。前款所称依法申请使用的国有土地包括国家所有的土地和国家征收的原属于农民集体所有的土地。"第44条规定："建设占用土地，涉及农用地转为建设用地的，应当办理农用地转用审批手续。"由于抵押权的实现必然带来抵押财产的转让，因此，法律禁止转让的财产也不得抵押。《中华人民共和国担保法》根据《中华人民共和国宪法》和有关法律的规定，对禁止抵押的财产作了规定。该法第37条规定："下列财产不得抵押：（一）土地所有权；（二）耕地、宅基地、自留地、自留山等集体所有的土地使用权，但本法第三十四条第(五)项、第三十六条第三款规定的除外;(三)学校、幼儿园、医院等以公益为目的的事业单位、社会团体的教育设施、医疗卫生设施和其他社会公益设施;(四)所有权、使用权不明或者有争议的财产;(五)依法被查封、扣押、监管的财产;(六)依法不得抵押的其他财产。"物权法关于抵押的规定应当与宪法、法律相一致。

【相关规定】

《中华人民共和国担保法》

第三十七条　下列财产不得抵押:

(一)土地所有权;

(二)耕地、宅基地、自留地、自留山等集体所有的土地使用权,但本法第三十四条第(五)项、第三十六条第三款规定的除外;

(三)学校、幼儿园、医院等以公益为目的的事业单位、社会团体的教育设施、医疗卫生设施和其他社会公益设施;

(四)所有权、使用权不明或者有争议的财产;

(五)依法被查封、扣押、监管的财产;

(六)依法不得抵押的其他财产。

《全国人民代表大会常务委员会关于授权国务院在北京市大兴区等232个试点县(市、区)、天津市蓟县等59个试点县(市、区)行政区域分别暂时调整实施有关法律规定的决定》

为了落实农村土地的用益物权,赋予农民更多财产权利,深化农村金融改革创新,有效盘活农村资源、资金、资产,为稳步推进农村土地制度改革提供经验和模式,第十二届全国人民代表大会常务委员会第十八次会议决定:授权国务院在北京市大兴区等232个试点县(市、区)行政区域,暂时调整实施《中华人民共和国物权法》、《中华人民共和国担保法》关于集体所有的耕地使用权不得抵押的规定;在天津市蓟县等59个试点县(市、区)行政区域暂时调整实施《中华人民共和国物权法》、《中华人民共和国担保法》关于集体所有的宅基地使用权不得抵押的规定。上述调整在2017年12月31日前试行。暂时调整实施有关法律规定,必须坚守土地公有制性质不改变、耕地红线不突破、农民利益不受损的底线,坚持从实际出发,因地制宜。国务院及其有关部门要完善配套制度,加强对试点工作的整体指导和统筹协调、监督管理,按程序、分步骤审慎稳妥推进,防范各种风险,及时总结试点工作经验,并就暂时调整实施有关法律规定的情况向全国人民代表大会常务委员会作出报告。

《法国民法典》
第二千一百一十九条 动产不得设定抵押权。
第二千一百三十条第一款 就将来的财产不得设定抵押权。
《加拿大魁北克民法典》
第二千六百六十八条 不能扣押的财产不能设定担保物权。
债务人所有的用于布置其主要住宅的动产以及用作家用的生活必需品适用同样的规则。

第一百八十五条 设立抵押权,当事人应当采取书面形式订立抵押合同。

抵押合同一般包括下列条款:
(一)被担保债权的种类和数额;
(二)债务人履行债务的期限;
(三)抵押财产的名称、数量、质量、状况、所在地、所有权归属或者使用权归属;
(四)担保的范围。

【说明】

本条是关于设立抵押权的规定。

设立抵押权是抵押人与抵押权人之间的法律行为,该种行为不仅要求当事人双方意思表示一致,还要求采用书面形式订立抵押合同。

抵押合同一般包括以下内容:

(1)被担保债权的种类和数额。主债权的种类,主要指主债权是财物之债,还是劳务之债。财物之债,指以给付一定财物为内容的债。这里的财物可以是特定物,比如是某种文物;也可以是金钱或者其他替代物,比如一定数量的金钱、钢材、大米等。劳务之债,指债务人提供一定的劳务为义务内容的债。这里的劳务,可以有一定的物化结果,比如承揽人提供的劳务;也可以没有一定的物化结果,比如承运人提供的劳务。主债权的数额,指主债权的财物金额,或者对劳动者支付的工资、劳务费。

(2)债务人履行债务的期限。债务履行期限,指债务人履行债务的最终日期。超过债务履行期限债务人未履行债务的,就产生以抵押财产折价或者拍卖、变卖抵押财产偿还债务的法律后果。比如债权人与债务人约定债务在2006年4月30日前履行,4月30日就是债务履行的期限,过了4月30日的24时,债务人没履行债务的,债权人就有权实现抵押权。由于债务履行期限是担保责任的起点,因此,抵押合同对此应有明确规定。

(3) 抵押财产的名称、数量、质量、状况、所在地、所有权归属或者使用权归属。抵押财产的名称,指抵押的是何种标的物,比如是房屋、建设用地使用权还是机器设备。数量,指抵押财产有多少,比如房屋几间,土地多大,机器设备有几台。质量,指抵押财产的品质,比如抵押财产的质量标准是什么。状况,指抵押财产的现时状态,比如抵押的汽车行驶了多少公里。所在地,指抵押财产现在何处。所有权归属或者使用权归属,指财产归谁所有或者由谁依法使用。

(4) 担保的范围。抵押财产担保的范围可以包括主债权及利息、违约金、损害赔偿金和实现抵押权的费用。主债权,指抵押财产所担保的债权,即债权人与债务人之间因债的法律关系所发生的债权,比如金钱债权、交付货物的债权、提供劳务的债权。利息,指借贷合同中,借用人支付给出借人的报酬。利息可以是法定的,比如银行对某一种类的贷款依法应收取的利息;也可以是当事人约定的,比如甲借钱给乙,约定偿还借款时加收10%的利息。违约金,指合同一方在不履行或不适当履行合同时,为违约行为支付的带有惩罚性或者补偿性的金钱。比如债务履行期届满债务人没有偿还所借金钱,为补偿债权人因此而受到的损失,或者为了惩罚债务人的违约行为,要求债务人支付主债权标的额3%的违约金。损害赔偿金,指债务人因不履行债务或者不适当履行债务给债权人造成损害而支付的赔偿费用。比如,合同约定甲应向乙交付钢材,但甲交付的钢材的质量不符合合同要求,为此乙要求甲赔偿。实现抵押权的费用,指抵押权人因行使抵押权而支出的费用。比如拍卖、变卖抵押财产的费用。

当事人可以在合同中约定抵押担保的范围只包括上述一项或几项,也可以约定对上述各项都承担担保责任。担保的范围依合同约定确定;当事人对担保的范围没有约定的,抵押人应当对主债权及其利息、违约金、损害赔偿金和实现担保物权的费用承担担保责任。

抵押是双方的法律行为,合同除包括前四项内容外,当事人之间可能还有其他认为需要约定的事项,比如抵押财产的保险责任由谁承担、抵押人如果提前偿还债权向谁提存、发生纠纷后是否申请仲裁等,这些内容也可以在协商一致的情况下在抵押合同中约定。

【立法理由】

担保物权可以作多种分类,根据发生的原因不同,可分为法定担保物权和约定担保物权。前者是指依据法律规定的构成要件而产生的担保物权,如留置权、法定抵押权;后者是指依据当事人的意思表示而产生的担保物权,如抵押权、质权。设立抵押权,当事人要将其意思通过某种外在的形式表现出来,这种形式就是合同。订立合同是抵押权设立的必备要件,但《中华人民共和国民法通则》没有规定,《中华人民共和国担保法》根据实践需要,对订立抵押合同作了规定。该法第 38 条规定:"抵押人和抵押权人应当以书面形式订立抵押合同。"第 39 条规定:"抵押合同应当包括以下内容:(一) 被担保的主债权种类、数额;(二) 债务人履行债务的期限;(三) 抵押物的名称、数量、质量、状况、所在地、所有权权属或者使用权权属;(四) 抵押担保的范围;(五) 当事人认为需要约定的其他事项。抵押合同不完全具备前款规定内容的,可以补正。"《中华人民共和国担保法》实施十几年,这一规定被证明是行之有效的,因此,《中华人民共和国物权法》对《中华人民共和国担保法》的规定没有作实质修改,只是删除了第 39 条第 1 款第(五)项和第 2 款的规定,主要考虑这两方面内容属于当事人的意思自治范畴,法律不明定也不妨碍当事人约定,可以不在法律条款赘述。

【相关规定】

《中华人民共和国担保法》

第三十八条 抵押人和抵押权人应当以书面形式订立抵押合同。

第三十九条 抵押合同应当包括以下内容:

(一) 被担保的主债权种类、数额;

(二) 债务人履行债务的期限;

(三) 抵押物的名称、数量、质量、状况、所在地、所有权权属或者使用权权属;

(四) 抵押担保的范围;

(五) 当事人认为需要约定的其他事项。

抵押合同不完全具备前款规定内容的,可以补正。

《中华人民共和国城市房地产管理法》

第五十条 房地产抵押,抵押人和抵押权人应当签订书面抵押合同。

《俄罗斯联邦民法典》

第三百三十四条 抵押根据合同而产生。如果在法律中规定了何种财产对保证何种债务应作抵押,抵押也可以根据法律规定而产生。

本法典规定的关于根据合同而生的抵押的一般原则,也适用于根据法律而生的抵押的情形,但如果法律另有其他规定的除外。

第三百三十九条 1. 在抵押合同中,应当载明抵押的标的及其估价、抵押保证债务的性质、数额和履行的期限。在合同中还应当写明抵押物置于何方当事人处。

2. 抵押合同应当采用书面形式。

不动产抵押合同以及应予公证的为保障债务履行的动产抵押或财产权利抵押合同,应当进行公证。

我国台湾地区"动产担保交易法"

第十六条　动产抵押契约应载明以下事项:

(一) 契约当事人之姓名或名称、依据或营业场所;

(二) 所担保债权之金额及利率;

(三) 抵押物之名称及数量,如有特别编号标识或说明者,其记载;

(四) 债务人或者第三人占有抵押物之方式及其所在地;

(五) 所担保债权之清偿方法;

(六) 债务人不履行债务时,抵押权人行使动产抵押权及债权之方法;

(七) 如有保险者,其受益人应为抵押权人之记载;

(八) 管辖法院之名称;

(九) 其他条件之记载;

(十) 订立契约年、月、日。

动产抵押契约以一定期间所发生之债权作为所担保之债权者,其依前款第二项载明之金额,应为原本及利息之最高金额。

第一百八十六条　抵押权人在债务履行期届满前,不得与抵押人约定债务人不履行到期债务时抵押财产归债权人所有。

【说明】

本条是关于禁止流押的规定。

流押合同或者流押条款,指债权人在订立抵押合同时与抵押人约定,债务人从不履行债务时抵押物转移为债权人所有。这样规定主要考虑在设立抵押权时,抵押人处于资金需求者的地位,一些抵押人出于急需,可能不惜以自己价值很高的抵押财产去为价值远低于该抵押财产的债权担保,比如,甲向乙借款10万元人民币,以自己价值30万元人民币的房屋抵押担保。如果允许抵押权人和抵押人在订立抵押合同时约定在债务履行期届满抵押权人未受清偿时,抵押财产的所有权转移为债权人所有,那么,一些抵押人为了眼前的急迫需要,就可能作出不利于自己的选择。这样的结果,不仅不利于保护抵押人的合法权益,也与民法规定的平等、公平原则相悖。

需要说明的是,本条规定的禁止流押约定只限定在债务履行期间届满前,债务履行期届满债务人不履行债务的,抵押权人可以与抵押人协议将抵押财产折价归抵押权人所有。

【立法理由】

《担保法》第40条规定:"订立抵押合同时,抵押权人和抵押人在合同中不得约定在债务履行期届满抵押权人未受清偿时,抵押物的所有权转移为债权人所有。"法理上称这一规定为禁止流押。物权立法中,一些人主张删去禁止流押的规定,他们认为:

第一,禁止流押的规定违背当事人意思自治原则。流押合同仅涉及抵押人与抵押权人,如果抵押人与抵押权人在没有欺诈、胁迫或者其他违法事由的情形下,自愿达成流押合同没有什么不可以。

第二,流押合同的订立并非都对抵押人不公平。抵押物的价值并非一成不变,有可能出现设立抵押时抵押物的价值远远大于所担保的债权,而实现抵押权时抵押物的价值却一落千丈,反而远远小于所担保的债权。尤其在我国市场经济尚不成熟时,政府对社会经济生活进行广泛的干预与管制,政府的许多政策常常在很大程度上决定了许多抵押物的价格,而政府的决定往往变动不定,因此,抵押标的物的价值大涨大跌的情形并非停留在学者的理论上。如果抵押权人就这些抵押物与抵押人作了流押的约定,那么当抵押权实现时抵押物价值跌落,债权人反而深受其害。

第三,订立流押合同或者流押条款,可以使实现抵押权成本最小化。

物权法没有接受上述意见。理由是:

第一,抵押权人与抵押人签订流押合同,从形式上看好像是自愿,但实质上是否自愿,是否没有胁迫是很难判断的。就像消费者与某些具有垄断地位的生产者、经营者签订的合同,形式上消费者都是自愿接受的,但他不接受又能如何呢?真正公平的意思自治必须通过制度保障。

第二,禁止流押的规定不仅追求对抵押人的公平,也要保证对抵押权人公平,如果流押合同订立后,因抵押物价格缩减导致债权无法满足,对债权人也是不公平的。况且抵押权设立不是风险投资,完全可以用制度,公平地保障债权人和抵押人的合法权益。

第三,流押合同订立后,当事人双方是否依照约定履行了合同,不履行的原因是什么,可能相当复杂,如果因抵押权人的原因造成债务不履行,抵押权人又可以将抵押财产直接转为自己所有,可能会引发更大的纠纷,带来当事人双方特别是债务人的更高的成本。流押合同看起来成本比较低,但如果低成本不能带来公平的、高质量的社会经济效益，那么"低成本"又有什么意义？当然，我们在制度设计上需要作出改进，以使抵押权的实现程序更简便、高效。事实上，物权法作了这样的努力。《中华人民共和国物权法》第195条规定，债务人不履行到期债务或者发生当事人约定的实现抵押权的情形的，抵押权人可以与抵押人协议以抵押财产折价或者以拍卖、变卖该抵押财产的价款优先受偿。抵押权人与抵押人未就抵押权实现方式达成协议的，抵押权人可以请求人民法院拍卖、变卖抵押财产。按照这一规定，抵押权的实现是可以低成本的。当债务人不履行或者发生当事人约定的实现抵押权的情形时，抵押人与抵押权人可以就实现抵押权的方式协议，抵押财产的价格可以参照当时的市场价格确定，比流押合同依订立时的抵押财产价格确定更公平合理，因而也更容易为双方当事人接受。除此之外，简化了担保物权的实现程序。担保法规定抵押权人与抵押人就实现抵押权的方式达不成协议的，可以向人民法院提起诉讼；而物权法规定，达不成协议的，可以直接请求人民法院拍卖、变卖抵押财产。

第四，与境外大多数国家或地区的规定一致。从境外立法看，无论是大陆法系的德国，还是英美法系的美国，都有禁止流押的规定。因此，《中华人民共和国物权法》有必要保留《中华人民共和国担保法》禁止流押的规定。

【相关规定】

《中华人民共和国担保法》

第四十条　订立抵押合同时，抵押权人和抵押人在合同中不得约定在债务履行期届满抵押权人未受清偿时，抵押物的所有权转移为债权人所有。

《荷兰民法典》

第二百三十五条　任何有关质押权人或者抵押权人有权取得质押财产或者抵押财产的约定无效。

我国台湾地区"民法"

第八百七十三条　约定于债权已届清偿期，而未为清偿时，抵押物之所有权移属于抵押权人者，其约定为无效。

我国台湾地区"动产担保交易法"

第二十三条　契约约定于债权已届满清偿期而未为清偿时，抵押物之所有权移转于抵押权人者，其约定无效。

第一百八十七条　以本法第一百八十条第一款第一项至第三项规定的财产或者第五项规定的正在建造的建筑物抵押的，应当办理抵押登记。

抵押权自登记时设立。

【说明】

本条是关于不动产抵押登记的规定。

财产抵押是重要的民事法律行为,法律除要求设立抵押权要订立书面合同外,还要求对某些财产办理抵押登记,不经抵押登记,抵押权不发生法律效力。根据本条规定,需要进行抵押登记的财产为:

(1)建筑物和其他土地附着物;

(2)建设用地使用权;

(3)以招标、拍卖、公开协商等方式取得的荒地等土地的承包经营权;

(4)正在建造的建筑物。

抵押登记,便于债权人查看抵押财产的权属关系以及曾否抵押,以决定是否接受该物抵押担保;可以使实现抵押权的顺序清楚、明确,防止纠纷的发生;有利于保护债权人的合法权益,有利于经济活动的正常进行。

【立法理由】

物权法定是物权法的一项重要原则。不动产抵押是在不动产上设定负担,直接关系交易第三人和后位抵押权人的利益,为了便于第三人与抵押人进行交易时作出合理预期,避免遭受损害;也为了方便债权人查看抵押财产的权属关系以及抵押权的优先顺位,以决定是否接受该物抵押担保,设定不动产抵押应当办理登记。《中华人民共和国担保法》对不动产抵押登记作了明确规定。该法第41条规定:"当事人以本法第四十二条规定的财产抵押的,应当办理抵押物登记,抵押合同自登记之日起生效。"物权立法过程中,有人提出,《中华人民共和国担保法》要求抵押办理登记是正确的,但规定"抵押合同自登记之日起生效"混淆了债权行为与物权行为的效力。抵押合同的订立是以发生物权变动为目的的原因行为,属于债权关系范畴,其成立、生效应当依据合同法确定。抵押权的效力,除要求抵押合同合法有效这一要件外,还必须符合物权法的公示原则。将抵押合同的效力和抵押权的效力混为一谈,不利于保护抵押合同当事人的合法权益。比如,甲与乙订立了房屋抵押合同,但是拖着不与乙办理抵押登记,随后又将该房屋抵押给了丙,与丙办理了抵押登记。根据本条规定,当甲不履行债务时,由于丙办理了登记享有抵押权,可以优先受偿,而乙没有办理登记,不享有抵押权。如果认为不登记抵押合同不发生效力,那么,乙不仅不能享有抵押权,连追究甲合同违约责任的权利都丧失了,这不仅对乙不公平,也会助长恶意损害他人权益的行为,不利于社会经济秩序的维护。因此,物权法有必要区分抵押合同效力和物权变动效力。经研究,物权法接受了上述意见,将《中华人民共和国担保法》规定的"抵押合同自登记之日起生效",修改为"抵押权自登记时发生效力"。

【相关规定】

《中华人民共和国担保法》

第四十一条 当事人以本法第四十二条规定的财产抵押的,应当办理抵押物登记,抵押合同自登记之日起生效。

《中华人民共和国房地产管理法》

第六十二条 房地产抵押时,应当向县级以上地方人民政府规定的部门办理抵押登记。

因处分抵押房地产而取得土地使用权和房屋所有权的,应当依照本章规定办理过户登记。

《不动产登记暂行条例》

第五条 下列不动产权利,依照本条例的规定办理登记:

(一)集体土地所有权;

(二)房屋等建筑物、构筑物所有权;

(三)森林、林木所有权;

(四)耕地、林地、草地等土地承包经营权;

(五)建设用地使用权;

(六)宅基地使用权;

(七)海域使用权;

(八)地役权;

(九)抵押权;

(十)法律规定需要登记的其他不动产权利。

《不动产登记暂行条例实施细则》

第二十条第二款 除办理抵押权登记、地役权登记和预告登记、异议登记,向申请人核发不动产登记证明外,不动产登记机构应当依法向权利人核发不动产权属证书。

第六十五条第一款 对下列财产进行抵押的,可以申请办理不动产抵押登记:

(一)建设用地使用权;

(二)建筑物和其他土地附着物;

(三)海域使用权;

(四)以招标、拍卖、公开协商等方式取得的荒地等土地承包经营权;

（五）正在建造的建筑物；

（六）法律、行政法规未禁止抵押的其他不动产。

第六十六条　自然人、法人或者其他组织为保障其债权的实现，依法以不动产设定抵押的，可以由当事人持不动产权属证书、抵押合同与主债权合同等必要材料，共同申请办理抵押登记。

抵押合同可以是单独订立的书面合同，也可以是主债权合同中的抵押条款。

第六十七条　同一不动产上设立多个抵押权的，不动产登记机构应当按照受理时间的先后顺序依次办理登记，并记载于不动产登记簿。当事人对抵押权顺位另有约定的，从其规定办理登记。

第七十五条　以建设用地使用权以及全部或者部分在建建筑物设定抵押的，应当一并申请建设用地使用权以及在建建筑物抵押权的首次登记。

当事人申请在建建筑物抵押权首次登记时，抵押财产不包括已经办理预告登记的预购商品房和已经办理预售备案的商品房。

前款规定的在建建筑物，是指正在建造、尚未办理所有权首次登记的房屋等建筑物。

第七十六条　申请在建建筑物抵押权首次登记的，当事人应当提交下列材料：

（一）抵押合同与主债权合同；

（二）享有建设用地使用权的不动产权属证书；

（三）建设工程规划许可证；

（四）其他必要材料。

《德国民法典》

第一千一百一十五条　登记抵押权时，应在土地登记簿册中载明债权人、债权的金额，对债权附利息者，应载明其利息，应支付其他从给付的，还应当载明其金额；此外，为说明债权，可以引用登记许可证书。

《法国民法典》

第二千一百四十六条　下列优先权及抵押权，应在抵押权登记处进行登录：

1. 对不动产的优先权，但第 2107 条规定的例外不在此限；

2. 法定抵押权、裁判上的抵押权或协议抵押权。

《意大利民法典》

第二千八百零八条　抵押权得在债务人或者第三人的财产上设定，以及通过在不动产登记簿上进行抵押登记而设立。

《日本民法典》

第一百七十七条 不动产物权的取得、丧失及变更,除非依登记法规定进行登记,不得以之对抗第三人。

《俄罗斯联邦民法典》

第三百三十九条 不动产抵押的合同应当按照法定的相应财产契约登记的程序进行登记。

第三百四十一条 抵押权自抵押合同签订之时起产生,而应当将抵押财产移转给抵押权人时,自财产移转之时起发生,但合同另有规定的除外。

《瑞士民法典》

第七百九十九条 不动产担保,经在不动产登记簿上登记后始得成立;但法定的例外情况除外。

第一百八十八条 以本法第一百八十条第一款第四项、第六项规定的财产或者第五项规定的正在建造的船舶、航空器抵押的,抵押权自抵押合同生效时设立;未经登记,不得对抗善意第三人。

【说明】

本条是关于动产抵押效力的规定。

根据本条规定,当事人以生产设备、原材料、半成品、产品、交通工具、正在建造的船舶、航空器抵押的,可以办理抵押登记,也可以不办理抵押登记,抵押权不以登记为生效条件,而是自抵押合同签订之日起生效。但是,办理与不办理抵押登记的法律后果是不同的,未办理抵押登记的,不得对抗善意第三人。所谓不得对抗善意第三人,包括两方面含义:一是合同签订后,如果抵押人将抵押财产转让,对于善意取得该财产的第三人,抵押权人无权追偿,而只能要求抵押人重新提供新的担保,或者要求债务人及时偿还债务。二是抵押合同签订后,如果抵押人以该财产再次设定抵押,而后位抵押权人进行了抵押登记,那么,实现抵押权时,后位抵押权人可以优于前位未进行抵押登记的抵押权人受偿。而办理抵押登记的,抵押权具有对抗第三人的法律效力,也就是说,抵押财产登记后,不论抵押财产转移到谁手中,只要债务履行期届满债务人没有履行债务,抵押权人都可以就该抵押财产实现抵押权,同时还有优先于未登记的抵押权人受偿的权利。由此可见,为了切实保障自己债权的实现,抵押权人最好进行抵押登记。

【立法理由】

物权法对不动产物权变动采登记生效主义,即不动产物权的设立、变更、转让和消灭应当办理登记,不办理登记,不发生物权效力。而对于动产物权变动却采登记对抗主义,即动产物权的设立、变更、转让和消灭不登记不得对抗善意第三人。动产抵押权的设立,作为动产物权变动的一种形式,同样以登记为生效要件。之所以没有要求动产抵押如同不动产抵押一样必须登记,主要原因在于:第一,我国有关法律规定某些交通运输工具的抵押采用登记对抗制度。如《中华人民共和国民用航空法》第16条和《中华人民共和国海商法》第13条的规定。第二,当事人采用不转移占有的抵押方式担保债权实现往往基于双方的信任,如果对这些动产抵押也要求必须进行抵押财产登记,可能会对当事人造成不便,也会增加抵押人的费用,特别是我国幅员辽阔,在比较偏远的地区办理抵押登记会更加困难。此外,由于动产便于移动,即使办理了抵押登记,也不能保证所有权人将已抵押的动产转让给他人。因此,动产抵押是否登记,应当给当事人以选择权,由他们根据具体情况自己决定。

【相关规定】

《中华人民共和国担保法》

第四十三条 当事人以其他财产抵押的,可以自愿办理抵押物登记,抵押合同自签订之日起生效。

当事人未办理抵押物登记的,不得对抗第三人。当事人办理抵押物登记的,登记部门为抵押人所在地的公证部门。

《中华人民共和国海商法》

第十三条第一款 设定船舶抵押权,由抵押权人和抵押人共同向船舶登记机关办理抵押权登记;未经登记的,不得对抗第三人。

《中华人民共和国民用航空法》

第十六条 设定民用航空器抵押权,由抵押权人和抵押人共同向国务院民用航空主管部门办理抵押权登记;未经登记的,不得对抗第三人。

我国台湾地区"动产担保交易法"

第五条 动产担保交易以书面订立契约,非经登记,不得对抗善意第三人。

第一百八十九条 企业、个体工商户、农业生产经营者以本法第一百八十一条规定的动产抵押的,应当向抵押人住所地的工商行政管理部门办理登记。抵押权自抵押合同生效时设立；未经登记，不得对抗善意第三人。

依照本法第一百八十一条规定抵押的，不得对抗正常经营活动中已支付合理价款并取得抵押财产的买受人。

【说明】

本条是关于动产浮动抵押的规定。

本条规定了三方面内容：

1. 浮动抵押的登记部门和登记地点

（1）登记部门。浮动抵押的登记部门为抵押人住所地的工商行政管理部门。目前企业、个体工商户都在工商行政管理部门进行注册登记，工商部门掌握企业、个体工商户的各方面信息，省、市、县、乡几级又都设立了工商局（所），由其进行抵押登记既对当事人方便，也有利于保护债权人的合法权益。

（2）登记地点。物权法规定的登记地点与担保法规定不一致，《中华人民共和国担保法》规定，以企业设备和其他动产抵押的，由财产所在地的工商部门办理抵押登记。考虑到动产易于移动，难以确定在哪个所在地登记，而抵押人住所地比较稳定，查询也比较方便。因此，《中华人民共和国物权法》规定在抵押人住所地办理浮动抵押登记。

2. 浮动抵押权的效力

抵押登记，可以使抵押财产的潜在买受人明晰财产的物上负担，以避免交易风险，可以使债权人查看抵押财产的权属关系以及曾否抵押过，以决定是否接受该财产抵押担保，也可使得实现抵押权的顺序清楚明确，预防纠纷发生，对于保护债权人和善意第三人的合法权益和经济活动的正常进行具有重要意义。因此，设立抵押权应当办理登记。但是，考虑到浮动抵押的标的是现有的和将有的动产，抵押财产处于不确定状态，债权人同意接受浮动抵押往往是基于对抵押人的信任，如果强制浮动抵押登记，规定不登记抵押权不生效力，可能会对当事人造成不便，也会增加抵押人的费用。特别浮动抵押主要是解决中小企业、个体工商户、农业生产经营者贷款难的问题，他们本身缺乏资金，一些人又处于比较偏远的地区，办理抵押物登记会有一定困难，因此，本条规定浮动抵押权自合同生效时设立，未经登记不得对抗善意第三人。也就是说，浮动抵押权不以登记为生效条件，而是自合同生效时设立，合同生效后，即使当事人没有办理登记，债务人不履行债务时，抵押权人仍然可以就实现抵押权的价款优先受偿。但是，办理与不办理抵押物登记的法律后果是不同的,如果未办理抵押登记,浮动抵押的财产被再次设定抵押权的,后位的已登记的抵押权人,只要不知道也不应当知道该财产已被抵押的事实,就可以就该抵押财产优先于前位抵押权人受偿。为了保护自己的合法权益,浮动抵押权人还是应当办理抵押登记。

3. 对正常经营活动的买受人的保护

浮动抵押权设立后,具有优先受偿的效力,但浮动抵押权不得对抗正常经营活动中已支付合理价款并取得抵押财产的买受人。受到保护的买受人必须符合以下条件:第一,买受的财产是生产设备、原材料、半成品和产品。第二,受保护的主体必须是正常交易活动中的买受人。正常交易活动中的买受人主要包括两种情况:一是在存货融资中,买受出卖人在正常经营过程中出售的已设定担保的存货的人;二是市场交易中的消费者。第三,买受人必须是已支付合理价款并取得了抵押财产。具备这三个条件,抵押财产的买受人可以对抗抵押权人,即买受人可以取得买受的抵押财产而不受抵押权人的追及。

【立法理由】

为适应经济发展的需要,物权法规定了浮动抵押,由于浮动抵押具有不同于固定抵押的特点,已往的法律对此又没有规定,因此,有必要对浮动抵押的生效条件、浮动抵押权的效力等作出规定。

【相关规定】

《俄罗斯联邦民法典》

第三百五十七条第三款 流通商品的抵押人必须备制抵押记录簿,在记录簿上应当记载商品抵押的条件以及截止最后业务之日的可能引起抵押标的组成或者自然形态发生,包括加工在内的一切业务。

《美洲国家动产担保交易示范法》

第四十九条 在让与人的正常经营活动中获取担保物的买受人或受让人免受该担保物上任何担保物权的追及。

担保物权人也不能妨碍担保物权公示后在出租人或许可使用人的正常经营活动中承租人或被许可使用人依租赁合同或许可使用合同所取得的权利。

第一百九十条 订立抵押合同前抵押财产已出租的,原租赁关系不受该抵押权的影响。抵押权设立后抵押财产出租的,该租赁关系不得对抗已登记的抵押权。

【说明】

本条是关于抵押权和租赁权关系的规定。

本条规定了两种情况:一是将已出租的财产抵押。在这种情况下,承租人可以继续使用租赁物,即使实现抵押权,将抵押财产转让给债权人或者第三人,抵押人与承租人之间原有的租赁关系也不当然终止,承租人可以继续享有租赁权。二是将已抵押的财产出租。在这种情况下,如何处理抵押权与租赁权的关系有不同意见:一种意见认为,由于抵押权成立在先,其应当优先于租赁权,租赁权不能对抗抵押权,抵押权实现时租赁权应终止;另一种意见认为,只有在租赁权的存在影响抵押权人的利益时,抵押权才能对抗租赁权,否则抵押权实现时租赁权不消灭。经研究认为,抵押财产办理了登记的,承租人可以从抵押财产登记中查询抵押财产的物上负担情况,既然明知承租的财产有物上负担,就应当承担因实现抵押权而带来的风险。否则,财产抵押后出租仍适用买卖不破租赁的规则,抵押权的效力就会打折扣,就会变得不确定,也会因此失去设立的意义。因此,本条规定"抵押权设立后抵押财产出租的,该租赁关系不得对抗已登记的抵押权"。也就是说,第一,如果将办理了抵押登记的财产出租,实现抵押权后,抵押财产的买受人可以解除原租赁合同,承租人不能要求继续承租抵押的房屋。第二,如果将没有办理登记的抵押财产出租,抵押权就不能对抗租赁权,仍应当适用买卖不破租赁原则。

【立法理由】

以房屋等财产抵押的,在设定抵押权前,有时该财产上已存在租赁法律关系。比如甲将房屋抵押给乙前,已将该房屋出租给丙使用。这种事先存在的租赁关系是否继续有效呢?从理论上讲,财产租赁属于债权的范畴,根据物权优先于债权的原则,财产所有权人将已出租的财产转让给第三人的,第三人取得财产所有权的同时,承租人的租赁权即归于消灭。承租人可以要求出租人承担债务不履行的责任,但不能向抵押财产的买受人要求继续履行租赁合同,因为承租人与买受人之间不存在租赁合同关系。但是,随着社会经济的发展,为了保护承租人尤其是不动产承租人的利益,维护社会稳定,现代各国民法都逐渐采取了增强租赁权效力的做法,将"买卖击破租赁"规则转为"买卖不破租赁"规则,即租赁关系成立后,即使出租人将出租物转卖给第三人,该原已存在的租赁关系仍对买受人有效,承租人仍然可以向受让人主张租赁权,受让人取得的是一项有租赁权负担的财产所有权。《中华人民共和国担保法》和《中华人民共和国合同法》也采取了"买卖不破租赁"的规则,《中华人民共和国担保法》第 48 条明确规定:"抵押人将已出租的财产抵押的,应当书面告知承租人,原租赁合同继续有效。"《中华人民共和国合同法》第229条规定:"租赁物在租赁期间发生所有权变动的,不影响租赁合同的效力。"物权立法过程中有的同志提出,"买卖不破租赁"是处理所有权与租赁权的基本原则,抵押人将已出租的财产抵押的,不论是否告知承租人,原租赁合同都是有效的,因此,物权法没有必要规定"告知承租人"。有的同志提出,实践中不仅有抵押人将出租的财产抵押,也经常发生将抵押的财产出租的情形,我国担保法对此没有规定,物权法应当予以完善。经研究,物权法采纳了上述意见。

【相关规定】

《中华人民共和国担保法》

第四十八条 抵押人将已出租的财产抵押的,应当书面告知承租人,原租赁合同继续有效。

《意大利民法典》

第二千八百一十二条 在抵押权登记后登记设立的地役权不能对抗已设定抵押的债权人,抵押权人得如同没有地役权约束地拍卖该财产。该规定适用于用益权、使用权和房屋使用权。在抵押物上设定的诸权利随着土地的变卖而消灭,且上述权利人得对变卖的收益主张权利,并优先于在这些权利登记后登记的抵押权而得到清偿。

《日本民法典》

第六百零五条 不动产租赁实行登记后,对以后就该不动产取得物权者,亦发生效力。

第一百九十一条 抵押期间,抵押人经抵押权人同意转让抵押财产的,应当将转让所得的价款向抵押权人提前清偿债务或者提存。转让的价款超过债权数额的部分归抵押人所有,不足部分由债务人清偿。

抵押期间,抵押人未经抵押权人同意,不得转让抵押财产,但受让人代为清偿债务消灭抵押权的除外。

【说明】

本条是关于抵押期间转让抵押财产的规定。

本条对转让抵押财产作了两方面规定:一是抵押期间,抵押人转让抵押财产的,应当经抵押权人同意,而不是如担保法规定的仅仅通知抵押权人并告知受让人;同时,要将转让所得的价款向抵押权人提前清偿债务或者提存。二是抵押期间,未经抵押权人同意,不得转让抵押财产。除非受让人代为向抵押权人偿还了债务消灭了抵押权。按照本条的制度设计,转让抵押财产,必须消除该财产上的抵押权。既然买受人取得的是没有物上负担的财产,也就不再有物上追及的问题。物权法这样规定的主要理由是:第一,财产抵押实际是以物的交换价值担保,抵押物转让,交换价值已经实现。以交换所得的价款偿还债务,消灭抵押权,可以减少抵押物流转过程中的风险,避免抵押人利用制度设计的漏洞取得不当利益,更好地保护抵押权人和买受人的合法权益。第二,担保法规定转让抵押财产的应当通知抵押权人并告知受让人,也就是说,只要是通知了抵押权人并告知了受让人,抵押权人就不能阻止抵押人的转让行为,而只能在转让抵押物的价款明显低于其价值时,要求抵押人提供相应的担保。但抵押财产的价值是随着市场价格波动的,抵押财产的价值是否明显过低难以作出准确判断,与其为抵押权的实现留下不确定因素,不如在转让抵押财产时,就将转让所得的价款向抵押权人提前清偿或者提存。第三,现实中往往是在实现抵押权时才发现未通知抵押权人已转让了抵押财产的情况或者未告知受让人该财产已设置抵押的情况,此时即使宣告转让合同无效,转让的财产可能也已无法追回。而转让抵押财产前就取得抵押权人同意,可以防止以后出现的一系列麻烦,节省经济运行的成本,减少纠纷。

一般说来,抵押人转让抵押财产的所得的价款不可能完全与其担保的债权数额一致,当抵押财产价款超过债权数额时,超过的部分,应当归抵押人所有;不足的部分由债务人清偿。也就是说,如果抵押人为债务人以外的第三人时,抵押人不再承担责任,其余债权由债务人偿还。

【立法理由】

《中华人民共和国担保法》第49条规定:"抵押期间,抵押人转让已办理登记的抵押物的,应当通知抵押权人并告知受让人转让物已经抵押的情况;抵押人未通知抵押权人或者未告知受让人的,转让行为无效。转让抵押物的价款明显低于其价值的,抵押权人可以要求抵押人提供相应的担保;抵押人不提供的,不得转让抵押物。抵押人转让抵押物所得的价款,应当向抵押权人提前清偿所担保的债权或者向与抵押权人约定的第三人提存。超过债权数额的部分,归抵押人所有,不足部分由债务人清偿。"对这一规定有不同意见,一种意见认为,抵押权是不转移财产占有的物权,抵押期间抵押人不丧失对物的占有、使用、收益和处分的权利,因此,不应限制抵押人转让抵押财产,而应规定,抵押人转让抵押财产的,抵押权人对转让的抵押财产具有物上追及的法律效力。比如,甲向乙借款时,为担保借款的偿还将房屋抵押给了乙,之后又将该房屋卖给了丙,如果债务履行期间届满甲没有向乙归还借款,乙有权拍卖或者变卖丙所购买的房屋,并就拍卖或者变卖所得的价款优先受偿。允许转让抵押财产,有利于发挥物的效用。另一种意见认为,转让抵押财产会加重抵押权人和抵押财产的买受人的风险。比如,抵押人转让已抵押但没有办理抵押登记的汽车,买受人根据善意取得的规定取得该汽车所有权的同时,抵押权消灭,抵押权就无法实现了。又比如,转让负有抵押权的财产,抵押权人有权就受让人买受的抵押财产实现抵押权,就可能出现买受人因实现抵押权而丧失买受的抵押财产,又无法从抵押人处取回已支付的转让价款的情况。为了维护抵押权人和抵押财产买受人的合法权益,应对抵押财产的转让作限制性规定。经研究决定,物权法在担保法规定的基础上,对转让抵押财产作了更严格的限制性规定。

【相关规定】

《中华人民共和国担保法》

第四十九条　抵押期间,抵押人转让已办理登记的抵押物的,应当通知抵押权人并告知受让人转让物已经抵押的情况;抵押人未通知抵押权人或者未告知受让人的,转让行为无效。

转让抵押物的价款明显低于其价值的,抵押权人可以要求抵押人提供相应的担保;抵押人不提供的,不得转让抵押物。

抵押人转让抵押物所得的价款,应当向抵押权人提前清偿所担保的债权或者向与抵押权人约定的第三人提存。超过债权数额的部分,归抵押人所有,不足部分由债务人清偿。

《中华人民共和国民用航空法》

第十七条　民用航空器抵押权设定后,未经抵押权人同意,抵押人不得将被抵押民用航空器转让他人。

《意大利民法典》

第二千八百五十八条　对其取得的权利证书进行了登记并且没有承担向抵押债权人亲自履行义务的抵押权财产的第三受让人,在不愿意向登记债权人履行给付的情况下,得委付该财产或者按照本节第十二分节的规定请求解除抵押权。当未发生前述情况时,根据民事诉讼法典的规定将其财产强制转移。

《日本民法典》

第三百七十八条　就抵押不动产买受所有权或地上权的第三人,应抵押权人的请求,对其清偿了代价后,抵押权为该第三人而消灭。

第三百七十九条　就抵押不动产取得所有权、地上权或永佃权的第三人，可以依第三百八十三条的规定，向抵押权人支付或提存得到抵押权人承诺的金额，而涤除抵押权。

《加拿大魁北克民法典》
第二千七百五十一条　无论财产辗转于何人之手，债权人均可对之实行担保物权。

我国台湾地区"民法"
第八百六十七条　不动产所有人设定抵押权后，得将不动产让与他人。但其抵押权不因此而受影响。

我国台湾地区"动产担保交易法"
第十七条第三款　第三人善意有偿取得抵押物者，经抵押权人追踪占有后，得向债务人或者受款人请求损害赔偿。

第一百九十二条　抵押权不得与债权分离而单独转让或者作为其他债权的担保。债权转让的，担保该债权的抵押权一并转让，但法律另有规定或者当事人另有约定的除外。

【说明】

本条是关于抵押权转让或者作为其他债权担保的规定。本条规定"抵押权不得与债权分离而单独转让或者作为其他债权的担保"。这一规定延续了我国担保法的规定，一些国家和地区的民法中也有类似的规定。根据这一规定，抵押权的转让或者以抵押权为其他债权设定担保，应当与抵押权所担保的债权一同进行。抵押权人转让抵押权的，抵押权应当与其所担保的债权一同转让；抵押权人以抵押权向他人提供担保的，抵押权应当与其所担保的债权一同向他人提供担保。

本条还规定，"债权转让的，担保该债权的抵押权一并转让"。关于这一规定，本条还有一项但书规定："但法律另有规定或者当事人另有约定的除外。""法律另有规定"，例如，本法第204条规定，最高额抵押担保的债权确定前，部分债权转让的，最高额抵押权不得转让。"当事人另有约定"，既可以是抵押权人在转让债权时，与受让人约定，只转让债权而不转让担保该债权的抵押权，这种情形大多发生在债权的部分转让时；也可以是第三人专为特定的债权人设定抵押的，该第三人与债权人约定，被担保债权的转让未经其同意的，抵押权因债权的转让而消灭。

【立法理由】

作为担保物权的一种,抵押权以其所担保的债权存在为前提,没有债权,就不可能有抵押权,抵押权失去了债权,也就失去了存在的意义。由于抵押权不具有独立存在的特性,因此本条规定"抵押权不得与债权分离而单独转让或者作为其他债权的担保"。这里所讲的抵押权不得与债权分离而单独转让,是指抵押权人不得将抵押权单独让与他人而自己保留债权。例如,甲向乙借款100万元,以价值120万元的房屋抵押担保债务的履行,乙不能仅将该房屋的抵押权转让给丙而不转让债权,由于抵押权就其担保的债权而言所具有的附随性,没有债权,丙得到的抵押权是空的,是没有价值的。同样道理,抵押权人也不得单独将抵押权作为其他债权的担保而自己保留债权,抵押权只有在与其所担保的债权一同作为其他债权的担保时才有意义。

由于抵押权具有附随性,被担保的债权转让的,抵押权应当随被担保债权的转让而移转于受让人,除非法律另有规定或者当事人另有约定。

【相关规定】

《中华人民共和国合同法》

第八十一条 债权人转让权利的,受让人取得与债权有关的从权利,但该从权利专属于债权人自身的除外。

《中华人民共和国担保法》

第五十条 抵押权不得与债权分离而单独转让或者作为其他债权的担保。

《德国民法典》

第一千一百五十三条 (1)随同债权的移转,抵押权移转于新债权人。
(2)债权不得不随抵押权移转,抵押权不得不随债权移转。

第一百九十三条 抵押人的行为足以使抵押财产价值减少的,抵押权人有权要求抵押人停止其行为。抵押财产价值减少的,抵押权人有权要求恢复抵押财产的价值,或者提供与减少的价值相应的担保。抵押人不恢复抵押财产的价值也不提供担保的,抵押权人有权要求债务人提前清偿债务。

【说明】

本条是关于抵押财产价值减少时如何处理的规定。抵押人的行为可能使抵押财产价值减少的,抵押权人有权要求抵押人停止其行为。如要求抵押人停止砍伐林木或者拆除房屋,加紧房屋修缮或者对车辆定期保养。抵押人对抵押权人的要求不予理睬、不停止其行为的,抵押权人可以请求人民法院强制抵押人停止其侵害行为。

实践中,很多时候,即使抵押人停止其行为,也已造成抵押财产价值减少,使抵押权人的利益受到损害,对此,抵押权人有权要求抵押人恢复抵押财产的价值,如将破旧的房屋修缮好,将损坏的车辆修理好。抵押财产的价值难以恢复或者恢复的成本过高的,抵押权人也可以要求抵押人提供与减少的价值相应的担保,如抵押人砍伐的林木价值约为10万元,抵押权人有权要求抵押人提供价值相当于10万元的新的抵押财产或者质押财产,或者由第三人对这10万元的债务提供保证担保。经抵押权人要求,抵押人不恢复抵押财产的价值也不提供担保的,抵押权人为保护自己的利益,防止抵押财产的价值进一步减少,有权要求债务人提前清偿债务。

【立法理由】

抵押权设立后,抵押权人并不实际占有抵押财产,抵押财产仍由抵押人占有、使用和收益,在抵押期间,有可能由于抵押人的行为致使抵押财产价值减少,损害抵押权人的利益。抵押权是为抵押权人的利益设定的,当抵押人的行为侵害抵押权人的利益时,法律应当给予抵押权人保全抵押财产价值、维护抵押担保效力的权利。

【相关规定】

《中华人民共和国担保法》

第五十一条　抵押人的行为足以使抵押物价值减少的,抵押权人有权要求抵押人停止其行为。抵押物价值减少时,抵押权人有权要求抵押人恢复抵押物的价值,或者提供与减少的价值相当的担保。

抵押人对抵押物价值减少无过错的,抵押权人只能在抵押人因损害而得到的赔偿范围内要求提供担保。抵押物价值未减少的部分,仍作为债权的担保。

我国台湾地区"民法"

第八百七十一条　抵押人之行为足使抵押物之价值减少者,抵押权人得请求停止其行为,如有急迫情事,抵押权人得自为必要之保全处分。因前项请求或处分所生之费用,由抵押人负担。

第八百七十二条　抵押物价值减少时,抵押权人得请求抵押人恢复抵押物之原状,或提出与减少价额相当之担保。

第一百九十四条　抵押权人可以放弃抵押权或者抵押权的顺位。抵

押权人与抵押人可以协议变更抵押权顺位以及被担保的债权数额等内容,但抵押权的变更,未经其他抵押权人书面同意,不得对其他抵押权人产生不利影响。

债务人以自己的财产设定抵押,抵押权人放弃该抵押权、抵押权顺位或者变更抵押权的,其他担保人在抵押权人丧失优先受偿权益的范围内免除担保责任,但其他担保人承诺仍然提供担保的除外。

【说明】

本条是关于抵押权人放弃抵押权、抵押权的顺位以及变更抵押权的规定。抵押权人可以放弃抵押权从而放弃其债权就抵押财产优先受偿的权利。抵押权人不行使抵押权或者怠于行使抵押权的,不得推定抵押权人放弃抵押权。抵押权人放弃抵押权,不必经过抵押人的同意。

抵押权的顺位是抵押权人优先受偿的顺序,抵押权人可以放弃其顺位,即放弃优先受偿的次序利益。抵押权人放弃抵押权顺位的,放弃人处于最后顺位,所有后顺位抵押权人的顺位依次递进。但在放弃人放弃抵押权顺位后新设定的抵押权不受该放弃的影响,其顺位仍应在放弃人的抵押权顺位之后。

抵押权人与抵押人可以协议变更抵押权的顺位以及被担保的债权数额等内容。所谓抵押权顺位的变更,是指将同一抵押财产上的数个抵押权的清偿顺序互换。抵押权的顺位变更后,各抵押权人只能在其变更后的顺序上行使优先受偿权。抵押权的变更,未经其他抵押权人书面同意,不得对其他抵押权人产生不利影响,否则变更无效。

本条第2款规定,债务人以自己的财产设定抵押,抵押权人放弃该抵押权、抵押权顺位或者变更抵押权的,其他担保人在抵押权人丧失优先受偿权益的范围内免除担保责任,但其他担保人承诺仍然提供担保的除外。这里的"其他担保人"既包括为债务人担保的保证人,也包括提供抵押、质押担保的第三人。

【立法理由】

抵押权作为抵押权人享有的一项权利,抵押权人可以放弃抵押权。抵押权的顺位作为抵押权人享有的一项利益,抵押权人也可以放弃其顺位。

对抵押权顺位以及被担保的债权数额等内容的变更,如果在同一抵押财产上还有其他抵押权人的,可能对这些抵押权人产生不利的影响,例如,当事人协议将第三顺位的抵押权变更为第一顺位的,那么就会影响原第一顺位与第二顺位抵押权的实现,甚至使他们完全得不到清偿。为了保护同一财产上其他抵押权人的合法利益,因此本条特别规定"抵押权的变更,未经其他抵押权人书面同意,不得对其他抵押权人产生不利影响"。

债务人以自己的财产设定抵押,抵押权人放弃该抵押权、抵押权顺位或者变更抵押权的,为什么在抵押权人丧失优先受偿权益的范围内免除其他担保人的担保责任呢?现以同一债权既有以债务人自己的财产作抵押担保又有保证担保的情形为例,对这一规定作一说明:被担保的债权既有物的担保又有人的担保,当债务人不履行到期债务或者发生当事人约定的实现物的担保的情形时,如果债务人是以自己的财产提供物的担保的,债权人应当先就该物的担保实现债权。根据这一规定,只要是债务人以自己的财产设定抵押的,无论该抵押是担保主债权的全部还是部分,都要首先行使抵押权来实现债权。如果因行使抵押权而实现了全部债权,那么保证人就不用承担保证责任了;如果行使了抵押权却只实现了部分债权,那么保证人就只对未实现的那部分债权承担保证责任。也就是说,在这种情形下,保证人是就债权人行使抵押权优先受偿而仍不能受偿的债权余额承担保证责任。如果抵押权人放弃该抵押权、抵押权的顺位或者变更抵押权而使其失去优先受偿的权利或者减少优先受偿的范围,那么因债权人丧失优先受偿的权益而未能受偿的债权,就要由保证人来承担保证责任,这就会加大保证人的保证责任。这种因抵押权人的行为就加重保证人保证责任的现象,是不合理的。为了避免发生这种现象,保护保证人等其他担保人的合法利益,本法特别规定,其他担保人在抵押权人丧失优先受偿权益的范围内免除担保责任。但如果其他担保人承诺仍然提供担保的,其担保责任不予免除。

【相关规定】

《中华人民共和国担保法》

第二十八条 同一债权既有保证又有物的担保的,保证人对物的担保以外的债权承担保证责任。

债权人放弃物的担保的,保证人在债权人放弃权利的范围内免除保证责任。

《不动产登记暂行条例实施细则》

第六十八条 有下列情形之一的,当事人应当持不动产权属证书、不动产登记证明、抵押权变更等必要材料,申请抵押权变更登记:

(一)抵押人、抵押权人的姓名或者名称变更的;

(二)被担保的主债权数额变更的;

(三)债务履行期限变更的;

(四)抵押权顺位变更的;

(五)法律、行政法规规定的其他情形。

因被担保债权主债权的种类及数额、担保范围、债务履行期限、抵押权顺位发生变更申请抵押权变更登记时,如果该抵押权的变更将对其他抵押权人产生不利影响的,还应当提交其他抵押权人书面同意的材料与身份证或者户口簿等材料。

第七十条 有下列情形之一的,当事人可以持不动产登记证明、抵押权消灭的材料等必要材料,申请抵押权注销登记:

(一)主债权消灭;

(二)抵押权已经实现;

(三)抵押权人放弃抵押权;

(四)法律、行政法规规定抵押权消灭的其他情形。

《德国民法典》

第七百七十六条 1. 债权人抛弃其附属于债权的优先权、对债权存在的抵押权或船舶抵押权、质权或对共同保证人的权利时,保证人在因其抛弃权利依第774条规定所得请求偿还的限度内,免除其责任。

2. 抛弃的权利虽在承担保证责任后成立者,亦同。

第一千一百六十八条 抵押权的抛弃应以意思表示向土地登记所或所有人为之,并应在土地登记簿册中登记。

第一百九十五条 债务人不履行到期债务或者发生当事人约定的实现抵押权的情形,抵押权人可以与抵押人协议以抵押财产折价或者以拍卖、变卖该抵押财产所得的价款优先受偿。协议损害其他债权人利益的,其他债权人可以在知道或者应当知道撤销事由之日起一年内请求人民法院撤销该协议。

抵押权人与抵押人未就抵押权实现方式达成协议的,抵押权人可以请求人民法院拍卖、变卖抵押财产。

抵押财产折价或者变卖的,应当参照市场价格。

【说明】

本条是关于抵押权实现的条件、方式和程序的规定。本条对抵押权人实现抵押权的条件作出了规定:一是债务履行期间届满,债务人不履行债务;二是发生了当事人约定的实现抵押权的情形。满足上述任一条件,抵押权人就可以依照本条规定的方式和程序处理抵押财产以实现其债权。其中第二个条件,即"发生当事人约定的实现抵押权的情形"是本法新增加的规定。

债务人不履行到期债务或者发生当事人约定的实现抵押权的情形的,抵押权人可以与抵押人就如何处理抵押财产进行协商,如果双方达成协议,就可以按照协议的方式实现抵押权。本条提供了折价、拍卖和变卖三种方式供抵押权人与抵押人协议时选择。抵押财产折价或者变卖的,应当参照市场价格。

如果抵押权人与抵押人的协议损害其他债权人利益的,其他债权人可以在知道或者应当知道撤销事由之日起1年内请求人民法院撤销该协议。这里规定的"一年"是一个不变期间,不得中止、中断。

抵押权人与抵押人未就抵押权实现方式达成协议的,根据本条规定,抵押权人可以请求人民法院拍卖、变卖抵押财产。

【立法理由】

本条规定为什么允许当事人约定实现抵押权的情形呢?现以浮动抵押为例加以说明:根据本法规定,浮动抵押是以抵押人现有的以及将有的动产作抵押,抵押期间,抵押人在正常经营范围内可以自由处分其动产,债务人到期不履行债务的,抵押权人是以实现抵押权时的动产优先受偿。如果只允许抵押权人在债务人到期不履行债务时才能实现抵押权,可能会由于抵押人在经营过程中的非正常经营行为或者恶意的行为,甚至是正常经营行为,造成抵押权实现时抵押财产大量减少,无法对抵押权人的债权起到担保作用,从而损害抵押权人的利益。允许抵押权人与抵押人约定提前实现抵押权的条件,抵押权人就可以在抵押合同中对抵押人的某些行为进行约束,一旦抵押人违反约定从事了这些行为,抵押权人就可以提前实现抵押权。例如,A 企业以其仓库中现有及将有的所有产品设定浮动抵押向 B 银行贷款,B 银行为确保抵押财产在实现抵押权时能够达到一定的数量,以起到担保其债权的作用,可以与 A 企业在抵押合同中约定,A 企业不得以其库存的产品从事关联交易或者低价交易,不得以低于市场价格一定比例的价格出售库存的产品,一旦出售价格低于约定的比例,B 银行即可提前实现抵押权。

抵押权人与抵押人协议处理抵押财产时,可能涉及抵押人的其他债权人的利益,如果抵押财产折价过低或者拍卖、变卖的价格远低于市场价格,如一套抵押住房的市场价格为 100 万元,抵押权人与抵押人却仅以 50 万元的价格协议变卖,在该抵押权人就变卖所得价款优先受偿后,可供后顺位的抵押权人以及其他债权人实现其债权的数额就会大大减少。为保障其他债权人的利益,本条规定,抵押权人与抵押人的协议损害其他债权人利益的,其他债权人可以在知道或者应当知道撤销事由之日起1年内请求人民法院撤销该协议。

关于在抵押权人与抵押人未就实现抵押权达成协议的情况下,如何实现抵押权的问题,《中华人民共和国担保法》第53条规定,"协议不成的,抵押权人可以向人民法院提起诉讼"。本法起草过程中,不少人提出,要求抵押权人向人民法院提起诉讼以实现抵押权的规定使得抵押权的实现程序变得复杂而且漫长,有时抵押权需要一两年才能实现。建议为使抵押权的实现程序更加简便,应当允许抵押权人在协议不成的情况下,直接向人民法院申请拍卖、变卖抵押财产。经过研究,笔者认为,抵押权人与抵押人未就实现抵押权达成协议,主要有两种情形:一是双方就债务履行期届满债权未受清偿的事实没有异议,只是就采用何种方式来处理抵押财产的问题达不成一致意见;二是双方在债务是否已经履行以及抵押权本身的问题上存在争议,如双方对抵押合同的有关条款或者抵押权的效力问题存在争议,这些问题实际上是实现抵押权的前提条件,双方对此发生争议,也就根本谈不上协议以何种方式实现抵押权了。对于第一种情形,即抵押权人与抵押人仅就抵押权实现方式未达成协议的,为了简便抵押权的实现程序,本条规定,抵押权人可以直接请求人民法院拍卖、变卖抵押财产。对于第二种情形,抵押权人仍应当采取向人民法院提起诉讼的方式解决。

【相关规定】

《中华人民共和国担保法》

第五十三条第一款　债务履行期届满抵押权人未受清偿的,可以与抵押人协议以抵押物折价或者以拍卖、变卖该抵押物所得的价款受偿;协议不成的,抵押权人可以向人民法院提起诉讼。

《荷兰民法典》

第二百六十七条　抵押合同可以约定,如果抵押人严重地不履行其对抵押权人的义务,并且经地区法院临时裁判法官授权,则抵押权人有权接管抵押财产。抵押合同也可以约定为达到执行目的,抵押权人有权将抵押财产置于其控制下。抵押权人只有在明示约定的情况下才享有上述权利。

《加拿大魁北克民法典》

第二千七百四十八条　当债务人违约且债权已确定并可请求时,债权人可以通过以下方式实行其担保物权:基于管理的目的而占有担保物;以物抵债;通过司法机关变卖或自行变卖。

第一百九十六条　依照本法第一百八十一条规定设定抵押的,抵押

财产自下列情形之一发生时确定:
(一)债务履行期届满,债权未实现;
(二)抵押人被宣告破产或者被撤销;
(三)当事人约定的实现抵押权的情形;
(四)严重影响债权实现的其他情形。

【说明】

本条是关于以债务人现有的以及将有的动产抵押的,在什么情形下抵押财产确定的规定。依照本条的规定,抵押财产确定的情形有以下四种:

(1)债务履行期届满,债权未受清偿的,抵押财产确定。这种情况下,无论抵押权人是否向抵押人提出实现抵押权的要求,抵押财产均应确定,自债务履行期届满之日起,抵押人不得再处分抵押财产。

(2)抵押人被宣告破产或者被撤销的,抵押人停止营业,进入清算程序,由于其财产不再发生变动,抵押财产随之确定,抵押权人对抵押财产享有优先受偿的权利。

(3)发生当事人约定的实现抵押权的情形的,抵押财产确定。前面讲过,抵押权人为保障自己的债权得到清偿,可以与抵押人约定提前实现抵押权的情形,如约定抵押人用于抵押的库存的产品数量低于库存总量的一定比例为提前实现抵押权的情形。当事人约定了实现抵押权的情形的,一旦发生了该情形,抵押财产即被确定,抵押权人可以要求实现抵押权。

(4)发生严重影响债权实现的其他情形的,抵押财产确定。严重影响债权实现的情形,范围比较广泛,既可以是因经营不善导致抵押人经营状况恶化或者严重亏损;也可以是因抵押人放弃其到期债权、无偿转让财产或者以明显不合理的低价转让财产,致使其财产明显减少;还可以是抵押人为逃避债务而隐匿、转移财产。抵押人有上述行为,严重影响债权实现的,抵押权人为确保抵押财产达到一定的数额,以起到担保其债权优先受偿的作用,可以向抵押人要求确定抵押财产,实现抵押权。

本条规定的四种情形为抵押财产确定的法定情形,发生其中任一情形的,自该情形发生时浮动抵押即转化为固定抵押,抵押财产确定,抵押人不得再处分抵押财产,抵押权人可以依法实现抵押权。

【立法理由】

本条是专门针对浮动抵押增加的规定。浮动抵押区别于固定抵押的一个重要特征就是抵押设立时抵押财产的范围不确定,浮动抵押设定后,抵押人仍然有权继续占有、经营管理并自由处分其财产,这样就使抵押财产不固定,在抵押期间不断发生变化。但是,当抵押权人需要行使抵押权时,抵押财产应当是确定的,只有抵押财产被确定,抵押权人才能将抵押财产折价或者拍卖、变卖以实现抵押权,抵押财产的确定是抵押权实现的前提条件。因此,本法有必要对抵押财产在什么情形下被确定作出规定。

【相关规定】

《法国民法典》

第一千一百八十八条　如债务人破产,或债务人因其行为减少依契约对债权人所提供的担保时,债务人不得要求期限的利益。

《日本民法典》

第一百三十七条　于下列各项情形,债务人不得主张期限利益:

1. 债务人受破产宣告时;
2. 债务人毁灭或减少担保物时;
3. 债务人负提供担保义务而不予提供时。

第一百九十七条　债务人不履行到期债务或者发生当事人约定的实现抵押权的情形,致使抵押财产被人民法院依法扣押的,自扣押之日起抵押权人有权收取该抵押财产的天然孳息或者法定孳息,但抵押权人未通知应当清偿法定孳息的义务人的除外。

前款规定的孳息应当先充抵收取孳息的费用。

【说明】

本条是关于抵押财产孳息的规定。抵押财产的孳息,是指由抵押财产而产生的收益。孳息分为天然孳息和法定孳息,天然孳息指物依照自然规律产生的收益,如树木结的果实、牲畜产的幼畜;法定孳息指依照法律关系产生的收益,如出租人有权收取的租金、贷款人依法所得的利息。本条规定,债务人不履行到期债务或者发生当事人约定的实现抵押权的情形,致使抵押财产被人民法院依法扣押的,自扣押之日起抵押权人有权收取该抵押财产的天然孳息和法定孳息。抵押权人收取抵押财产的孳息必须具备两个条件:① 必须是抵押财产被扣押后,抵押权人才能收取其孳息;② 抵押财产被扣押后,抵押权人已经通知应当给付法定孳息的义务人。

由于收取孳息可能要付出一些费用,如收取果实的劳务费,这些费用应当首先得到满足,也就是说,孳息应当先充抵收取孳息的费用,再用于清偿抵押权人的债权。

【立法理由】

抵押权设立后,抵押财产的占有权、使用权和收益权仍由抵押人行使,因抵押财产的使用而产生的孳息应当归抵押人所有,抵押权的效力不及于该孳息。但是,债务人不履行到期债务或者发生当事人约定的实现抵押权的情形,因抵押权人行使抵押权致使抵押财产被人民法院依法扣押的,如果抵押财产的孳息仍为抵押人收取,则会使抵押人为收取孳息而拖延处理抵押财产,不利于保护抵押权人的利益。此时剥夺抵押人对抵押财产孳息的收取权,有利于抵押权人顺利实现抵押权。因此,本条规定,抵押财产被人民法院扣押的,抵押权的效力及于抵押财产的孳息,自扣押之日起抵押权人有权收取该抵押财产的天然孳息和法定孳息。但抵押财产被扣押的,抵押权人应当通知给付法定孳息的义务人。因为法定孳息如租金的取得,取决于义务人的给付行为,通常情况下义务人负有向抵押人给付孳息的义务,如果抵押权人未将扣押事实通知义务人,义务人就无法将孳息交付给抵押权人,抵押权的效力也就无法及于该孳息。

【相关规定】

《中华人民共和国担保法》

第四十七条　债务履行期届满,债务人不履行债务致使抵押物被人民法院依法扣押的,自扣押之日起抵押权人有权收取由抵押物分离的天然孳息以及抵押人就抵押物可以收取的法定孳息。抵押权人未将扣抵抵押物的事实通知应当清偿法定孳息的义务人的,抵押权的效力不及于该孳息。

前款孳息应当先充抵收取孳息的费用。

我国台湾地区"民法"

第八百六十三条　抵押权之效力,及于抵押物扣押后由抵押物分离之天然孳息。

第八百六十四条　抵押权之效力,及于抵押物扣押后抵押人得收取之法定孳息。但抵押权人,非以扣押抵押物之事情,通知应清偿法定孳息之义务人,不得与之对抗。

第一百九十八条　抵押财产折价或者拍卖、变卖后,其价款超过债权数额的部分归抵押人所有,不足部分由债务人清偿。

【说明】

本条是关于抵押财产变现后,其价款超过债权数额或者不足清偿债权时如何处理的规定。根据本条规定,抵押财产折价或者拍卖、变卖后,其价款超过债权数额的部分归抵押人所有,不足部分由债务人清偿。例如,甲向乙贷款100万元,丙用自己的一套住房为甲作抵押担保,甲到期无力偿还债务时,乙与丙协议将该套住房变卖,如果变卖所得为120万元,清偿乙的债权后,剩余的20万元归丙所有;如果变卖所得为80万元,偿还给乙后,不足的20万元应当由甲清偿。

【立法理由】

抵押财产按照本法规定的方式和程序折价或者拍卖、变卖后,所变现的价款可能超出其所担保的债权数额或者不足清偿债务。抵押财产作为债权的担保,仅以最终实现债权为目的,因此,其折价或者拍卖、变卖所得的价款超过债权数额的部分,由于债权已经得到清偿,应当归抵押财产的原所有人即抵押人所有;如果其价款还不足以清偿债务,由于抵押人已就其抵押财产承担了担保责任,不足的部分应当由债务人清偿。

【相关规定】

《中华人民共和国担保法》

第五十三条第二款　抵押物折价或者拍卖、变卖后,其价款超过债权数额的部分归抵押人所有,不足部分由债务人清偿。

《俄罗斯联邦民法典》

第三百五十条　如果拍卖抵押物之所得不足以清偿抵押权人的债权时,在法律或者合同没有不同规定时,他有权从债务人的其他财产中得到清偿,但不享有基于抵押的优先权。

如果拍卖抵押物的所得高于被担保的债权,应将差额返还抵押人。

第一百九十九条　同一财产向两个以上债权人抵押的,拍卖、变卖抵押财产所得的价款依照下列规定清偿:

(一)抵押权已登记的,按照登记的先后顺序清偿;顺序相同的,按照债权比例清偿;

(二)抵押权已登记的先于未登记的受偿;

(三)抵押权未登记的,按照债权比例清偿。

【说明】

本条是关于同一财产向两个以上债权人抵押的,数个抵押权清偿顺序的规定。根据本条的规定,同一财产向两个以上债权人抵押的,拍卖、变卖抵押财产所得的价款按照以下原则清偿:

（1）抵押权已登记的，按照登记的先后顺序清偿；顺序相同的，按照债权比例清偿。第一顺序抵押登记的被担保债权，就拍卖、变卖抵押财产的价款优先受偿，处于第二顺序的，只能就剩余的部分受偿，依此类推。如果抵押权登记的时间相同，也就是抵押权登记的顺序相同，那么就按照各担保债权的比例来清偿，所占比例大的，多受清偿。

（2）抵押权已登记的先于未登记的受偿。这一原则是针对动产抵押而言的，因为在不动产抵押中，未办理抵押登记的，不发生抵押权的效力，也就不会发生未登记的抵押权与已登记的抵押权之间清偿顺序的问题。

（3）抵押权未登记的，按照债权比例清偿。这一原则也是针对动产抵押而言的。这一原则与《中华人民共和国担保法》的规定不同，《中华人民共和国担保法》第54条第（二）项规定，抵押物未登记的，按照抵押合同生效时间的先后顺序清偿，顺序相同的，按照债权比例清偿。根据本法第178条"担保法与本法的规定不一致的，适用本法"的规定，《中华人民共和国担保法》的上述规定不再适用。

【立法理由】

关于抵押权生效的原则，本法区分不动产和动产抵押，作了不同规定。以不动产抵押的，应当办理抵押登记，抵押权自登记时发生效力。以动产抵押的，抵押权自抵押合同生效时发生效力；未经登记，不得对抗善意第三人。本条第（一）项规定的按照抵押权登记的先后顺序清偿债权的原则，既适用于以登记为抵押权生效要件的不动产抵押，也适用于以登记为抵押权对抗要件的动产抵押，即无论是不动产抵押还是动产抵押，数个抵押权都已登记的，都按照登记的先后顺序清偿。以抵押权登记的先后顺序为标准清偿抵押债权是世界各国或地区抵押担保制度中的一般规则。

关于抵押权已登记的先于未登记的受偿。根据本法的规定，动产抵押权无论是否办理登记都自抵押合同生效时发生效力。但是，当事人是否办理抵押登记，在法律效力上还是有差别的，办理抵押登记的，抵押权人可以对抗第三人；未登记的，不得对抗善意第三人。这样规定主要是因为办理抵押登记的，其他债权人就可以通过查阅登记资料知道该财产已经设定抵押的情况，公示性较强；而没有办理抵押登记的，其他债权人一般很难知道该财产是否已经设定了抵押，所以法律给予已登记的抵押权以特别的保护，在清偿顺序问题上，本法作出抵押权已登记的先于未登记的受偿的规定。

关于抵押权未登记的，按照债权比例清偿。前面已经讲到，本法规定未经登记的动产抵押权不具有对抗善意第三人的效力。依照这一规定，在同一抵押财产上设定数个抵押权时,各抵押权人互为第三人,如果每一个抵押权都没有办理登记,那么无论各抵押权设立先后,其相互间均不得对抗,因此,各抵押权人对抵押财产拍卖、变卖所得的价款应当享有同等的权利,按照各债权的比例受清偿。

【相关规定】

《中华人民共和国担保法》

第五十四条 同一财产向两个以上债权人抵押的,拍卖、变卖抵押物所得的价款按照以下规定清偿:

(一)抵押合同以登记生效的,按照抵押物登记的先后顺序清偿;顺序相同的,按照债权比例清偿;

(二)抵押合同自签订之日起生效的,该抵押物已登记的,按照本条第(一)项规定清偿;未登记的,按照合同生效时间的先后顺序清偿,顺序相同的,按照债权比例清偿。抵押物已登记的先于未登记的受偿。

《不动产登记暂行条例实施细则》

第六十七条第一款 同一不动产上设立多个抵押权的,不动产登记机构应当按照受理时间的先后顺序依次办理登记,并记载于不动产登记簿。当事人对抵押权顺位另有约定的,从其规定办理登记。

《日本民法典》

第三百七十三条第一款 (一)为担保数个债权,而就同一不动产设定抵押权时,抵押权的顺位,依登记的先后而定。

我国台湾地区"民法"

第八百七十四条 抵押物卖得之价金,按各抵押权人之次序分配之,其次序同者,平均分配之。

第二百条 建设用地使用权抵押后,该土地上新增的建筑物不属于抵押财产。该建设用地使用权实现抵押权时,应当将该土地上新增的建筑物与建设用地使用权一并处分,但新增建筑物所得的价款,抵押权人无权优先受偿。

【说明】

本条是关于以建设用地使用权抵押的特别规定。依照本法的规定,债务人或者第三人有权处分的建设用地使用权可以抵押。以建设用地使用权抵押的,该土地上现有的建筑物一并抵押,抵押人未一并抵押的,未抵押的建筑物视为一并抵押。建设用地使用权抵押后,抵押人仍然有权依法对该土地进行开发,建造建筑物。该土地上新增的建筑物不属于抵押财产。该建设用地使用权实现抵押权时,应当将该土地上新增的建筑物与建设用地使用权一并处分,但新增建筑物所得的价款,抵押权人无权优先受偿。

【立法理由】

建设用地使用权抵押后,对于该土地上新增的建筑物,由于其不在抵押合同约定的抵押财产的范围内,因此不属于抵押财产。

为了实现抵押权,需要处分抵押的建设用地使用权时,如果该土地上已存在建筑物,一般来讲,只有将建筑物与建设用地使用权一并处分,才能实现建设用地使用权现实的使用价值和交换价值。因此,本条规定,需要处分抵押的建设用地使用权实现抵押权时,虽然新增的建筑物不属于抵押财产,仍应当将其与建设用地使用权一并处分。但处分后,由于新增的建筑物不属于抵押财产,处分新增建筑物所得的价款,抵押权人没有优先受偿的权利,只能作为普通债权人行使权利。

【相关规定】

《中华人民共和国担保法》

第五十五条第一款 城市房地产抵押合同签订后,土地上新增的房屋不属于抵押物。需要拍卖该抵押的房地产时,可以依法将该土地上新增的房屋与抵押物一同拍卖,但对拍卖新增房屋所得,抵押权人无权优先受偿。

《中华人民共和国城市房地产管理法》

第五十二条 房地产抵押合同签订后,土地上新增的房屋不属于抵押财产。需要拍卖该抵押的房地产时,可以依法将土地上新增的房屋与抵押财产一同拍卖,但对拍卖新增房屋所得,抵押权人无权优先受偿。

《日本民法典》

第三百八十九条 抵押权设定后,抵押人于抵押地上建造了建筑物时,抵押权人可以将建筑物与土地一起拍卖。但其优先权,只能就土地的代价行使。

第二百零一条 依照本法第一百八十条第一款第三项规定的土地承包经营权抵押的,或者依照本法第一百八十三条规定以乡镇、村企业的厂房等建筑物占用范围内的建设用地使用权一并抵押的,实现抵押权后,未经法定程序,不得改变土地所有权的性质和土地用途。

【说明】

本条是关于以农村土地承包经营权或者乡镇、村企业的建设用地使用权抵押的,其抵押权实现的特别规定。本法第180条第1款第(三)项规定,以招标、拍卖、公开协商等方式取得的荒地等土地承包经营权可以抵押。第183条规定:"乡镇、村企业的建设用地使用权不得单独抵押。以乡镇、村企业的厂房等建筑物抵押的,其占用范围内的建设用地使用权一并抵押。"根据本条规定,以荒地的土地承包经营权或者乡镇、村企业的厂房等建筑物占用范围内的建设用地使用权抵押的,实现抵押权后,未经法定程序不得改变土地所有权的性质和土地用途。

【立法理由】

用于农村土地承包经营的荒地的所有权属于农民集体所有或者国家所有依法由农民集体使用,乡镇、村企业的建设用地属于农民集体所有。为了保护我国农村集体土地,防止农业用地的流失,促进农村经济的发展,农村土地使用权的流转应当坚持土地所有权的性质和土地用途不变的原则。以荒地的土地承包经营权或者乡镇、村企业的厂房等建筑物占用范围内的建设用地使用权抵押的,实现抵押权后,未经法定程序,土地的所有权不得转移,仍归国家所有或者集体所有,也不得擅自改变土地的原有用途。

【相关规定】

《中华人民共和国担保法》

第五十五条第二款 依照本法规定以承包的荒地的土地使用权抵押的,或者以乡(镇)、村企业的厂房等建筑物占用范围内的土地使用权抵押的,在实现抵押权后,未经法定程序不得改变土地集体所有和土地用途。

第二百零二条 抵押权人应当在主债权诉讼时效期间行使抵押权;未行使的,人民法院不予保护。

【说明】

本条是关于抵押权存续期间的规定。根据本法和担保法的有关规定,主债权消灭、抵押权实现、债权人放弃抵押权以及抵押财产灭失的,抵押权消灭。那么,在上述任何一种情形都没有发生的情况下,抵押权应当一直存续下去还是应当有一定的存续期间呢?本法起草过程中,比较一致的意见是应当规定抵押权的存续期间,但就如何规定抵押权存续期间的问题,存在不同意见。现就其中几种主要意见作一介绍:

第一种意见认为，抵押权所担保的债权的诉讼时效期间届满后，抵押权人在两年内不行使抵押权的，抵押权应当消灭。理由是：主债权的诉讼时效期间届满后，主债权并没有消灭，而只是债权人失去了胜诉权，由于主债权的存在，其抵押权也附随存在。但如果抵押权一直存在，可能会由于抵押权人长期怠于行使抵押权，不利于发挥抵押财产的经济效用，阻碍经济的发展，因此给抵押权人两年的行使期间，两年内不行使的，抵押权消灭。

第二种意见认为，担保物权因其担保的主债权履行期间届满后 4 年内不行使而消灭，理由是：将抵押权的存续期间与主债权的诉讼时效挂钩，由于诉讼时效有中止、中断的情形，可能会使担保物权长期存在，加重了抵押人的负担，也不利于法律关系的稳定和市场交易，规定 4 年的除斥期间，可以解决这一问题。

第三种意见认为，抵押权人应当在主债权诉讼时效期间行使抵押权；未行使的，人民法院不予保护。

本法采纳了上述第三种意见。

【立法理由】

本条规定的主要考虑是，随着市场经济的快速运转，如果允许抵押权一直存续，可能会使抵押权人怠于行使抵押权，不利于发挥抵押财产的经济效用，制约经济的发展。因此，规定抵押权的存续期间，能够促使抵押权人积极行使权利，促进经济的发展。由于抵押权是主债权的从权利，因此一些国家和我国台湾地区"民法"将抵押权的存续期间与主债权的消灭时效或者诉讼时效挂钩的做法，值得借鉴。此外，上述前两种意见各有一些不妥之处，现试作一简要分析：

第一种意见提出的主债权的诉讼时效期间届满后，抵押权还有两年的存续期间，是否妥当，值得研究。在抵押人为第三人的情况下，抵押人在这两年期间内承担了担保责任后，应当有权向债务人追偿。但由于主债权已过诉讼时效，债务人对抵押权人清偿债务的请求享有抗辩权，这种抗辩权能否对抗抵押人的追偿权？如果不能对抗，诉讼时效对债务人来说就失去了意义，债务人实际上还要履行债务；如果能够对抗，抵押人的追偿权就无法得到保障。

第二种意见中的 4 年是除斥期间，是一个固定期间，没有中止或者中断，而主债权的诉讼时效期间有中止或者中断，这就可能造成主债权的诉讼时效期间尚未届满，而抵押权已经消灭的情形，从而使抵押权失去担保主债权履行的功能。

综合以上分析，第三种意见是比较适当的，因此本法采纳了该意见。

【相关规定】

《日本民法典》

第三百九十六条 抵押权,除非与其担保的债权同时,不因时效而对债务人及抵押人消灭。

《瑞士民法典》

第八百零七条 因不动产担保而登记的债权,不受时效限制。

我国台湾地区"民法"

第一百四十五条 以抵押权、质权或者留置权担保之请求权,虽经时效消灭,债权人仍得就其抵押物、质物或者留置物取偿。

第八百八十条 以抵押权担保之债权,其请求权已因时效而消灭,如抵押权人于消灭时效完成后,五年间不实行其抵押权者,其抵押权消灭。

第二节 最高额抵押权

第二百零三条 为担保债务的履行,债务人或者第三人对一定期间内将要连续发生的债权提供担保财产的,债务人不履行到期债务或者发生当事人约定的实现抵押权的情形,抵押权人有权在最高债权额限度内就该担保财产优先受偿。

最高额抵押权设立前已经存在的债权,经当事人同意,可以转入最高额抵押担保的债权范围。

【说明】

本条主要是关于最高额抵押的概念的规定。根据本条的规定,最高额抵押是指为担保债务的履行,债务人或者第三人对一定期间内将要连续发生的债权提供抵押担保,债务人不履行到期债务或者发生当事人约定的实现抵押权的情形的,抵押权人有权在最高债权额限度内就该担保财产优先受偿。最高额抵押具有以下特征:

(1)最高额抵押是限额抵押。设定抵押时,抵押人与抵押权人协议约定抵押财产担保的最高债权限额,无论将来实际发生的债权如何增减变动,抵押权人只能在最高债权额范围内对抵押财产享有优先受偿权。实际发生的债权超过最高限额的,以抵押权设定时约定的最高债权额为限优先受偿;不及最高限额的,以实际发生的债权额为限优先受偿。

(2)最高额抵押是为将来发生的债权提供担保。最高额抵押权设定时,不以主债权的存在为前提,是典型的担保将来债权的抵押权。

（3）最高额抵押所担保的最高债权额是确定的，但实际发生额不确定。设定最高额抵押权时，债权尚未发生，为担保将来债权的履行，抵押人和抵押权人协议确定担保的最高数额，在此额度内对债权担保。

（4）最高额抵押是对一定期间内连续发生的债权作担保。这里讲的一定期间，不仅指债权发生的期间，更是指抵押权担保的期间。连续发生的债权，是指所发生的债权次数不确定，且接连发生。这里讲的对一定期间内连续发生的债权作担保，是指在担保的最高债权额限度内，对某一确定期间内连续多次发生的债权作担保。

最高额抵押是对将要发生的债权提供担保，那么，最高额抵押权设立前已经存在的债权，能否被转入最高额抵押担保的债权范围呢？根据本条第2款的规定，最高额抵押权设立前已经存在的债权，经当事人同意，可以转入最高额抵押担保的债权范围。

【立法理由】

最高额抵押是随着商品经济发展而产生的一项重要的抵押担保制度，一些国家和我国台湾地区"民法"中对此都作了规定，我国担保法适应社会主义市场经济发展的需要，也确立了这一制度。最高额抵押与一般抵押相比具有一定的优越性，例如，甲向乙连续多次借款，如果采用一般财产抵押的办法，那么每次借款都要设定一个抵押担保，签订一次抵押合同，进行一次抵押登记，手续十分繁琐，而在借款之前设定一个最高额抵押，无论将来债权发生几次，只要签订一个抵押合同、作一次抵押登记就可以了，这样做既省时、省力、省钱，还可以加速资金的融通，促进经济发展。因此，本法保留了最高额抵押制度。

关于最高额抵押权设立前已经存在的债权能否被转入最高额抵押担保的债权范围的问题，本法起草过程中，多数意见认为，最高额抵押权的本质特征不在于其所担保的债权为将来的债权，而在于其所担保的债权为不特定债权，且具有最高限额。因此，即使该债权发生在最高额抵押权设立前，也应当被允许增补到最高额抵押所担保的债权范围内。而且是否将已经存在的债权转入最高额抵押担保的债权范围，是当事人自己的权利，只要双方协商同意，法律应当允许。本条第2款采纳了这一意见。

【相关规定】

《中华人民共和国担保法》

第五十九条　本法所称最高额抵押，是指抵押人与抵押权人协议，在最高债权额限度内，以抵押物对一定期间内连续发生的债权作担保。

《不动产登记暂行条例实施细则》

第七十一条 设立最高额抵押权的,当事人应当持不动产权属证书、最高额抵押合同与一定期间内将要连续发生的债权的合同或者其他登记原因材料等必要材料,申请最高额抵押权首次登记。

当事人申请最高额抵押权首次登记时,同意将最高额抵押权设立前已经存在的债权转入最高额抵押担保的债权范围的,还应当提交已存在债权的合同以及当事人同意将该债权纳入最高额抵押权担保范围的书面材料。

《德国民法典》

第一千一百九十条 抵押权的设定,得仅规定土地应当负担的最高担保额,除此之外,关于债权额的确定,则加以保留。

《日本民法典》

第三百九十八条之二 抵押权,亦可依设定行为的订定,为在最高额的限度内担保属于一定范围的不特定债权而设定。

前款抵押权(以下称最高额抵押权)应担保的不特定债权的范围,应限于因和债务人的特定的继续交易契约所产生者、或因和债务人一定种类交易所产生者而予以确定。

基于特定原因,与债务人间继续地产生的债权或票据、支票上的请求权,可以不拘前款规定,以之作为最高额抵押权应担保的债权。

第二百零四条 最高额抵押担保的债权确定前,部分债权转让的,最高额抵押权不得转让,但当事人另有约定的除外。

【说明】

本条是关于最高额抵押权转让的规定。关于最高额抵押权是否随其所担保的主债权的转让而转让的问题,应当区别不同情况分别对待。最高额抵押所担保的主债权确定后,主债权在约定的最高限额内就抵押财产优先受偿,此时最高额抵押与一般抵押没有什么区别,主债权转让的,最高额抵押权一并转让。那么,最高额抵押担保的主债权确定前,最高额抵押权是否随部分债权的转让而转让呢?对此,本条规定:"最高额抵押担保的债权确定前,部分债权转让的,最高额抵押权不得转让,但当事人另有约定的除外。"

根据本条但书的规定,当事人可以约定在最高额抵押担保的债权确定前,最高额抵押权随部分债权的转让而转让。当事人的约定主要有以下两种情形:① 部分债权转让的,抵押权也部分转让,原最高额抵押所担保的债权额随之相应减少。② 部分债权转让的,全部抵押权随之转让,未转让的部分债权成为无担保债权。

【立法理由】
　　本条之所以这样规定,是因为最高额抵押是对一定期间内连续发生的所有债权作担保,而不是单独对其中的某一个债权作担保,因此,最高额抵押权并不从属于特定债权,而是从属于主合同关系。部分债权转让的,只是使这部分债权脱离了最高额抵押权的担保范围,对最高额抵押权并不发生影响,最高额抵押权还要在最高债权额限度内,对已经发生的债权和尚未发生将来可能发生的债权作担保。因此,最高额抵押担保的债权确定前,部分债权转让的,最高额抵押权并不随之转让,除非当事人另有约定。

【相关规定】
《不动产登记暂行条例实施细则》
　　第七十四条　最高额抵押权发生转移的,应当持不动产登记证明、部分债权转移的材料、当事人约定最高额抵押权随同部分债权的转让而转移的材料等必要材料,申请办理最高额抵押权转移登记。
　　债权人转让部分债权,当事人约定最高额抵押权随同部分债权的转让而转移的,应当分别申请下列登记:
　　(一)当事人约定原抵押权人与受让人共同享有最高额抵押权的,应当申请最高额抵押权的转移登记;
　　(二)当事人约定受让人享有一般抵押权、原抵押权人就扣减已转移的债权数额后继续享有最高额抵押权的,应当申请一般抵押权的首次登记以及最高额抵押权的变更登记;
　　(三)当事人约定原抵押权人不再享有最高额抵押权的,应当一并申请最高额抵押权确定登记以及一般抵押权转移登记。
　　最高额抵押权担保的债权确定前,债权人转让部分债权的,除当事人另有约定外,不动产登记机构不得办理最高额抵押权转移登记。

《德国民法典》
　　第一千一百九十条　此项债权得依关于债权转让的一般规定进行转让。
　　此项债权依此规定转让时,其抵押权并不随同转让。

《日本民法典》
　　第三百九十八条之七　于原本确定前,自最高额抵押权人处取得债权者,不得就其债权行使最高额抵押权。于原本确定前,为债务人或代债务人进行清偿者,同之。
　　于原本确定前,有债务承受时,最高额抵押权人,不得就承受人的债务,行使其最高额抵押权。

第二百零五条 最高额抵押担保的债权确定前,抵押权人与抵押人可以通过协议变更债权确定的期间、债权范围以及最高债权额,但变更的内容不得对其他抵押权人产生不利影响。

【说明】

本条是关于抵押权人与抵押人协议变更最高额抵押有关内容的规定。最高额抵押担保的债权确定前,抵押权人与抵押人可以通过协议变更最高额抵押的有关内容。当事人可以协议变更的内容主要包括:

(1) 债权确定的期间。抵押权人与抵押人一般会在最高额抵押合同中约定债权确定的期间,例如,如果当事人订立最高额抵押合同对 2007 年 1 月 1 日至 2007 年 12 月 31 日发生的债权作担保,那么该期间即为债权确定的期间。最高额抵押担保的债权确定前,当事人可以协议延长或者缩短最高额抵押合同中约定的债权确定的期间。

(2) 债权范围。当事人可以协议变更最高额抵押权担保的债权范围,例如,某家电经销商与某家电制造商签订一份最高额抵押合同,对一定期间内连续购进该家电制造商生产的电视机所要支付的货款提供担保。抵押期间,双方约定,在最高额抵押担保范围内,同时为家电制造商的电冰箱的货款提供担保。

(3) 最高债权额。当事人可以协议提高或者降低抵押财产担保的最高债权额。

是否变更债权确定的期间、债权范围以及最高债权额,取决于当事人的协商一致,但变更的内容不得对其他抵押权人产生不利影响,否则变更无效。

【立法理由】

根据意思自治原则,最高额抵押担保的债权确定前,抵押权人与抵押人可以协议变更最高额抵押的有关内容。但在同一抵押财产上还有其他抵押权人特别是后顺位的抵押权人时,变更的内容可能对他们产生一定的影响,甚至损害他们的合法权益。例如,最高额抵押权人与抵押人协议提高最高债权额,而实际发生的债权数额也高于原最高债权额,那么抵押财产的变价款用于优先清偿该最高额抵押权人的数额就会相应增加,这样就会对后顺位抵押权人实现其抵押权产生不利影响。为防止抵押权人与抵押人的变更损害其他抵押权人的利益,本条特别规定:变更的内容不得对其他抵押权人产生不利影响。

【相关规定】

《不动产登记暂行条例实施细则》

第七十二条 有下列情形之一的,当事人应当持不动产登记证明、最高额抵押权发生变更的材料等必要材料,申请最高额抵押权变更登记:

(一)抵押人、抵押权人的姓名或者名称变更的;

(二)债权范围变更的;

(三)最高债权额变更的;

(四)债权确定的期间变更的;

(五)抵押权顺位变更的;

(六)法律、行政法规规定的其他情形。

因最高债权额、债权范围、债务履行期限、债权确定的期间发生变更申请最高额抵押权变更登记时,如果该变更将对其他抵押权人产生不利影响的,当事人还应当提交其他抵押权人的书面同意文件与身份证或者户口簿等。

《日本民法典》

第三百九十八条之四 于原本确定前,可以变更最高额抵押权应担保债权的范围。变更债务人亦同。

前款变更,无须经后顺位的抵押权人或其他第三人的承诺。

关于第1款的变更,当事人未于原本确定前进行登记者,其变更视为未变更。

第三百九十八条之五 最高额抵押权的最高额的变更,非经利害关系人承诺,不得进行。

第二百零六条 有下列情形之一的,抵押权人的债权确定:

(一)约定的债权确定期间届满;

(二)没有约定债权确定期间或者约定不明确,抵押权人或者抵押人自最高额抵押权设立之日起满二年后请求确定债权;

(三)新的债权不可能发生;

(四)抵押财产被查封、扣押;

(五)债务人、抵押人被宣告破产或者被撤销;

(六)法律规定债权确定的其他情形。

【说明】

本条是关于最高额抵押权所担保债权确定事由的规定。根据本条规定,具有下列情形之一的,最高额抵押权所担保的债权确定:

（1）约定的债权确定期间届满。债权确定的期间是指确定最高额抵押权所担保的债权实际数额的时间。实践中，最高额抵押权人为了防止抵押人任意行使确定债权额的请求权，而使自己处于不利地位；抵押人为了防止自己的抵押物所担保的债权长期处于不稳定的状态，一般都愿意在最高额抵押合同中对债权确定的期间进行约定。所以，对债权确定的期间进行约定是最高额抵押合同的重要内容。当事人约定的确定债权期间届满，最高额抵押权所担保的债权额即自行确定。这里需要区分两组概念：一是当事人约定的债权确定期间与最高额抵押权的存续期间。前者是指最高额抵押权人与抵押人之间约定的，用以确定最高额抵押权所担保债权额的时间；后者是指最高额抵押权担保债权的期间，根据本法第 202 条的规定，抵押权人应当在主债权诉讼时效期间行使抵押权，未行使的，人民法院不予保护。也就是说，最高额抵押权的存续期间与主债权的诉讼时效一致。所以，最高额抵押权的存续期间一般长于当事人约定的确定债权的期间。二是当事人约定的确定债权期间与最高额抵押中的债务清偿期。最高额抵押中的债务清偿期指债务人履行债务的期间。当事人约定的确定债权期间届至，债务的清偿期未必届至。当事人可以在最高额抵押合同中约定以债务的清偿期为确定债权的期间，也可以在债务清偿期外另约定确定债权的期间。

（2）没有约定债权确定期间或者约定不明确，抵押权人或者抵押人自最高额抵押权设立之日起满两年后请求确定债权。实践中，当事人可能没有约定确定债权的期间，或者即使有约定，但约定的期间不明确。在这种情况下，如何决定最高额抵押所担保债权的确定时间？对这个问题，国外的做法主要有两种：一是规定抵押权人或者抵押人可以随时要求确定最高额抵押权所担保的债权额；二是规定一个确定债权额的法定期间。如《日本民法典》规定，最高额抵押人自最高额抵押权设定时起经过 3 年，可以请求确定债权原本。本法采纳了第二种做法，明确规定，没有约定债权确定期间或者约定不明确，抵押权人或者抵押人自最高额抵押权设立之日起满两年后请求确定债权。这样规定主要基于两点考虑：一是设立最高额抵押权的目的主要是为了对连续性的交易提供担保，连续性交易一般会持续一段时间，如果允许当事人随时要求确定最高额抵押权所担保的债权额，就意味着一方当事人，特别是抵押人有可能在很短时间内就要求确定债权额，这无疑与设立最高额抵押权的目的不相符合；二是在当事人对确定债权额的期间没有约定或者约定不清楚的情况下，规定一个法定的确定债权额的期间，可以使最高额抵押权的地位因法定期间的存在而较为安稳，抵押权人不必时时顾虑抵押人行使确定请求权,这对于稳定最高额抵押关系是有好处的。本条规定的"二年"是一个固定期间(即除斥期间),不存在中止、中断的问题,其起算点是最高额抵押权设立之日。根据本法第 187 条、第 188 条的规定,如果以建筑物、建设用地使用权等不动产权益作最高额抵押的,最高额抵押权设立之日为最高额抵押权登记之日;如果以交通运输工具等动产作最高额抵押的,最高额抵押权设立之日为最高额抵押合同生效之日。

(3)新的债权不可能发生。在新的债权不可能发生的情况下,最高额抵押权所担保的债权额也确定。这里的"新的债权不可能发生"主要包括两种情形:一是连续交易的终止。如果最高额抵押是对连续交易提供担保,则连续交易的结束日期就是债权额的确定时间,即使当事人约定的债权确定期间或者本条第(二)项规定的法定确定期间还没有届至,最高额抵押权所担保的债权额也确定。二是最高额抵押关系的基础法律关系消灭而导致新的债权不可能发生。比如在连续的借款交易中,借款人的严重违约致使借款合同依照合同约定或者法律规定被解除,新的借款行为自然不再发生。这种关系终止时,最高额抵押权所担保的债权额自然也确定。在这种情况下,债权额的确定时间也不受当事人约定的或者法定确定期间的影响。

(4)抵押财产被查封、扣押。在最高额抵押权存续期间,抵押财产被法院查封、扣押的,其有可能被拍卖或者变卖。抵押财产被拍卖、变卖的价格直接影响到最高额抵押权人债权利益的实现,为确保自己的利益,在抵押财产被查封、扣押时,最高额抵押权人一般都希望被担保的债权额尽早确定。此外,查封、扣押抵押财产实际上隔断了抵押财产与担保债权的关系,也脱离了最高额抵押人和最高额抵押权人对抵押财产的影响和控制。因此,无论是从保护最高额抵押权人、其他债权人利益的角度,还是从稳定担保关系的角度,都应当确定最高额抵押所担保的债权额。需要注意的是,被担保的债权额因抵押财产被查封、扣押而确定的,除了其他法律另有规定,最高额抵押权人仍可以就被确定的担保债权额对抵押财产行使优先受偿权,这种优先受偿权优先于一般债权,也优先于排在其后的其他担保物权。

(5)债务人、抵押人被宣告破产或者被撤销。在最高额抵押权存续期间,债务人、抵押人有可能被宣告破产或者被撤销。债务人、抵押人被宣告破产或者被撤销所产生的直接法律后果就是债务人、抵押人进入破产程序或者清算程序。根据《中华人民共和国企业破产法》的规定,未到期的债权,在破产申请受理时视为到期。附利息的债权自破产申请受理时起停止计息。根据本法第 203 条的规定,债务到期是实现最高额抵押权的法定事由,因此债务人被宣告破产使确定最高额抵押所担保的债权额成为必要；抵押人进入破产程序的，其所有的财产（包括最高额抵押财产）都由破产管理人占有和支配，但对破产人的特定财产享有担保物权的权利人，对该特定财产享有优先受偿的权利，所以抵押人被宣告破产也使最高额抵押所担保的债权确定成为必要。同理，在债务人、抵押人被撤销的情况下，债务人或者抵押人进入清算程序也需要确定担保债权额。需要强调一点，根据《中华人民共和国企业破产法》第132条的规定，《中华人民共和国企业破产法》施行后，破产人在《中华人民共和国企业破产法》公布之日前所欠职工的工资和医疗、伤残补助、抚恤费用，所欠的应当划入职工个人账户的基本养老保险、基本医疗保险费用，以及法律、行政法规规定应当支付给职工的补偿金，依照《中华人民共和国企业破产法》第113条的规定清偿后不足以清偿的部分，以《中华人民共和国企业破产法》第109条规定的特定财产优先于对该特定财产享有担保权的权利人受偿。《中华人民共和国企业破产法》第109条规定的就是担保权人对担保财产的优先受偿权。也就是说，在债务人或者抵押人被宣告破产时，最高额抵押权人受担保的债权额确定，但其对抵押财产优先受偿的权利受《中华人民共和国企业破产法》第132条的影响。

(6) 法律规定债权确定的其他情形。这是兜底性条款。除了本条第（一）项至第（五）项所规定的可以确定债权额的法定事由外，在本法其他条款或者其他法律中也有可能规定确定债权的其他情形，如根据本法第203条的规定，发生当事人约定的实现最高额抵押权的事由时，最高额抵押权人有权在最高债权额限度内就该担保财产优先受偿，而最高额抵押权人行使最高额抵押权的基础就是担保债权额的确定，所以出现当事人约定的实现最高额抵押权的事由就意味着担保债权额的确定。

【立法理由】

最高额抵押权所担保债权的确定是指最高额抵押权所担保的债权因一定事由而归于固定。最高额抵押权的实现除了债务人不履行到期债务或者发生当事人约定的实现抵押权的情形外，还须具备其担保债权额的确定。最高额抵押权担保的债权额之所以需要确定：一是根据本法第203条的规定，最高额抵押权是对一定期间内连续发生的债权提供抵押担保。也就是说，最高额抵押权所担保的债权额在抵押期间具有不确定性和变动性。但债权终需清偿，在清偿的条件出现时，债务人具体应清偿多少债权，应有一个确定的数额；另一方面，最高额抵押权仍属于抵押权的一种，抵押权人在实现优先受偿权时，具体优先受偿的范围为多大，应当有一个定额。担保法对最高额抵押权所担保债权的确定事由没有作具体规定,这限制了最高额抵押权在实践中的应用。基于此,本条在吸收法院审判实践经验及借鉴国外立法例的基础上对最高额抵押权所担保债权的确定事由作了规定。

【相关规定】

《不动产登记暂行条例实施细则》

第七十三条 当发生导致最高额抵押权担保的债权被确定的事由,从而使最高额抵押权转变为一般抵押权时,当事人应当持不动产登记证明、最高额抵押权担保的债权已确定的材料等必要材料,申请办理确定最高额抵押权的登记。

《日本民法典》

第三百九十八条之十九 (一)最高额抵押人,自最高额抵押权设定时起经过三年时,可以请求确定应担保的原本。但是,定有应担保原本确定日期者,不在此限。

(二)有前款请求时,应担保的原本,自其请求时起经过两周而确定。

第三百九十八条之二十 (一)于下列各项情形,最高额抵押权应担保的原本予以确定:1. 因应担保债权范围的变更、交易终止或其他事由,应担保原本不再产生时;2. 最高额抵押权人,就抵押不动产请拍卖或申请第372条中准用的第304条规定的扣押时。但是,以有拍卖程序开始或扣押者为限;3. 最高额抵押权人,就抵押不动产,实行因滞纳处分而产生的扣押时;4. 自最高额抵押权人知对抵押不动产的拍卖程序开始或有因滞纳处分而产生的扣押时起,经过两周时;5. 债务人或最高额抵押人受破产宣告时。

(二)前款第4项的拍卖程序开始、扣押或第5项的破产宣告的效力消灭时,应担保的原本视为未确定。但是,有以原本确定为前提,取得其最高额抵押权或以之为标的的权利者时,不在此限。

第二百零七条 最高额抵押权除适用本节规定外,适用本章第一节一般抵押权的规定。

【说明】

本条是关于最高额抵押权适用一般抵押权相关条款的规定。最高额抵押权可以适用本章第一节一般抵押权的规定主要有:

一是关于抵押权设立的规定。关于最高额抵押权设立的当事人、设立的程序、可用于抵押的财产等内容与一般抵押权基本相同。本法第180条、第182条、第184条、第185条、第186条的规定均可适用于最高额抵押权。

二是关于抵押权登记与生效时间的规定。最高额抵押权的登记和生效时间适用本法第187条、第188条的规定。根据本法第187条、第188条的规定,以本法第180条第1款第(一)项至第(三)项规定的财产或者第(五)项规定的正在建造的建筑物抵押的,应当办理抵押登记,抵押权自登记时设立。以本法第180条第1款第(四)项、第(六)项规定的财产或者第(五)项规定的正在建造的船舶、航空器抵押的,抵押权自抵押合同生效时设立;未经登记,不得对抗善意第三人。

三是关于抵押权与其他权利的关系的规定。本法第190条对抵押权与租赁权的关系,第199条对同一财产上多个抵押权的清偿顺序作了规定。这些规定也可用于处理最高额抵押权与租赁权或者其他抵押权的关系。

四是关于最高额抵押权的实现。最高额抵押权的实现程序和方式均可适用一般抵押权的实现程序和方式。本法第195条、第197条、第198条、第200条、第201条等条文对此作了规定。

五是关于抵押财产保全的规定。本法第191条、第193条关于抵押财产保全的规定可以适用于最高额抵押权。此外本法第194条关于抵押权人放弃抵押权或者抵押权顺位的规定、第202条关于抵押权存续期间的规定也可适用于最高额抵押权。

【立法理由】

与一般抵押权相比,最高额抵押权具有特殊性:

一是最高额抵押权具有一定的独立性。在一般抵押权中,抵押权完全从属于主债权,随主债权的设立、移转和消灭而设立、移转和消灭。但是最高额抵押权的设立、转移和消灭在一定程度上独立于主债权。在设立上,没有债权存在,不能设立一般抵押权;但最高额抵押权却往往为将来的债权而设,不需要依附于现存的债权。在移转上,一般抵押权要求债权转移的,抵押权也随之转移;但在最高额抵押权中,根据本法第204条的规定,除当事人另有约定外,最高额抵押担保的债权确定前,部分债权转让的,最高额抵押权不得转让。在消灭上,一般抵押权要求主债权消灭的,抵押权也消灭;但在最高额抵押权中,只要产生最高额抵押权的基础关系还存在,部分债权的消灭不影响最高额抵押权的存在。

二是最高额抵押权所担保的债权在设立时具有不确定性。在一般抵押权设立时,其所担保的债权在设立时就是特定的,所担保的债权额是明确的;但最高额抵押权设立时,其所担保的债权额是不确定的,一直到本法第206条所规定的确定债权额的事由出现时,其所担保的债权额才确定。

三是在最高额抵押权中,当事人必须约定抵押权人得以优先受偿的最高债权数额。当事人约定的享有担保的最高债权数额并非最高额抵押权所担保的实际债权额,因为实际债权额到底是多少,只有根据本法第206条的规定进行确定后才清楚。当实际发生的债权额超过最高限额时,以最高限额为准实现抵押权,超过的部分不具有优先受偿的效力;实际发生的债权额低于最高限额的,以实际发生的数额为准实现抵押权。在一般抵押权中,当事人并不需要约定优先受偿的最高债权数额。

以上三点是一般抵押权与最高额抵押权的主要区别。但是从性质上讲,最高额抵押权仍属于抵押权的一种,与一般抵押权具有许多共性。除本节规定的条文外,本法关于一般抵押权的许多规定都可以适用于最高额抵押权。为了避免内容重复,本条规定,最高额抵押权除适用本节规定外,适用本章第一节一般抵押权的规定。

【相关规定】

《中华人民共和国担保法》

第六十二条 最高额抵押除适用本节规定外,适用本章其他规定。

第十七章 质　　权

第一节　动产质权

第二百零八条　为担保债务的履行,债务人或者第三人将其动产出质给债权人占有的,债务人不履行到期债务或者发生当事人约定的实现质权的情形,债权人有权就该动产优先受偿。

前款规定的债务人或者第三人为出质人,债权人为质权人,交付的动产为质押财产。

【说明】

本条是关于动产质权基本权利的规定。

债务人或者第三人将其动产移转给债权人占有作为债权的担保,当债务人不履行到期债务或者当事人约定的实现质权的情形出现时,债权人享有就质押给债权人的动产折价或者拍卖、变卖该动产的价款优先受偿的权利。用于出质的动产可以是债务人本人的,也可以是第三人的;实现质权的原因或者是债务人到期不还债,或者是出现了当事人约定的实现质权的情形,一般是违约情形;质权人所享有的是就质物价值的优先受偿权。

【立法理由】

1. 动产质权与质押

债务人或者第三人将其动产交给债权人占有并实际控制的行为被称之为质押,质权人因质押而取得的权利为质权,质权是担保物权的一种。质权与质押是两个不同的概念,质押是指设定质权的法律行为,质权是指质权人的权利;质押是质权产生的原因,质权是质押引起的法律后果。

2. 质权的法律特征

(1)动产质权是担保物权。债务人或者第三人将其质物交由债权人占有,是为了担保债权的实现。质权人一般情况下,其只能占有质物,而不能使用、收益,因此,质权人的标的不是物的使用价值,而是物的交换价值,是为了保证特定债权的实现而设定,质权附随于债权而存在。

（2）动产质权是在他人的财产上设定的物权。动产质权是在债务人或者第三人的动产上设定的担保物权，因此属于他物权。质权的标的可以是债务人自己的财产，也可以是第三人的财产，债权人没有必要在自己所有的财产上为担保自己的债权设定质权。

（3）动产质权是以债权人占有质物为生效条件。质权是以质权人占有质物为条件的，质权人只有占有质物才享有质权，移转质物的占有是质权与抵押权的根本区别。因此，出质人须将质物交付质权人占有，质权人才能取得质权。

（4）动产质权是就质物价值优先受偿的权利。由于动产质权的设定是以担保特定债权的实现为目的，因此，当债务履行期届满，债务人不履行债务时，或者出现债务人与债权人约定实现质权的情形时，质权人有权就质物折价或者拍卖、变卖该质物的价款优先受偿。

"当事人约定的实现质权的情形"，指当事人双方在订立质权合同时约定的实现质权的事由，例如当事人一般会在担保合同中约定债务人的义务、履行债务的方式等，如果债务人不按合同约定的方式履行债务，则可能构成实现质权的情形。

【相关规定】

《中华人民共和国担保法》

第六十三条　本法所称动产质押，是指债务人或者第三人将其动产移交债权人占有，将该动产作为债权的担保。债务人不履行债务时，债权人有权依照本法规定以该动产折价或者以拍卖、变卖该动产的价款优先受偿。

前款规定的债务人或者第三人为出质人，债权人为质权人，移交的动产为质物。

《德国民法典》

第一千二百零四条　（1）为担保债权，动产可以使债权人有权就物受清偿的方式而设定权利(质权)。

（2）质权也可以为将来的债权或附条件的债权而设定。

《法国民法典》

第二千零七十一条　质押是指，债务人为担保其债务，将某物交给其债权人的契约。

第二千零七十二条　动产物的质押称为动产质权，不动产物的质押称为不动产质权。

第二千零七十三条　动产质权赋予债权人就作为质押标的之物，优先于其他债权人受清偿的权利。

第二千零七十八条第一款　债权人在未得到清偿时,不得处分出质物;但债权人得请求法院裁判,经鉴定人作价,在其债权数额限度内,以该出质物抵偿其债权,或者将出质物公开拍卖,以清偿其债权。

《意大利民法典》

第二千七百八十四条　质权是债务人或者第三人为债务人履行债务而设立的担保。

动产、动产的结合体、以动产为标的的债权和其他权利可以设立质权。

第二千七百八十七条第一款　债权人对设定质押的财产,有优先受偿的权利(第2744、2748、2781、2788、2911条)。如果设定质押的财产未由债权人或者双方指定的第三人占有(第2786条),则不得主张优先权。

《日本民法典》

第三百四十一条　质权人,占有作为其债权担保的、自债务人或第三人处受领的物,且有就其物先于其他债权人受自己债权清偿的权利。

第三百四十二条　质权,不得以不可让与物为其标的。

第三百五十四条　动产质权人,于其债权不受清偿时,以有正当理由为限,可以请求法院准许其依鉴定人的估价,直接以质物抵充清偿。于此情形,质权人应预先将其请求通知债务人。

《瑞士民法典》

第八百九十一条第一款　质权人,在债务不得清偿时,有从质物的价金中受清偿的权利。

我国台湾地区"民法"

第八百八十四条　称动产质权者,谓因担保债权,占有由债务人或第三人移交之动产,得就其卖得价金,受清偿之权。

第八百九十三条第一款　质权人于债权已届清偿期,而未受清偿者,得拍卖质物,就其卖得价金而受清偿。

第二百零九条　法律、行政法规禁止转让的动产不得出质。

【说明】

本条是关于禁止出质的动产的规定。

关于禁止出质的动产的规定,是在将物权法草案向社会公布公开征求意见后新增加的内容。物权法草案的一、二、三审稿及《中华人民共和国担保法》均没有此内容,在物权法草案向社会公开征求意见后,有人提出,出质的财产应当是允许转让的财产,法律禁止转让的财产不能作为质押的财产。法律委员会经研究,建议增加此内容之规定。

【立法理由】

1. 依法可以转让的动产均可以设定动产质权

哪些财产可以作为质权标的物,各国规定不尽相同。有的国家规定,各种财产上均可设立质权;有的国家规定,质权的标的限于动产,对于哪些动产可以设定质权,则大多不作列举。根据民法原理,法律不禁止的,都应当是允许的,而法律不明确规定禁止转让的动产,都可以作为设定质权的标的。

合法拥有的并且依法可以转让的动产可以设定质权。因此,可以设定的动产应当是十分宽泛的,如车辆、古董字画、珠宝首饰等。但是,法律、行政法规规定禁止流通的动产不得设定质权,例如毒品、管制枪支等。

2. 规定禁止转让的动产的依据应当是法律、行政法规

设定动产质权是一种民事权利,对于禁止性民事权利的限定应当是十分严格的。规定禁止转让的动产的依据只能是全国人大及其常委会制定的法律以及国务院制定的行政法规。其他规范性文件,不能作为规定禁止转让动产的依据。

第二百一十条 设立质权,当事人应当采取书面形式订立质权合同。质权合同一般包括下列条款:

(一) 被担保债权的种类和数额;

(二) 债务人履行债务的期限;

(三) 质押财产的名称、数量、质量、状况;

(四) 担保的范围;

(五) 质押财产交付的时间。

【说明】

本条是关于质权合同的规定。

质权是依照当事人的真实意思而创设的权利,当事人设定质权的行为是一种双方的法律行为,应当通过订立质权合同来进行。

【立法理由】

1. 订立质权合同应当采用书面形式

质权设定的行为为要式行为,应当采用书面的形式进行。要式行为即法律、行政法规规定的要求当事人在民事行为中应当采用的形式或者方式。

关于动产质权的合同形式,学者们一直有不同观点,有人认为,口头质权

订立合同也应当允许。考虑到口头合同虽然简单易行,但一旦发生争议,不易证明其存在及具体内容,不利于事实的查明和纠纷的解决,为了便于确定当事人的权利义务、民事责任等法律关系,促使当事人谨慎行使担保物权,减少纠纷的发生,规范设定质权的行为,法律规定应当采用书面形式订立质权合同。

对于设立动产质权合同未采用书面形式的,依据《中华人民共和国合同法》第36条的规定,一方已经履行主要义务,对方接受的,该合同成立。

2. 动产质权的合同内容

动产质权合同是明确质权人与出质人权利义务的协议,也是将来处理当事人之间纠纷的重要依据,因此,当事人在订立质权合同时,对当事人之间的权利义务尽可能约定清楚、明确。本条关于合同内容的规定,是提示性、指导性、非要式的。值得一提的是,本条将原《中华人民共和国担保法》中规定的"应当包括"修改为"一般包括",主要考虑:一方面,合同的内容是当事人双方真实意思的表示,应当由当事人自己确定;另一方面,由于《中华人民共和国担保法》规定的是"应当包括",司法实践中经常出现不符合规定内容的情形时,质押合同被确认无效导致当事人权益得不到保护的情况。动产质权合同一般包括的内容主要有:

(1)被担保债权的种类和数额。被担保债权,通常被称为主债权,担保合同是为主债权的实现而设立的,主债权的种类,有金钱债权、特定物给付债权、种类物给付债权,以及以作为或不作为为标的的债权等;数额是指主债权是以金钱来衡量的数量,不属于金钱债权的,可以明确债权标的额的数量、价款等。被担保债权的种类和数额,是确定质权发生的依据,也是质权人实现质权时优先受偿确定范围的基础。

(2)债务人履行债务的期限。债务人履行债务的期限是指债务人承担债务的时间。质权合同订立后,在主债权清偿期届满前,质权人享有的只是占有质物的权利,其优先受清偿的权利虽然已经成立,但此间质权人实际享有的只是与主债权价值相当的优先受偿的期待权,质权人对质物的变价受偿必须要等到债务履行期届满且债务人没有履行债务,或者出现了当事人之间在合同中订立的实现质权的情形实际发生时才能进行。质权合同规定债务人债务的期限,可以准确确定债务人债务清偿期届满的时间,明确质权人实现质权的时间,保证债权人及时实现质权。

(3)质押财产的名称、数量、质量、状况。质物是设立动产质权的关键所在,没有质物,则不可能产生质权。动产质权合同,是出质人以其自己或者第三人的质物为实现质权人的质权而设定的担保合同,质权最终要以质物的变价来实现,所以在动产质权合同中要对质物的相关情况有明确的描述,包括质物的名称,以确定质物为何种物;质物的数量、质量,以确定质物的价值量。

(4)担保的范围。动产质权担保的范围,是指质权人实现质权时可以优先受偿的范围。质权担保的范围应当由当事人协商确定,但当事人对担保范围不作约定或者约定不明确时,可以参考本法第173条的规定确定,即担保物权的担保范围包括主债权及其利息、违约金、损害赔偿金、保管担保财产和实现担保物权的费用。

(5)质押财产交付的时间。质押财产交付的时间是质权合同中的重要内容,质物的交付直接关系到质权的生效,根据本法的规定,质权自质物实际交付质权人时发生效力。当事人在质权合同中约定质物的交付时间,就可以明确出质人应当在何时将质物移转给质权人,质权人在何时接受质物,以确定质权的效力。明确质物的交付时间,有利于保障质权人债权的实现,维护交易安全,减少纠纷。

【相关规定】

《中华人民共和国担保法》

第六十四条第一款 出质人和质权人应当以书面形式订立质押合同。

第六十五条 质押合同应当包括以下内容:

(一)被担保的主债权种类、数额;

(二)债务人履行债务的期限;

(三)质物的名称、数量、质量、状况;

(四)质押担保的范围;

(五)质物移交的时间;

(六)当事人认为需要约定的其他事项。

质押合同不完全具备前款规定内容的,可以补正。

第二百一十一条 质权人在债务履行期届满前,不得与出质人约定债务人不履行债务时质押财产归债权人所有。

【说明】

本条是关于禁止流质的规定。

根据本条的规定,质权人在债务履行期届满前,不得与出质人约定债务人不履行债务时质押财产归债权人所有。这项规定被通称为"禁止流质契约"条款。各国或地区民法一般均禁止出质人与质权人以"流质契约"处分质押标的物,以保证质权当事人之间的公平。禁止流质契约的意思主要是:当事人不得在质权合同中约定出质人在债务履行期届满不履行债务的,质押财产的所有权转移于质权人所有,即使当事人认为质物与债权价值相当,也不允许订立如此内容的协议。

【立法理由】

禁止流质契约的规定始自罗马法,为大多数国家和地区的立法例,如法国、德国、日本、瑞士和我国台湾地区的民法。

规定禁止流质契约,主要是考虑债务人借债往往处于急窘之境,债权人可以利用债务人的这种不利境地和自己的强势地位,迫使债务人与其签订流质契约,以价值过高的质押物担保小的债权额,在债务人不能清偿债务时,取得质押物的所有权,从而牟取不当利益。为了保障出质人的合法利益,法律规定禁止流质契约。当然,从现实生活与经济发展看,债务人借债,并非都是处于弱势地位,借债并进行质权担保的发生原因是多样化的,但从总体上说,为了保证担保活动的平等、自愿、公平和诚实信用,规定禁止流质契约还是十分有必要的。

【相关规定】

《中华人民共和国担保法》

第六十六条 出质人和质权人在合同中不得约定在债务履行期届满质权人未受清偿时,质物的所有权转移为质权人所有。

《德国民法典》

第一千二百二十九条 按照出卖权发生前达成的协议,约定在质权人未受清偿或未及时受清偿时,质物的所有权即归于或移转于质权人的,该协议无效。

《法国民法典》

第二千零七十八条第二款 允许债权人不经任何手续、自行取得或处分出质物的任何条款,均无效。

《日本民法典》

第三百四十九条 出质人,不得以设定行为或债务清偿期前的契约,使质权人取得作为清偿的质物的所有权,或使质权人不依法律所定方法处分质物。

《瑞士民法典》

第八百九十四条 质物的所有权因质权人未受清偿而归属于质权人的约定,无论何种情形,不生效力。

我国台湾地区"民法"

第八百九十三条第二款　约定于债权已届清偿期而未为清偿时,质物之所有权移属于质权人者,其约定为无效。

第二百一十二条　质权自出质人交付质押财产时设立。

【说明】

本条是关于动产质权设立的规定,即动产质权自何时发生法律效力。

【立法理由】

1. 交付质押财产是质权的生效要件

动产质权的标的是动产,动产具有易于转移、难以控制的特点,为了保障动产质权的实现,也为了保护善意第三人的合法权益,本条规定动产质权的设立以交付为生效要件。

2. 质权自出质人交付质押财产时设立

出质人与质权人订立动产质权合同,该合同自成立时生效,但在移转质物的占有之前,并不发生担保权的效力,出质人只有实际移转质物交付到质权人占有时,质权发生效力。司法实践中往往将合同效力与质权效力混同,根据本条规定,质物是否移转是质权是否生效的判断标准,当事人没有移转质物,质权无效;其质权合同是否有效要根据合同法的有关规定判断,质权无效并不当然导致合同无效,不应将质权有效与否与合同的效力合二为一混同判断。

【相关规定】

《中华人民共和国担保法》

第六十四条第二款　质押合同自质物移交于质权人占有时生效。

《最高人民法院关于适用〈中华人民共和国物权法〉若干问题的解释(一)》

第十八条第二款　当事人以物权法第二十五条规定的方式交付动产的,转让动产法律行为生效时为动产交付之时;当事人以物权法第二十六条规定的方式交付动产的,转让人与受让人之间有关转让返还原物请求权的协议生效时为动产交付之时。

《德国民法典》

第一千二百零五条　(1)设定质权时,所有权人需将物移交于债权人,并由双方当事人就债权人应享有质权达成协议。债权人已占有其物的,只需有关质权成立的协议即可。

（2）所有权人可以将间接占有的物移转于质权人,并将质权的设定通知占有人来代替将所有权人间接占有的物移交。

第一千二百五十三条第一款 质权人将质物返还于出质人或者所有权人时,质权消灭。保留质权存续的为无效。

《意大利民法典》

第二千七百八十六条第一款 质权通过向质权人交付物或独占支配权证书而设立。

《日本民法典》

第三百四十四条 质权的设定,因向债权人交付标的物而发生效力。

第三百四十五条 质权人,不得使出质人代自己占有质物。

《瑞士民法典》

第八百八十四条 （1）法律若无例外规定,动产占有移转至质权人时,出质始为成立。

（2）质物的善意取得人,即使出质人无处分该质物的权利,仍取得质权。但第三人因更早的占有而享有权利的,不在此限。

（3）质权,在出质人仍对质物实行独占性支配时,不能成立。

第八百八十五条第一款 为了担保经主管官厅授权从事该类业务的金融机构和合作社的债权,家畜的出质可以不转移占有的方式设定,但应在证书登记簿上登记并通知强制执行官厅。

《荷兰民法典》

第二百三十六条 1. 在动产、见票即付或者凭指示付款的权利上,或者在上述物或者权利上的用益权上设立的质押权,通过将物或者见票即付票据或凭指示付款票据交付给质押权人或者当事人同意的第三人占有而成立。此外,在凭指示付款的权利或其上的用益权上设立质押权的,应当背书。

2. 在其他财产上设立质押权的方式准用该财产的交付方式。

我国台湾地区"民法"

第八百八十五条 质权之设定,因移转占有而生效力。质权人不得使出质人代自己占有质物。

第八百九十七条 动产质权,因质权人返还质物于出质人而消灭。返还质物时,为质权继续存在之保留者,其保留无效。

第二百一十三条 质权人有权收取质押财产的孳息,但合同另有约

定的除外。

前款规定的孳息应当先充抵收取孳息的费用。

【说明】

本条是关于质权人孳息收取权的规定。

根据本条的规定,除合同另有约定外,质权人有权收取质押财产所产生的孳息,质权的效力及于孳息。质权人能否收取孳息有两种情况:一是如果当事人在合同中明确约定质权人无权收取质物所产生的孳息,则质权人不能收取质物孳息作为债权的担保;二是如果当事人对质权人能否收取孳息没有约定或者约定不明的,质权人有权依照本条的规定收取质物所产生的孳息。

1. 孳息的种类

质物所产生的孳息包括自然孳息和法定孳息。质物所产生的自然孳息是指质物因自然原因由自身分离出来的利益,如果树结的果实、母畜生的幼畜等;法定孳息,指依照法律规定由质物所产生的利益,如根据合同产生的租金、利息等。

质权人依法收取孳息时,并不当然取得所有权,而是取得孳息的质权,孳息成为质权的标的。如果孳息是金钱,质权人可以直接用于清偿,如果孳息是物,可以由质权人与出质人协议以该孳息折价或者拍卖、变卖,以所得价款优先受偿。

2. 孳息的充抵顺序

依法收取的孳息首先应当充抵收取孳息的费用,然后充抵主债权的利息和主债权。例如,以母牛作质物的,如果母牛产仔,债务清偿期届满,债务人没有清偿债务,那么当事人可以将牛仔折价或者拍卖、变卖,所得价款先充抵牛仔接生费等。

【立法理由】

关于质权的效力是否当然及于孳息,各国或地区立法并不相同,质权有占有质权与收益质权之分,占有质权是质权人仅有占有质物而无使用收益的权利的质权;收益质权是质权人对质物占有并有使用收益的质权。我国并未对质权进行划分。较有共识的意见是,由于质权人占有质物,因此由其收取质物所产生的孳息最为简便可行,同时,收取的孳息用于清偿债务,对于出质人也无损害。

【相关规定】

《中华人民共和国担保法》

第六十八条　质权人有权收取质物所生的孳息。质押合同另有约定的，按照约定。

前款孳息应当先充抵收取孳息的费用。

《德国民法典》

第一千二百一十三条　（1）质权可以债权人有权收取质物的收益的方式而设定。

（2）天然出产果实的质物已向质权人移交并由其单独占有的，在发生疑问时应推定，质权人应有权收取果实。

《意大利民法典》

第二千七百九十一条　如果一个产生孳息的物被质押，则债权人有权将该孳息（第821条）首先用于支付费用和利息，而后再将孳息计入债权本金（第2802条），但是有相反约款的除外。

我国台湾地区"民法"

第八百八十九条　质权人，得收取质物所生之孳息。但契约另有订定者，不在此限。

第二百一十四条　质权人在质权存续期间，未经出质人同意，擅自使用、处分质押财产，给出质人造成损害的，应当承担赔偿责任。

【说明】

本条是关于质权人对质物使用、处分的限制及法律责任的规定。

非经出质人同意，质权人在质权存续期间不得擅自使用、处分质物，质权人违反本条规定，使用或者处分质物的，应当承担赔偿责任。禁止质权人擅自使用、处分质物的规定体现了动产质权的设定目的及其特征。质权人未经出质人同意，擅自使用质物、处分质物的，一旦造成质物毁损、灭失，给出质人造成损失的，质权人要根据法律规定承担民事赔偿责任。

【立法理由】

质权人不得擅自使用、处分质物的理由主要有：首先，当事人设定动产质权目的在于担保质权人的债权能够得到清偿，质权人占有质物，质物脱离出质人而为质权人所掌控，使质权人的担保物权得以保障。其次，质权从其性质上看是担保物权而非用益物权。动产质权与抵押权相比，其根本区别在于担保物的移转与否，抵押不移转抵押物，仍由抵押人占有、使用，而动产质权移转质物的占有，将属于出质人占有的质物转至质权人的控制之下，这是由于用于抵押的物大多是不动产，而用于质押的是容易移转的动产，质权人占有质物的作用在于控制质物,保证债权实现。最后,无论是抵押还是质押,物的担保在于其交换价值而非使用价值,从这个意义上说,质权人取得质物、控制质物是为了质物不被出质人随意处分而使担保落空,质权人使用、处分质物显然不是设定质权的目的。因此,质权人非经出质人同意不得擅自使用、处分质物。

【相关规定】

《意大利民法典》

第二千七百九十二条 未经质押人的同意,债权人不得使用质物(第1770条),但是为了保管该质物而有必要使用的不在此限。债权人不得以该质物设定质押或者交给他人享用。

第二百一十五条 质权人负有妥善保管质押财产的义务;因保管不善致使质押财产毁损、灭失的,应当承担赔偿责任。

质权人的行为可能使质押财产毁损、灭失的,出质人可以要求质权人将质押财产提存,或者要求提前清偿债务并返还质押财产。

【说明】

本条是关于质权人妥善保管质物的义务的规定。

质权人在占有质物的同时即产生妥善保管质物的义务。质权人该项义务的承担,一是因为质物虽依动产质权合同移归质权人占有,但其所有权仍是出质人的,在质权人占有质物期间,因质权人未尽妥善保管义务致使质物灭失或者毁损,是对出质人的质物所有权的侵害;二是质权人占有质物是为了自己债权的实现,如果质物毁损、灭失,不仅侵害出质人的利益,同时影响了自己的权益。

【立法理由】

所谓妥善保管,即以善良管理人的注意义务加以保管。善良管理人的注意,是指依照一般交易上的观念,认为有相当的知识经验及诚意的人所具有的注意,即以一种善良的心和应当具备的知识来保管质物。例如,对于字画的保管应当注意防潮、防虫蛀、防灰尘等,对于贵重珠宝的保管应当注意防盗窃、防碎裂等。如果对于应当注意的保管标准达不到的,就不是妥善保管。

质权人违反保管义务造成质物毁损、灭失的,应当承担赔偿责任,该项赔偿责任是基于出质人的所有权而产生的请求权。对质权人的民事责任承担应当采用过错推定原则,即出质人只要证明质物遭受毁损、灭失的事实即可,质权人应当举证证明自己已经尽了妥善保管的义务,否则,就应当承担赔偿责任。

如果出质人认为质权人的行为可能使质押财产毁损、灭失的,出质人可以要求质权人将质押财产提存,或者要求提前清偿债务并返还质押财产。本条第2款的这一规定,是为了更好地保护质物,以保护出质人与质权人双方的利益不受损失。这种可能性是否产生,不能仅凭出质人的想象,要有一定的事实发生。如字画出质后,出质人发现质权人存放字画的房屋漏雨,可能危及字画。一旦出现可能使质押财产毁损、灭失的情形,出质人可以要求质权人将质物提存,或者要求提前清偿债务并返还质押财产。"提存"就是将质物放到出质人与质权人约定的第三人处存放。国外一般设有法定提存机构,有的设在法院,有的单独成立,目前,我国一些公证机构在做此类业务。出质人与质权人约定的第三人可以是任何一个公民、法人或其他组织。提存费用应当由质权人承担。出质人提前清偿债务的,质权人应当返还质押财产。

【相关规定】

《中华人民共和国担保法》

第六十九条　质权人负有妥善保管质物的义务。因保管不善致使质物灭失或者毁损的,质权人应当承担民事责任。

质权人不能妥善保管质物可能致使其灭失或者毁损的,出质人可以要求质权人将质物提存,或者要求提前清偿债权而返还质物。

《德国民法典》

第一千二百一十五条　质权人负有保管质物的义务。

第一千二百一十六条　质权人为质物支出费用的,出质人的偿还义务根据关于无因管理的规定加以确定。质权人有权取回其为质物所设置的设备。

第一千二百一十七条　(1)质权人明显侵害出质人的权利,并且不顾出质人的告诫继续其侵害的,出质人可以要求由质权人负担费用将质物提存,或在质物不宜于提存时,将质物提交法院任命的保管人。

(2)出质人可以不要求提存质物或者将质物提交保管人,而要求以向债权人清偿而返还质物。债权不附利息或者未到期的,质权人仅可以收取从债权中扣除自支付之时起至清偿期届至时为止的法定利息之后的金额。

《法国民法典》

第二千零八十条第一款　债权人,依"契约与约定之债的一般规定"编所定的规则,对因其疏忽大意致使出质物灭失或损坏,承担责任。

《意大利民法典》

第二千七百九十条 债权人要保管得到的质物,并根据一般规则,对质物发生的毁损承担责任。

《瑞士民法典》

第八百九十条第一款 质权人对因质物落价或消灭而造成的损失负赔偿责任。但其能证明损失非其过失造成时,不在此限。

《荷兰民法典》

第二百四十三条第一款 1. 根据质押权持有质押物的人必须如善良质押权人一样照管质押物。

质押人必须偿付质押权人为保存和维护质押财产已支付的花费,包括附属于财产的费用;质押权也作为此偿付的担保。质押权人无权要求质押人支付其他为质押财产利益所产生的费用,除非这些费用的产生经过质押人同意;前述规定不影响质押人因管理他人事务或因不当得利产生的责任。

第二百五十七条 根据质押权持有质押财产的人严重地不履行照管质押财产的义务的,地区法院可依质押人或者质押权人的要求,命令将质押财产交由质押人或者质押权人,或交由第三人提存。

第二百一十六条 因不能归责于质权人的事由可能使质押财产毁损或者价值明显减少,足以危害质权人权利的,质权人有权要求出质人提供相应的担保;出质人不提供的,质权人可以拍卖、变卖质押财产,并与出质人通过协议将拍卖、变卖所得的价款提前清偿债务或者提存。

【说明】

本条是关于质物保全的规定。

1. 质物毁损或者价值减少的事由

不能归责于质权人的事由可能使质押财产毁损或者价值明显减少,是指质物毁损或者价值明显减少产生的原因不是由于质权人的保管不善所致,而是由于自然原因等导致质物的毁损或者价值减少。价值减少的状态应当是明显的,因为一般的物都存在价值减少的可能性,尤其是随着市场变化及其他原因导致价值减少都是很正常的事情,正常的价值减少,应当在质权人的预想之内。

2. 替代担保

当质物存在损坏或者价值明显减少,足以危害质权人的利益时,质权人为保全其质权不受损害,可以要求出质人提供相应的担保,此为质权人的替代担保请求权,也有称质权人的物上代位请求权。规定替代担保的质物保全规定,主要是由于质押担保是以质物所具有的交换价值确保债权的实现,如果质物的价值明显减少或者质物毁损,将直接危害到质权人的质权,法律应当赋予质权人对其担保利益维护的救济手段,允许质权人要求出质人提供相应的担保。"相应的担保"是指与毁损或者价值明显减少的数额相当的担保。

3. 提前清偿债务或者提存

当质物有损坏或者价值明显减少的情况出现时,质权人请求出质人提供相应的担保,出质人不提供的,质权人可以拍卖或者变卖质押财产,并与出质人通过协议将拍卖或者变卖所得的价款提前清偿债务,也可以将处分质物的价款提存。此时质权人拍卖、变卖质物无须出质人同意。拍卖、变卖所得的价款,性质上属于质物的替代物,质权人不当然取得价款的所有权,出质人可以用该价款提前向质权人清偿债务;如果以该价款提存的,则要等债权期间届满,以提存的价款清偿债务。

【立法理由】

由于质权人的优先受偿权体现在质物的价值上,出质的质物出现损毁或者价值明显减少时,直接损害质权人的担保权益。为了保护质权人的权益不受损害,当质物有损坏或者价值明显减少的可能情况存在时,质权人请求出质人提供相应的担保,出质人不提供的,质权人可以拍卖或者变卖质押财产,并与出质人通过协议将拍卖或者变卖所得的价款提前清偿债务,也可以将处分质物的价款提存。质物保全的方式可以是替代担保,也可以是提前清偿或者提存。

【相关规定】

《中华人民共和国担保法》

第七十条 质物有损坏或者价值明显减少的可能,足以危害质权人权利的,质权人可以要求出质人提供相应的担保。出质人不提供的,质权人可以拍卖或者变卖质物,并与出质人协议将拍卖或者变卖所得的价款用于提前清偿所担保的债权或者向与出质人约定的第三人提存。

《德国民法典》

第一千二百一十八条 (1)质物有腐败之虞或者其价值有明显减少之虞的,出质人可以提供其他担保而要求返还质物;不得由保证人提供担保。

(2)质权人应将质物有腐败之虞的情况立即通知出质人,但不能通知的除外。

第一千二百一十九条 （1）因质物有腐败之虞或者其价值有明显减少之虞而危害质权人的担保的,质权人可以公开拍卖质物。

（2）以拍卖价金代替质物。经出质人要求,应将拍卖价金提存。

《意大利民法典》

第二千七百九十五条 质物发生毁损致使债权人产生质物不足以保障利益实现的疑虑的,在预先告知质押人的情况下,债权人得向法官请求许可将质物提前出售（第743、2797条）。

在允许采取出售措施的同时,法官亦要对担保债权的价款存放作出决定。设定人可避开出售,而取回质押物而提供法官认为适宜的其他担保物。

在质物发生毁损或者其价值降低时,设定人亦得向法官请求将该物出售或者取回质物并且提供法官认为适宜的其他担保物（第2743条）。

在有利于设定人的情况下,设定人可向法官提出出售质物的请求。在给予许可的同时,法官应当对出售的条件和出售所得价款的保管作出决定。

我国台湾地区"民法"

第八百九十二条 因质物有败坏之虞,或其价值显有减少,足以害及质权人之权利者,质权人得拍卖质物,以其卖得价金,代充质物。

第二百一十七条 质权人在质权存续期间,未经出质人同意转质,造成质押财产毁损、灭失的,应当向出质人承担赔偿责任。

【说明】

本条是关于转质权的规定。

质权人为担保自己或者他人的债务,在占有的质物上再次设定质权的称为转质,所成立的质权为转质权。因转质而取得质权的人为转质权人。转质既可适用于动产质权,也可适用于权利质权。转质依其是否经出质人同意,分为"承诺转质"和"责任转质"。"承诺转质",指经出质人同意,质权人在占有的质物上为第三人设定质权的行为。承诺转质是经出质人同意的行为,质权人对因转质权人的过错而造成的损失承担责任,并不因转质而加重法律责任。"责任转质"指质权人不经出质人同意,以自己的责任将质物转质于第三人的行为。责任转质因未经出质人同意将质物转质,不仅要承担质物因转质权人的过失而灭失、毁损的责任,而且要承担因转质期间发生的因不可抗力产生的质物的风险责任,其责任要比未转质的情况严重得多。各个国家和地区对于转质及转质的类型有不同的规定:有的未对转质作规定,如德国、法国;有的规定"承诺转质",如瑞士;有的规定"责任转质",如我国台湾地区;

有的同时规定"承诺转质"和"责任转质",如日本。

物权法不提倡转质,也没有禁止转质,为了保护出质人的利益,本条规定的原则是,未经出质人同意不允许转质,质权人转质的要承担赔偿责任。

【立法理由】

对是否允许转质有不同意见,有人认为,应当允许转质,质权具有融通资金和保全债权的双重功能,质权人因质权的设定而投入的融资,有通过转质再度流动的可能性,转质具有促进金融流通的经济机能。动产质权在现代社会中本身就存在着不利于发挥物的使用价值的缺陷,如果承认转质,就可以使物再次发挥交换价值和使用价值,有助于促使物的价值实现的最大化。就转质本身而言,对债务人、质权人和转质权人并无任何不利。有人认为,转质引起的权利义务关系较复杂,允许转质则可能损害出质人的利益。

【相关规定】

《最高人民法院关于适用〈中华人民共和国担保法〉若干问题的解释》

第九十四条　质权人在质权存续期间,为担保自己的债务,经出质人同意,以其所占有的质物为第三人设定质权的,应当在原质权所担保的债权范围之内,超过的部分不具有优先受偿的效力。转质权的效力优于原质权。

质权人在质权存续期间,未经出质人同意,为担保自己的债务,在其所占有的质物上为第三人设定质权的无效。质权人对因转质而发生的损害承担赔偿责任。

《日本民法典》

第三百四十八条　质权人,于其权利存续期间,可以以自己的责任,转质质物。于此情形,对于因不可抗力造成的、不转质就不会产生的损失,亦负其责任。

《瑞士民法典》

第八百八十七条　质权人,经出质人同意后,始得将质物转质。

《荷兰民法典》

第二百四十二条　质押权人无权将质押物转质押,但其已被明确地授予该权利的除外。

我国台湾地区"民法"

第八百九十一条　质权人于质权存在存续中,得以自己之责任,将质物转质于第三人。其因转质所受不可抗力之损失,亦应负责。

第二百一十八条　质权人可以放弃质权。债务人以自己的财产出

质,质权人放弃该质权的,其他担保人在质权人丧失优先受偿权益的范围内免除担保责任,但其他担保人承诺仍然提供担保的除外。

【说明】

本条是关于质权放弃及其他担保人责任承担原则的规定。

1. 质权的放弃

质权人放弃质权,是指质权人放弃其因享有质权而优先于普通债权人就质物受清偿的权利的行为。质权人有权处分自己的质权,当质权人以放弃质权的方式处分质权时,应当符合法律的规定。质权人放弃质权应当明示,质权人不行使质权或者怠于行使质权的,不能推定为质权人放弃质权。质权人放弃质权,原因可能是多方面的,是质权人单方的意思表示,无须取得出质人的同意。质权因质权人放弃质权而消灭。

2. 其他担保人责任承担原则

质权人放弃质权,不得有损于其他利害关系人的利益。有时,在同一债权上既有质权担保又有其他担保,在这种情况下,质权人放弃质权时,则直接影响其他担保人的利益,为了确保其他担保人的利益不因其放弃质权的行为而受到影响,本条规定,在质权人放弃质权时,如果是债务人以自己的财产出质的,其他担保人在质权优先受偿的范围内,不再承担担保责任;但其他担保人承诺仍然承担担保责任的,法律并不干涉。例如,某项债权既有质押担保,又有保证的,质权人放弃质权,必然会对保证人造成影响,因为如果债务人不履行债务,其质物所产生的质权被质权人放弃后,担保责任则将由保证人全部承担,加重了保证人的负担。本着公平的原则,在质权担保是主债权的全部责任时,质权人放弃质权的,保证人免除全部保证责任;在质权担保的是主债权的部分责任时,质权人放弃质权的,保证人免除质权人放弃质权范围所承担的担保责任。

【立法理由】

放弃质权是质权人对自己权利处分的一种形态,其有权放弃质权。质权人放弃质权,可能对其他担保人造成影响,其他担保人要根据质权人放弃质权的情形决定是否免除担保责任。

【相关规定】

《中华人民共和国担保法》

第二十八条　同一债权既有保证又有物的担保的,保证人对物的担保以外的债权承担保证责任。

债权人放弃物的担保的,保证人在债权人放弃权利的范围内免除保证责任。

《德国民法典》

第七百七十六条　债权人放弃其附属于债权的优先权、为债权而存在的抵押权或者船舶抵押权、质权或者对共同保证人的权利的,如果保证人能够根据第774条规定,从其放弃的权利中取得补偿时,即免除其责任。放弃的权利在承担保证后始成立的,亦同。

第一千二百五十五条　(1)以法律行为废除质权时,只需质权人向出质人或者所有权人作出其放弃质权的意思表示即可。

(2)质权上已设定第三人的权利的,应征得该第三人的同意。此项同意应向因意思而受利益的人表示;此项同意不得撤回。

《意大利民法典》

第一千九百五十五条　因债权人的行为,使保证人在质权(第2784、2869条)、抵押权及在债权人(第2869、2926条)的先取特权(第2745条)中没有效力时,保证消灭。

第二百一十九条　债务人履行债务或者出质人提前清偿所担保的债权的,质权人应当返还质押财产。

债务人不履行到期债务或者发生当事人约定的实现质权的情形,质权人可以与出质人协议以质押财产折价,也可以就拍卖、变卖质押财产所得的价款优先受偿。

质押财产折价或者变卖的,应当参照市场价格。

【说明】

本条是关于质物返还及质权实现的规定。

1. 质物返还

债务人于债务履行期届满时履行了债务或者出质人提前清偿了所担保的债权,质权消灭,质权人对其占有的质物负有返还给出质人的义务。质权人依质权合同有权占有质物,但在质权消灭时,质权人就丧失了继续占有质物的依据,应当将质物返还出质人;出质人因清偿债务,将质物上存在的所有权负担消灭,出质人可以依法请求质权人返还质物,质权人拒不返还的,应当承担民事责任。

质权人应当向出质人返还质物,因为出质人可以是债务人,也可以是第三人,当出质人不是债务人而是第三人时,债务人虽然清偿了债务,由于用于担保的质物的所有权是第三人的,因此应当返还给第三人而非债务人。

2. 实现质权

质权人实现质权,是指质权人在债权已届清偿期而债务人不履行债务或者发生当事人约定的实现质权的情形时,处分占有的质物优先受偿的行为。质权人实现质权的前提条件是债务履行期届满债务未受清偿或者发生当事人约定的实现质权的情形。折价是指债务人在履行期限届满未履行其债务时,经出质人与质权人协议,按照质物的品质,参考市场价格,把质物的所有权由出质人转移给质权人,从而实现质权的一种方式。折价必须由出质人与质权人协商一致,否则即拍卖、变卖。折价与流质不同,折价是在债务履行期届满,债务人不履行债务,质权人实现质权时,流质是在质权合同设定时。

拍卖是指按照拍卖程序,以公开竞价的方式将质物卖给出价最高的叫价者的买卖。

变卖是指直接将质物变价卖出的行为,变卖没有公开竞价等形式与程序上的限制,方便、快捷、变价成本小,变卖必须参考市场价格。

【立法理由】

债务履行期届满,将产生两种情况:一是质权因其所担保的债权受清偿或者其他原因的发生而消灭;二是债务未受清偿。根据这两种不同情况本条规定了两种不同的法律后果,即质物返还或者实现质权。

质押担保的目的在于确保债权的清偿,当债务人不履行债务或者违约时,质权人有权将占有的质物以折价、拍卖、变卖等方式变价后优先受偿。

【相关规定】

《中华人民共和国担保法》

第七十一条 债务履行期届满债务人履行债务的,或者出质人提前清偿所担保的债权的,质权人应当返还质物。

债务履行期届满质权人未受清偿的,可以与出质人协议以质物折价,也可以依法拍卖、变卖质物。

质物折价或者拍卖、变卖后,其价款超过债权数额的部分归出质人所有,不足部分由债务人清偿。

《德国民法典》

第一千二百二十三条 (1) 质权人负有在质权消灭后将质物返还与出质人的义务。

(2) 债务人有权给付的,出质人可以要求向质权人清偿而返还质物。

《法国民法典》

第二千零七十八条第一款　债权人在债务人未清偿时,不得处分质押物,但债权人得请求法院准许根据鉴定人的估价,在债务的限度内,将此质押物用做清偿而归自己,或以拍卖出售。

《日本民法典》

第三百五十四条　动产质权人,于其债权不受清偿时,以有正当理由为限,可以请求法院准许其依鉴定人的估价,直接以质物抵充清偿。于此情形,质权人应预先将其请求通知债务人。

《瑞士民法典》

第八百八十九条第一款　质权因清偿或其他原因消灭时,质权人须将质物交还出质人。

《荷兰民法典》

第二百四十八条　1. 债务人没有清偿质押所担保债务的,质押权人有权变卖质押财产,并且就变卖所得收益追偿其应得部分。

2. 当事人可以约定,在法官根据质押权人的请求,作出债务人不能清偿的裁决之前,不得变卖质押财产。

低顺位的质押权人或者占有人仅能在不与高顺位的质押权相矛盾的情形下变卖质押财产。

第二百五十条　1. 变卖根据当地习惯和通常条件公开进行。

2. 质押财产能在市场或者交易所交易的,应通过市场上适当的经纪人,或者通过交易所中有资质的中介人,在市场或者交易所中,根据该市场或者交易所适用于一般交易规则和习惯进行变卖。

3. 质权人有权竞价。

我国台湾地区"民法"

第八百九十三条　质权人于债权已届清偿期,而未受清偿者,得拍卖质物,就其卖得价金而受清偿。

第八百九十六条　动产质权,所担保之债权消灭时,质权人应将质物返还于有受领权之人。

第二百二十条　出质人可以请求质权人在债务履行期届满后及时行使质权;质权人不行使的,出质人可以请求人民法院拍卖、变卖质押财产。

出质人请求质权人及时实现质权,因质权人怠于行使权利造成损害的,由质权人承担赔偿责任。

【说明】

本条是关于及时行使质权请求权及怠于行使质权的责任的规定。

（1）出质人的质权行使请求权。出质人在债务履行期届满,不能偿还债务时,有权请求质权人及时行使质权,如果质权人经出质人请求后仍不行使的,出质人有权径行到人民法院要求拍卖、变卖质物,以清偿债务。

（2）质权人怠于行使质权的责任。随着市场价格的变化,质物也存在随着价格下跌或者意外灭失的风险,因此,一旦债务履行期届满,而债务人未清偿债务时,质权人应当及时行使质权,以免给出质人造成损失,出质人也有权请求质权人行使权利。因质权人怠于行使权利致使质物价格下跌,或者发生其他毁损、灭失等情形使质物无法实现其原有的变价额,比如,原本质物变价后除还清债务外仍有余额的,无法实现余额;原本变价款足以偿还债务的,现不足以偿还;原本可偿还债务大部分的,现只够还小部分等情形,形成出质人的实际损失。在此情形下,质权人对于出质人的损失要承担赔偿责任。需要注意的是,根据本款的规定,第一,出质人首先要有请求质权人及时行使质权的行为;第二,有证据证明造成损害是由于质权人怠于行使质权造成的,损害的事实应当与质权人怠于行使质权有直接的因果关系。

【立法理由】

为了督促担保物权人及时行使权利,稳定交易秩序,本法对抵押规定了时效,即抵押权人应当在主债权诉讼时效期间行使抵押权;未行使的,人民法院不予保护。

质权与抵押权一样存在主债权到期,及时行使质权的问题。但质权与抵押权不同:一是抵押权并不移转抵押物,抵押物始终被抵押人控制和使用;质权移转质物,质权设立后,质物由质权人占有。二是主债权届满债务人不履行债务的情况出现后,抵押权人由于没有抵押物,往往积极行使抵押权,以保证债权的实现;而质权人由于质物在其手中控制,往往并不急于行使质权。关于是否像抵押权一样规定质权时效的问题,有专家提出,规定抵押权超过时效法院不予保护并无不妥,如果规定质权超过时效法院不予保护则有失公允,因为质物在质权人处占有,债务人不还债,过了时效,依据法律的时效规定,强行把质物要回,对质权人不公。

根据抵押权与质权的不同,本法未规定质权时效,但为了避免质权人滥用权利、怠于行使权利,本条赋予了出质人行使质权的请求权及质权人怠于行使质权的责任。

【相关规定】

《最高人民法院关于适用〈中华人民共和国担保法〉若干问题的解释》

第十二条 当事人约定的或者登记部门要求登记的担保期间,对担保物权的存续不具有法律约束力。

担保物所担保的债权的诉讼时效结束后,担保权人在诉讼时效结束后的二年内行使担保物权的,人民法院应当予以支持。

《德国民法典》

第二百二十三条 (1)以抵押权、船舶抵押权或者质权担保的请求权,虽经时效消灭,但不妨害债权人就其担保物取偿。

(2)为担保请求权而转让的权利,不得以请求权的时效消灭为理由而请求返还。

(3)前二项规定对利息或者其他定期给付的未清偿部分的请求权经时效消灭者,不适用之。

《荷兰民法典》

第二百五十六条 质押权消灭后,质押权人必须作出一切必要行为以使质押人恢复其对享有权利的财产的实际控制,并且如果被要求,质押权人必须向质押人出具书面证明质押权已消灭。质押权所担保的债权负担有分项权利的,此义务准用于分项权利人。

第二百二十一条 质押财产折价或者拍卖、变卖后,其价款超过债权数额的部分归出质人所有,不足部分由债务人清偿。

【说明】

本条是关于质物变价款归属原则的规定。

根据本条规定的质物变价款归属原则,质权人在实现质权时,应当注意以下几种情况:

如果数个可分的质物为同一债权担保时,各个质物都担保债权的全部,但在实现质权时,如果质权人折价、拍卖或者变卖部分质物的价款足以清偿质押担保范围的债权,则应停止折价、拍卖或者变卖其余的质物。因为质物的所有权归出质人,出质人只是以质物担保质权人的债权,一旦债权受清偿,质权也就消灭了,剩余的质物应当归还出质人。

如果以一个质物作为债权担保的,质物变价超出所担保的债权的,应当将剩余价款返还给出质人,因为出质人是质物的所有权人。

如果质物的变价款不足以清偿所担保的债权的,出质人以全部变价款交给质权人后,质权消灭,因为质权的标的是质物,质物因用于清偿担保债权而消灭,质权也因之消灭。担保债权未清偿的部分,仍然在债权人与债务人之间存在,只是不再是质权担保债权,而是无质权担保的债权,债务人仍然负有清偿债务的义务。如果债务人和出质人不是同一人时,未偿还的债务由债务人承担,出质人不再承担责任。

【立法理由】

质权设定的目的在于确保债务的清偿,当质押所担保的债权于履行期届满而未受清偿时,质权人可以就质物的价款优先受偿。质权的实现是质权的根本效力所在,也是质权人最重要的权利。

质权实现就是将质物的交换价值兑现,质权人以变价款优先受偿。质物价值的最初估算与最终的变价额可能并不一致,这与当事人在设定质权时对质物的估算是否准确以及市场价格不断变化有关。但是,无论质物的变价如何,设定质权时的主债权是清楚的,因此,实现质权应以清偿质押担保范围的债权为界,质物折价、拍卖、变卖后,超过所担保的债权额的,价款归出质人所有,不足的部分由债务人清偿。

【相关规定】

《中华人民共和国担保法》

第七十一条第三款 质物折价或者拍卖、变卖后,其价款超过债权数额的部分归出质人所有,不足部分由债务人清偿。

第二百二十二条 出质人与质权人可以协议设立最高额质权。最高额质权除适用本节有关规定外,参照本法第十六章第二节最高额抵押权的规定。

【说明】

本条是关于最高额质权的规定。根据本条规定,出质人与质权人可以协议设立最高额质权。最高额质权是指为担保债务的履行,债务人或者第三人对一定期间内将要连续发生的债权提供质押担保的,债务人不履行到期债务或者发生当事人约定的实现质权的情形,质权人有权在最高债权额限度内就该担保财产优先受偿。与动产质权相比,最高额质权有自己的特征,但就根本属性而言,其仍属于质权,本节关于动产质权的许多规定可以适用于最高额质权。比如最高额质权的设立、最高额质权的实现、质物的保全等内容都可以适用本节关于动产质权的相关规定。

最高额质权与最高额抵押权具有许多相同之处,主要体现在:一是二者在设立、转移和消灭上均在一定程度上独立于主债权;二是二者担保的债权都是不特定债权;三是二者均有最高担保额的限制;四是在实现担保物权时,均需要对担保的债权进行确定。基于以上相同点,本条规定,最高额质权可以参照本法第十六章第二节关于最高额抵押权的规定。最高额质权的转移、最高额质权的变更以及最高额质权所担保债权的确定可以参照本法第204条、第205条和第206条的规定。此外,根据本法第203条第2款的规定,最高额抵押权设立前已经存在的债权,经当事人同意,可以转入最高额抵押担保的债权范围。同理,最高额质权设立前已经存在的债权,经当事人同意,可以转入最高额质押担保的债权范围。基于此,本条第2款规定,最高额质权还可参照本法第十六章第二节关于最高额抵押权的相关规定。这里之所以强调最高额质权"参照"本法关于最高额抵押权的规定,主要是考虑到最高额质权与最高额抵押权性质不同,最高额质权需要质权人占有担保财产,其本质属于质权的一种;最高额抵押权不需要抵押权人占有担保财产,其本质属于抵押权的一种。因此,只宜"参照",不宜直接适用。

【立法理由】

《中华人民共和国担保法》并没有规定最高额质权制度。本法新设最高额质权制度主要是基于以下几方面的考虑:一是实践的需要。近些年,实践中出现了当事人比照最高额抵押权设立最高额质权的情形,为了规范和引导最高额质权的应用,本法有必要对最高额质权作出规定。二是规定最高额质权的目的是为了简化设立担保的手续,方便当事人,促进资金融通,更好地发挥抵押担保的功能。三是多年的实践证明,《中华人民共和国担保法》规定的最高额抵押权制度对于配合连续性交易的发展、扩大担保融资、促进社会经济的繁荣发挥了重要的作用。在质权制度中引入最高额质权也可以发挥这样的作用。

第二节 权利质权

第二百二十三条 债务人或者第三人有权处分的下列权利可以出质:

(一)汇票、支票、本票;

(二)债券、存款单;

(三)仓单、提单;

（四）可以转让的基金份额、股权；

（五）可以转让的注册商标专用权、专利权、著作权等知识产权中的财产权；

（六）应收账款；

（七）法律、行政法规规定可以出质的其他财产权利。

【说明】

本条是关于可以出质的权利范围的规定。

权利质权是指以出质人提供的财产权利为标的而设定的质权。权利质权具有与动产质权相同的一些特征，都是以担保债务履行和债权实现为目的，性质都是价值权、担保权。但是，由于标的物不同，权利质权与动产质权相比又具有一定的特殊性。本节的内容主要就是关于权利质权的一些特殊规定，本节没有规定的，则适用"动产质权"一节的有关规定。

权利质权的标的是出质人提供的作为债权担保的权利。但并不是所有的权利都可以作为权利质权的标的，其必须满足下列条件：①必须是财产权。②必须具有让与性。③必须是适于设质的权利。

本条对哪些权利可以出质，采取了列举的方式，除这些权利以外，其他权利均不得出质。按照本条的规定，可以出质的权利包括：

1. 汇票、支票、本票

汇票是指出票人签发的，委托付款人在见票时或者在指定日期无条件支付确定的金额给收款人或者持票人的票据。汇票分为银行汇票和商业汇票。本票是指出票人签发的，承诺自己在见票时无条件支付确定的金额给收款人或者持票人的票据。在我国，本票仅指银行本票。支票是指出票人签发的，委托办理支票存款业务的银行或者其他金融机构在见票时无条件支付确定的金额给收款人或者持票人的票据。

2. 债券、存款单

债券是指政府、金融机构或者企业为了筹措资金而依照法定程序向社会发行的，约定在一定期限内还本付息的有价证券，包括政府债券、金融债券和企业债券。存款单，也称存单，是指存款人在银行或者储蓄机构存了一定数额的款项后，由银行或者储蓄机构开具的到期还本付息的债权凭证。

3. 仓单、提单

仓单是指仓库保管人应存货人的请求而填发的有价证券。仓单是提取仓储物的凭证。存货人或者仓单持有人在仓单上背书并经保管人签字或者盖章的，可以转让提取仓储物的权利。提单是指用以证明海上货物运输合同和货物已经由承运人接收或者装船,以及承运人保证据以交付货物的单证。提单分为记名提单、指示提单和不记名提单。记名提单不得转让;指示提单经过记名背书或者空白背书转让;不记名提单无需背书即可转让。

4. 可以转让的基金份额、股权

(1)基金份额,是指向投资者公开发行的,表示持有人按其所持份额对基金财产享有收益分配权、清算后剩余财产取得权和其他相关权利,并承担相应义务的凭证。这里所称的基金,仅指证券投资基金法中规定的证券投资基金,即通过公开发售基金份额募集证券投资基金,由基金管理人管理,基金托管人托管,为基金份额持有人的利益,以资产组合方式进行证券投资活动的信托契约型基金。

(2)股权,是指股东因向公司直接投资而享有的权利。在我国,公司包括有限责任公司和股份有限公司。有限责任公司股东的股权是通过公司签发的出资证明书来体现的,股份有限公司股东的股权是通过公司签发的股票来体现的。出资证明书,是指证明投资人已经依法履行缴付出资义务,成为有限责任公司股东的法律文件。股票是指股份有限公司签发的证明股东所持股份的凭证。出资证明书和股票就是股东享有股权的法定凭证,股东凭此证券就可享有相应的股权。

只有可以转让的基金份额和股权才可以作为权利质权的标的,有的基金份额和股权依法不得转让,则不能出质。

5. 可以转让的注册商标专用权、专利权、著作权等知识产权中的财产权

(1)知识产权,是指人们对于自己的创造性智力活动成果和经营管理中的标记所依法享有的权利,包括注册商标专用权、专利权和著作权等。知识产权主要是一种财产权利,但某些知识产权如著作权既具有人身性又具有财产性,可以将其中的权利划分为人身权部分和财产权部分,只有财产权部分才能作为权利质权的标的。

(2)注册商标专用权,是指注册商标所有人依法对注册商标享有的独占使用权。注册商标所有人享有注册商标转让权和注册商标许可权,这两者都是注册商标专用权中的财产权,都可以作为权利质权的标的。

(3)专利权,是指由国家专利主管机关授予专利申请人或其继受人在一定期限内实施其发明创造的专有权,它包括发明专利权、实用新型专利权及外观设计专利权。专利权人享有专利转让权和专利实施许可权,这两者都是专利权中的财产权,都可以作为权利质权的标的。

(4)著作权,是指文学、艺术和科学作品的创作者对其创作完成的作品

所享有的权利。根据《中华人民共和国著作权法》的规定,著作权可分为人身权和财产权两部分。人身权包括发表权、署名权、修改权和保护作品完整权。财产权是指著作权人对作品的使用权和获得报酬权。著作权中的人身权和著作权人有密切关系,具有人身属性,只能专属于著作权人,不得让与,也不得出质,只有著作权中的财产权才可以作为权利质权的标的。

6. 应收账款

应收账款,是指权利人因提供一定的货物、服务或者设施而获得的要求义务人付款的权利,不包括因票据或者其他有价证券而产生的付款请求权。应收账款实质上属于一般债权,包括尚未产生的将来的债权,但仅限于金钱债权。

7. 法律、行政法规规定的可以出质的其他财产权利

这是对可以出质的权利作的兜底性规定。本条明确了汇票、支票、本票、债券、存款单、仓单、提单、可以转让的基金份额、股权、可以转让的注册商标专用权、专利权、著作权等知识产权中的财产权和应收账款等权利可以出质,但这些权利并不能涵盖所有可以出质的权利范围,根据现实需要,法律、行政法规可以规定其他权利可以出质,只要在法律、行政法规中明确规定可以出质的,也适用本节权利质权的有关规定。

【立法理由】

随着经济高度发展,商品交易愈加频繁,商品和货币流通的手段也适应需要而不断发展,以票据、有价证券及其他财产凭证替代有形财产和货币流通越加广泛。充分利用这些财产凭证所体现的无形财产权,对促进资金融通和商品流通,发展经济有着重要作用。设立权利质权的目的和意义即在于此。

【相关规定】

《中华人民共和国担保法》

第七十五条 下列权利可以质押:

(一)汇票、支票、本票、债券、存款单、仓单、提单;

(二)依法可以转让的股份、股票;

(三)依法可以转让的商标专用权、专利权、著作权中的财产权;

(四)依法可以质押的其他权利。

《最高人民法院关于适用〈中华人民共和国公司法〉若干问题的规定(三)》

第二十五条 名义股东将登记于其名下的股权转让、质押或者以其他方式处分,实际出资人以其对于股权享有实际权利为由,请求认定处分股权行

为无效的,人民法院可以参照物权法第一百零六条的规定处理。

名义股东处分股权造成实际出资人损失,实际出资人请求名义股东承担赔偿责任的,人民法院应予支持。

第二十七条　股权转让后尚未向公司登记机关办理变更登记,原股东将仍登记于其名下的股权转让、质押或者以其他方式处分,受让股东以其对于股权享有实际权利为由,请求认定处分股权行为无效的,人民法院可以参照物权法第一百零六条的规定处理。

《瑞士民法典》

第八百九十九条　(1)可让与的债权及其他权利可出质。
(2)前款质权,除另有规定外,适用有关动产质权的规定。

《日本民法典》

第三百六十二条第一款　质权,可以以财产权为其标的。

我国台湾地区"民法"

第九百条　可让与之债权及其他权利,均得为质权之标的物。

第二百二十四条　以汇票、支票、本票、债券、存款单、仓单、提单出质的,当事人应当订立书面合同。质权自权利凭证交付质权人时设立;没有权利凭证的,质权自有关部门办理出质登记时设立。

【说明】

本条是关于以汇票、支票、本票、债券、存款单、仓单、提单出质的权利质权设立的规定。

根据本条的规定,以汇票、支票、本票、债券、存款单、仓单、提单出质的,双方当事人应当订立书面质权合同。合同内容一般包括被担保债权的种类和数额,债务人履行债务的期限,出质权利的名称、数额,担保的范围等。

合同订立后,质权并不当然设立。以汇票、支票、本票、债券、存款单、仓单、提单出质的,其质权设立的情形可分两种:

1. 有权利凭证的,质权自权利凭证交付质权人时设立

权利凭证是指记载权利内容的象征性的证书,通常采用书面形式,如汇票、支票、本票、存款单、仓单、提单和一部分实物债券等都有权利凭证。此时出质人需要将该权利凭证交付给质权人,质权自交付时设立。

2. 没有权利凭证的,质权自有关部门办理出质登记时设立

在我国,部分债券如记账式国库券和在证券交易所上市交易的公司债券等都已经实现无纸化,这些债券没有权利凭证,如果要出质,就必须到法律、

法规规定的有关登记部门办理出质登记,质权自登记时设立。如记账式国库券须到中央国债登记结算公司办理出质登记,在证券交易所上市交易的公司债券则须到证券登记结算机构办理出质登记。

【立法理由】
　　以汇票、支票、本票、债券、存款单、仓单、提单出质,有的有权利凭证,有的没有权利凭证,应当有不同的权利公示方法,以保护质权人、出质人和第三人的合法权益。

【相关规定】
《中华人民共和国担保法》
　　第七十六条　以汇票、支票、本票、债券、存款单、仓单、提单出质的,应当在合同约定的期限内将权利凭证交付质权人。质押合同自权利凭证交付之日起生效。

我国台湾地区"民法"
　　第九百零八条　质权以无记名证券为标的物者,因交付其证券于质权人,而生设定证券之效力。以其他之有价证券为标的物者,并应依背书方法为之。

第二百二十五条　汇票、支票、本票、债券、存款单、仓单、提单的兑现日期或者提货日期先于主债权到期的,质权人可以兑现或者提货,并与出质人协议将兑现的价款或者提取的货物提前清偿债权或者提存。

【说明】
　　本条是关于以汇票、支票、本票、债券、存款单、仓单、提单出质的权利质权人行使权利的特别规定。
　　本条规定,汇票、支票、本票、债券、存款单、仓单、提单的兑现日期或者提货日期先于主债权到期的,质权人可以不经过出质人同意,有权将汇票、支票、本票、债券或者存款单上所载款项兑现,有权将仓单或者提单上所载货物提货。但质权人兑现款项或者提取货物后不能据为己有,必须通知出质人,并与出质人协商,或者用兑现的价款或者提取的货物提前清偿债权,或者将兑现的价款或者提取的货物提存。提前清偿债权的,质权消灭;提存的,质权继续存在于提存的价款或者货物上。出质人只能在提前清偿债权和提存中选择,不能既不同意提前清偿债权,也不同意提存。

【立法理由】

载明兑现日期或者提货日期的汇票、支票、本票、债券、存款单、仓单、提单的兑现日期或者提货日期届至时,原则上必须兑现或者提货,以免除第三债务人的债务。如果不按时兑现或者提货,有可能给债务人自身带来损失,最终影响其所担保的主债权的实现,例如仓单提货日期届至不按时提货的,须加付仓储费。本条便是针对这一情况所作出的特殊规定。

【相关规定】

《中华人民共和国担保法》

第七十七条　以载明兑现或者提货日期的汇票、支票、本票、债券、存款单、仓单、提单出质的,汇票、支票、本票、债券、存款单、仓单、提单兑现或者提货日期先于债务履行期的,质权人可以在债务履行期届满前兑现或者提货,并与出质人协议将兑现的价款或者提取的货物用于提前清偿所担保的债权或者向与出质人约定的第三人提存。

我国台湾地区"民法"

第九百零五条　为质权标的物之债权,其清偿期先于其所担保债权之清偿期者,质权人得请求债务人,提存其为清偿之给付物。

第二百二十六条　以基金份额、股权出质的,当事人应当订立书面合同。以基金份额、证券登记结算机构登记的股权出质的,质权自证券登记结算机构办理出质登记时设立;以其他股权出质的,质权自工商行政管理部门办理出质登记时设立。

基金份额、股权出质后,不得转让,但经出质人与质权人协商同意的除外。出质人转让基金份额、股权所得的价款,应当向质权人提前清偿债务或者提存。

【说明】

本条是关于以基金份额、股权出质的权利质权设立和出质人处分基金份额、股权的限制的规定。

根据本条第1款的规定,以基金份额、股权出质的,双方当事人应当订立书面质权合同。合同内容一般包括被担保债权的种类和数额,债务人履行债务的期限,基金份额、股权的相关信息,担保的范围等。

合同订立后,质权并不当然设立。以基金份额出质的,应当到证券登记结算机构办理出质登记,质权自登记时设立;以股权出质的,其质权设立的情形分两种:

（1）以证券登记结算机构登记的股权出质的,质权自证券登记结算机构办理出质登记时设立。证券登记结算机构是指为证券交易提供集中登记、存管与结算服务,不以营利为目的的法人。依法应当在证券登记结算机构登记的股权,包括上市公司的股权、公开发行股份的公司的股权、非公开发行但股东在 200 人以上的公司的股权等。以这些股权出质的,质权须到证券登记结算机构办理出质登记才能设立。

（2）以其他股权出质的,质权自工商行政管理部门办理出质登记时设立。其他股权,指不在证券登记结算机构登记的股权,包括有限责任公司的股权、非公开发行的股东在 200 人以下的股份有限公司的股权等。以这些股权出质的,须到工商行政管理部门办理出质登记,质权自登记时设立。

本条第 2 款规定的是对出质人处分基金份额和股权的限制。原则上基金份额和股权出质后,不能转让,但如果出质人与质权人协商一致,都同意转让出质基金份额和股权,这属于双方当事人对自己权利的自由处分,法律自然允许。但转让基金份额和股权所得的价款,并不当然用于清偿所担保的债权,因为此时债务清偿期尚未届至,出质人应当与质权人协商,将所得的价款提前清偿所担保的债权或者提存。提前清偿债权的,质权消灭。提存的,质权继续存在于提存的价款上。出质人只能在提前清偿债权和提存中选择,不能既不同意提前清偿债权,也不同意提存。

【立法理由】

在证券登记结算机构登记的股权,包括上市公司的股权、公开发行股份的公司的股权、非公开发行但股东在 200 人以上的公司的股权等。这些股权的表现形式都为股票。根据证券法的规定,这些股票都实现无纸化管理,其发行、转让等行为都要受证券监督管理机构的监管,股票的过户、结算、保管等行为都通过证券登记结算机构。同时,证券登记结算机构的结算采取全国集中统一的电子化运营方式,既方便当事人和第三人登记、查询,也节省了登记成本。因此,质权须到证券登记结算机构办理出质登记才能设立。以其他股权登记的,考虑到质权为担保物权,应当具有较强的公示效果,能够让第三人迅速、便捷、清楚地了解权利上存在的负担,在股东名册上的记载其公示效果不强,也不便于第三人查询,因此,物权法将登记机构设在工商行政管理部门。

基金份额和股权出质后,原则上不能转让,理由在于:一方面,出质人的基金份额和股权虽然被出质了,但其仍为基金份额持有人或者股东,转让基金份额和股权是对基金份额和股权的处分,是基金份额持有人和股东的权利,质权人无权转让作为债权担保的基金份额和股权,否则构成对基金份额持有人和股东权利的侵害。另一方面,基金份额和股权虽为出质人所有,但其作为债权的担保,是有负担的权利,如果随意转让可能会损害质权人的利益,不利于担保债权的实现。

【相关规定】

《中华人民共和国担保法》

第七十八条　以依法可以转让的股票出质的,出质人与质权人应当订立书面合同,并向证券登记机构办理出质登记。质押合同自登记之日起生效。

股票出质后,不得转让,但经出质人与质权人协商同意的可以转让。出质人转让股票所得的价款应当向质权人提前清偿所担保的债权或者向与质权人约定的第三人提存。

以有限责任公司的股份出质的,适用公司法股份转让的有关规定。质押合同自股份出质记载于股东名册之日起生效。

第二百二十七条　以注册商标专用权、专利权、著作权等知识产权中的财产权出质的,当事人应当订立书面合同。质权自有关主管部门办理出质登记时设立。

知识产权中的财产权出质后,出质人不得转让或者许可他人使用,但经出质人与质权人协商同意的除外。出质人转让或者许可他人使用出质的知识产权中的财产权所得的价款,应当向质权人提前清偿债务或者提存。

【说明】

本条是关于注册商标专用权、专利权、著作权等知识产权中的财产权出质的权利质权设立和出质人处分知识产权的限制的规定。

根据本条第1款的规定,以注册商标专用权、专利权、著作权等知识产权中的财产权出质的,双方当事人应当订立书面质权合同。合同订立后,质权并不当然设立,须到有关主管部门办理出质登记时才能设立。这里的"有关主管部门"是指注册商标专用权、专利权和著作权等知识产权的主管部门。

本条第2款规定的是对出质人处分知识产权的限制。以注册商标专用权、专利权、著作权等知识产权中的财产权出质的,出质人不能自由转让或者许可他人使用。但是如果经出质人与质权人协商同意,可以转让或者许可他人使用出质的注册商标专用权、专利权、著作权等知识产权中的财产权。因为此时转让,是经过质权人同意的,是否会损害质权人的利益,由质权人自己判断,法律不加干涉。

按照本条第 2 款的规定,转让或者许可他人使用出质的注册商标专用权、专利权、著作权等知识产权中的财产权所得的价款,不当然用于清偿所担保的债权,因为此时债务清偿期尚未届至,出质人应当与质权人协商,将所得的价款提前清偿所担保的债权或者提存。提前清偿债权的,质权消灭。提存的,质权继续存在于提存的价款上。出质人只能在提前清偿债权和提存中选择,不能既不同意提前清偿债权,也不同意提存。

【立法理由】

以注册商标专用权、专利权、著作权等知识产权中的财产权出质的,须到有关主管部门办理出质登记时才能设立。这主要是因为知识产权是一种无形财产权,无法以占有的方式来公示,所以知识产权出质必须以登记的方式来公示。

以注册商标专用权、专利权、著作权等知识产权中的财产权出质的,权利虽然仍属于知识产权人,但由于该知识产权是有负担的权利,因此,出质人不能自由转让或者许可他人使用。如果允许出质人自由转让或者许可他人使用其注册商标专用权、专利权、著作权等知识产权中的财产权,则无论是有偿转让,还是无偿转让,无论是许可他人有偿使用,还是许可他人无偿使用,都将损害质权人的利益。因为一方面转让的费用和许可他人使用的费用都要归出质人收取,另一方面出质人有权无限制地转让其注册商标专用权、专利权、著作权等知识产权中的财产权,必然导致该注册商标专用权、专利权、著作权等知识产权中的财产权价值的下降,最终的结果必然损害质权人的利益,不利于担保债权的实现。

【相关规定】

《中华人民共和国担保法》

第七十九条 以依法可以转让的商标专用权,专利权、著作权中的财产权出质的,出质人与质权人应当订立书面合同,并向其管理部门办理出质登记。质押合同自登记之日起生效。

第八十条 本法第七十九条规定的权利出质后,出质人不得转让或者许可他人使用,但经出质人与质权人协商同意的可以转让或者许可他人使用。出质人所得的转让费、许可费应当向质权人提前清偿所担保的债权或者向与质权人约定的第三人提存。

第二百二十八条 以应收账款出质的,当事人应当订立书面合同。

质权自信贷征信机构办理出质登记时设立。

应收账款出质后,不得转让,但经出质人与质权人协商同意的除外。出质人转让应收账款所得的价款,应当向质权人提前清偿债权或者提存。

【说明】

本条是关于以应收账款出质的权利质权设立和出质人转让应收账款的限制的规定。

根据本条第1款的规定,以应收账款出质的,双方当事人应当订立书面质权合同。合同订立后,质权并不当然设立,双方当事人还须到信贷征信机构办理出质登记后质权才设立。目前我国的信贷征信机构是中国人民银行信贷征信中心。

本条第2款规定的是应收账款出质后对出质人权利的限制,即出质人不得随意转让应收账款。出质人只有在取得质权人同意的情况下才能转让应收账款,与前几条规定的内容类似,转让应收账款所得的价款,并不当然用于清偿所担保的债权,因为此时债务清偿期尚未届至,出质人应当与质权人协商,将所得的价款提前清偿所担保的债权或者提存。提前清偿债权的,质权消灭。提存的,质权继续存在于提存的价款上。出质人只能在提前清偿债权和提存中选择,不能既不同意提前清偿债权,也不同意提存。

【立法理由】

物权法之所以确定信贷征信机构为应收账款出质的登记机构,是考虑到现在市场交易追求交易安全、便捷、迅速的特点,统一应收账款出质的登记机构势在必行。同时,这个登记机构必须具备一个现代的、集中化的和基于互联网的技术系统,能够做到信息准确、快速及时、查询便捷、操作简单、成本低廉和使用安全。我国的信贷征信机构在全国已经建立了信贷征信系统,该系统是目前国内全国联网最大的电子化信息系统,覆盖面广,已经达到国内所有金融机构、所有县及有信用社的乡镇,信息量大,信息处理快捷,能够满足应收账款登记和查询需要。基于上述原因,物权法规定了信贷征信机构为应收账款出质的登记机构。

应收账款出质后,出质人不得随意转让应收账款。这主要是为了保护质权人的利益,防止出质人随意处置应收账款,保证其所担保的债权的实现。

第二百二十九条 权利质权除适用本节规定外,适用本章第一节动产质权的规定。

【说明】

本条是关于权利质权适用动产质权有关规定的规定。

本章第一节对动产质权是作为质权的一般形式加以规定的,本节对权利质权仅在某些内容上作了特殊规定,其他没有规定的内容可以适用动产质权的规定,比如质权合同的一般条款、流质的禁止、质权人的义务、质权的实现方式和最高额质权等。

【立法理由】

权利质权与动产质权都是以其客体的交换价值的取得为目的的担保物权,有由客体直接取得一定价值的权能,并不因其客体是有体物还是无体物而性质不同,两者共同构成质权的组成部分,在很多内容上是相同的。但权利质权的标的物为权利,而动产质权的标的物为动产,因此两者在某些具体方面如权利的生效上还存在一定的区别。

【相关规定】

《中华人民共和国担保法》

第八十一条　权利质押除适用本节规定外,适用本章第一节的规定。

我国台湾地区"民法"

第九百零一条　权利质权,除本节有规定外,准用关于动产质权之规定。

第十八章　留　置　权

第二百三十条　债务人不履行到期债务,债权人可以留置已经合法占有的债务人的动产,并有权就该动产优先受偿。

前款规定的债权人为留置权人,占有的动产为留置财产。

【说明】

本条是有关留置权的一般规定。

留置权是指在债务人不履行到期债务时,债权人有权依照法律规定留置已经合法占有的债务人的动产,并就该动产优先受偿的权利。这时,债权人便为留置权人,占有的动产便为留置财产。

成立留置权,必须具备以下几个要件：

1. 债权人已经合法占有债务人的动产

债权人要行使留置权,必须已经合法占有债务人的动产。这个要件包含三层意思：第一,必须是动产。留置权的标的物只能是动产,债权人占有的不动产上不能成立留置权。第二,必须债权人占有动产。债权人的这种占有可以是直接占有,也可以是间接占有。但单纯的持有不能成立留置权,如占有辅助人虽持有动产,却并非占有人,因此不得享有留置权。第三,必须合法占有动产。债权人必须基于合法原因而占有债务人的动产,如基于承揽、运输、保管合同的约定而取得动产的占有。如果不是合法占有的动产,不得留置,如债权人以侵权行为占有债务人的动产。

2. 债权人占有的动产,应当与债权属于同一法律关系,但企业之间留置的除外

除了企业之间留置的以外,留置财产必须与债权的发生处于同一法律关系中。比如,保管合同中寄存人不按期交付保管费,保管人可以留置保管物,此时留置权成立。如果保管人对寄存人享有的是保管合同之外的其他债权而留置保管物,或者保管人留置的是债务人的其他财产,则该留置权不能成立。

3. 债务人不履行到期债务

债权人对已经合法占有的动产,并不能当然成立留置权,留置权的成立

还须以债权已届清偿期而债务人未全部履行为要件。如果债权未到期,那么债务人仍处于自觉履行的状态中,还不能判断债务人到期能否履行债务,这时留置权还不能成立。只有在债务履行期限届满,债务人仍不履行债务时,债权人才可以将其合法占有的债务人的动产留置。

【立法理由】

留置权是我国经济生活中较为普遍存在的一种担保形式。留置权设定的目的在于维护公平原则,督促债务人及时履行义务。物权法之前的一些法律已经对留置权作了规定,如《中华人民共和国民法通则》第 89 条规定了留置,担保法则专设"留置"一章,共 7 条。《中华人民共和国合同法》也分别规定了承揽合同、运输合同和保管合同中债权人享有的留置权。物权法参考上述法律的相关内容,特设专章对留置权作了规定。

【相关规定】

《中华人民共和国民法通则》

第八十九条第(四)项 (四)按照合同约定一方占有对方的财产,对方不按照合同给付应付款项超过约定期限的,占有人有权留置该财产,依照法律的规定以留置财产折价或者以变卖该财产的价款优先得到偿还。

《中华人民共和国担保法》

第八十二条 本法所称留置,是指依照本法第八十四条的规定,债权人按照合同约定占有债务人的动产,债务人不按照合同约定的期限履行债务的,债权人有权依照本法规定留置该财产,以该财产折价或者以拍卖、变卖该财产的价款优先受偿。

第二百三十一条 债权人留置的动产,应当与债权属于同一法律关系,但企业之间留置的除外。

【说明】

本条是有关留置财产与债权的关系的规定。

关于留置财产与债权的关系,在物权法起草过程中,争议颇大。第一种意见认为,只要是合法占有的财产,债权人便有权留置;第二种意见认为,留置财产应当与债权的发生有牵连关系;第三种意见认为,留置财产应当与债权的发生有牵连关系,但企业之间留置的除外;第四种意见认为,留置财产应当与债权属于同一法律关系,但企业之间留置的除外。物权法最终采纳了第四种意见,明确规定,留置财产应当与债权属于同一法律关系。同时,由于在商业实践中,企业之间相互交易频繁,追求交易效率,讲究商业信用,如果严格要求留置财产必须与债权的发生具有同一法律关系,有悖交易迅捷和交易安全原则。因此,本条同时规定,企业之间留置的财产,可以不与债权属于同一法律关系。

【立法理由】

留置权的目的在于留置债务人的财产,迫使债务人履行债务,保障债权的实现。但如果允许债权人任意留置与债权的发生没有关系的债务人的财产,则对债权人的保护过逾,有违公平原则,也会损害其他债权人的利益和交易安全。

"牵连关系"的概念在理论上有多种解释,存在"一元论"和"二元论"两种观点,概念过于模糊,范围不确定,法律适用中容易产生分歧,也不可取。

【相关规定】

我国台湾地区"民法"

第九百二十九条 商人间因营业关系而占有之动产,及其因营业关系所生之债权,视为有前条所定之牵连关系。

第二百三十二条 法律规定或者当事人约定不得留置的动产,不得留置。

【说明】

本条是关于留置权适用范围的限制性规定。

应该说,担保法制定的时候,我国市场经济刚刚起步,有关市场经济的法律制度还不完善,一套有序的市场经济体制还未形成,规定留置权较为狭窄的适用范围是妥当的。但随着市场经济的发展,相关市场规则和法律制度的完善,将留置权的适用范围扩大到无因管理、仓储合同及其他服务合同发生的债权中是必要和合适的。从其他国家和地区有关留置权的立法来看,也几乎没有逐一列举留置权适用范围的。因此,物权法没有明文列举留置权的适用范围,而只是在本条中对留置权的适用范围作出限制,规定了不得留置的两种情形。只要不属于这两种情形,又符合留置权成立的条件,均可以成立留置权。

第一,法律规定不得留置的,依照其规定。如果法律基于公序良俗等原因明确规定某些情形下不得留置或者某些财产不得留置,则须依照该法律规定,不得成立留置权。

第二,当事人约定不得留置的,按照约定。对于当事人已经明确约定不得留置的动产,都不能成立留置权。比如,承揽合同当事人事先在合同中约定排除留置权,则在定作人未向承揽人支付报酬或者材料费等价款时,承揽人也不得留置完成的工作成果,而应当依债权本身的效力提起追索价款及违约金的诉讼。留置权属于法定担保物权,法律之所以允许当事人通过约定加以排除,主要是由于留置权的目的是基于公平原则,为了保护债权人的利益,担保债权的实现,并未涉及公共利益或者其他第三人的利益,如果债权人基于意思自治而自愿放弃这一权利,法律自然无需干涉。

【立法理由】

关于留置权的适用范围,《中华人民共和国担保法》第84条规定:"因保管合同、运输合同、加工承揽合同发生的债权,债务人不履行债务的,债权人有留置权。法律规定可以留置的其他合同,适用前款规定。当事人可以在合同中约定不得留置的物。"在物权法起草过程中,对是否保留担保法的这一规定,存在不同意见。有意见认为,为避免滥用留置权的情况发生,应该维持担保法的这一规定,即只有因保管合同、运输合同、加工承揽合同和法律规定可以留置的其他合同发生的债权,才能适用留置权。有意见认为,担保法规定的留置权的适用范围过窄,不符合经济实践需要,不利于保护债权人的利益,应当扩大范围。物权法采纳了后一种意见。

【相关规定】

《中华人民共和国担保法》

第八十四条　因保管合同、运输合同、加工承揽合同发生的债权,债务人不履行债务的,债权人有留置权。

法律规定可以留置的其他合同,适用前款规定。

当事人可以在合同中约定不得留置的物。

第二百三十三条　留置财产为可分物的,留置财产的价值应当相当于债务的金额。

【说明】

本条是关于可分物作为留置财产的特殊规定。

可分物是指经分割而不损害其经济用途或者减损其价值的物。本条对于留置权的不可分性做了一定程度的缓和,明确规定留置财产为可分物的,留置财产的价值应当相当于债务的金额。比如,在运输合同中,甲为承运人,乙为托运人，甲受乙的委托运输一列车的煤，因乙不给付甲运输费，甲便可以留置乙的货物。若运输的煤价值为 100 万元，运输费为 1 万元，这时甲只能在相当于运输费 1 万元的范围内留置相应价值的煤，而不能留置全部煤。

但如果留置财产为不可分物，由于该物的分割会减损其价值，因此不适用本条的规定。比如，一台锅炉作为承揽合同的标的物，如果定作人不支付报酬，承揽人留置该物的，就不能适用本条的规定，因为锅炉若予分割，其价值就会遭受减损。对于不可分物，债权人可以将其全部留置。

【立法理由】

留置权具有不可分性，表现为：一是留置权所担保的是债权的全部，而不是部分；二是留置权的效力及于债权人所留置的全部留置财产，留置权人可以对留置财产的全部行使留置权，而不是部分。但过分强调留置权的不可分性，对债务人不公平，有损其合法权益，也不利于物尽其用。因为债权人留置财产的目的，是为了担保债权的实现，只要留置财产的价值相当于债务金额，就能够保证其债权得到实现，没有必要留置过多的财产。

【相关规定】

《中华人民共和国担保法》

第八十五条　留置财产为可分物的，留置财产的价值应当相当于债务的金额。

第二百三十四条　留置权人负有妥善保管留置财产的义务；因保管不善致使留置财产毁损、灭失的，应当承担赔偿责任。

【说明】

本条是关于留置权人保管义务的规定。

关于何为"妥善保管"，有不同的认识。有意见认为，留置权人应当以善良管理人的注意保管留置财产。留置权人对保管未予以善良管理人之注意的，即为保管不善，因此而导致留置财产毁损、灭失的，应当负赔偿责任。有意见认为，除因不可抗力造成留置财产毁损、灭失外，留置权人对留置财产的毁损、灭失均应负保管不善的赔偿责任。前一种意见为通说。至于实际中如何认定"妥善保管"，应当依据一般交易上的观念，以一个有知识、有经验的理性人所应具有的标准来加以衡量。

这里还有一个问题值得注意，留置权人占有留置财产，必须妥善保管，原则上未经债务人同意，不得使用、出租留置财产或者擅自把留置财产作为其他债权的担保物。但是,留置权人出于保管的需要,为使留置财产不因闲置而生损害,在必要的范围内有使用留置财产的权利,如适当使用留置的机动车或者机械以防止其生锈。

【立法理由】

在留置权关系中,留置权人占有留置财产,以担保自己债权的实现,这是留置权人依法享有的权利。但享有权利的同时还必须承担一定的义务,由于留置财产在留置权消灭之前依然属于债务人所有,因此,留置权人在占有留置财产的同时就必须对留置财产负有保管义务,应当妥善保管留置财产。留置权人如果违反此项义务致使留置财产毁损、灭失的,则应当对债务人承担赔偿责任。

【相关规定】

《中华人民共和国担保法》

第八十六条 留置权人负有妥善保管留置物的义务。因保管不善致使留置物灭失或者毁损的,留置权人应当承担民事责任。

《日本民法典》

第二百九十八条 (1) 留置权人须以善良管理人的注意占有留置物。

(2) 留置权人未经债务人承诺,不得使用或出租留置物,或者以之提供担保。但为其物的保存所做必要的使用,不在此限。

(3) 留置权人违反前两款规定时,债务人可以主张留置权的消灭。

我国台湾地区"民法"

第九百三十三条 债权人应以善良管理人之注意,保管留置物。

第二百三十五条 留置权人有权收取留置财产的孳息。

前款规定的孳息应当先充抵收取孳息的费用。

【说明】

本条是关于留置权人收取孳息的权利的规定。

这里的孳息包括天然孳息和法定孳息。但需要说明的是,留置权人对收取的孳息只享有留置权,并不享有所有权。收取的孳息应当首先充抵收取孳息的费用,然后再抵充债务及其利息。

【立法理由】

留置权人在占有留置财产期间,有权收取留置财产所产生的孳息。这主要是因为留置权人占有留置财产并负有保管义务,由其收取孳息较为适当,而且留置权人收取的孳息也是用于抵充债权,对于债务人也无不利。

【相关规定】

《日本民法典》

第二百九十七条 (1)留置权人,可以收取由留置物所生的孳息,并先于其他债权人以抵充其债权的清偿。

(2)前款的孳息,须先抵充债权的利息,另有剩余时抵充原本。

我国台湾地区"民法"

第九百三十五条 债权人得收取留置物所生之孳息,以抵偿其债权。

第二百三十六条 留置权人与债务人应当约定留置财产后的债务履行期间;没有约定或者约定不明确的,留置权人应当给债务人两个月以上履行债务的期间,但鲜活易腐等不易保管的动产除外。债务人逾期未履行的,留置权人可以与债务人协议以留置财产折价,也可以就拍卖、变卖留置财产所得的价款优先受偿。

留置财产折价或者变卖的,应当参照市场价格。

【说明】

本条是关于实现留置权的一般规定。

留置权的实现是指留置权人对留置财产进行处分,以优先受偿其债权的行为。

1. 留置权实现的条件

留置权人实现留置权必须具备两个条件:

(1)留置权人须给予债务人以履行债务的宽限期。债权已届清偿期债务人仍不履行债务,留置权人并不能立即实现留置权,而必须经过一定的期间后才能实现留置权。这个一定的期间,称为宽限期。宽限期限多长,涉及债权人与债务人利益的平衡问题。期限过长,不利于留置权人实现债权;期限过短,不利于债务人筹集资金,履行义务。为此,根据实践经验和公平原则,本条规定,留置权人与债务人应当约定留置财产后的债务履行期间;没有约定或者约定不明确的,留置权人应当给债务人两个月以上履行债务的期间,但鲜活易腐等不易保管的动产除外。即留置权人留置财产后,便可以与债务人自由协商一定的债务履行期限,与担保法规定的这一期限"不得少于两个月"不同,物权法没有明确规定双方约定的期限长短,只要双方当事人协商达成一致便可。如果留置权人与债务人对于宽限期限没有约定或者约定不明确的,留置权人可自行确定宽限期限,但不得少于两个月,除非留置财产为鲜活易腐等不易保管的动产,比如海鲜、水果、蔬菜等。这些动产保管成本过高,如果期限过长,容易贬值甚至失去价值,对留置权人和债务人都不利,因此,留置权人无须给予债务人两个月以上的宽限期。

(2)债务人于宽限期内仍不履行义务。债务人在宽限期内履行了义务,留置权归于消灭,留置权人当然不能再实现留置权。如果债务人仍不履行义务,留置权人便可以按法律规定的方法实现留置权。

2. 留置权实现的方法

依照本条的规定,留置权实现的方法有三种,即折价、拍卖和变卖。留置权人可以与债务人协商采取哪种方法实现留置权,一般情况下,双方当事人可以先协议将留置财产折价以实现其债权,如果无法达成协议,留置权人可以依法拍卖或者变卖留置财产,并以拍卖或者变卖所得的价款优先受偿其债权。

(1)折价。折价是指留置权人与债务人协议确定留置财产的价格,留置权人取得留置财产的所有权以抵销其所担保的债权。这种方法比较简单,但必须双方当事人协商一致,否则就应当采取拍卖或者变卖的方法。

(2)拍卖。拍卖是指依照《中华人民共和国拍卖法》规定的拍卖程序,于特定场所以公开竞价的方式出卖留置财产。拍卖的公开性和透明度都比较高,但费用较高。

(3)变卖。变卖是指以一般的买卖形式出卖留置财产的方式。由于拍卖的费用较高,有的双方当事人不愿意负担这一费用,因此采取费用较为低廉的变卖方式。

本条第 2 款还规定,无论留置财产是拍卖还是变卖,都必须参照市场价格,而不能随意降低该留置财产的价格。

【立法理由】

关于留置权的实现,各个国家和地区的规定有所不同。《中华人民共和国物权法》参考了《中华人民共和国担保法》的有关规定,借鉴相关国家和地区的规定,在留置权实现的条件和实现的方法上作了一定的修改。

【相关规定】

《中华人民共和国担保法》

第八十七条第一、二款 债权人与债务人应当在合同中约定,债权人留置财产后,债务人应当在不少于两个月的期限内履行债务。债权人与债务人在合同中未约定的,债权人留置债务人财产后,应当确定两个月以上的期限,通知债务人在该期限内履行债务。

债务人逾期仍不履行的,债权人可以与债务人协议以留置物折价,也可以依法拍卖、变卖留置物。

我国台湾地区"民法"

第九百三十六条　债权人于其债权已届清偿期而未受清偿者,得定六个月以上之相当期限,通知债务人,声明如不于其期限内为清偿时,即就其留置物取偿。

债务人不于前项期限内为清偿者,债权人得依关于实行质权之规定,拍卖留置物,或取得其所有权。

不能为第一项之通知者,于债权清偿期届满后,经过二年仍未受清偿时,债权人亦得行使前项所定之权利。

第二百三十七条　债务人可以请求留置权人在债务履行期届满后行使留置权;留置权人不行使的,债务人可以请求人民法院拍卖、变卖留置财产。

【说明】

本条是关于债务人可以请求留置权人行使留置权的规定。

债务履行期届满,如果债务人自知没有能力履行债务,可以请求留置权人及时实现留置权,如果留置权人不实现的,债务人有权请求人民法院拍卖或者变卖该留置财产,以消灭留置权。

【立法理由】

留置权为物权,其不受所担保的债权的诉讼时效的限制。因此,留置权人在其所担保的债权的诉讼时效完成后,仍可以对留置财产行使留置权。理论上说,留置权可以长期不灭,其行使并无时间限制。但是,如果留置权人长期持续占有留置财产而不实现,不符合"物尽其用"的原则,也会对社会、经济生活产生不利影响。而且,在有的情况下,留置财产会有自然损耗或者贬值的可能,如果长期不实现留置权,留置财产的价值会受影响,对债务人不利。因此,不能让留置权人无限期地留置财产而不行使留置权。

第二百三十八条　留置财产折价或者拍卖、变卖后,其价款超过债权数额的部分归债务人所有,不足部分由债务人清偿。

【说明】

本条是关于留置权实现的有关规定。

根据本法第236条的规定,债务人逾期未履行债务的,留置权人可以与债务人协议以留置财产折价,也可以就拍卖、变卖留置财产所得的价款优先受偿。根据本法第237条的规定,债务人可以请求留置权人在债务履行期间届满后行使留置权;留置权人不行使的,债务人也可以请求人民法院拍卖、变卖留置财产。留置财产被折价或者拍卖、变卖后,可能出现三种情况:一是留置财产折价或者被拍卖、变卖所得的价款刚好满足留置权人的债权,留置权担保的债权完全得以实现,债务人的留置财产也因为折价或者拍卖、变卖而被处分,不存在剩余价款返还的问题。二者的债权债务关系以及担保关系完全消灭。二是留置财产折价或者被拍卖、变卖所得的价款超过了留置权人的债权数额,超过的部分应当归债务人所有。如果是留置权人处分留置财产的,留置权人在扣除自己应得部分后,应当将剩余部分返还给债务人,不得占为己有,否则就构成不当得利。如果是人民法院根据本法第237条的规定对留置财产进行拍卖、变卖的,人民法院在扣除留置权人的债权额后,应当将剩余部分及时返还给债务人。三是留置财产折价或者被拍卖、变卖所得的价款不足以清偿留置权人的债权。由于留置财产不能完全满足留置权人的债权,所以留置权人与债务人之间的债权债务关系并不因实现留置权而完全消灭,留置权人仍可以就留置财产不足以清偿的部分要求债务人偿还。只不过剩余债权就变成了无担保物权的普通债权,留置权人也成了普通债权人,留置权人可以普通债权人的身份要求债务人偿还剩余债务,债务人拒绝偿还的,其可以向人民法院起诉。

【立法理由】

实践中,留置财产折价或者拍卖、变卖后,有可能出现价款超过债权数额或者价款不足以清偿债权的情形,当事人对价款超过债权数额部分如何处理,对不足部分,债务人是否继续清偿等问题常常发生争论。为澄清该问题,解决争议,《中华人民共和国担保法》第87条明确规定,留置财产折价或者拍卖、变卖后,其价款超过债权数额的部分归债务人所有,不足部分由债务人清偿。《中华人民共和国担保法》的规定仍具有现实意见,因此,《中华人民共和国物权法》延续了《中华人民共和国担保法》的规定。

【相关规定】

《中华人民共和国担保法》

第八十七条第三款 留置物折价或者拍卖、变卖后,其价款超过债权数额的部分归债务人所有,不足部分由债务人清偿。

第二百三十九条 同一动产上已设立抵押权或者质权,该动产又被留置的,留置权人优先受偿。

【说明】

本条是关于留置权与抵押权或者质权关系的规定。

正确理解本条,应当注意两点:一是在同一动产上,无论留置权是产生于抵押权或者质权之前,还是产生于抵押权或者质权之后,留置权的效力都优先于抵押权或者质权。也就是说,留置权对抵押权或者质权的优先效力不受其产生时间的影响。二是留置权对抵押权或者质权的优先效力不受留置权人在留置动产时是善意还是恶意的影响。立法中,有人认为,为了防止当事人利用留置权的优先效力,恶意在已设有抵押权的动产上行使留置权,妨碍或者排除动产上抵押权的行使,建议明确规定,同一动产上留置权产生于抵押权或者质权之后的,只有留置权人属于善意时,留置权效力才优先于已存在的抵押权或者质权。本法认为,这里的"善意"指留置权人对同一动产已存在的抵押权或者质权不知情,与之相对应的"恶意"指留置权人对同一动产上已存在的抵押权或者质权知情,而并非恶意串通的意思。留置权产生的基础是公平原则,在适用留置权规则的许多情况下,留置权人一般都使被留置动产的价值得到保全,且留置权人的债权与被留置动产的价值相比往往是微不足道的。在这种情况下,仅仅以留置权人知道或者应当知道该动产上存在抵押权或者质权就否定其优先效力,对留置权人是不公平的。实践中,留置权人留置某一动产时往往知道该动产上存在抵押权或者质权,例如某一汽车所有人将该汽车送到某一修理厂修理,修理厂可能对该汽车上存在抵押权是知情的,但这并不妨碍修理厂在汽车所有人不支付修理费的情况下留置该汽车且以该留置权对抗存在的抵押权或者质权。基于以上考虑,本条并没有强调留置权优先于抵押权或者质权的效力以留置权人善意作为前提。当然,如果留置权人与债务人恶意串通成立留置权,其目的就是为了排除在动产上的抵押权或者质权的,这已经超出了"恶意和善意"的范畴,属于严重违反诚实信用原则的恶意串通行为。在这种情况下,不但留置权不能优先于抵押权或者质权,该留置权也应当视为不存在。

【立法理由】

在动产上既可以设立抵押权,也可以设立质权。如果同一动产上已设立了抵押权或者质权,该动产又被留置的,应当如何处理留置权与抵押权或者质权的关系?本条规定,同一动产上已设立抵押权或者质权,该动产又被留置的,留置权人优先受偿。也就是说,同一动产同时存在留置权与抵押权或者质权的，留置权的效力优先于抵押权或者质权。这样规定，主要是基于以下三方面的考虑：一是反映了我国立法经验和司法实践经验。我国的一些法律已明确规定，同一标的物上同时存在抵押权与留置权的，留置权优先于抵押权，例如《中华人民共和国海商法》第 25 条规定，船舶优先权先于船舶留置权受偿，船舶抵押权后于船舶留置权受偿。前款所称船舶留置权，是指造船人、修船人在合同另一方未履行合同时，可以留置所占有的船舶，以保证造船费用或者修船费用得以偿还的权利。人民法院的审判实践也承认了留置权优先于抵押权这一原则，《最高人民法院关于适用〈中华人民共和国担保法〉若干问题的解释》中规定，同一财产上抵押权与留置权并存时，留置权人优先于抵押权人受偿。二是这样规定符合国际上的立法经验。许多国家和地区的立法承认留置权效力优先于抵押权或者质权效力的原则。例如，《美国统一商法典》规定，任何人在通常的业务过程中就设定担保物权的货物提供服务或者提供原材料，且成文法或者法律原则规定其可以就因该种服务或者原材料的提供所占有的货物享有留置权的，则该留置权优先于已经发生的担保物权，除非法律另有规定。三是从理论上讲，留置权属于法定担保物权，其直接依据法律规定而产生，而抵押权与质权均为约定担保物权。法定担保物权优先于约定担保物权为公认的物权法原则。

【相关规定】

《中华人民共和国海商法》

第二十五条　船舶优先权先于船舶留置权受偿，船舶抵押权后于船舶留置权受偿。

前款所称船舶留置权，是指造船人、修船人在合同另一方未履行合同时，可以留置所占有的船舶，以保证造船费用或者修船费用得以偿还的权利。船舶留置权在造船人、修船人不再占有所造或者所修的船舶时消灭。

《最高人民法院关于适用〈中华人民共和国担保法〉若干问题的解释》

第七十九条　同一财产法定登记的抵押权与质权并存时，抵押权人优先于质权人受偿。

同一财产抵押权与留置权并存时，留置权人优先于抵押权人受偿。

《美国统一商法典》

第九-三百一十条　若任何人在通常的业务过程中就设定担保权益的货物提供服务或者提供原材料，且成文法或者法律原则规定其可以就因该种服务或者原材料的提供所占有的货物享有留置权，则该留置权优先于已经发生的担保权益，除非留置权为法律所规定、且规定该留置权的法律另有规定。

我国台湾地区"动产担保交易法"

第二十五条　抵押权人依本法规定实行占有抵押物时,不得对抗依法留置标的物之善意第三人。

第二百四十条　留置权人对留置财产丧失占有或者留置权人接受债务人另行提供担保的,留置权消灭。

【说明】

本条是关于留置权消灭原因的规定。

根据本条的规定,留置权消灭的特殊原因包括:

(1)因留置权人对留置财产丧失占有而消灭。留置权产生的前提条件是债权人对债务人财产的合法占有。留置权人的这种占有应当为持续不间断的占有,否则,留置权就会因占有的丧失而消灭。日本等国的民法典和我国台湾地区"民法"均对此作了规定,例如《日本民法典》规定,留置权因占有丧失而消灭。我国台湾地区"民法"规定,留置权因占有之丧失而消灭。我国担保法对此未作规定,但《中华人民共和国海商法》第25条第2款规定,船舶留置权在造船人、修船人不再占有所造或者所修的船舶时消灭。此外,我国的司法实践也承认,留置权人对留置财产丧失占有时,留置权消灭。本条在总结各国或地区外立法经验和司法实践经验的基础上,明确了留置权人丧失对留置财产的占有是留置权消灭的原因。需注意的是,若留置权人非依自己的意愿暂时丧失对留置财产占有的,留置权消灭,但这种消灭并不是终局性的消灭,留置权人可以依占有的返还原物之诉要求非法占有人返还留置物而重新获得留置权。

(2)因留置权人接受债务人另行提供的担保而消灭。留置权作为一种法定担保物权,其功能主要是通过留置权人留置合法占有的债务人的动产,促使债务人尽快偿还债务。如果债务人为清偿债务另行提供了相当的担保,该担保就构成了留置权的替代,债权人的债权受偿得到了充分的保障,原留置财产上的留置权理应消灭。而且,在债务人提供相当担保的情况下,如果留置财产上的留置权仍然存在,对债务人的利益限制过多,妨碍了债务人对留置财产的利用,不符合诚实信用原则和公平原则。基于此,许多国家和地区的立法均规定,留置权人接受债务人另行提供担保的,留置权消灭。《中华人民共和国担保法》第88条也规定,债务人另行提供担保并被债权人接受的,留置权消灭。债务人另行提供的担保可以是其他担保物权,如抵押权、质权,也可以是保证。

债务人另行提供担保导致留置权消灭的,应当满足以下条件:一是债务人另行提供的担保应当被债权人接受,若债权人不接受新担保的,留置权不消灭。二是债务人另行提供的担保所能担保的债权应当与债权人的债权额相当。由于留置权是以先行占有的与债权有同一法律关系的动产为标的物,留置物的价值有可能高于被担保的债权额,但债务人另行提供的担保所能担保的债权不以留置物的价值为标准,一般应与被担保的债权额相当。当然在双方当事人协商一致的情况下,债务人另行提供的担保所能担保的债权也可以低于或者高于债权人的债权额。

【立法理由】

留置权作为一种物权,其消灭的原因是多样的,可因物权消灭的共同原因而消灭,如因留置标的物的灭失、被征收等原因而消灭;也可因担保物权消灭的共同原因而消灭,如因被担保债权的消灭、留置权的行使以及留置权被抛弃等原因而消灭,本法第177条对此作了规定。此外,留置权作为一种法定的担保物权,还具有自己特殊的消灭原因,《中华人民共和国担保法》第88条作了部分规定,物权法在担保法的基础上对留置权消灭的特殊原因作了更为全面的规定。

【相关规定】

《中华人民共和国担保法》

第八十八条 留置权因下列原因消灭:

(一)债权消灭的;

(二)债务人另行提供担保并被债权人接受的。

《荷兰民法典》

第二百九十四条 留置物已由债务人或权利人控制的,债权人的留置物消灭,但债权人基于同一法律关系重新获得该物的除外。

第二百九十五条 债权人丧失对留置物的控制的,在与所有权人相同的条件下,可以请求返还该物。

《日本民法典》

第三百零一条 债务人可以通过提供相当的担保而请求留置权消灭。

我国台湾地区"民法"

第九百三十七条 债务人为债务之清偿,已提出相当之担保者,债权人之留置权消灭。

第五编 占 有

第十九章 占 有

第二百四十一条 基于合同关系等产生的占有,有关不动产或者动产的使用、收益、违约责任等,按照合同约定;合同没有约定或者约定不明确的,依照有关法律规定。

【说明】

导致占有发生的法律关系多种多样:一种是有权占有,主要指基于合同等债的关系而产生的占有,例如根据运输或者保管合同,承运人或者保管人对托运或者寄存货物发生的占有;另一种是无权占有,主要发生在占有人对不动产或者动产的占有无正当法律关系,或者原法律关系被撤销或者无效时占有人对占有物的占有,包括误将他人之物认为己有或者借用他人之物到期不还等。对于因有权占有而产生的有关不动产或者动产的使用、收益、违约责任等,物权法明确应当按照合同约定,合同没有约定或者约定不明确的,依照有关法律的规定。

【立法理由】

占有涉及的两种情形,即有权占有和无权占有,其发生的原因虽然各不相同,但法律后果的处理不外乎两类情形:一是在占有过程中,被占有的不动产或者动产的使用、收益以及损害赔偿责任该如何确定;二是当被占有的不动产或者动产遭到第三方侵夺或者妨害时,占有人能够行使哪些权利保护自己对不动产或者动产的占有。关于第二个问题的回答,不因有权占有和无权占有的区别而有所差别,都可适用本法第245条的规定,即占有的不动产或者动产被侵占的,占有人有权请求返还原物;对妨害占有的行为,占有人有权请求排除妨害或者消除危险;因侵占或者妨害造成损害的,占有人还有权请求损害赔偿。

但对于第一个问题,即被占有的不动产或者动产的使用、收益及损害赔偿责任该如何确定,对这一问题的回答,因有权占有和无权占有的区别而存在差别。对于因合同等债的关系而产生的占有,本法明确规定,有关被占有的不动产或者动产的使用、收益、违约责任等,按照合同约定;合同没有约定或者约定不明确的,依照有关法律的规定。在无权占有情形下,有关不动产或者动产的使用、收益及损害赔偿责任等,本法第 242 条至第 244 条作了具体规定,无权占有是本编规定的重点。

第二百四十二条 占有人因使用占有的不动产或者动产,致使该不动产或者动产受到损害的,恶意占有人应当承担赔偿责任。

【说明】

在有权占有的情况下,例如基于租赁或者借用等正当法律关系而占有他人的不动产或者动产时,当事人双方多会对因使用而导致不动产或者动产的损害责任作出约定。大多数情况下,对于因正常使用而导致不动产或者动产的损耗、折旧等,往往由所有权人负担,因为有权占有人所支付的价金包括对不动产或者动产因正常使用而发生损耗的补偿。简而言之,例如甲将其自行车租给乙使用,乙每月支付给甲 30 元使用费,半年后自行车因使用而发生损耗折旧,此时,一般情况下,甲不能向乙要求额外的损害赔偿,因为乙每月所支付的租用费包括对自行车使用价值的补偿。当然,如果乙采取破坏性方式使用自行车,致使自行车提前报废,如果双方对此有事前约定,那么按其约定处理;如果双方无约定,而乙的行为有主观恶意的因素,构成侵权法中的故意或者过失责任,则可以适用侵权损害赔偿原则处理。实践中,在有权占有情况下,被占有的不动产或者动产因使用而产生损害,其责任确定和解决方法并不棘手。按照一般的惯例,如果要把自己的不动产或者动产租给他人使用,应当先收取一定的押金,作为不动产或者动产被他人损坏后的担保。例如去冰场溜冰欲租用冰鞋,必须先向冰场缴纳保证金(往往是一副新冰鞋的市场价)。

但当这一问题涉及无权占有时,权责的确定和实际解决的办法就不那么容易了。关于这一问题,《中华人民共和国物权法》明确,占有人因使用占有的不动产或者动产,致使该不动产或者动产受到损害的,恶意占有人应当承担赔偿责任。

【立法理由】

无权占有又分为善意占有和恶意占有,关于恶意占有人对被占有的不动产或者动产的使用损害应当承担赔偿责任,各国或地区立法均无异议;但关于善意占有人是否要承担赔偿责任的问题,有些争论。境外的立法多规定,善意占有人对被占有物因使用而发生的损害,不承担损害赔偿责任。查阅境外立法例,有明确规定善意占有人不担责任的为瑞士,《瑞士民法典》第938条规定:"(1)物的善意占有人,依其被推定的权利得使用并收益该物的,对权利人无损害赔偿的责任。(2)前款情形,物消灭或受损害的,占有人无须赔偿。"其他国家或地区的立法例虽然没有类似瑞士的明确规定,但关于物因善意占有人使用而受损害的问题,大多由善意占有人权利的推定去解决。例如《德国民法典》第955条、我国台湾地区"民法"第952条规定,善意占有人,依推定其为适法所有之权利,得为占有物之使用及收益。

境外立法规定善意占有人不担责任的逻辑是,法律对于占有赋予了几种法律效力,其一就是权利的推定效力,占有人于占有物上行使的权利,推定其适法有此权利,而善意占有人在使用占有物时即被法律推定为物的权利人,具有占有使用的权利,因此,对于使用被占有的物而导致的物的损害,不应负赔偿责任。本法采纳上述立法,规定占有人因使用占有的不动产或者动产,致使该不动产或者动产受到损害的,恶意占有人应当承担赔偿责任;对于善意占有人,法律不苛以此种赔偿义务。

【相关规定】

《德国民法典》

第九百八十八条 以物作为属于自己的意思而占有其物的占有人,或以行使在实际上并不属于自己的收益权为目的而占有其物的占有人,如无偿取得此物的占有时,应以关于返还不当得利的规定,向所有人返还其在发生诉讼拘束前所取得的利益。

《瑞士民法典》

第九百三十八条 (1)物的善意占有人,依其被推定的权利得使用并收益该物的,对权利人无损害赔偿的责任。

(2)前款情形,物消灭或受损害的,占有人无须赔偿。

《意大利民法典》

第一千一百四十八条 提出诉讼请求以前已经分离的自然孳息和已经到期的法定孳息属于善意占有人。善意占有人向提出请求的所有权人承担返还自提出诉讼请求之日起直到返还占有物时收取的孳息的责任,并且应当尽善良家父的勤谨注意义务。

《日本民法典》

第一百八十九条 善意占有人取得由占有物产生的孳息。

我国台湾地区"民法"

第九百五十二条 善意占有人,依推定其为适法所有之权利,得为占有物之使用及收益。

第二百四十三条 不动产或者动产被占有人占有的,权利人可以请求返还原物及其孳息,但应当支付善意占有人因维护该不动产或者动产支出的必要费用。

【说明】

关于本条所要规范的法律关系,主要包括两个方面:第一,无论是善意占有人还是恶意占有人,原物和孳息是否都必须返还给权利人(回复请求权人)。第二,返还原物和孳息后,对于无权占有人为维护被占有的不动产或者动产所支出的必要费用,是否可以要求权利人返还。

首先,针对第一个问题,各国或地区立法存在一些差别,此种差别主要体现在对善意占有人可否保留孳息的争论上(而对于恶意占有人的原物及其孳息返还义务,各国或地区立法均无异议)。一种立法例认为,善意占有人原则上不负担从原物上获得收益的返还义务和赔偿义务。例如根据《德国民法典》第987条、第993条的规定,善意占有人既不负有返还收益的义务,也不负有损害赔偿的义务。一种立法例认为,善意占有人无须返还从占有物上获得的孳息,但是如果善意占有人保留孳息,则不得向权利人请求返还其为维护该动产或者不动产而支出的必要费用。在立法过程中,有意见认为,善意占有人有权保留孳息,理由在于既然善意占有人被法律推定为适法享有权利的人,善意占有人对占有物的使用及收益得到法律的承认,对于占有物的收益,善意占有人有权保留。

【立法理由】

分析各方意见,同时考虑到境外关于善意占有可以保留孳息的规定是同必要费用返还请求权相关的。例如《瑞士民法典》和《日本民法典》以及我国台湾地区"民法"均规定,如果保留孳息,则善意占有人不得向权利人请求返还其为维护该动产或者不动产而支出的必要费用。这同本法目前的规定的确有区别,但两种处理方式的法律后果相差不大。原物和孳息返还权利人,但为维护占有物而支出的必要费用可以请求权利人返还的法律结果,和孳息保留必要费用不得求偿的法律后果区别实际不大。

同时还应注意到本法目前的规定和民法中因无因管理而产生的法律结

果是一致的,并且保留孳息的规定,并非各国或地区通例。《德国民法典》关于这一问题并未区分善意占有和恶意占有,《德国民法典》第 994 条规定,所有人的偿还义务依关于无因管理的规定确定之。因此,本法明确规定,权利人可以请求返还原物及其孳息,但应当支付善意占有人因维护该不动产或者动产支出的必要费用。这样就使得法律关系更加简化,便于操作。

【相关规定】

《德国民法典》

第九百八十八条 以物作为属于自己的意思而占有其物的占有人,或以行使在实际上并不属于自己的收益权为目的而占有其物的占有人,如无偿取得此物的占有时,应以关于返还不当得利的规定,向所有人返还其在发生诉讼拘束前所取得的利益。

《瑞士民法典》

第九百三十八条 物的善意占有人,依其被推定的权利得使用并收益该物的,对权利人无损害赔偿的责任。前款情形,物消灭或受损害的,占有人无须赔偿。

第九百四十条第二款 恶意占有人仅对其因占有而支付的费用的必要部分,有请求赔偿的权利。

《意大利民法典》

第一千一百四十八条 提出诉讼请求以前已经分离的自然孳息和已经到期的法定孳息属于善意占有人。善意占有人向提出请求的所有权人承担返还自提出诉讼请求之日起直到返还占有物时收取的孳息的责任,并且应当尽善良家父的勤谨注意义务。

第一千一百五十条 占有人,即使是恶意占有人,也同样享有请求偿还非常修缮费用的权利。

占有人对占有物的改良享有请求补偿的权利,但是,以返还时改良仍旧存在为限。

对恶意占有人则应当选取改良费和因改良而使占有物增加的价值中金额较低的一项作为补偿金。

《日本民法典》

第一百八十九条 善意占有人取得由占有物所生的孳息。

我国台湾地区"民法"

第九百五十二条 善意占有人,依推定其为适法所有之权利,得为占有物之使用及收益。

第九百五十七条 恶意占有人,因保存占有物所支出之必要费用,对于回复请求人,得依关于无因管理之规定,请求偿还。

第九百五十八条 恶意占有人,负返还孳息之义务,其孳息如已消费,或因其过失而毁损,或怠于收取者,负偿还其孳息价金之义务。

第二百四十四条 占有的不动产或者动产毁损、灭失,该不动产或者动产的权利人请求赔偿的,占有人应当将因毁损、灭失取得的保险金、赔偿金或者补偿金等返还给权利人;权利人的损害未得到足够弥补的,恶意占有人还应当赔偿损失。

【说明】

当占有的不动产或者动产毁损、灭失时,如果占有人和占有返还请求权人之间,有寄托、租赁等关系或者有其他正当的法律关系时(即有权占有的情形),占有人就被占有的不动产或者动产所负的责任等,均各依其基础法律关系去解决;但如果不具备寄托、租赁等此种正当法律关系或者外形上虽有此类关系但实为无效或者被撤销时,则占有人同占有返还请求权人间的责任义务如何确定,不免发生问题。因此,物权法明确,占有的不动产或者动产毁损、灭失,该不动产或者动产的权利人请求赔偿的,占有人应当将因毁损、灭失取得的保险金、赔偿金或者补偿金等返还给权利人;权利人的损害未得到足够弥补的,恶意占有人还应当赔偿损失。

【立法理由】

虽然关于占有的不动产或者动产毁损或者灭失后的责任赔偿,可以适用有关侵权行为或者不当得利的规定,但仅仅有此规定不足以充分解决问题。所以本条规定此种情形下,占有人应当将因毁损、灭失取得的保险金、赔偿金或者补偿金等返还给权利人;权利人的损害未得到足够弥补的,恶意占有人还应当赔偿损失。

【相关规定】

《德国民法典》

第九百八十七条 占有人应将其在诉讼拘束发生后收取的收益返还所有人。占有人在诉讼拘束发生后对其依通常经营方法可能收取的收益不收取的,以其负有过失责任的范围内,应对所有权人负赔偿义务。

第九百八十九条 占有人自诉讼拘束发生时起,由于其过失致物毁损、灭失或者由于其他原因致不能返还其物而造成的损害,对所有权人负其责任。

第九百九十条　占有人在取得占有时为非善意的,自取得占有时起,根据第 987、989 条的规定对所有权人负其责任。占有人于事后知道其为无权占有的,自其知情时起负同样的责任。占有人因迟延所生的其他责任,不因此而受影响。

《瑞士民法典》

第九百四十条　(1)物的恶意占有人须向权利人交还占有物,对因扣留物而造成的损失以及对收取的或因延误而未收取的孳息负赔偿责任。

……

(3)恶意占有人在不知应向谁交还物的期间内,仅对其因过失造成的损失负赔偿责任。

《日本民法典》

第一百九十条　恶意占有人负返还孳息的义务,对于所消费孳息、因过失毁损孳息怠于收取孳息的代价,负偿还义务。前项的规定,准用于通过强暴、胁迫、隐蔽手段实施的人。

第一百九十一条　占有物因应归责于占有人的事由而灭失或毁损时,善意占有人在因灭失或毁损而现受利益限度内,负赔偿义务。但是,无所有意思的占有人,虽系善意,亦应予以全部赔偿。

我国台湾地区"民法"

第九百五十三条　善意占有人,因可归责于自己之事由,致占有物灭失或毁损者,对于回复请求人,仅以因灭失或毁损所受之利益为限,负赔偿之责。

第九百五十六条　恶意占有人,或无所有意思之占有人,因可归责于自己之事由,致占有物灭失或毁损者,对于回复请求人,负损害赔偿之责。

第九百五十八条　恶意占有人,负返还孳息之义务,其孳息如已消费,或因其过失而毁损,或怠于收取者,负偿还其孳息价金之义务。

第二百四十五条　占有的不动产或者动产被侵占的,占有人有权请求返还原物;对妨害占有的行为,占有人有权请求排除妨害或者消除危险;因侵占或者妨害造成损害的,占有人有权请求损害赔偿。

占有人返还原物的请求权,自侵占发生之日起一年内未行使的,该请求权消灭。

【说明】

占有人对于他方侵占或者妨害自己占有的行为,可以行使法律赋予的占有保护请求权,如返还原物、排除妨害或者消除危险等。占有保护的理由在于,已经成立的事实状态,不应受私力而为的扰乱,而只能通过合法的方式排除,这是一般公共利益的要求。例如甲借用乙的自行车,到期不还构成无权占有,乙即使作为自行车的物主也不可采取暴力抢夺的方式令甲归还原物,而对于其他第三方的侵夺占有或者妨害占有的行为等,甲当然可以依据本条的规定行使占有的保护。

【立法理由】

占有人无论是否有权占有,其占有受他人侵害,即可行使法律赋予的占有保护请求权;而侵害人只要实施了本条所禁止的侵害行为,即应承担相应的责任,法律不问其是否具有过失,也不问其对被占有的不动产或者动产是否享有权利。关于本条占有保护的规定,立法过程中无太大争议。

【相关规定】

《德国民法典》

第八百六十一条 以禁止的擅自行为侵夺占有人的占有时,占有人可以向对占有人为有瑕疵占有的人要求回复占有。被侵夺的占有对现占有人或其前任权利人有瑕疵,且系在侵夺之前一年内取得的,上述请求权消灭。

第八百六十二条 以禁止的擅自行为妨害占有人占有的,占有人可以要求妨害人排除妨害。占有仍有继续受妨害之虞的,可以提起停止妨害之诉。占有人对妨害人或其前任权利人为有瑕疵的占有,且系在妨害之前一年内取得的,上述请求权消灭。

第八百六十三条 对第861条、第862条规定的请求权,仅在以对占有的剥夺或妨害并非是禁止的擅自行为作为理由时,始得主张占有的权利或进行妨害的权利。

第八百六十四条第一款 根据第861条、第862条规定的请求权,如果未以起诉的方式主张时,自禁止的擅自行为发生后因一年内不行使而消灭。

《瑞士民法典》

第九百二十七条 以非法暴力侵夺他人占有物的,有返还的义务。即使侵夺人主张对该物有优先权利,亦同。但是,如被告能立即证明自己的优先权利并基于同一原因有权请求原告交付该物时,得拒绝返还。本条的侵夺占有之诉,以返还占有物及损害赔偿为内容。

第九百二十八条 占有因他人的非法行为受妨害时,占有人可对妨害人提起诉讼。即使妨害人主张其权利,亦同。妨害占有之诉,以排除妨害,禁止妨害人继续妨害及请求损害赔偿为内容。

第九百二十九条　上述诉讼,在侵夺或妨害行为发生后,逾一年时间因时效而消灭。占有人即使事后始知悉侵夺及侵夺人的,亦同。

《意大利民法典》

第一千一百六十八条　被以暴力或者秘密的方式侵夺占有的人,可以自权利被侵夺之日起1年内,向侵夺者提出归还占有的请求。

持有人也可以提起上述诉讼,因提供服务或者因友情而持有物的情况除外。

第一千一百六十九条　归还占有的请求还可以针对明知是侵夺的占有,但是仍然以特定名义取得占有的人提出。

第一千一百七十条　在占有不动产、不动产上的物权或者动产的集合体时受到骚扰的占有人可以自发生侵扰之日起1年内提起占有保持之诉。

在非暴力、非秘密地取得占有并且不曾中断地持续占有1年以上的,允许提起占有保持之诉。以暴力或秘密的方式取得占有的,自暴力终止或者公开占有之时起超过1年方可提起占有保持之诉。

只要符合前款规定的条件,即使被非暴力、非秘密地侵夺占有的人也同样可以提出归还占有的请求。

第一千一百七十一条　由于惧怕在他人土地上进行施工那样可能给自己的土地、权利或者占有造成损害,土地的所有人、他物权人或者占有人可以请求司法机构指控新施工,在进行简单的事实审理之后,司法机关可以作出禁止继续施工或者在施工方采取适当的防范措施的情况下准许继续施工的处理决定。在第一种情况下,如果提出的异议没有充分的依据,则控告方应当赔偿施工方因停工造成的损失;在第二种情况下,尽管施工方取得了继续施工的许可,但是,在控告方胜诉的情况下,施工方应当根据判决拆除建筑物或者缩减工程范围,在给控告方造成损失的情况下,还应当向控告方承担赔偿损失的责任。

第一千一百七十二条　由于惧怕位于自己享有权利的或者占有的财产附近的任何建筑、树木或者其他物品可能发生给自己的财产、权利或者占有造成严重损害的紧急危险,所有权人、他物权人或者占有人可以将这一危险告知司法机构,由其根据具体情况采取排除危险的措施。司法机构可以在必要时裁定为可能发生的危险提供适当的担保。

《日本民法典》

第一百九十八条　占有人于其占有受到妨害时,可以通过有保全之诉请求停止妨害及赔偿损害。

第一百九十九条　占有人在其占有受到妨害之虞时,可以通过占有保全之诉请求妨害的预防或损害赔偿的担保。

第二百条　占有人于在占有被侵夺时,可以通过占有回复之诉请求将其物返还及损害赔偿。

占有回复之诉,不能对占有侵夺者的特定承继人提起。但是其承继人知其侵夺的事实时,不在此限。

第二百零一条　占有保持之诉,须在妨害存在期间或妨害终止后一年以内提起。但因工程对占有物发生损害,不能在其工程开工后经过一年或工程竣工时提起。占有保全之诉,可以在妨害危险存在期间提起。此时,如果工程对占有物有损害之虞,准用前款但书的规定。占有回复之诉,须在被侵夺时起,一年以内提起。

第二百零二条　占有之诉不妨碍本权之诉,本权之诉亦不妨碍占有之诉。占有之诉,不能依据与本权有关的理由裁判。

我国台湾地区"民法"

第九百六十二条　占有人,其占有被侵夺者,得请求返还其占有物。占有被妨害者,得请求除去其妨害。占有有被妨害之虞者,得请求防止其妨害。

第九百六十三条　前条请求权,自侵夺或妨害占有或危险发生后,一年间不行使而消灭。

附　　则

第二百四十六条　法律、行政法规对不动产统一登记的范围、登记机构和登记办法作出规定前,地方性法规可以依照本法有关规定作出规定。

【说明】

本条是关于授权地方性法规规定不动产统一登记的规定。

【立法理由】

虽然建立不动产统一登记制度是必要的,但是,建立统一登记制度涉及行政管理体制改革,需要有个过程。从现实情况看,群众迫切要求建立城镇房地产统一登记制度,根据《中华人民共和国城市房地产管理法》第62条的规定,省级人民政府有权确定"由一个部门统一负责房产管理和土地管理工作",一些地方也有这方面的规定和做法。据此,《中华人民共和国物权法》第246条作出了目前的授权性规定。

根据《中华人民共和国立法法》的规定,有权依照《中华人民共和国物权法》的授权性规定,制定地方性法规的立法主体包括两大类:

(1)省、自治区和直辖市人大及其常委会,目前,我国除台湾地区外共有22个省、5个自治区和4个直辖市。

(2)较大的市的人大及其常委会。这里"较大的市"是指省会市、经济特区所在地的市以及经国务院批准的根据《中华人民共和国地方各级人民代表大会和地方各级人民政府组织法》规定享有地方性法规制定权的城市。目前我国共有27个省会市、4个经济特区所在地的市(深圳市、厦门市、珠海市和汕头市),截至2000年《中华人民共和国立法法》实施时,共有18个经国务院批准享有地方性法规制定权的较大的市(唐山市、大同市、包头市、大连市、鞍山市、抚顺市、吉林市、齐齐哈尔市、青岛市、无锡市、淮南市、洛阳市、宁波市、淄博市、邯郸市、本溪市、徐州市和苏州市)。

制定地方性法规应当遵循两大原则:一是根据本行政区域的具体情况和实际需要的原则;二是不同宪法、法律、行政法规相抵触的原则。要坚持根据本行政区域的具体情况和实际需要的原则,就要在制定地方法规的过程中,特别是对于统一登记这种中央尚未立法而先行立法的情况,要注意根据本地方的具体情况和实际需要,有针对性地立法。

要坚持不同宪法、法律、行政法规相抵触的原则,就要既充分发挥地方立法的主动性和积极性,又要从有利于国家法制统一的角度出发。对于不动产统一登记这种中央立法不能一步到位的,地方通过先行立法,既可以解决地方性事务的现实需要,又可以通过地方性法规的制定和实施,积累解决有关法律问题的实践经验,为日后的中央立法打下良好基础;但是一旦法律、行政法规将来对统一登记问题作出规定,就应当按照法律、行政法规的规定执行。

【相关规定】

《中华人民共和国城市房地产管理法》

第六十三条　经省、自治区、直辖市人民政府确定,县级以上地方人民政府由一个部门统一负责房产管理和土地管理工作的,可以制作、颁发统一的房地产权证书,依照本法第六十一条的规定,将房屋的所有权和该房屋占用范围内的土地使用权的确认和变更,分别载入房地产权证书。

《中华人民共和国立法法》

第七十二条　省、自治区、直辖市的人民代表大会及其常务委员会根据本行政区域的具体情况和实际需要,在不同宪法、法律、行政法规相抵触的前提下,可以制定地方性法规。

设区的市的人民代表大会及其常务委员会根据本市的具体情况和实际需要,在不同宪法、法律、行政法规和本省、自治区的地方性法规相抵触的前提下,可以对城乡建设与管理、环境保护、历史文化保护等方面的事项制定地方性法规,法律对设区的市制定地方性法规的事项另有规定的,从其规定。设区的市的地方性法规须报省、自治区的人民代表大会常务委员会批准后施行。省、自治区的人民代表大会常务委员会对报请批准的地方性法规,应当对其合法性进行审查,同宪法、法律、行政法规和本省、自治区的地方性法规不抵触的,应当在四个月内予以批准。

省、自治区的人民代表大会常务委员会在对报请批准的设区的市的地方性法规进行审查时,发现其同本省、自治区的人民政府的规章相抵触的,应当作出处理决定。

除省、自治区的人民政府所在地的市,经济特区所在地的市和国务院已经批准的较大的市以外,其他设区的市开始制定地方性法规的具体步骤和时间,由省、自治区的人民代表大会常务委员会综合考虑本省、自治区所辖的设区的市的人口数量、地域面积、经济社会发展情况以及立法需求、立法能力等因素确定,并报全国人民代表大会常务委员会和国务院备案。

自治州的人民代表大会及其常务委员会可以依照本条第二款规定行使设区的市制定地方性法规的职权。自治州开始制定地方性法规的具体步骤和时间,依照前款规定确定。

省、自治区的人民政府所在地的市,经济特区所在地的市和国务院已经批准的较大的市已经制定的地方性法规,涉及本条第二款规定事项范围以外的,继续有效。

第七十三条　地方性法规可以就下列事项作出规定:

(一)为执行法律、行政法规的规定,需要根据本行政区域的实际情况作具体规定的事项;

(二)属于地方性事务需要制定地方性法规的事项。

除本法第八条规定的事项外,其他事项国家尚未制定法律或者行政法规的,省、自治区、直辖市和设区的市、自治州根据本地方的具体情况和实际需要,可以先制定地方性法规。在国家制定的法律或者行政法规生效后,地方性法规同法律或者行政法规相抵触的规定无效,制定机关应当及时予以修改或者废止。

设区的市、自治州根据本条第一款、第二款制定地方性法规,限于本法第七十二条第二款规定的事项。

制定地方性法规,对上位法已经明确规定的内容,一般不作重复性规定。

第二百四十七条　本法自2007年10月1日起施行。

【说明】

本条规定了《中华人民共和国物权法》的施行日期。

《中华人民共和国物权法》于2007年3月16日由第十届全国人民代表大会第五次会议审议通过。根据本条规定,将于2007年10月1日起施行。

【立法理由】

法律的施行时间即法律开始发挥效力的时间。目前我国立法实践中,对施行日期的规定主要有三种方式:一是在法律条文中直接规定,从其公布之日起生效施行。这样可以使法律立刻发挥规范相关法律关系的准绳作用。二是在法律条文中确定法律公布一段时间后的某一日期,作为法律开始生效施行的日期。这样可以为法律的实施留出一定的宣传和准备的时间。三是法律公布后先予以试行或者暂行,立法部门通过进一步补充完善,再通过为正式法律,公布施行。三种方式的共同点在于,无论哪种方法,法律发挥其作用的时间都是确定的。选择不同的规定方式是由不同法律的不同性质和现实对这部法律的不同需要情况决定的。

从法律的性质上看,《中华人民共和国物权法》是规范财产关系的民事基本法律,在中国特色社会主义法律体系中起支架作用、不可或缺。从现实需要上看,它的制定和实施是坚持社会主义基本经济制度的需要,是规范社会主义市场经济秩序的需要,是维护广大人民群众切身利益的需要,更是实现 2010 年形成中国特色社会主义法律体系目标的需要。《中华人民共和国物权法》的早日实施的必要性是毋庸置疑的。另一方面,回顾物权法草案走过的历程,在 2007 年由第十届全国人民代表大会第五次会议审议通过前,历经了 13 年起草,七次常委会审议,社会各界的关注程度、人民群众参与提出意见和建议的热烈程度,这一切在新中国的立法史上是空前的。这一切都说明,物权法涉及经济社会的方方面面,物权法的政治性、政策性很强,专业性也很强。为物权法的实施留出充分的准备时间是十分必要的。

综合考虑物权法的重要性和对物权法的迫切需要,本条规定,《中华人民共和国物权法》自 2007 年 10 月 1 日起施行。这样,《中华人民共和国物权法》的实施就有了将近 7 个月的准备期。《中华人民共和国物权法》的充分发扬民主的起草过程,已经为这部法律作了广泛的宣传。在准备期间,各级国家机关特别是有关行政主管部门,应当抓紧时间普及掌握物权法,向群众广泛宣传物权法,并依职责为物权法的实施做好各项准备工作。人民群众也可以有更多的时间了解学习物权法。

【相关规定】

《中华人民共和国立法法》

第五十七条　法律应当明确规定施行日期。